本专著系国家社科基金重大项目"产业升级背景下优化发展中国多层次资本市场体系问题研究"(2015.1—2018.12)的部分研究精华成果。

中国多层次资本市场与社会资产结构优化问题研究

RESEARCH ON OPTIMIZATION OF MULTI-LEVEL CAPITAL MARKET AND SOCIAL ASSET STRUCTURE IN CHINA

杨朝军　周仕盈　崔彬皙 ◎ 著

图书在版编目（CIP）数据

中国多层次资本市场与社会资产结构优化问题研究/杨朝军，周仕盈，崔彬皙著 . —北京：经济管理出版社，2019.9
ISBN 978－7－5096－6670－8

Ⅰ.①中… Ⅱ.①杨… ②周… ③崔… Ⅲ.①资本市场—研究—中国 ②社会资本—资产结构—研究—中国 Ⅳ.①F832.5②F124.7

中国版本图书馆 CIP 数据核字（2019）第 122935 号

组稿编辑：胡　茜
责任编辑：任爱清
责任印制：黄章平
责任校对：董杉珊

出版发行：经济管理出版社
　　　　　（北京市海淀区北蜂窝 8 号中雅大厦 A 座 11 层　100038）
网　　址：www.E－mp.com.cn
电　　话：（010）51915602
印　　刷：三河市延风印装有限公司
经　　销：新华书店
开　　本：720mm×1000mm/16
印　　张：24.25
字　　数：435 千字
版　　次：2019 年 9 月第 1 版　2019 年 9 月第 1 次印刷
书　　号：ISBN 978－7－5096－6670－8
定　　价：88.00 元

·版权所有　翻印必究·
凡购本社图书，如有印装错误，由本社读者服务部负责调换。
联系地址：北京阜外月坛北小街 2 号
电话：（010）68022974　　邮编：100836

前　言

　　中国改革开放40年来，政府投资主导的制造业和重工业等传统行业作为核心驱动着我国经济的迅速发展。然而，2010年后，大部分传统产业的产能已经严重过剩，经济出现下行迹象。在这样的背景下，国家政府提出了大力促进战略性新兴产业发展和积极加快传统产业转型升级的发展战略，力图将经济发展的引擎从传统行业转移到高科技新兴行业，避免国家陷入中等收入陷阱。资本市场作为实体经济融资的重要场所，在传统产业的转型升级及新兴产业的发展壮大过程中扮演极其重要的角色。资本市场的发展能够提高产业结构的质量和效益，并为产业结构升级提供大量的资金支持；能够促进企业的产权转换和重组，促进生产要素的流动；能够调节资本的产业投向、促进要素投入与要素生产率的提高，最终使产业结构优化升级。我国资本市场经过二十多年的发展，从无到有再到建成初步的框架体系。然而，在经济转型与产业结构升级的宏观背景下，如何进一步优化与发展多层次资本市场体系，更好地服务产业升级转型已经成为当前资本市场顶层设计的核心任务。2014年底作者承接国家社会科学基金重大项目"产业升级背景下优化发展中国多层次资本市场体系问题研究"（14ZDA046），课题组立足于当前中国产业结构转型升级的大背景，从资本市场满足不同类别、不同层次投融资主体的不同需求这一最基本的功能出发，以构建能够满足产业升级需要的投融资双方的多层次资本市场为目标，深入分析了产业结构升级背景下优化发展我国多层次资本市场的问题。本书为该课题主要研究成果进行汇总，可以帮助读者理解发展多层次资本市场对我国产业结构升级的重要作用以及我国多层次资本市场建设面临的主要问题和优化我国多层次资本市场体系的思路和方法。

　　本书内容主要分为两大部分共十章。第一部分包括第一至第六章，主要围绕多层次资本市场进行分析。首先，第一章通过对比分析各国产业结构与金融结构之间的关系，指出一国产业结构升级必须以金融结构转型为基础。结合我国当前的金融结构现状，笔者认为，我国的银行体系不能胜任产业转型升级的第一重任，要想成功实现产业转型升级必须建立资本市场与银行体系并重的金融结构。其次，第二章从融资者角度出发，统计了2000～2014年我国上市企业融资资金用途，并在此基础上剖析了企业股权融资和债权融资在产业结构升级过程中发挥的作用，由此发现股权融资中股票市场用于兼并收购的增发融资对转型升级促进效果最为显著，要想成功实现产业结构升级必须大力发展股权资本市场，而之后我们所研究的多层次资本市场也主要集中在股权资本市场。再次，在这一思想的指导下，第三章回顾了我国多层次股权资本市场的发展历史，并以美国多层次股权资本市场为借鉴提出了我国多层次股权资本市场发展的愿景设计，指出了发展我国多层次资本市场主要依靠主板存量市场及二板、三板等增量市场。最后，第四至第六章分别针对我国场内和场外股权资本市场的重点问题和从投资者的角度对我国多层次资本市场发展面临的问题进行了剖析。

本书的第二部分包括第七至第十章，为了更全面地分析多层次资本市场问题，将资本市场结构问题延伸至全社会资产结构，对符合我国产业结构升级需要的最优社会资产结构进行理论分析和实证研究。首先，第七章将我国全社会资产结构与美国、日本以及应用 Markowitz 的现代资产组合理论测算的理性社会资产结构进行对比，发现我国以股票资产为主的风险金融资产以及保险资产在全社会资产结构中的占比偏低，而货币类资产和非金融资产中的房地产资产占比明显过高，是我国多层次资本市场发展不完善，不能满足产业结构升级需要的重要原因。其次，本书将全社会资产分为金融资产和住宅资产两大类，第八、第九章分别从这两大类角度对我国全社会资产结构"二高二低"非优化背后的深层原因进行了深入研究。最后，第十章则在之前三章的基础上对我国优化全社会资产结构提出了建议。

本书中的研究成果阐述了在发展优化我国资本市场过程中亟须解决的关键问题，例如，为什么要建立多层次资本市场体系、需要建立怎样的多层次资本市场体系、各层次资本市场的分工定位与如何衔接、如何培育多层次投资者结构、引导资金进入资本市场等。其中，以下五个重要的结论更是决定了我国资本市场发展能否有效促进产业结构转型升级：

第一，大力发展直接融资，加快多层次股权资本市场建设，强调建立资本市场与银行体系并重的国家金融结构是我国产业升级成功的必要条件。

第二，实现多层次资本市场对产业结构升级的推动必须依靠主板存量市场以及二板、三板等增量市场。对于存量市场，过去政策与认识上都只关注PE/VC，而目前我国的风险基金体量已赶超美国,甚至出现风险基金间的竞争已十分激烈、入股价值高估的现象;这些都有助于消化过剩产能,而助力产业结构升级的并购基金则始终没有受到重视而发展滞后。因此,我们提出要大力推动股票主板市场并购重组、支持股票市场兼并收购用途的增发融资,同时尽快拓展并购融资渠道、完善配套退出制度以促进我国并购基金发展;对于增量市场,重点在降低三板投资者准入门槛、提升投资者保护力度、发展区域性股权交易中心以及将股权众筹打造成为中国多层次资本市场的"新五板"。

第三,社会资金通过专业机构进行投资可以提高投资效率/降低风险,但至今我国机构投资者发展不足,我国个人投资者总体上偏好直接投资,从而也导致了我国的股权资产占比偏低。对此,承受股市回归合理估值水平是培育壮大价值投资者、着力提升全社会养老保险资金规模、促进资本市场长期投资者发展的必要条件。

第四,我国无风险收益率过高,而居民家庭资产净值较低、社会保障度低、背景风险较大使全社会总体的货币类资产比例过高。

第五,收入差距较大、抵抗通货膨胀风险的商品市场还远不成熟,使房地产资产比重偏高。

本书的研究成果得益于全体课题组人员的努力,对此,特别感谢课题组主要成员——仲健心、费一文、陶亚民、蔡明超、沈思玮、马征程、王渊、姚骏彪、张倩颖等对本书做出的贡献。此外,在课题研究过程中也得到了来自社会各界专家学者的帮助,特别感谢廖士光、邓斌等对本书研究成果的贡献。

杨朝军
2019 年 3 月 22 日

目　录

第一章　产业结构升级必须以金融结构转型为基础 …………………… 1

　第一节　美日金融结构与产业结构升级 …………………………………… 2
　　一、美国金融资产结构的演变与现状 ……………………………………… 2
　　二、日本金融资产结构的演变与现状 ……………………………………… 18
　　三、美日金融结构与产业结构升级 ………………………………………… 29

　第二节　中国金融资产结构与特征 ………………………………………… 32
　　一、中国金融资产结构演变及现状 ………………………………………… 32
　　二、中国金融资产结构特征 ………………………………………………… 36

　第三节　我国产业升级必须建立资本市场与银行体系并重的
　　　　　 金融结构 …………………………………………………………… 38
　　一、美日经验证明多层次股权资本市场对产业升级的关键作用 ………… 38
　　二、中国银行体系不能胜任产业转型升级的第一重任 …………………… 39

第二章　中国资本市场对产业结构升级效应分析 ………………………… 41

　第一节　股权融资与产业结构升级 ………………………………………… 41
　　一、股票融资资金用途分析 ………………………………………………… 41
　　二、股票市场融资方式与产业结构升级 …………………………………… 47
　　三、三大板块股票融资与产业结构升级 …………………………………… 52

　第二节　债权融资与产业结构升级 ………………………………………… 57
　　一、企业债权融资途径比较 ………………………………………………… 57
　　二、债券融资与产业结构升级 ……………………………………………… 60
　　三、信托融资与产业结构升级 ……………………………………………… 68

四、银行贷款与产业结构升级 …………………………………… 72
第三节　股权融资与债权融资对产业结构升级效应对比 ………… 75
　　一、新兴产业的特点 ……………………………………………… 75
　　二、债权融资在转型升级上的局限性 …………………………… 76
　　三、股权融资针对新兴产业特点的优势 ………………………… 76
　　四、对比股票融资和债券融资对产业发展的贡献 ……………… 76

第三章　中国多层次资本市场发展 …………………………………… 78

第一节　中国多层次资本市场体系演变历史及现状 ……………… 78
　　一、我国多层次资本市场体系构成 ……………………………… 78
　　二、我国多层次资本市场基本信息 ……………………………… 80
　　三、多层次资本市场概况 ………………………………………… 82
第二节　中美多层次资本市场比较 ………………………………… 83
　　一、中美多层次资本市场的对应关系 …………………………… 83
　　二、中美各层次资本市场规模比较 ……………………………… 85
　　三、中美各层次资本市场流动性比较 …………………………… 86
第三节　我国多层次资本市场发展愿景设计 ……………………… 86
　　一、框架设计 ……………………………………………………… 86
　　二、分板块设计 …………………………………………………… 88

第四章　中国各层次资本市场重点问题剖析 …………………………… 93

第一节　我国场内资本市场重点问题分析 ………………………… 93
　　一、从股灾视角看我国场内资本市场 …………………………… 93
　　二、股票主板市场并购重组与经济转型升级 …………………… 102
　　三、我国衍生品市场存在的问题 ………………………………… 104
第二节　新三板市场重点问题 ……………………………………… 109
　　一、新三板市场发展现状 ………………………………………… 109
　　二、新三板价值发现功能 ………………………………………… 110
　　三、新三板产业升级功效 ………………………………………… 112
第三节　四板市场主要问题 ………………………………………… 124
　　一、我国区域股权交易中心发展现状 …………………………… 124
　　二、我国四板市场融资效率实证研究 …………………………… 126

三、我国四板市场存在的问题 …………………………………………… 132
　　　四、发展我国区域股权交易中心建议 …………………………………… 133
　　　五、建立区域性非标企业债权交易平台 ………………………………… 134
　第四节　五板市场发展的主要问题 …………………………………………… 137
　　　一、股权众筹是促进微型企业发展的有效新方式 ……………………… 137
　　　二、我国股权众筹的发展面临着三大问题 ……………………………… 139
　　　三、美国发展股权众筹的经验借鉴 ……………………………………… 139
　　　四、中国发展股权众筹的战略定位和政策建议 ………………………… 140
　第五节　离岸市场的发展问题 ………………………………………………… 142
　　　一、在中国香港建设离岸人民币证券市场的必要性及其
　　　　　战略意义 …………………………………………………………… 142
　　　二、设立香港人民币国际板股票市场的必要性、可行性 ……………… 144
　　　三、加快发展香港离岸人民币债券市场的建议 ………………………… 145

第五章　中国多层次资本市场投资者结构 ……………………………………… 147
　第一节　投资者的类型和定义 ………………………………………………… 147
　　　一、终极投资者 …………………………………………………………… 147
　　　二、中介投资者 …………………………………………………………… 149
　　　三、外国投资者 …………………………………………………………… 150
　第二节　中国多层次资本市场投资者结构演变过程及现状 ………………… 151
　　　一、中国主板、二板市场投资者结构 …………………………………… 151
　　　二、中国三板市场投资者结构 …………………………………………… 160
　　　三、中国四板市场投资者结构 …………………………………………… 161
　　　四、从私募股权市场看其他部分市场投资者结构 ……………………… 162
　第三节　中外投资者结构对比 ………………………………………………… 166
　　　一、中外场内市场投资者结构对比 ……………………………………… 166
　　　二、中外其他市场投资者结构对比 ……………………………………… 171

第六章　中国多层次资本市场投资者结构问题分析 …………………………… 176
　第一节　场内资本市场投资者结构问题 ……………………………………… 176
　　　一、场内二级股票市场资金供给不足 …………………………………… 176
　　　二、改善我国股票二级市场资金供给不足的建议 ……………………… 201

  第二节 长期资金供给尤其是保险和公募基金的规模不足 …………… 202
    一、中国二级股票市场长期资金规模充足性研究 ……………… 203
    二、培育长期投资者的重要意义和政策建议 …………………… 217
  第三节 新三板市场流动性风险与投资者结构问题 ………………… 223
    一、新三板流动性分析 …………………………………………… 223
    二、新三板投资者结构分析 ……………………………………… 231
    三、尽快解决新三板流动性问题政策建议 ……………………… 234
  第四节 四板、五板市场投资者准入制度问题分析 ………………… 245
    一、四板区域股权交易市场的投资者准入制度 ………………… 246
    二、互联网股权众筹市场（新五板）准入制度 ………………… 249
    三、关于场外股权资本市场投资者准入问题的建议 …………… 253

第七章 中国全社会资产结构 …………………………………………… 256

  第一节 全社会资产结构优化 ……………………………………………… 256
  第二节 产业升级与全社会资产结构优化 ……………………………… 257
  第三节 我国社会资产结构现状与国际比较 …………………………… 257
    一、中国社会资产结构现状 ……………………………………… 257
    二、全社会资产结构国际比较 …………………………………… 258
  第四节 我国全社会理性资产结构分析 ………………………………… 260
    一、模拟全社会理性资产结构 …………………………………… 260
    二、实际资产结构与理性资产结构 ……………………………… 262
  第五节 中国社会资产结构存在的问题 ………………………………… 263
    一、股票资产配置比例理性而非最优 …………………………… 263
    二、住宅资产比重过高 …………………………………………… 264
    三、货币类资产占比偏高 ………………………………………… 265

第八章 全社会资产结构中金融资产结构非优化原因分析 ………… 266

  第一节 高无风险收益率与高货币资产占比 …………………………… 266
    一、无风险收益率含义 …………………………………………… 266
    二、无风险收益率选择 …………………………………………… 267
    三、我国无风险收益率水平高企 ………………………………… 276
    四、高无风险收益率导致高货币资产占比 ……………………… 282

第二节 居民稳健型金融资产配置与货币资产比重 ………………… 286
　　一、居民家庭资产净值影响现金存款类资产占比 ……………… 287
　　二、社会保障水平影响现金存款类资产占比 …………………… 289
　　三、基于背景风险理论的实证分析 ……………………………… 290
第三节 居民配置风险金融资产与股权资产占比 ………………… 292
　　一、居民家庭直接持有风险型金融资产分析 …………………… 292
　　二、居民家庭间接持有风险型金融资产分析 …………………… 301
第四节 养老基金投资管理与资本市场 …………………………… 306
　　一、养老基金投资管理对资本市场发展的影响 ………………… 306
　　二、我国养老基金投资管理发展及现状 ………………………… 307
　　三、国外养老基金投资管理演变及现状 ………………………… 308
　　四、对我国养老基金投资管理启示 ……………………………… 308

第九章 全社会资产结构中住宅资产占比过高原因分析 ………… 311

第一节 房地产在家庭资产中占比 ………………………………… 311
　　一、中国的住宅资产占比 ………………………………………… 311
　　二、美日发达国家居民住宅资产配置 …………………………… 313
　　三、中美日居民家庭资产配置与住宅资产占比对比 …………… 318
第二节 居民资产选择行为影响全社会资产结构 ………………… 321
　　一、居民资产选择行为与全社会金融结构 ……………………… 322
　　二、居民资产选择影响全社会资产结构实证检验 ……………… 326
第三节 收入差距与住宅资产占比 ………………………………… 328
　　一、收入差距影响居民家庭资产结构理论分析 ………………… 328
　　二、收入差距影响居民家庭资产结构实证检验 ………………… 331
第四节 通货膨胀与住宅资产配置比例 …………………………… 340
　　一、通货膨胀预期促使大量资金进入房地产市场 ……………… 340
　　二、大宗商品证券化不完善进一步提振了不动产需求 ………… 341

第十章 优化全社会资产结构 ……………………………………… 344

第一节 降低市场无风险收益率 …………………………………… 344
　　一、地方财政通过融资平台高成本融资 ………………………… 344
　　二、房地产行业的暴利推高了全社会融资成本 ………………… 346

三、刚性兑付推高了全社会无风险收益水平……………………… 346
　　四、引导无风险收益率回归常值的政策建议……………………… 347
第二节　提高居民风险金融资产投资比例…………………………… 348
　　一、风险金融资产收益风险比低导致居民对其需求较低………… 348
　　二、居民财富水平、年龄以及房产持有对金融资产有挤出效应… 349
　　三、我国居民整体风险偏好较低…………………………………… 354
　　四、提高我国居民风险偏好的政策建议…………………………… 358
第三节　差异化管理提高养老保险投资需求………………………… 359
　　一、国外主要的养老金个人账户管理模式………………………… 361
　　二、建立适合我国养老金差异化管理运行模式的建议…………… 365
第四节　引导住宅资产投资回归理性………………………………… 369
　　一、贫富差距推高了住宅资产占比………………………………… 369
　　二、缺乏能抵御通货膨胀的金融产品……………………………… 370
　　三、相关政策建议…………………………………………………… 370

参考文献………………………………………………………………… 372

第一章　产业结构升级必须以金融结构转型为基础

产业结构的概念是指一个经济实体（国家或地区）中各种产业的构成、比例关系以及之间的联系等结构特征，具体地理解，可认为包括各产业间的资源配置状态、分别所占比重的大小以及之间的相互作用关系。一个经济体的产业结构是动态变化的，产业的结构和内容也随着经济的发展在不断变化。与此同时，产业结构的调整和金融结构的调整常常是相辅相成、互相促进、互为因果的。

美国经济学家雷蒙德·W. 戈德史密斯（Raymond. W. Goldsmith，1969）在其著作《金融结构与金融发展》中最早提出"金融结构"这一概念："一国金融结构被定义为该国当前金融工具和金融机构的总和，包括当前各种金融工具和金融机构的相对规模、管理特征和管理模式、金融中介机构的各个分支机构集中度等。" Gerschenkron（1962）、Rybczinski（1984）、Dosi（1990）都按照银行金融和市场金融在公司融资渠道当中的相对重要性将金融结构划分为银行主导型和市场主导型这两种不同的金融体系。事实上，银行主导型金融体系和市场主导型金融体系，即是间接金融市场和直接金融市场之间的划分。间接金融市场是通过银行等金融机构作为信用中介渠道进行融资而形成的市场，首先，资金供给者把资金以存款等形式转移至银行等金融机构，两者之间形成债权债务关系；其次，由银行等金融机构把资金提供给资金需求者，两者之间又形成债权债务关系，如此通过银行等机构作为信用中介的传递作用，资金从资金供给者间接地转到需求者手中。而直接金融市场则是通过资金供求双方直接进行融资而形成的市场，资金需求者（筹资者）发行所有权凭证或债务凭证，资金供给者（投资者）出资购买这些凭证，资金就从资金供给者手中直接转到资金需求者手中，在这个过程中不需要再通过信用中介机构。在各国的金融体系当中，银行主导型金融体系的一个典型代表是日本，日本国内几家大银行起到了支配作用，相比之下金融市场重要性很低；市场主导型金融体系的一个典型代表是美国，美国国内金融市场的作用非常大，相比之下银行的集中程度和作用都较小。

无论是间接金融市场还是直接金融市场，资本市场作为实体经济融资的重要场所，在提高产业结构的质量和效益中扮演极其重要的角色，并为产业结构升级提供大量的资金支持；能够促进企业的产权转换和重组、促进生产要素的流动；能够调节资本的产业投向、促进要素投入与要素生产率的提高；最终能够使产业结构优化升级。从本质上资本市场对于产业结构升级作用的过程可归结为：资本市场—配置资本资源—影响资本流量—影响生产要素分配—影响资本存量—影响产业结构。

第一节 美日金融结构与产业结构升级

一、美国金融资产结构的演变与现状

美国的金融市场发展至今已有 200 年的历史了，期间也经历了四个主要的阶段：

1. 第一阶段（1945 年以前）：间接金融峰谷轮回

1782 年美国历史上第一家按照现代方式经营的银行——北美银行成立，标志着美国银行业的开始。1784 年美国纽约银行和波士顿的马萨诸塞银行也相继成立，这些银行都是在州政府注册，由州政府进行监督管理，美国金融业进入了州银行管理体制阶段。当时州银行的业务范围十分广泛，包括银行信贷、抵押贷款、股票和债券的承销、经纪等业务，还包括货币发行，可以说当时美国的州银行制度是一种混业经营方式，并兼具部分中央银行的职能。到了 19 世纪 60 年代，由于南北战争的爆发，国库逐渐空虚，联邦政府放弃不干预金融活动的政策，开始逐步统一国内金融，通过采取发行纸币、征税和发行公债的办法来筹措战费及其他联邦开支。国会于 1863 年 2 月通过了《国民银行法》，规定只有联邦注册银行才有货币发行权，克服了州银行制度下的金融乱象。1863 年，美国国民银行仅有 66 家，而州银行则由于自然发展增至将近 1500 家。之后随着 1865 年国会对州银行征收 10% 的发钞税，形势发生逆转，州银行转而申请国民银行

营业许可证。到了 1866 年，国民银行增至 1634 家，州银行则减至 297 家。此后州银行放弃靠发钞来提供贷款经营模式，绕过税收壁垒，转而靠吸收存款来提供信贷，州银行又重获新生。

与此同时，这段时期世界范围内发生了第二次工业革命，银行系统有效地动员社会资本来支持社会大工业进程。因此，银行体系自身获得了极大的发展，到 1910 年时，州银行数量达到 14348 家，而国民银行数量也增加到 7138 家，其伴随的结果就是间接金融逐步走向巅峰，间接金融占比从 20% 快速提升至 70%，这反映的是在这一时期的银行体系推动美国工业化进程，从而带动了实体经济走向繁荣这一历史背景（见表 1-1）。

表 1-1　1867~1909 年美国金融资产总量

年份 \ 类别	金融总量（十亿美元）	间接金融 总额（十亿美元）	间接金融 比重（%）	直接金融 总额（十亿美元）	直接金融 比重（%）
1867	68.51	14	20	54.51	80
1868	68.65	14.91	22	53.74	78
1869	68.03	15.24	22	52.79	78
1870	66.23	16.03	24	50.2	76
1871	63.7	17.45	27	46.25	73
1872	61.99	18.98	31	43.01	69
1873	63	22.96	36	40.04	64
1874	63.04	23.98	38	39.06	62
1875	62.91	25.53	41	37.38	59
1876	62.86	25.45	40	37.41	60
1877	63.02	25.67	41	37.35	59
1878	63.6	24.07	38	39.53	62
1879	63.58	22.77	36	40.81	64
1880	59.5	23.71	40	35.79	60
1881	56.43	24.67	44	31.76	56
1882	54.9	25.84	47	29.06	53
1883	53.82	27.15	50	26.67	50
1884	53.34	27.54	52	25.8	48
1885	52.61	27.32	52	25.29	48

续表

年份\类别	金融总量（十亿美元）	间接金融 总额（十亿美元）	间接金融 比重（%）	直接金融 总额（十亿美元）	直接金融 比重（%）
1886	51.89	27.75	53	24.14	47
1887	52.72	30.99	59	21.73	41
1888	52.86	32.12	61	20.74	39
1889	52.62	33.63	64	18.99	36
1890	52.07	34.92	67	17.15	33
1891	51.62	35.4	69	16.22	31
1892	51.12	35.62	70	15.5	30
1893	52.09	36.02	69	16.07	31
1894	51.35	33.97	66	17.38	34
1895	51.77	33.87	65	17.9	35
1896	53.97	35.17	65	18.8	35
1897	51.17	32.81	64	18.36	36
1898	50.4	32.69	65	17.71	35
1899	50.64	33.04	65	17.6	35
1900	51.44	35.45	69	15.99	31
1901	51.14	36.04	70	15.1	30
1902	55.41	33.53	61	21.88	39
1903	51.41	37.05	72	14.36	28
1904	51.04	36.52	72	14.52	28
1905	51.09	37.09	73	14	27
1906	51.25	37.52	73	13.73	27
1907	51.82	38.43	74	13.39	26
1908	51.79	37.13	72	14.66	28
1909	51.21	36.94	72	14.27	28

资料来源：《美国的历史统计：从殖民地时期到1970年》。

20世纪初美国间接金融达到巅峰，间接金融占比长期保持在70%以上。但随着经济的繁荣，美国资本市场力量，直接金融也开始兴起。第一次世界大战结束后，美国经历了20世纪20年代经济大规模的发展与繁荣，美国银行业保持了高速发展，商业银行数量一度达到历史最高水平。在美国经济表面繁荣的背后，金融投机尤其是证券投机交易十分活跃，而美国政府实行放任自由的社会经济政策更加纵容了投机情绪的高涨。因此，可以看到，到了20世纪20年代，直接金融和间接金融已经势均力敌，但在市场非理性繁荣的背景下，一场金融危机正在孕育之中。1929年纽约股市崩盘，股灾爆发不到3个月，股市总市值便蒸发了40%，大量银行破产倒闭，货币信用制度和经济秩序濒于崩溃，美国经济也开始进入旷日持久的大萧条时期。美国银行业成为这次金融危机的重灾区，到1933年美国商业银行总数跌至14207家，一半以上的银行在这次大萧条中倒闭，美国银行业的发展遭受重创。罗斯福当时在这个重大的历史转折期，颁布了一系列包括重构美国金融制度在内的新政措施，从而开始了美国历史上最为重要的一次金融制度变迁。1933和1935年美国国会先后通过《银行法》，确立了银行分业经营制度，对美国银行经营的业务范围进行限制，这种制度进一步造成了美国银行发展受限。虽然同期美国国会也通过了《证券法》来规范证券市场，但投资银行受影响相对较小。综合的结果就是间接金融占比一路下滑，走向波谷（见表1-2）。

表1-2 1910~1945年美国金融资产总量

年份	类别 金融总量（十亿美元）	间接金融		直接金融	
		总额（十亿美元）	比重（%）	总额（十亿美元）	比重（%）
1910	53.99	36.54	68	17.45	32
1911	53.92	36.07	67	17.85	33
1912	54.31	35.85	66	18.46	34
1913	58	33.29	57	24.71	43
1914	53.62	37.02	69	16.6	31
1915	52.93	36.56	69	16.37	31
1916	52.53	36.21	69	16.32	31
1917	52.62	36.04	68	16.58	32
1918	58.74	31.79	54	26.95	46
1919	63.22	27.41	43	35.81	57
1920	62.79	31.12	50	31.67	50
1921	62.94	30.8	49	32.14	51
1922	65.27	27.3	42	37.97	58
1923	61.38	30.85	50	30.53	50

续表

类别 年份	金融总量（十亿美元）	间接金融 总额（十亿美元）	间接金融 比重（%）	直接金融 总额（十亿美元）	直接金融 比重（%）
1924	60.96	31.09	51	29.87	49
1925	60.06	31.43	52	28.63	48
1926	60.04	32.22	54	27.82	46
1927	64.11	29.14	45	34.97	55
1928	58.06	28.76	50	29.3	50
1929	61.01	31.69	52	29.32	48
1930	59.16	31.06	53	28.1	48
1931	58.94	30.36	52	28.58	48
1932	65.48	24.48	37	41	63
1933	61.88	25.28	41	36.6	59
1934	67.77	21.8	32	45.97	68
1935	62.51	22.69	36	39.82	64
1936	66.84	18.66	28	48.18	72
1937	62.6	21.31	34	41.29	66
1938	66.81	18.05	27	48.76	73
1939	62.55	19.39	31	43.16	69
1940	65.98	16.77	25	49.21	75
1941	61.66	18.84	31	42.82	69
1942	65.99	14.82	22	51.17	78
1943	66.6	10.7	16	55.9	84
1944	70.69	8.59	12	62.1	88
1945	70.71	7.72	11	62.99	89

资料来源：《美国的历史统计：从殖民地时期到1970年》。

2. 第二阶段（1945~1975年）：金融深化程度快速提升

"二战"期间，美国金融业遭遇寒冬，大量资金从私营部门撤出并蜂拥投向国债，货币市场和资本市场在"二战"期间交易量萎缩，商业票据市场不存在了，优质的企业债券逐年减少，纽约证券交易所的交易规模甚至下降到萧条时期的水平。战后联邦政府从资金和货币市场撤出,使私人融资渠道得以恢复。在不稳定的15年(1930~1945年)经济衰退之后,美国开始进入新的繁荣时期。自20世纪50年代以来,美国的钢铁、纺织等传统产业向日本、德国等国转移,同时率先集中力量发展半导体、通信和电子计算机、生物工程等新兴的技术密集型产业。同时布雷顿森林体系的固定汇率制使联邦政府预算得以平衡,谨慎的货币政策促成了二十几年的增长和低通胀。基于上诉因素,美国金融业各个板块力量都出现了齐头并进的形式,金融资产总量快速提升,尤其是60年代以后,随着金融机构积极的业务创新,新型金融工具层出不穷,导致美国资产的金融化程度不断加深,虚拟资产增加(见表1-3)。

表1-3 1946~1975年美国金融资产总量　　单位:十亿美元

年份 \ 类别	美国金融资产总量	信贷类	债券类	股票类	养老金与保险类	其他
1946	1178	264	273	147	155	339
1947	1263	287	272	145	172	388
1948	1322	303	273	144	189	413
1949	1366	315	281	154	207	409
1950	1484	346	288	178	226	446
1951	1611	375	295	199	252	490
1952	1691	408	313	199	282	489
1953	1761	433	332	196	313	487
1954	1893	463	343	248	347	492
1955	2055	507	352	299	381	516
1956	2188	543	358	324	416	548
1957	2284	573	370	301	469	569
1958	2491	616	392	382	513	588
1959	2645	665	412	421	547	600
1960	2769	711	426	425	591	615
1961	3013	768	447	521	639	638
1962	3138	842	468	504	663	661
1963	3356	927	487	558	711	672

续表

类别 年份	美国金融资产总量	信贷类	债券类	股票类	养老金与保险类	其他
1964	3646	1019	511	647	765	704
1965	3968	1120	530	735	825	757
1966	4126	1193	564	660	891	817
1967	4576	1303	607	835	963	868
1968	5063	1412	652	996	1053	951
1969	5223	1486	698	841	1144	1055
1970	5567	1604	759	831	1262	1111
1971	6221	1785	833	975	1403	1224
1972	7078	2030	896	1203	1570	1379
1973	7492	2288	966	938	1655	1646
1974	7827	2512	1063	632	1787	1833
1975	8765	2681	1218	839	1970	2055

资料来源：美联储，*Financial Accounts of the United States*。

1945~1975年，作为间接金融的代表，信贷类资产占比再次进入上升通道，与之伴随的则是美国商业银行的国际化，银行的业务结构也随之发生变化，而金融资产结构也因此改变。从信贷资产的构成来看（见表1-4），支票存款和现金占比迅速下滑，而定期和储蓄存款占比提升，这主要是因为大萧条期间制定的《Q条例》对银行资金的来源产生了显著影响，《Q条例》规定商业银行对于活期存款不得公开支付利息，并对储蓄存款和定期存款规定利率上限。《Q条例》为商业银行带来了廉价的资金来源，但也导致许多存款主体将资金从商业银行撤出，转而存入能够开立支付利息账户的储蓄机构或购买国债等，银行只能更多地依靠定期储蓄，于是到了20世纪50年代末银行负债方中的定期储蓄规模首次超过活期储蓄。与此同时，抵押贷款占比快速提升，这反映了这个时期美国经济处于繁荣阶段，实体经济对资金的需求强烈，商业银行作为金融中介很好地起到了支持实体经济发展的作用。而消费信贷的快速增加，则主要是因为经济的稳定增长，让美国居民对于未来抱有极大信心，敢于超前消费，而各类金融机构也积极推出消费信贷业务，满足市场消费贷款业务的需求。

表1-4 1946~1975年美国信贷资产结构　　　　　　单位：十亿美元

类别 年份	信贷类资产占比（%）	支票存款和现金（%）	定期和储蓄存款（%）	贷款			
				储蓄机构贷款（%）	其他贷款（%）	抵押贷款（%）	消费信贷（%）
1946	22.4	10.1	5.1	1.5	1.2	3.6	0.8
1947	22.7	9.5	5.0	1.7	1.5	3.9	1.1
1948	22.9	9.1	5.0	1.8	1.5	4.3	1.2
1949	23.0	8.8	5.1	1.6	1.6	4.6	1.4
1950	23.3	8.4	4.8	1.9	1.6	4.9	1.6
1951	23.3	8.2	4.8	2.1	1.5	5.1	1.6
1952	24.1	8.2	5.0	2.1	1.6	5.4	1.8
1953	24.6	7.9	5.4	2.0	1.6	5.8	2.0
1954	24.5	7.6	5.5	1.9	1.6	6.0	1.9
1955	24.7	7.1	5.5	2.1	1.5	6.3	2.1
1956	24.8	6.7	5.6	2.2	1.5	6.6	2.1
1957	25.1	6.4	5.9	2.2	1.5	6.9	2.2
1958	24.7	6.1	6.1	2.1	1.5	6.9	2.0
1959	25.1	5.8	6.1	2.3	1.5	7.2	2.2
1960	25.7	5.6	6.4	2.3	1.6	7.5	2.2
1961	25.5	5.4	6.6	2.3	1.6	7.6	2.1
1962	26.8	5.3	7.2	2.4	1.6	8.0	2.2
1963	27.6	5.2	7.6	2.5	1.7	8.3	2.3
1964	27.9	5.0	7.9	2.5	1.8	8.4	2.4
1965	28.2	4.8	8.1	2.7	1.8	8.4	2.5
1966	28.9	4.7	8.2	2.9	1.9	8.7	2.5
1967	28.5	4.6	8.3	3.0	1.9	8.3	2.4
1968	27.9	4.4	8.2	2.8	2.0	8.1	2.4
1969	28.5	4.4	7.9	3.0	2.2	8.4	2.5
1970	28.8	4.4	8.4	2.9	2.1	8.4	2.5
1971	28.7	4.2	8.8	2.8	2.1	8.3	2.4
1972	28.7	4.1	9.0	2.9	2.0	8.3	2.4
1973	30.5	4.1	9.6	3.3	2.1	8.9	2.6
1974	32.1	4.0	10.2	3.7	2.4	9.3	2.6
1975	30.6	3.8	10.1	3.1	2.3	9.0	2.4

资料来源：美联储，*Financial Accounts of the United States*。

然而，作为重要融资工具，债券类资产的占比却出现明显下滑（见表1-5），从1946年的23.2%下滑到1975年的13.9%，而从细分构成来看，短期票据、市政债券、(GSE)担保的抵押资产池、公司和海外债等规模都出现不同程度的上升，尤其是公司和海外债规模的上升充分体现了债券融资对实体经济发展的促进作用。债券资产规模的下滑主要源自国债规模的停滞，从绝对规模来看，30年间国债规模增长不到1倍，从相对占比来看，从1946年的近20%下滑到5%左右。

表1-5 1946~1975年美国债券类资产结构

类别 年份	债券类资产占比（%）	债券类资产				
		公开市场短期票据（%）	国库券（%）	(GSE)担保的抵押资产池（%）	市政债券（%）	公司和海外债（%）
1946	23.2	0.0	19.6	0.1	1.0	2.4
1947	21.5	0.1	17.8	0.1	1.1	2.4
1948	20.7	0.1	16.6	0.2	1.1	2.7
1949	20.6	0.1	16.3	0.2	1.2	2.8
1950	19.4	0.1	15.0	0.2	1.4	2.8
1951	18.3	0.1	13.9	0.1	1.4	2.8
1952	18.5	0.1	13.6	0.2	1.8	2.9
1953	18.8	0.1	13.4	0.3	2.0	3.1
1954	18.1	0.2	12.6	0.2	2.1	3.0
1955	17.2	0.1	11.6	0.2	2.2	3.0
1956	16.3	0.1	10.7	0.2	2.3	3.0
1957	16.2	0.2	10.1	0.3	2.4	3.2
1958	15.7	0.2	9.7	0.3	2.4	3.2
1959	15.6	0.2	9.4	0.3	2.5	3.2
1960	15.4	0.2	9.0	0.3	2.6	3.3
1961	14.8	0.2	8.5	0.3	2.5	3.2
1962	14.9	0.3	8.4	0.4	2.6	3.3
1963	14.5	0.3	8.0	0.4	2.6	3.2
1964	14.0	0.3	7.5	0.4	2.6	3.2
1965	13.4	0.3	7.0	0.4	2.5	3.1

续表

年份	债券类资产占比（%）	债券类资产				
		公开市场短期票据（%）	国库券（%）	(GSE)担保的抵押资产池（%）	市政债券（%）	公司和海外债（%）
1966	13.7	0.4	6.8	0.6	2.6	3.3
1967	13.3	0.5	6.3	0.6	2.5	3.3
1968	12.9	0.5	5.9	0.7	2.4	3.3
1969	13.4	0.7	5.8	0.8	2.6	3.5
1970	13.6	0.7	5.7	0.9	2.6	3.7
1971	13.4	0.6	5.6	0.9	2.6	3.7
1972	12.7	0.6	5.1	0.9	2.5	3.5
1973	12.9	0.7	5.0	1.2	2.6	3.5
1974	13.6	0.9	4.9	1.4	2.7	3.8
1975	13.9	0.8	5.4	1.3	2.5	3.8

资料来源：美联储，*Financial Accounts of the United States*。

另外，美国的保险和养老金机构开始兴起（见表1-6），养老金与保险类资产规模占比从1946年的13.2%提升至1975年的22.5%，其中私人和公共养老金贡献了主要的份额增长，而联邦政府和地方政府的退休基金也出现了较大规模的增长。"二战"末期，美国几乎没有保险金计划，但1950~1970年，私营雇主的保险金计划比例从15%上升到31%，这归功于将保险金列为免税收入的税收刺激政策。而联邦及地方政府退休基金规模的增长表明美国通过这三十年的不断改革逐步构建了完善的社会养老体系。

"二战"后的美国经济平稳发展以及公司扩张对资金需求的增加，使曾经受到大萧条沉重打击的证券发行得以恢复，证券的二级市场也逐渐受到投资者的青睐，股票市场开始复兴，虽然股票市值规模没有出现明显的增加，但是随着股票市场的恢复和繁荣，美国共同基金快速发展，尤其是开放式互助基金吸引了许多小型投资者，共同基金通过专业化理财，为投资者提供了多样化的资产组合以及专业化的投资服务。1945~1975年，共同基金规模增长了超过30倍。

表1-6 1946~1975年美国养老金与保险资产结构

类别 年份	养老金与保险类（%）	财产保险公司（%）	人寿保险公司（%）	私人和公共养老金（%）	联邦政府退休基金（%）	州政府职工退休基金（%）
1946	13.2	0.6	4.0	5.2	2.4	0.9
1947	13.6	0.7	4.0	5.4	2.5	1.0
1948	14.3	0.7	4.1	5.7	2.7	1.1
1949	15.2	0.8	4.3	6.0	2.9	1.2
1950	15.3	0.8	4.2	6.0	2.9	1.3
1951	15.6	0.8	4.1	6.3	3.1	1.3
1952	16.7	0.8	4.2	6.9	3.3	1.4
1953	17.8	0.9	4.2	7.5	3.6	1.5
1954	18.3	0.9	4.3	7.7	3.8	1.5
1955	18.5	1.0	4.3	7.9	3.8	1.6
1956	19.0	0.9	4.3	8.2	4.0	1.6
1957	20.6	0.9	4.3	9.1	4.5	1.7
1958	20.6	0.9	4.2	9.1	4.6	1.8
1959	20.7	0.9	4.2	9.2	4.7	1.7
1960	21.4	1.0	4.2	9.6	4.9	1.8
1961	21.2	1.0	4.1	9.5	4.8	1.8
1962	21.1	1.0	4.1	9.4	5.0	1.6
1963	21.2	1.0	4.1	9.4	5.1	1.6
1964	21.0	1.0	4.0	9.4	5.0	1.6
1965	20.8	0.9	3.9	9.3	5.0	1.7
1966	21.6	0.9	3.9	9.8	5.2	1.8
1967	21.0	0.9	3.8	9.6	5.0	1.7
1968	20.8	0.9	3.6	9.6	4.9	1.8
1969	21.9	0.9	3.7	10.2	5.1	2.0
1970	22.7	0.9	3.6	10.7	5.4	2.0
1971	22.6	0.9	3.5	10.7	5.3	2.2
1972	22.2	1.0	3.3	10.6	5.1	2.3
1973	22.1	1.0	3.3	10.6	5.2	2.1
1974	22.8	0.9	3.3	11.1	5.4	2.2
1975	22.5	0.9	3.2	11.0	5.2	2.2

资料来源：美联储，*Financial Accounts of the United States*。

3. 第三阶段（1975～2000年）：金融证券化时代来临

1975～2000年美国经济波动加剧，为金融系统的正常运行带来了极大的压力，但动荡的经济与金融环境是改革与创新的驱动器，同时该阶段美国政府对于金融市场监管的放松也为金融机构与市场带来了新的发展机遇，新型的金融机构、金融业务、金融工具应运而生，经济金融化进一步加深（见表1-7）。20世纪70年代，美国的经济危机和信用危机使金融领域里的"脱媒"现象严重，公众在银行的存款转向流动性和收益率更有吸引力的其他金融资产和有价证券，这就促使社会融资证券化的发展，债券和股票等有价证券的发行量和交易量迅速扩大。由于投资者对直接证券的需求扩大，作为主要筹资者的政府和企业不从银行获得信贷而直接以证券发行的形式在市场上筹集资金就比较方便和有利，并且可以不负担信用中介的费用，降低了融资成本。同时，筹资者还可以享受证券发行本身的许多益处，因此证券发行在资金筹集的形式中所占的比重不断扩大。

表1-7 1976～2000年美国金融资产结构

年份 \ 类别	美国金融资产总量（十亿美元）	信贷类资产（%）	债券类（%）	养老金与保险类（%）	股票类（%）	其他（%）
1976	9770	30.3	14.1	21.6	10.6	23.4
1977	10692	31.3	14.4	21.5	8.6	24.2
1978	12038	31.6	14.5	21.0	8.1	24.9
1979	13657	31.1	14.2	20.4	8.4	26.0
1980	15456	30.1	14.0	19.8	9.7	26.4
1981	16868	30.0	14.4	19.8	8.2	27.5
1982	18324	29.6	15.3	20.1	8.5	26.5
1983	20208	29.6	15.8	20.1	9.2	25.3
1984	22334	30.2	16.6	19.9	8.0	25.3
1985	25565	30.1	17.5	19.6	8.9	23.9
1986	28658	29.5	18.2	19.2	9.4	23.7
1987	31020	28.9	18.9	19.4	8.7	24.1
1988	34061	28.3	19.2	19.1	9.0	24.4
1989	37173	27.4	19.2	19.5	10.3	23.7
1990	38737	27.1	20.1	20.0	9.1	23.7

续表

年份 \ 类别	美国金融资产总量（十亿美元）	信贷类资产（%）	债券类（%）	养老金与保险类（%）	股票类（%）	其他（%）
1991	41692	25.4	20.3	20.2	11.6	22.5
1992	44421	24.0	20.6	20.8	12.2	22.3
1993	48099	22.7	21.0	20.7	13.1	22.4
1994	50677	22.4	21.4	20.9	12.5	22.9
1995	56585	21.2	20.5	20.4	15.0	22.9
1996	61952	20.7	20.0	20.5	15.7	23.1
1997	69566	19.8	19.0	20.0	18.0	23.2
1998	78348	19.1	18.4	19.3	19.5	23.7
1999	88899	18.4	17.6	18.4	21.5	24.2
2000	93016	19.0	17.6	18.1	18.6	26.6

资料来源：美联储，*Financial Accounts of the United States*。

进入20世纪80年代，尽管银行贷款仍是美国的主要融资方式，但证券融资的增长快于信贷，证券化趋势十分明显，原本不可流通的资产转换为有价证券在金融市场上交易（见图1-1）。住房抵押贷款、应收账款等都可以打包为资产池，成为证券化的基础资产，此后资产证券化逐渐成为一种被广泛采用的金融创新工具而得到了迅猛发展，这也使美国金融资产的杠杆率增加，美国金融资产总额暴增，且增速远高于实体经济的增速，从而使美国金融相关率不断升高，到了80年代中期，美国金融市场融资总额中有一半以上是通过证券融通的，超过了银行信贷而成为美国融资的主要形式。

美国银行贷款资产证券化与社会融资形式证券化相比，几乎具有同样的背景和原因，即20世纪70年代以后，由于持续的通货膨胀，利率上升，储蓄机构和银行的资金成本增大，经营非常困难。因此，美国的储蓄机构首先进行了融资创新——住宅抵押贷款的证券化，并在80年代后期得到进一步发展（见图1-2）。至1990年底，住宅抵押贷款的流通证券的总价值达到1.1万亿美元。资产证券化的最初形式就是将同质的住宅抵押贷款资产聚集成一个集合基金，然后发行由集合资产直接担保的抵押担保证券。因此，抵押担保证券的持有人实质上就直接拥有了抵押资产。由于商业银行直接受存款准备金、存储保险金和自有资本比例的限制，同时又由于70年代末的客观经济环境发生了很大变化，银行营运的资

第一章 产业结构升级必须以金融结构转型为基础

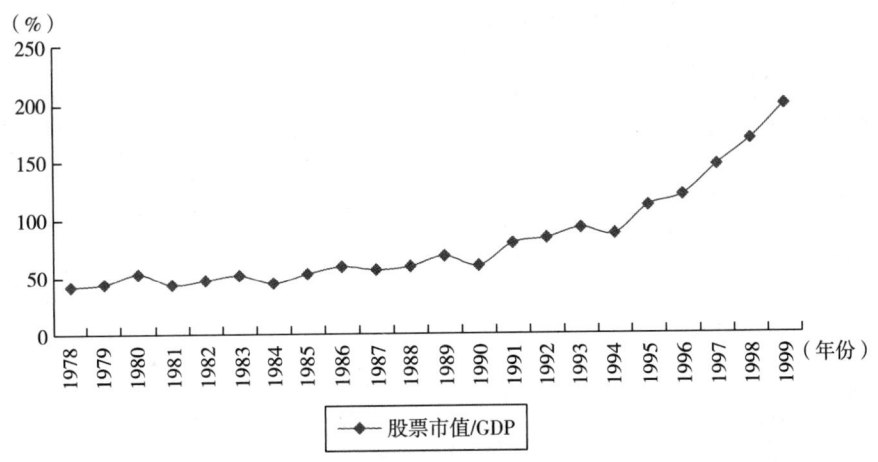

图1-1 美国金融证券化率

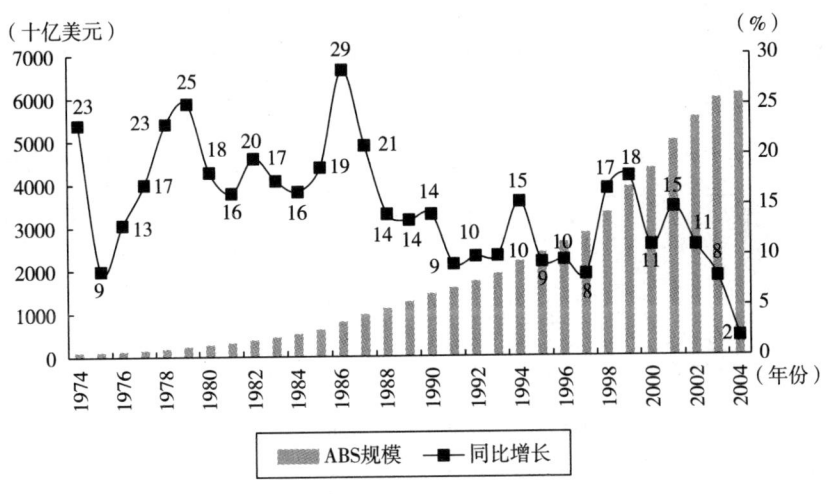

图1-2 美国资产支持证券（ABS）规模

金成本上升，因此，商业银行也步储蓄金融机构的后尘，将其贷款资产证券化。尽管其间破产银行数量较大，但是存活下来的银行却增强了实力，转变成业务更多样化、资金实力更雄厚的金融服务企业。1981～1994年为银行破产的高峰期，总共有1455家银行破产，损失了520亿美元的存款保险金。随着银行业的惨烈破产与洗牌，信贷类资产的占比也出现大幅下滑，从1976年的30.3%下滑到2000年的19.0%，其中存款类资产比例的下滑尤其明显（见表1-8）。

表1-8 1976~2000年美国信贷类资产结构

年份 \ 类别	信贷类资产占比(%)	支票存款和现金(%)	定期和储蓄存款(%)	贷款 储蓄机构贷款(%)	其他贷款(%)	抵押贷款(%)	消费信贷(%)
1976	30.3	3.6	10.2	2.9	2.3	8.9	2.3
1977	31.3	3.6	10.4	3.0	2.4	9.3	2.5
1978	31.6	3.5	10.3	3.1	2.6	9.6	2.6
1979	31.1	3.3	9.7	3.1	2.7	9.6	2.6
1980	30.1	3.1	9.5	3.0	2.7	9.4	2.3
1981	30.0	3.0	9.4	3.1	2.9	9.4	2.2
1982	29.6	3.0	9.6	3.0	2.9	9.1	2.2
1983	29.6	2.9	9.6	2.9	2.8	9.2	2.2
1984	30.2	2.8	9.8	2.9	2.9	9.4	2.4
1985	30.1	2.8	9.6	3.2	2.9	9.3	2.4
1986	29.5	2.9	9.0	3.1	2.8	9.3	2.3
1987	28.9	2.7	8.8	2.9	2.7	9.5	2.3
1988	28.3	2.6	8.6	2.7	2.6	9.6	2.2
1989	27.4	2.4	8.2	2.6	2.5	9.5	2.2
1990	27.1	2.4	7.9	2.4	2.5	9.8	2.1
1991	25.4	2.5	7.2	2.2	2.2	9.4	2.0
1992	24.0	2.6	6.5	2.0	2.1	9.1	1.9
1993	22.7	2.6	5.8	1.8	2.0	8.7	1.8
1994	22.4	2.4	5.5	1.8	2.0	8.6	2.0
1995	21.2	2.1	5.2	1.8	2.0	8.0	2.1
1996	20.7	1.9	5.2	1.8	2.0	7.7	2.1
1997	19.8	1.7	4.9	1.8	2.0	7.4	1.9
1998	19.1	1.6	4.7	1.8	2.1	7.1	1.8
1999	18.4	1.5	4.4	1.8	2.1	7.0	1.7
2000	19.0	1.3	4.6	1.7	2.3	7.3	1.9

资料来源：美联储，*Financial Accounts of the United States*。

4. 第四阶段（2000年至今）：金融资产结构调整反复

自21世纪以来，虚拟经济的发展的确刺激了美国经济的繁荣，但资产证券化过度也埋下了金融风险的祸根，并最终导致了20世纪30年代以来美国最严重的金融危机，甚至引发全球性的经济衰退（见表1-9）。次贷危机刺破了美国虚拟经济泡沫，使金融资产总额缩水。但是从2009年开始，经过美国政府的积极救市以及美联储的多次降息等因素，美国金融化比率开始回升，虽然联邦政府出台了一系列措施限制杠杆程度，但在利润驱动下，美国各金融机构还会创造出更多的金融衍生工具以避开管制，美国金融资产泡沫有继续扩大的趋势。

表1-9 2001~2016年美国金融资产结构

类别 年份	美国金融资产总量（十亿美元）	信贷类资产（%）	债券类（%）	养老金与保险类（%）	股票类（%）	其他（%）
2001	95836	19.8	18.4	18.2	16.2	27.3
2002	96546	20.9	19.8	18.7	12.8	27.8
2003	107452	20.3	19.3	18.5	15.4	26.4
2004	120316	20.2	19.2	18.2	15.7	26.7
2005	131003	20.4	18.9	17.7	15.7	27.3
2006	145292	20.2	18.4	17.1	16.6	27.7
2007	157889	20.5	18.6	16.5	16.0	28.3
2008	148311	22.9	20.9	16.7	10.3	29.3
2009	153735	21.2	21.1	17.4	12.9	27.4
2010	162380	19.8	20.7	18.1	14.3	27.1
2011	166801	19.7	20.7	18.2	13.5	27.9
2012	177792	19.0	20.4	18.0	14.5	28.1
2013	194525	18.1	19.2	17.4	17.2	28.1
2014	205782	18.0	18.8	17.1	17.8	28.1
2015	209500	18.4	19.0	17.2	17.1	28.3
2016	220243	18.3	18.8	17.7	17.7	28.8

资料来源：美联储，*Financial Accounts of the United States*。

具体到细分资产结构，虽然信贷类资产在2007年之前增加额不大，但次贷危机爆发后投资者更倾向于将资金从其他金融机构抽出并投向存款类金融机构，同时由于营运资金的缺乏需要贷款的企业也增加，所以在2008年信贷类资产增加额度较大。而在2009年后，由于金融市场的悲观情绪不断蔓延，实体经济衰退导致的坏账率上升、证券投资的失利以及非利息业务的减少等原因,致使商业银行及信贷类资产占比持续下滑。对保险和养老金类机构来说,2007年前资产总额一直稳定增加,但在2008年后由于财产保险公司、人寿保险公司、私人养老金、州和地方政府职工退休基金的资产均大幅度缩水,尤其是私人养老金机构由于投资失败,其资产额大幅减少,导致该类资产总额降低。股票类资产规模则与两次危机相关,2001年的互联网泡沫破裂导致了股票市值的大幅蒸发,而2008年的次贷危机再次带来了股票市值的大幅下滑,与此同时共同基金的规模也随着股票市场的波动而波动。

二、日本金融资产结构的演变与现状

从1950年至今,日本的金融资产结构主要经历了四个发展阶段。

1. 第一阶段(1950~1979年):间接金融支撑经济发展

"二战"结束后,从1950~1973年这二十多年是日本经济的复兴期和快速增长期,随着经济的发展,金融总量也快速发展(见图1-3)。"二战"结束后日本政府选择了以煤炭、钢铁等重工业为重点产业的经济发展战略,而重工业建设周期一般较长,所需投资规模庞大,而当时的日本金融资源贫乏,民间资本积累水平非常低。日本不断完善以银行为主导的间接金融结构并实施了一系列支持产业结构升级的政策措施。一方面,日本政府着力推动民间金融机构的发展,1955年以前,在日本金融体系中,政府控制的政策性金融机构一直占主导地位,但1955年以后,政府开始着力发展民间金融机构,城市商业银行的产业融资开始逐渐地占据主导地位。1955~1971年,城市商业银行的贷款额占全国银行业总额的比重约为65%~70%;另一方面,日本形成了专业化银行体制,各类性质的专业性银行分工明确,各自服务的对象和从事的业务种类都有严格的分工,这就确保了日本能够将有限的金融资源投入到重点产业中,从而调节和优化产业结构。1947~1953年,日本先后建立了复兴金融公库、住宅金融公库、国民金融公库、开发银行、进出口银行、北海道开发金融公库、国民医疗公库、公营企业金融公库、中小企业信用保险公库、环境卫生金融公库、冲绳振兴开发金融公库和中小企业金融公库政策性金融机构,这些机构分布在对经济和社会发展极其重要的产业并在各自特定的领域按政府预设的政策目标进行经营活动,从事商业性金融机构无力经营或不愿涉足的金融业务,在不同程度上弥补了商业性金融的不足,成为促进重化工产业振兴的关键因素。因此,虽然这段时期间接金融的占比从1950年的91%下降至1979年的64%，但其仍然是日本经济复兴和快速发展过程中的最重要支撑力量（见表1-10）。

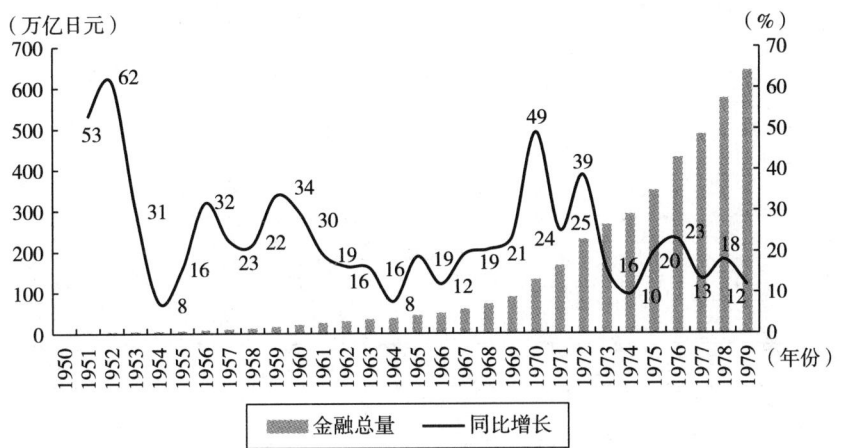

图1-3　日本金融资产总量规模

表1-10　1950~1979年日本金融资产结构

年份	金融总量（万亿日元）	间接金融（%）	债券（%）	股票（%）
1950	2	91	6	3
1951	2	91	6	4
1952	4	85	6	9
1953	5	86	5	9
1954	5	92	5	3
1955	6	91	5	5
1956	8	85	5	10
1957	10	85	6	10
1958	12	82	5	13
1959	17	73	4	22
1960	22	69	4	27
1961	26	70	5	25
1962	30	73	4	23
1963	35	78	5	17
1964	37	86	5	9

续表

年份	金融总量 (万亿日元)	间接金融 (%)	债券 (%)	股票 (%)
1965	44	84	6	9
1966	50	87	2	11
1967	59	85	8	7
1968	72	82	6	12
1969	89	79	5	16
1970	132	75	4	21
1971	166	73	7	20
1972	230	65	5	30
1973	266	68	5	28
1974	291	72	7	22
1975	349	71	12	18
1976	429	67	15	18
1977	487	66	17	16
1978	574	64	17	19
1979	642	64	18	19

资料来源：日本央行，*Flow of Funds*。

其间，因为"二战"时期直接融资体系瘫痪（证券交易所曾短暂关闭几年），直接金融的比例非常低，因而战后日本的股票市场也开始了一段快速发展期（见图1-4），股票资产规模从1949年的仅300亿日元增长到1960年的6万亿日元，十年间股票资产规模增长了20倍。但是进入20世纪60年代以后，日本股市却经历了波折，1961~1962年日本进入了一轮新的经济危机，由于生产膨胀产能过剩，叠加美欧等国在1961年相继发生危机，导致外部市场萎缩，进而引发国际收支赤字，为了应对国际收支赤字，日本央行缩紧了银根，提高了官方利率水平，而在第一次官定利率提升后，股票价格便急剧跌落，从1961年7月到1962年10月，股票价格下跌了29.1%，是70年代以前的历次危机中下降得最严重的一次。不过这轮危机没有持续太久，随着奥运会的到来，日本建设了新的高速公路和高铁路线，基建行业发展也使许多工厂建立起来，日本进入了一轮新的景气周期。随着企业上市的热潮、开放式基金的登场以及证券公司的推波助澜，日本股市又重新向上，但好景不长，过度的扩容破坏了市场的供需平衡，加上券商在股市上涨的过程中加了过高的杠杆,于是随着日经指数在1963年4月回升到1634高点,日本股市开始一泻千里,在股市下滑中,开放式基金接连跌破发行价,个人投资者的抛售加剧了基金基准价格的下滑,再加上杠杆的加速作用,日本股市出现了严重的股灾,日本政府不得不介入股市进行救市。1964年和1965年,两个救市基金的建立支撑起了市场,商业银行在股票市场投放了1936亿日元,开始了第一轮救市,第二轮救市带来了2349亿日元资金,其中日本央行提供其95%的资金。到了1965年日本股市开始企稳,加上新一轮"伊奘诺景气"周期的开始,日本股市重新走上快速发展道路。1973年,随着石油危机的发生,日本经济受到冲击,日本股市资产规模也受到冲击。而随着国际石油危机的结束和布雷顿森林体系的瓦解及由此造成的浮动汇率的实施,日本金融业面临着转型的巨大挑战。由于这一阶段日本经济社会不再存在资金短缺现象,而国际上要求日本放松金融管制的呼声也越来越高,客观上造成日本必须要大力推进金融自由化,由此导致了金融结构的变革,大量优质企业选择以公募的方式发行股票并上市,并推动了日本股票市场的快速发展,股票资产占比又重新回到较高的水平。

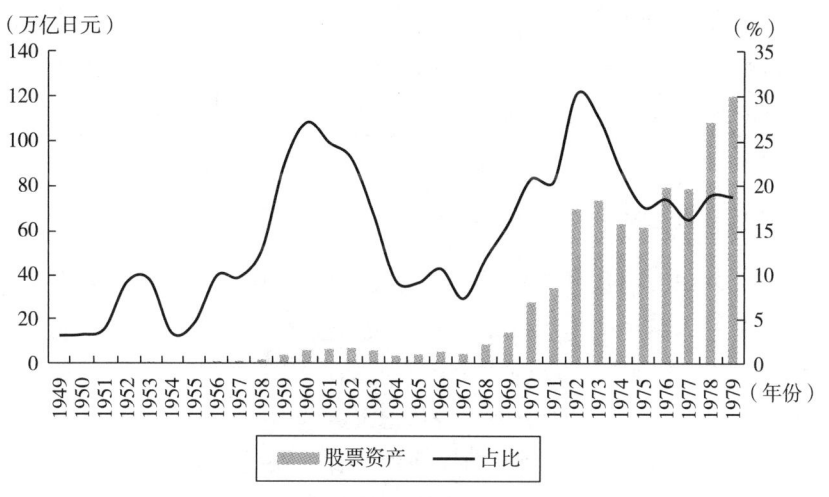

图1-4 日本股票资产规模

另外,石油危机导致国际金融体系的巨变,"二战"后确立的布雷顿森林货币体系土崩瓦解,主要国家相继实行了浮动汇率制度,同时经济普遍停滞。日本则由高速发展转为低速增长。结果是高速发展时期发挥巨大效应的金融结构受到严重冲击。经济涨幅的大幅度下降,导致企业投资比率降低,法人企业部门的资金紧张程度有大的改观,虽然GNP中的储蓄率变化不大,但公共部门资金不足的状况还是日益突出。因为,为了弥补经济下滑而造成的国内民间需求的下降,政府积极进行了公共投资以支持经济增长。但民间税收的增加十分缓慢,致使公共投资的过度。为了解决公共部门的资金需求,日本政府开始加大国债发行量(见表1-11)。以国债的大量发行为契机,日本的直接金融获得发展的空间。随着国债发行量的迅速扩大,认购国债的城市银行资金周转的压力不断增加。特别是在日本政府为减轻财政负担而压低了国债利率之后,为了避免认购和持有国债的银行亏损,日本政府决定通过市场来消化国债。1977年开始将银行持有国债的最短期限定为一年,一年之后,国债便可在市场上自由出售。为了使国债交易畅通,1978年以后,中长期国债利率可根据流通市场的供求关系自由决定。从此,日本的国债市场大门开始敞开。在国债效应的拉动下,银行业与证券业之间的高壁垒开始融化。

表1-11 日本的国债发行情况

类别 年份	1970	1975	1980	1985
国债余额(亿日元)	28112	149731	705089	1345895
财政对国债的依存度(%)	4.2	25.3	32.6	23.4
国债余额占GNP比重(%)	3.7	9.8	28.8	42

2. 第二阶段(1980~1989年):股权融资成为主流

1980~1989年,信贷类资产占比从55%下降到48%,以银行为代表的间接金融体系在金融体系中的地位降低,日本银行业也经历了洗牌(见表1-12)。自20世纪80年代以来,日本国内生产总值的比重已占OECD二十四国总和的14%以上,进出口总值仅次于美国和联邦德国居世界第三位。日本已取代美国和英国,成为世界上最大的债权国。日本政府的各种限制却使日本金融市场在世界上的地位远不及其经济地位,特别是由于封闭的市场结构,使日本的任何一个城市都未能成为真正的国际金融中心,国际业务被局限在很小的范围内。日元在国际上也没有达到应有的地位,1975年,日元在各国国际储备中只占0.5%的比重,不仅比不上美元、马克、英镑、法国法郎、瑞士法郎,甚至不及荷兰盾。日本封闭的金融市场同西欧、美国等开放型的金融市场形成了鲜明的对照,日本的金融机构在其他西方国家的金融市场上可以不受限制地开展业务活动,其他国家的金融机构却不能在日本随意活动,招致了其他国家的不满。在外部压力下日本的金融市场逐渐自由化,1978年银行间短期拆借市场、票据市场的利率限制逐步取消,20世纪80年代基本实现了自由化。1979年准许银行发售自由利率的大额存单,以后在1984~1986年多次放松对存单面额的限制。日元的使用范围不断扩大。1984年4月起,日本政府取消了向国外发放日元贷款的限制。1984年4月至1986年3月,又几次放宽外国人在日本发行日元债券的限制。"欧洲日元"交易也逐渐趋于自由化。自由化使各金融机构之间,包括外国金融机构与日本金融机构之间的竞争更激烈。利率的自由化使大的金融机构可以竞相抬高存款利率,降低贷款利率,小的金融机构却无能力参加这种竞争。1985~1986年,日本银行业的大量银行出现倒闭。1985年,美国、英国、法国、德国、日本签订了"广场协议",通过干预外汇市场,导致美元大幅贬值,而日元大幅度升值,这使日本经济遭受极大冲击。为继续扩大国际市场占有率,缓解汇率剧烈波动带来的不利影响,日本加大了对电子等出口行业的扶持力度。1985~1990年,日本电气机械制造业劳动生产率比其他制造业高出大约15个百分点。同时,不断涌现出多样化的新兴成长型产业,信息通信、软件开发等产业比重不断上升,而这些新兴产业在发展初期,业绩不稳定,财务不透明,加之不具备合格的担保条件,往往很难从银行业获得融资,因此,以银行信贷为代表的间接金融体系地位不断下降。

表1-12 1980~1989年日本金融资产结构

类别 年份	金融资产总量 (万亿日元)	现金与存款(%)	贷款(%)	债券(%)	股权(%)	保险与养老金(%)	其他(%)
1980	1432	23	32	12	9	3	21
1981	1589	23	31	12	10	3	21
1982	1764	23	31	12	9	3	21
1983	1938	23	31	13	9	3	21
1984	2197	22	31	12	12	3	20
1985	2426	21	30	13	12	4	20
1986	2714	21	30	12	14	4	19
1987	3248	19	29	12	18	4	18
1988	3735	19	29	11	19	4	18
1989	4249	19	29	10	20	4	18

资料来源:日本央行,*Flow of Funds*。

（1）股权资产占比大幅上升。1980~1989年，股权资产占比从9.4%大幅提升到20.1%，其中上市公司股票资产占比从5.1%提升至12.3%，股票市场在金融体系中的地位大幅提升（见图1-5）。股票投资的主体也逐渐多样化，投资者不仅有金融机构，而且出现了机构投资者和个人投资家以及非居民投资家。20世纪80年代后期，当时的日本政府为了消除日元升值带来的不利影响，开始采取扩张性的货币政策。从1986年1月到1987年2月，日本连续5次降低基准利率，中央银行贴现率从5%降到了2.5%，过度扩张的货币政策造成了大量的过剩资金，在实体经济缺乏有效投资机会下，这些过剩资金便想方设法通过各种渠道流入股票市场，造成股价大幅上涨，当企业发现投资股市和楼市比投资实体经济还能赚取更多利润时，便将更多的金融资源投入到了投机活动中，这也是造成股权资产占比大幅上升的原因。

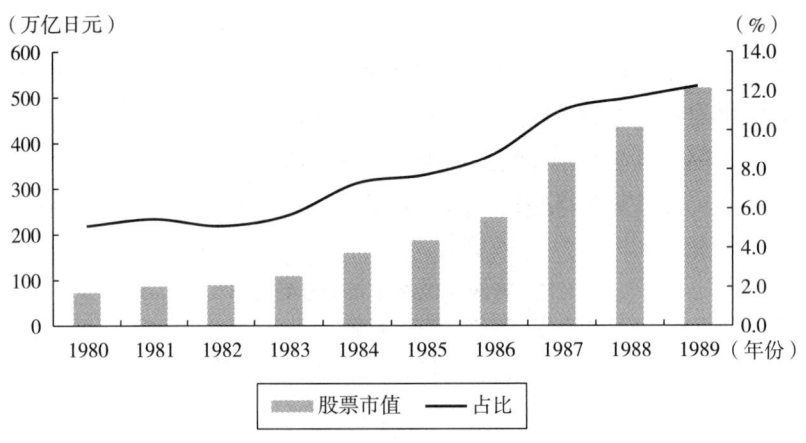

图1-5　日本股票市值及其占比

（2）投资信托规模快速增加。随着股票市场的火爆，日本的共同基金行业（投资信托行业）进入了一段快速发展期（见图1-6），投资信托规模从1980年的5.8万亿日元快速增长至1989年的53万亿日元，十年间几乎增长了十倍，占金融资产总量的比例也从0.4%提升至1.3%。尤其是1986年后，随着日本宽松货币政策的实施，大量资金涌入股市，股票市场异常火爆，高收益导致了更多投资信托的成立和规模的增加。

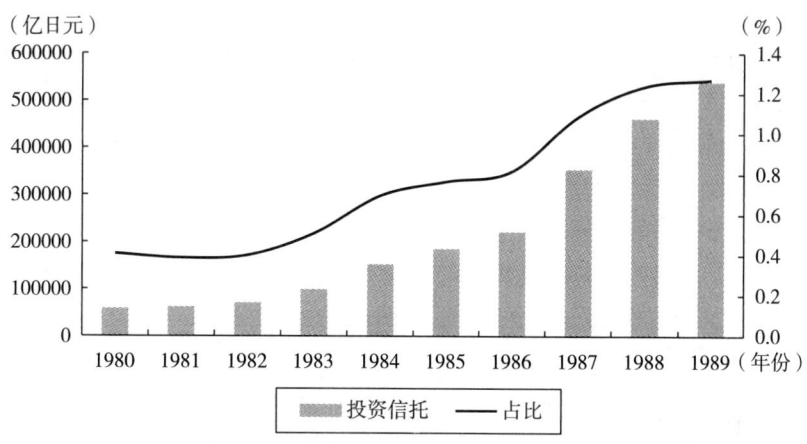

图1-6 日本投资信托规模及其占比

3. 第三阶段（1990~2007年）：金融空心化，发展放缓

20世纪80年代后期，受过度宽松的货币政策影响，日本经济流动性泛滥，而受金融自由化和企业筹资模式变化的影响，实体企业对银行的依赖程度降低，银行将大量信贷投入到不动产领域，推动了日本楼市的泡沫。到20世纪90年代初，房地产市场和股市同时崩盘，造成大量呆账、坏账，几乎所有银行和企业都出现巨额亏损，大量的不良债权成为制约其发展的达摩克利斯之剑。而1998年的亚洲金融风暴，加剧了资金的外流，日本出现了严重的金融空心化，银行授信能力恶化。信贷类资产占比也从1990年的51%下降到41%（见表1-13所示）。

表1-13 1990~2007年日本金融资产结构

类别 年份	金融资产总量 （万亿日元）	现金与存款（%）	贷款（%）	债券（%）	股权（%）	保险与养老金（%）	其他（%）
1990	4592	20	31	9	18	4	18
1991	4715	20	32	10	15	4	19
1992	4702	21	33	11	11	5	20
1993	4791	21	33	11	11	5	19
1994	4954	21	33	11	12	6	18

续表

年份\类别	金融资产总量（万亿日元）	现金与存款（%）	贷款（%）	债券（%）	股权（%）	保险与养老金（%）	其他（%）
1995	5037	21	33	12	10	6	19
1996	5379	20	32	12	12	6	19
1997	5414	20	31	12	10	6	20
1998	5632	20	32	12	9	6	20
1999	5661	20	31	13	10	6	21
2000	5901	20	29	13	13	6	19
2001	5928	20	29	13	11	6	20
2002	5860	21	28	14	9	8	19
2003	5789	21	28	16	8	8	19
2004	6006	21	26	16	12	7	18
2005	6194	20	25	17	13	9	17
2006	6630	19	24	16	17	8	16
2007	6640	18	23	16	18	8	17

资料来源：日本央行，*Flow of Funds*。

然而，1990年随着房地产市场泡沫的破裂，日本股票市场泡沫也一起破裂，股市的大跌导致了股权资产占比的下滑（见图1-7）。而由于日本经济整体陷入了低迷，日本股市在20世纪90年代一直未走强，1990~1998年，股票市场占比从18%下降了一半至9%。随着股市的走弱，投资信托的占比也出现了下滑，从1990年的1.2%下降至1998年的0.7%。进入21世纪后，日本通过提高制造业的技术含量，抢占全球价值链的高端环节，在保持高技术支撑的比较优势的同时，在第三产业内部，面向企业的生产性服务业快速发展，长期受政府保护的金融保险业、信息通信业、运输业等行业稳定成长，成为带动第三产业发展的主要力量。日本政府充分汲取了上一轮经济金融危机的教训，围绕着银行业职能的恢复以及多层次资本市场的培育，开始进行金融市场化改革。在此背景下股票市场也逐渐恢复，到2008年金融危机前，股权资产规模占比一度回到18%的高点。

第一章 产业结构升级必须以金融结构转型为基础

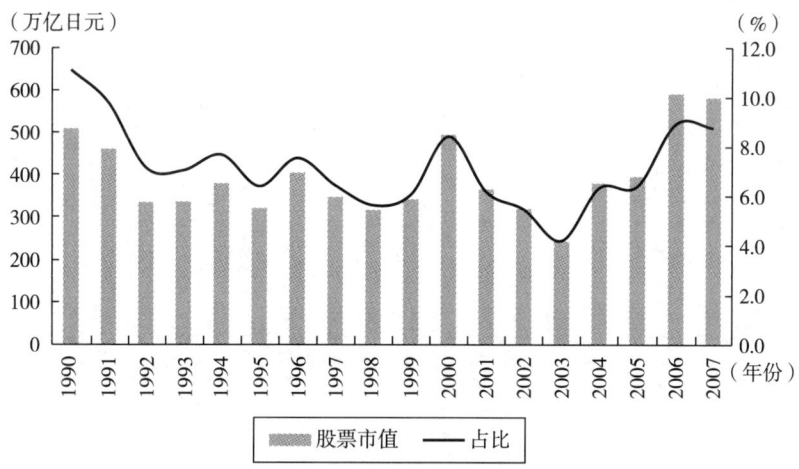

图 1-7 日本股票市值及其占比

在日本经济陷入低迷的20世纪最后十年，由于严重的金融空心化，金融机构授信能力恶化，股票市场发行规模萎缩，社会资金供给能力急剧下降，政府和企业不得已转向债券市场，导致政府债券、企业债券发行量急剧增加（见图1-8）。债券资产占比从1990年的9.4%提升至2007年的16.3%，其中国债资产占比增长最为显著，从1990年的3.2%增长至2007年的10.1%。与此同时，随着居民收入水平的提高、养老观念的建立和保障体系的建立，保险与养老金资产却在这一时期快速发展（见图1-9）。首先是商业保险方面，人寿保险规模快速增加，其资产占比也从1990年的2.5%提升至2007年的2.9%；其次是企业年金资产增加显著，从占金融资产总量的比例从1990年的仅0.2%增加至2007年的1.4%；另外，养老金体系逐渐建立，养老金资产规模占比也从1990年的0.9%提升至2007年的2.3%。

4. 第四阶段（2008~2016年）：金融危机后资产结构出现调整

自2008年金融危机以来，日本金融资产总量进入了一段缓慢增长期，年平均增速不到2%，这与日本经济的增速是一致的（见表1-14）。与此同时，日本的金融资产结构也进入了一段平稳期，信贷类资产、股权资产、债券资产以及保险与养老金资产比例保持相对稳定。主要的变化来自存款占比的上升。从2008~2016年日本存款资产规模占比从20%上升至23%，而金融危机以来，日本长期实施的是准零利率政策，但存款规模仍然出现较大增加。一方面，虽然存款利率

· 27 ·

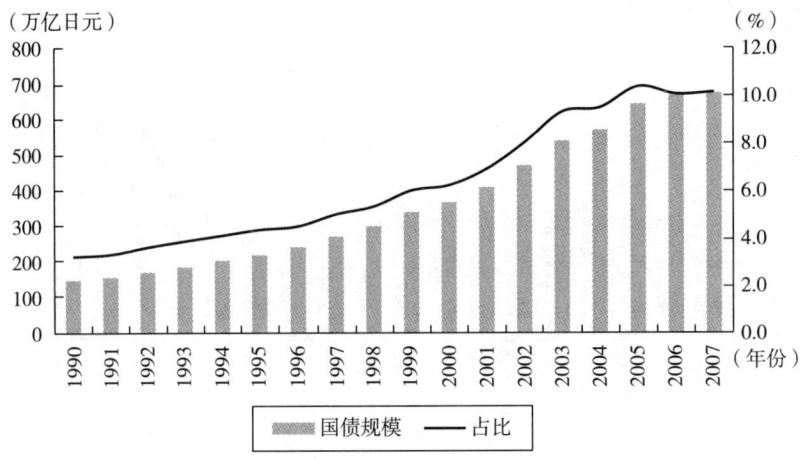

图1-8 日本国债资产规模及其占比

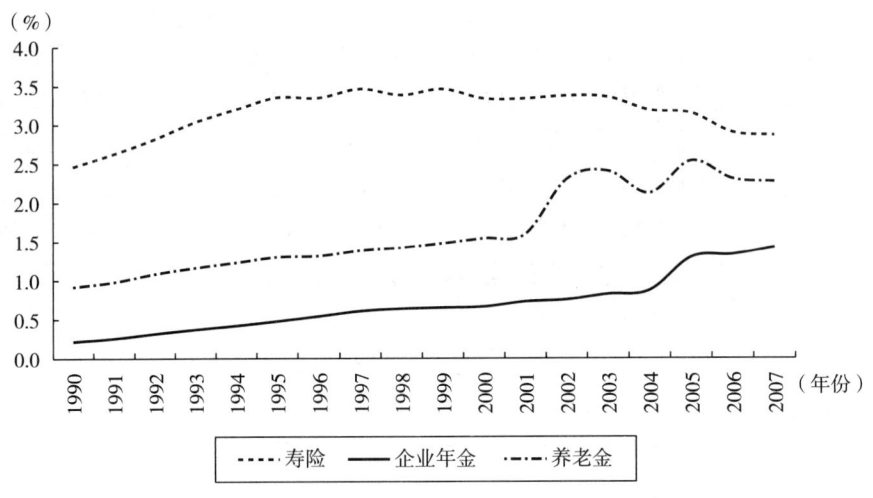

图1-9 1990~2007年日本保险与养老金资产结构

很低,但相比于国债等市场的负利率回报,存款仍是一个更好的选择,而且当货币政策效用到达极限的时候,储蓄回报的下滑反而促使家庭增加储蓄。这是因为随着储蓄收益下降,财富的实际水平可能跌至目标水平以下,诱导家庭进行更多储蓄以弥补不足。另一方面,在日元贬值的情况下,日本企业的收入得到了增长和恢复,但与此同时企业进行长期设备投资的积极性仍然较差,导致企业存款规模的不断上升。

表 1-14　2008~2016 年日本金融资产结构

类别 年份	金融资产总量（万亿日元）	现金与存款（%）	贷款（%）	债券（%）	股权（%）	保险与养老金（%）	其他（%）
2008	6278	20	24	18	13	8	17
2009	5888	21	24	19	10	9	17
2010	6017	21	23	19	11	9	17
2011	6107	22	23	19	11	8	17
2012	6247	21	22	19	11	8	18
2013	6614	21	21	19	13	8	18
2014	6961	22	21	19	14	8	17
2015	7616	21	20	18	16	7	18
2016	7715	23	20	18	14	7	18

资料来源：日本央行，*Flow of Funds*。

三、美日金融结构与产业结构升级

美国的资本市场是国际上最为成功的资本市场，其通过建立股票市场、债券市场、风险投资等平台，极大地带动了整个国家的产业转型升级。首先，作为一个以市场为基础的金融体系，二级股票市场是美国企业外部融资的一个最重要的来源，在历史上占 35%~65% 的总外部资金，股权融资的重要性在 20 世纪 50 年代后期到 60 年代以及 90 年代末达到了顶峰，而这两个时期也恰逢经济史上持续时间最长的经济增长；其次，企业外部融资的另一个重要的来源是公司债券，占比在 10%~15%，而存款机构贷款在 1946~1990 年为 6%~8%，过去的二十年更是降低到 2%~5%。与此同时，美国产业结构的演变也在金融结构发展过程中实现，具体表现为以新技术革命为核心的主导产业不断更替、产业结构不断优化的动态发展过程。纵观美国产业结构的发展历程可以发现，产业结构的调整和金融结构的调整是相辅相成、互相促进、互为因果的，从"二战"后开始，金融、信息、专业和商业服务（IT 服务、法律服务、咨询服务）、教育与社会服务等第三产业增加值在整体GDP中的占比不断提升，而农业、制造业等第一和第二产业增加值在GDP中的占比不断下滑，美国金融结构正是从这段时间完成了由银行主导型向资本市场主导型的变迁。特别是自20世纪90年代以来的信息革命浪潮，以信息技术企业为代表的高新技术风险企业，与涌现的大批风险投资资本相得益彰，高新技术企业的兴起推动了对风险资本投资的需求，而风险投资资本的快速发展又对信息技术革命的发展起到了推动。

与美国类似，20世纪40~50年代是日本经济恢复和产业结构重建的时期，日本提出贸易立国的发展战略，战后的日本着重发展劳动密集型的轻工业和机械工业。20世纪50年代中后期，日本迎来了经济的高速增长，日本重化学工业开始崛起，当时随着经济的高速发展，日本的城市化速度加快，推动了住房、耐用消费品以及交通基础设施相关产业的发展，从而带动了相关固定资产投资的增长，而固定资产投资的增长推动了产业结构向重化学工业转型升级。到了20世纪80年代初，日本经济开始向着后工业社会转型，三次产业结构比重发生了明显变化，第一产业不仅在GDP所占比重出现了下降，而且在绝对量上出现了下滑，第二产业尤其是制造业，除汽车制造业以外，都表现出严重衰退，直到1996年才有所恢复，第三产业则继续保持持续发展的态势。随着产业结构的变化，日本也开始了一段金融自由化、金融证券化的浪潮。然而，伴随产业结构的转变，以间接金融为主的金融结构没有发生本质改变。1965~1979年，银行贷款占日本企业的总外部资金的大约85%。尽管日本银行系统的比例一直在下降，2000年前它仍然是日本非金融企业外部融资的首要来源，直到之后由公司证券替代。虽然从表面上来看，日本建立了与美国相似的金融结构要素，包括股票市场、债券市场与风险投资等，但银行系统一直占据主导地位的日本金融系统内，银行在企业融资中占有主导地位，其推动产业转型的作用却是相对较小，日本经济也从20世纪90年起陷入了"消失的三十年"。

在图1-10显示的2016年最新数据中可以看到，美国金融资产结构中股票、债券等直接融资方式的金融资产占比较高，信贷类资产占比不到20%，银行体系的重要性相对较低；而日本金融资产结构中占主力的仍然是信贷类资产，虽然相比"二战"结束后一度为90%的占比已有明显下降，但依然占到了高达42.7%，即银行系统仍然是日本金融体系的核心。美国的金融结构以直接金融为主，而日本则以间接金融为主，这是美日两国金融结构最重要的差别。造成这种区别的原因很复杂，首先，是两国经济发展水平和阶段不同，美国历史上也经历过间接金融占主导的历史阶段，但美国在工业化中期（"二战"后）开始向直接金融体系转型，并逐步形成了目前的金融结构，而日本虽然在进入21世纪后围绕着银行业职能的恢复以及多层次资本市场的培育，开始进行金融市场化改革，资本市场占名义GDP的比例不断上升，但目前来看整体金融结构仍然还是以间接金融为主；其次，从产业结构来看，"二战"后美国的产业结构就开始了升级之路，钢铁、纺织等传统产业向日本、德国等国转移，而金融、信息、专业和商业服务（IT服务、法律服务、咨询服务）、教育与社会服务等第三产业增加值在整体GDP中的占比不断提升，而传统的间接金融体系并不适合为新兴产业提供金融服务，客观推动了金融资产结构的转型。此外，这也与两国的金融管制程度相关。由于在"二战"后日本整个国家百废待兴，面临着严重的资金短缺，银行等间接金融体系成为了经济发展最容易的选择，它们在支持经济发展方面起到了举足轻重的作用，因此，日本政府对日本的金融机构尤其是银行实施了一系列的保护措施，确保银行体系的稳定，甚至创造了"银行不倒"的神话，虽然管制程度后来有所减弱，但银行体系的地位却一直无可撼动；相比之下美国的银行体系则没有享受到如此待遇，20世纪50～60年代，美国的商业银行曾经借助国际化的机遇和自身的创新（如可转让大额存单），突破了监管政策对银行体系的诸多限制，经历过一段商业银行发展的黄金岁月，信贷类资产占比在那一段时间还曾经历过一段上升期，但到了80年代，随着资金成本的上升以及石油危机的打击，美国银行业经历惨烈洗牌，信贷类资产占比也不断下滑，而同一时期金融证券化愈演愈烈，银行系统在美国金融体系中逐步走向下坡路。

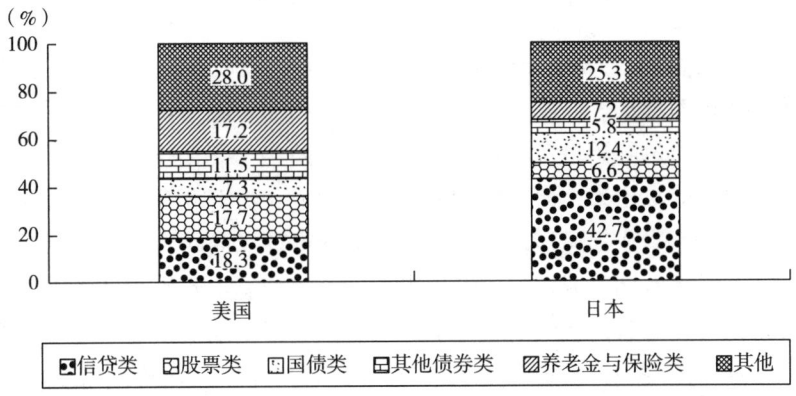

图1-10 日本和美国金融资产结构对比（2016年）

资料来源：美联储，*Financial Accounts of the United States*；日本央行，*Flow of Funds*。

第二节 中国金融资产结构与特征

一、中国金融资产结构演变及现状

自中华人民共和国成立以来，我国的经济金融发展都取得了巨大的成就，但由于我国金融市场起步较晚，发展时间较短，加上我国特殊的经济体制的影响，我国整体的金融资产结构仍然处在发展和调整阶段，这个过程大致经历了以下三个阶段：

1. 第一阶段（1949~1978年）：计划经济下的单一结构

中华人民共和国成立初期，在社会主义计划经济的体制下，我国经济发展相对落后，货币化程度较低，金融体系的发展也因此受到制约，股票、债券等金融资产也只是昙花一现，很快便退出了历史舞台。但也是在这个阶段中，中国人民银行开始逐渐确立了其在金融体系中的核心地位，对资金进行集中管理并对商品购销贷款进行统一核算，因此，该阶段金融资产主要为货币类金融资产，而证券类资产则基本消失。

2. 第二阶段（1978~1991年）：改革开放后金融市场雏形初现

自1978年党的十一届三中全会后，中国全面实现改革开放，随着社会主义市场经济体制逐渐形成，经济发展突飞猛进，我国的金融市场也在这一阶段全面复苏，金融资产总量开始迅速增长，结构上也开始产生变化。先是国有商业银行从中国人民银行分离出来，商业银行体系最先形成，银行业开始成为金融市场的主导；到了20世纪80年代初，保险市场和债券市场双双回归，1981年恢复国库券发行后，金融债券和企业债券相继推出，债券资产总量开始明显增长，到1984年实行股票试点发行后，我国的金融资产种类不断得到丰富，证券类资产规模逐渐提升。在这一阶段中，非货币类金融资产从无到有但占比很低，银行存款和现金等货币类资产依然占金融资产总量90%以上的大比率，并且金融资产的总量规模仍然有限，金融资产结构还比较落后，金融市场也只是初现雏形。

3. 第三阶段（1991年至今）：金融资产结构逐渐发生变化

1991年上海和深圳股票交易所正式成立，中国股票市场随后飞速发展，债券市场规模也在这一阶段快速扩大，1998年又推出了证券投资基金，权益类金融资产开始占到一席之地。除此之外，期货期权等金融衍生品也相继进入市场，这一阶段我国的金融资产无论是在总量上还是在结构上都产生了很大的变化，真正发展成为具有一定规模的金融市场，金融资产结构也开始出现了变化。结合国际货币基金组织（IMF）和我国的国民经济核算体系（SNA）对金融资产的分类并参考前人的研究经验以及考虑数据可得性后，我们对我国金融资产进行了分类和总量统计，表1-15给出了部分关键年度的数据结果。从表1-15中可见，1991~2015年，这段时期我国的金融资产总量增长了80倍，这样的增长速度在世界经济金融发展史中十分罕见。并且我国金融资产种类也在这一阶段得到了丰富，从单一的货币性资产到涌现出权益类、保险类、衍生品类等多种资产，资金融通渠道进一步拓展，金融资产结构呈现多元化。习惯上，通常以金融资产总量/GDP（金融相关率）和M2/GDP这两个代表性的指标来刻画金融上层结构的变化情况。由表1-16的数据可见，我国金融深化的进程飞快，金融相关率从1991年的200.42%大幅提高到2014年的440.82%，说明我国经济货币化的程度已经很高，狭义货币在经济学中用M1表示，广义货币用M2表示，货币经济比（M2/GDP）2015年也已超过200%，且高于许多发达国家的现有水平，可以说我国的金融发展速度大大超越了经济发展水平，并且随着金融市场的进一步开放，金融创新的不断推进，金融上层结构的增速将继续扩大。如果考虑将国外金融资产和金融衍生品纳入总量统计中，我国的金融资产总量规模将与发达国家更接近甚至赶超。同时，随着金融资产总量和资产种类的增加，每类资产也都呈现了不同幅度的增长，金融资产的结构因此产生了变化。其中，货币性资产增速逐渐放缓，占比也逐渐下降，但绝对比例仍然最高，超过总量的2/3，说明市场整体的流动性偏好依然较高，直接融资仍然是各部门融资的主要渠道，金融体系的风险还是主要集中在银行体系中。非货币性资产总体增速更快，占比稳步提升。由于以股票市值衡量股票资产的总量，其受到价格波动的影响起伏较大，但随着股权分置改革后股票市场的不断扩容和证券投资专业化推进下，股票资产已经成为目前我国第二大类金融资产，但绝对比例上仍然不足20%，股票市值与GDP的比重也说明了我国的资本化率与发达国家相比仍然较低。与不断走高的广义货币经济比对比来看，我国正处在一个资本化程度低但货币化程度高的阶段，一旦货币化进程开始放缓,金融发展也将受到结构约束而出现危机。此外,债券、保险等市场由于起步较晚,目前规模还比较有限,虽然近年来发展速度逐渐提升,在总量中的占比也有较大提高,但从发达国家的发展经验来看,其发展相对滞后,与成熟金融市场中的债券和保险市场还有很大的差距。

表1-15 中国金融资产总量(国内)统计① 单位:亿元,%

年份 类别	1991	1995	2000	2004	2008	2012	2015
一、货币类资产	42594.6	112311.5	237828.1	439356.9	803816.9	1602124.2	2359778.4
合计占比	96.58	92.48	76.58	82.87	75.60	74.63	68.61
1. 流通中的现金	3177.8	7885.3	14652.7	21468.3	34219	54659.8	63216.58
2. 存款	18079	53882.1	123804.4	240525.1	466203.3	917554.8	1357021.61
3. 贷款	21337.8	50544.1	99371.1	177363.5	303394.6	629909.6	939540.16
二、债权资产	1509.2	5655.4	21264.9	41815.5	99704.4	239142.8	424500
合计占比	3.42	4.66	6.85	7.89	9.38	11.14	12.34
4. 金融债券	118.1	1708.5	7383.3	14019.3	36686	78910.8	134000
5. 政府债券	1060	3300.3	13020	25777.6	49767.8	82522	148000
6. 企业债券	331.1	646.6	861.6	2018.6	13250.6	77710	142500
三、股权资产	—	3474.3	48090.9	37055.6	121366.4	230357.6	531304.2
7. 股票	—	3474.3	48090.9	37055.6	121366.4	230357.6	531304.20
占比	—	2.86	15.49	6.99	11.42	10.73	15.45
四、保险资产	—	—	3373.9	11953.7	38295.7	75013.6	123597.76
8. 保险准备金	—	—	3373.9	11953.7	38295.7	75013.6	123597.76
占比	—	—	1.09	2.25	3.60	3.49	3.59
金融资产总量(一+二+三+四)	44103.8	121441.2	310557.8	530181.7	1063183.4	2146638.2	3439180.31

① 数据说明:①主要数据来源于 Wind 数据库,主要数据由各年度中国金融年鉴、Wind 数据库中公布的数据整理得到,其中股票以市值表示,债券类资产以余额表示且 2002~2006 年缺失的企业债余额数据由上一年企业债券余额加本年度发行额获得;保险准备金 2007~2013 年的数据来源于中国社会科学院统计的国家资产负债表,其他未统计年份数据由保险公司总资产代替表示。②由于至 2014 年我国国外金融资产的规模较小,在我们的研究中暂不做考虑。③我们主要研究分析国内金融资产的演变情况,国外金融资产不包含在统计数据中。④由于金融衍生品在我国的发展还处于初级阶段,品种界定和数据统计尚不完善,我们在统计金融资产总量时暂不予考虑。未纳入统计的金融资产在总量中的占比较低,对统计研究的结果不会产生较大的影响。

表1–16　中国金融上层结构① 　　　　单位：亿元，%

年份\类别	金融资产总量	GDP	M2	股票市值/GDP	金融相关率	M2/GDP
1991	44103.80	22005.60	19349.90	—	200.42	87.93
1992	56374.78	27194.50	25402.20	—	207.30	93.41
1993	74361.06	35673.20	34879.80	9.74	208.45	97.78
1994	94518.73	48637.50	46923.50	7.58	194.33	96.48
1995	121441.17	61339.90	60750.50	5.66	197.98	99.04
1996	156107.33	71813.60	77265.00	14.04	217.38	107.59
1997	194669.99	79715.00	90631.83	21.99	244.21	113.69
1998	226495.61	85195.50	104498.50	22.90	265.85	122.66
1999	262812.97	90564.40	119898.00	29.23	290.19	132.39
2000	310557.81	100280.10	138356.47	47.96	309.69	137.97
2001	344895.28	110863.10	158301.92	39.26	311.10	142.79
2002	394862.32	121717.40	185006.97	31.49	324.41	152.00
2003	474288.75	137422.00	221222.82	30.40	345.13	160.98
2004	530181.64	161840.20	253207.70	22.90	327.60	156.46
2005	604228.43	187318.90	298755.67	17.31	322.57	159.49
2006	757650.81	219438.50	345577.91	40.74	345.27	157.48
2007	1124607.04	270232.30	403401.30	121.06	416.16	149.28
2008	1063183.48	319515.50	475166.60	37.98	332.75	148.71
2009	1455008.32	349081.40	610224.52	69.88	416.81	174.81
2010	1717242.05	413030.30	725851.79	64.26	415.77	175.74
2011	1873507.00	489300.60	851590.90	43.89	382.89	174.04
2012	2146638.20	540367.40	974148.80	42.63	397.26	180.28
2013	2435859.55	595244.40	1106524.90	38.80	409.22	185.89
2014	2838790.61	643974.00	1228374.81	57.85	440.82	190.75

① 数据说明：主要数据来源于 Wind 数据库。由于金融资产总量是存量指标，GDP 是流量指标，在计算金融相关率时我们沿用 Demirgùc–Kunt 和 Levin（2001）处理方法，用上期和本期的实际金融资产平均值除以本期实际 GDP，其中各变量的实际值都是通过名义值平减当年 CPI 指数获得。

二、中国金融资产结构特征

1. 货币增长推动金融资产总量上涨

从图1-11显示的全社会金融资产总量和经济、货币增长的速度的组合线图来看,全社会金融资产总量的增速明显大于经济增长的速度,但与货币供应量的增长节奏一直保持高度一致。只是在经济增长出现比较极端的情况时,全社会金融资产总量的增速波动加大。例如社会金融资产总量经历了2004~2007年的连续高速增长后于2008年快速回落,这与经济下行时资产价格得剧烈波动有关。因此,可以说经济增长是我国全社会金融资产增长的基础,而货币增长则是推动金融资产总量上涨的直接动力。这也就解释了为什么我国的金融市场的发展程度与发达国家的成熟市场相比还存在着一定的差距,但我国的金融资产总量经过十几年的增长已经接近甚至超过了某些发达国家的水平,金融相关比率也处于世界领先位置。正是因为十几年来我国一直保持着平均高于GDP增速大于9%的货币供应增长速度,这个货币供应增长速度远高于发达国家的平均水平,从而大量的货币增长成为了推动金融资产总量快速上涨的直接动因。从这个角度说,未来一旦货币供应增速趋缓,我国金融资产总量的增长将可能会面临下滑的风险。

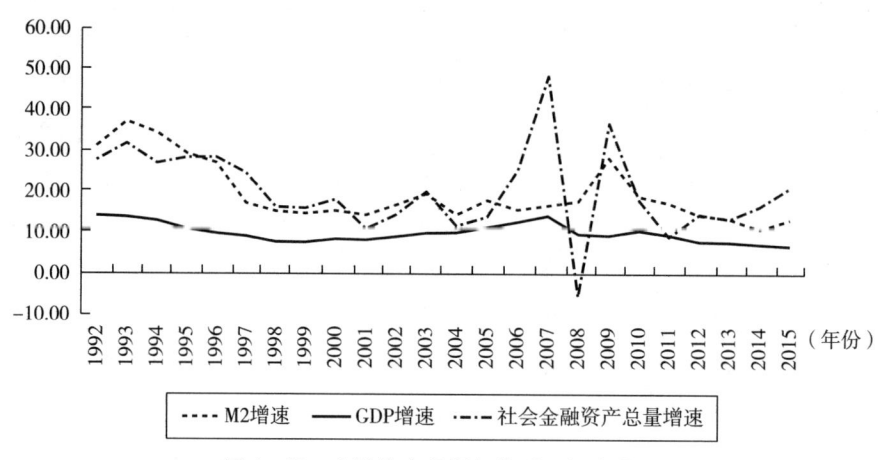

图1-11 金融资产总量与货币、经济增速

2. 权益类资产占比低

股票和债券是证券市场上最重要的两类金融工具,也是全社会投资者主要的

有价证券投资标的。从前面表1-15中的统计数据可以看到，全社会配置在股票和债券市场的资产加起来仅占所有金融资产的不到28%，而超过60%的资产则是配置在风险收益较低的货币类资产上。一方面，我国是以银行为主导的金融体系，金融资源配置以银行间接融资方式为基础，企业外部资金也主要来源于银行贷款。因此，大部分的金融资产也都集中在银行等金融中介结构，而在我国银行的资产配置受到政府影响比较深，长久以来在财政、金融不分家的监管之下，银行资产基本投向信贷，促使我国的信贷资产在金融资产结构中占比较大，而权益类资产，特别是债权类资产的比重受到了限制。另一方面，由于银行主导的金融体系下银行在动员储蓄、将储蓄转化为投资、资金配置等方面发挥主要作用，家庭持有现金和银行存款的比例比较大，其风险投资偏好水平则比较低，对风险资产的配置需求不高。2004~2014年，我国居民部门金融资产的配置情况也可以看到，我国居民家庭配置权益类资产（包括股票和债券）的比例平均低于10%，即使是在股市牛市时期（2007年）也没有超过30%。并且，由于我国的债券市场起步较晚，发展相对滞后，其交易规模和活跃度一直不高，投资者在组合投资选择时对债权资产的配置比例始终有限，虽然随着收入和风险偏好的提高，股权资产的配置有所增加，但整个权益类资产的配置比例基本上只是随着市场规模的变大而缓慢地提高，总体比例没有出现快速增长，从全社会的角度来看，权益类资产的总体配置比例始终处于较低的水平。

另外，从表1-15中可见，一方面，由于股票市值受到经济金融市场等系统因素影响较大，股票资产的占比波动较大；又由于受到发行制度的影响，股权融资规模发展速度受到限制且波动较大。因而，如果股权资产的供给规模受到控制，全社会的股权资产配置比例也会因此而局限；另一方面，从债券发行规模来看，我国的债券市场从2007年开始才出现明显的增量增长，国债和金融债的发行规模增长较快，是债券市场发展的主要驱动力，而企业债的增长速度相对较慢，债券市场的发行主体以政府和金融机构为主，非金融企业部门以及居民部门参与债券市场的程度十分有限，因此，债券资产占金融资产总量的比重与货币类资产相比依然很低。

3. 保险资产投资需求不振

改革开放以来，我国的保险业由中华人民共和国成立后的停业状态开始复苏，经历了恢复、发展和快速发展三个阶段，近十五年里保险资产规模增长了超过45倍。自21世纪以来，我国保险公司保费收入和总资产规模开始飞速增长，

2015年保费收入更是创下7%的七年来最高同比增速,我国保险市场的规模也因此跃升至全球第三位,仅次于美国和日本。一方面,这与现代保险服务业的功能正逐渐从最基础的资产保障功能向更广泛的资金融通和社会管理功能延伸有关,保险机构通过销售不同功能的保险产品等渠道吸引、积聚了大量资金,并随着金融行业壁垒逐渐打破,政策红利不断释放,保险业将慢慢发展成为我国金融体系的支柱力量;另一方面,随着我国保险资金投资收益的不断提高,保险产品的吸引力也不断提升,其金融属性也更加凸显,也逐渐成为居民家庭部门选择配置的一种重要的金融资产。然而,从我国目前金融资产的存量结构来看,虽然我国的保险市场规模已经逐渐追赶上发达国家水平,但保险深度和保险密度仍然与它们存在较大的差距,保险资产在全社会资产配置中的比例始终不足4%,说明我国国民对保险资产的配置需求没有得到显著提振,现代保险业在金融市场中的功能也未能有效发挥。

第三节 我国产业升级必须建立资本市场与银行体系并重的金融结构

一、美日经验证明多层次股权资本市场对产业升级的关键作用

美国资本市场是国际上较为成功的资本市场,其通过建立股票市场、风险投资等平台,极大地带动了整个国家的产业转型升级。而日本是以银行为基础的金融结构体系,虽然日本建立了一套具有完整金融要素的金融体系,但其金融结构推动产业转型的作用却相对较小。虽然日本的经济实力和产业地位在世界上和美国曾经有过比肩的水平,但在最近一次向IT科技产业转型的机遇中却没有成功完成转变,形成了当下两国产业升级水平之间的较大差距。以日本为代表的间接金融主导和以美国为代表的直接金融主导的金融体系之间的差异不仅仅是提供资金重要性的不同。相反,当银行体系和金融市场在金融体系中占主导地位,它创造了一个"重心",影响体系内的其他参与者。换句话说,在以银行为基础的系统(或市场),银行(或市场)不仅供应企业和产业的融资;它还直接或间接地影响和塑造市场(或银行系统)、风险投资和在金融体系中的其他金融机构参与者。在日本这种银行主导的金融体系下,资本市场的功能主要强调的是提供投资

工具，在一定程度上降低了作为一个管理者的激励和纪律机制。因为一个公司的股票大部分是被稳定的投资者所持有（浮动的比例相当小），表现不佳的公司不会有很多的生存挑战，这导致企业陷入潜在的管理防御问题。因为人际关系的重要性，资本市场也没有起到资源分配或直接融资来源仲裁者的作用。此外，占主导地位的银行体系也影响了日本的风险投资业。日本创投公司往往属于银行、证券公司，或作为一个更大的金融股权公司的子公司。与独立的风险资本公司相比，由于其母公司的保守，VC 会相对缺乏自由和项目评估技术，这使得日本风险资本公司比一般的 VC 更为保守，尤其是早期日本 VC 行业的发展，风险投资发展的缺失就导致日本缺席了 20 世纪 90 年代开始的互联网浪潮。

二、中国银行体系不能胜任产业转型升级的第一重任

中国改革开放的 40 年，政府投资主导的制造业和重工业等传统行业作为核心驱动着我国经济的迅速发展。然而，2010 年后，大部分传统产业的产能已经严重过剩，经济出现下行迹象。在这样的背景下，国家政府提出了大力促进战略新兴产业发展和积极加快传统产业转型升级的发展战略，力图将经济发展的引擎从传统行业转移到高科技新兴行业，避免国家陷入中等收入陷阱。事实上，改革开放后的第一个三十年，中国在银行体系为主的金融结构支持下，传统产业的发展比较成功，但从 2005 年开始，中国政府就提出了产业转型升级的要求，并将其作为重要内容列入了"十一五"和"十二五"规划中。但这十年来中国整体的产业转型升级并不成功，最主要的一个原因就是其金融结构与产业转型升级不相匹配，具体来说，一方面是国家顶层设计中对中国金融结构的优化问题认识不够充分，另一方面是资本市场本身也没有达到应有的水准，不能承担起推动产业转型升级的重任。而造成后者的原因主要有两个方面：一是由于资本市场从 1990 年开始发展至今运作时间较短，二是由于对资本市场重要性的认识不充分致使其还不能承担起应有的作用，因此，两方面原因其实是互为因果的。针对目前传统行业的现状，我们认为要解决传统行业的问题并不仅是简单地削减规模，而应该有步骤、有选择地进行淘汰、转型以及升级。对那些产能严重过剩，技术含量极低，生产经营存在较大问题的企业，应让其经受市场的考验，该淘汰的就应被淘汰。而对那些生产经营良好的优质传统行业，应鼓励其进行对原有产能进行升级，并积极拓展新兴业务，实现转型。从而使传统行业焕发产业内部能量，支持中国经济走过艰难的转型期。未来经济发展的新引擎将是新兴行业。尽管我国新兴行业体量小，风险大，但是发展迅速，资金需求大，正处于产业发展的初期。

诸如互联网、生物医药、新材料等新兴行业科技含量高,利润率高,未来发展的潜力大。而由于新兴行业具有的高风险高投入特点,行业内公司存在融资困难,资金量不足的问题。资金投入是产业发展壮大的前提,对于高科技公司来说,尤是如此。当前我国正处经济转型升级的关键时期,而我国的金融市场特别是资本市场发展仍然处在初级阶段,在未来我国主要增长点将转变为高新技术企业和中小企业的背景下,以资本市场为核心的直接融资渠道将发挥至关重要的作用,我国目前的社会资产结构则显现出了一定的滞后性和局限性。因此,为了推进行业的发展、实现我国经济发展的成功转型以及产业结构的升级,应当更多地借鉴美国的发展经验,大力发展资本市场,加快我国金融结构优化,大力发展我国资本市场,由以银行为主导的金融结构逐渐向以资本市场为主导的金融结构转变,帮助新兴行业筹集资金,帮助其成长为中国经济未来的驱动核心。

第二章 中国资本市场对产业结构升级效应分析

第一节 股权融资与产业结构升级

从2000~2014年我国股票市场每年的募资量来看，这15年内我国股票市场总共为实体经济筹集约4.7万亿元，这些资金被广泛地投入到各个产业中，为我国经济的发展做出了很大的贡献。其中，2000~2005年，我国资本市场股票融资募集的资金总量很小，但是2005年以后，股票融资总量迅猛增加。尽管股票融资总额在年际波动比较大，且没有明显的规律，但总体呈现上升的趋势。

一、股票融资资金用途分析

为了更清晰地描述我国各融资方式的现状与发展状况，本书采用的募集资金用途的分类标准如表2-1所示。根据该资金用途分类标准我们对2000~2014年所有募集项目进行分析。

表2-1 融资用途界定

传统行业	传统向新兴转型	指原先在传统行业的企业主营业务完全改变，从事与原来不同的属于高新技术行业的业务
	传统行业升级	指原先在传统行业的企业主营业务做出调整，在原来的主营业务基础上淘汰落后技术、引入新技术
	传统行业主营扩大	指原先在传统行业的企业扩大其原有主营业务

		续表
新兴行业	新兴行业主营扩大	指属于新兴行业的企业扩大其主营业务或者引进新技术
其他	其他	不属于以上几种情况资金用途

首先，我们从项目数量的角度按不同融资用途将2000~2014年所有募集项目进行整合分类。如图2-1所示，高达约40%的项目募集的资金用于传统行业主营业务的扩大，并且在对于处于传统行业的企业，有超过75%的项目只是扩大原有的产能，只有5%的项目资金用于转型，19%的资金用于产能升级。由此可见，在过去的14年里，我国企业的发展还是以扩大原有的传统业务为主，传统行业内企业转型和升级占比小，尤其传统向新兴转型，由于难度大，投入高，占所有融资项目的比重仅为3%。

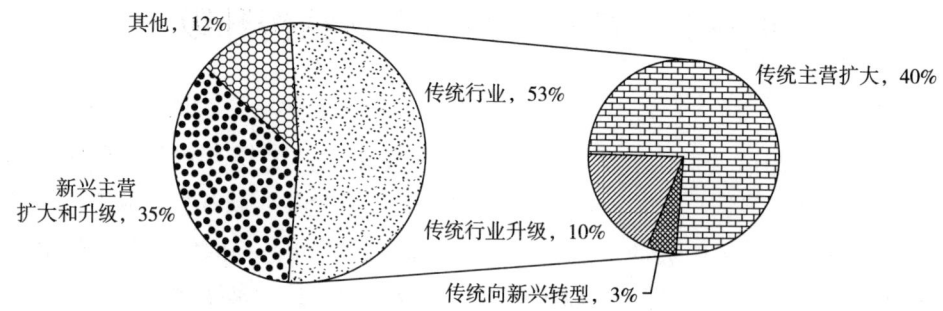

图2-1 2000~2014年股权融资项目按用途分类

其次，图2-2中我们将每年募集资金的项目金额按用途分别统计。从中，我们注意到尽管年份有所变化，但是融资用于传统行业主营业务扩大的比例是最高的，用于传统向新兴行业转型的比例次之。这说明尽管股票市场确实为新兴行业的发展做出了贡献，但是相比较与对传统行业的支持，效果并不理想。

1. 传统向新兴转型融资金额变化

2000~2006年，传统向新兴转型的融资金额量很小，但是在2007年，有一轮融资量的大爆发，随后的7年里，金额总量有比较大的波动但是维持着增大的趋势。由于特定用途融资量的变化受总量的影响很大，因此，在分析不同年份实体经济的行为（转型、升级、扩大原有产能等）时，研究比例指标更加反映真实现状。从占比变化来看，2000~2014年，融资用于转型的资金比例很低，最高也未超过6%，这也是能够理解的。因为转型是彻底改变公司的主营业务，放弃传统的业务，转而发展技术含量较高的业务，这不仅需要对自我的否定，更需要对新兴事物的投入，实行难度较大。从比例的变化趋势分析，占比先降后升，并于2005年、2006年达到底部。我国在2000~2004年出现了一波转型发展的热潮。然而这股热潮逐渐冷却，2005年、2006年没有融资用于转型，但在2007年以后，在国家产业转型升级政策的引导下，企业又逐渐开始融资转型。

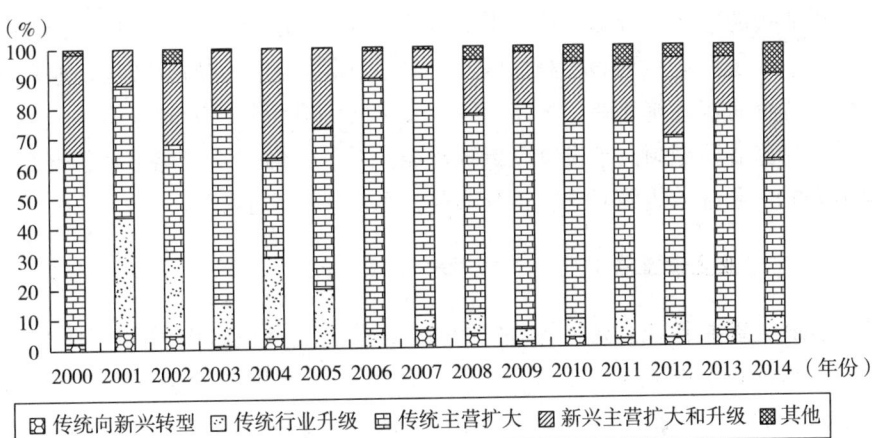

图2-2 2000~2014年股权融资资金量按用途分类

2. 传统行业升级融资金额变化

与传统行业向新兴行业转型的融资情况类似，传统行业升级融资在2000~2006总量不高，没有一年超过60亿元，然而从2007开始，收益股票的超级牛市，资本市场的融资总量大幅增加。所以，尽管2007年传统行业转型的融资量占总融资量较小，但是绝对量还是远远高于前7年。在2007~2014年，该融资用途的融资量波动大，每年的体量大多超过200亿元。从比例角度来看，我们发现一个很明显的趋势，从2001年开始，融资用于升级的占比逐年下降，从40%降到了5%。2006~2014年，该比例稳定在了5%。2000~2005年，我国企业升级的积极性很高，然而在2005年以后，我国经济发展迅猛，传统行业的利润率高，大量资金流入，企业开始集中扩大原有产能，传统行业内企业升级意愿不积极，完全没有达到政府对我国产业转型升级的要求。

3. 传统行业主营业务扩大融资金额变化

类似地，主营业务扩大的融资总量在 2000~2006 年很少，在 2007 年爆发，且在后面的 8 年里维持较高的水平。从比例上来看，该融资用途的占比一直维持着较高的比例，近几年基本维持在 50% 以上。值得注意的是，在 2000~2005 年，这个比例相对较低，但是在 2006 年、2007 年则迅速增大，最大超过 80%，2007 年以后，又慢慢减小，到 2014 年时已降至 50%。这反映了 2001~2005 年我国企业倾向于业务的转型和升级，而不是扩大原有的产能，但 2005 年后，国家经济发展迅猛，传统行业的利润率高，因此，企业开始大力扩大原有产能；而在 2008 年以后，这个比例逐年下降，可能与国家要求转型升级的产业政策有关。总的来说，我国的企业还是倾向于投资于传统产能，尽管已经严重产能过剩，但是还有源源不断的资金流入传统行业的传统业务，从而扩大产能。

4. 新兴行业主营业务扩大和升级融资金额变化

同样地，新兴行业主营业务的扩大和升级的融资量在 2007 年以后明显增大。从反应比例的折线图也可以发现，2000~2004 年，我国企业用于发展高新技术产能的比例很大，最高超过 35%，然而，2004 年以后，该比例大幅度减小。企业又都投资传统产能了，2008 年以后，融资占比逐年缓慢上升，近年来在 20% 左右波动，可见国家对新兴产业的引导发展政策起到了微弱的作用。

进一步地，我们加入行业划分，首先，从一级行业层面，将融资项目按用途和行业分组，结果如图 2-3 所示。对于金融业以及信息传输、软件和信息技术服务业这两个一级行业而言，由于本身就是战略性新兴行业，因此，所有的融资项目均为新兴行业主营扩大和升级；而住宿和餐饮业以及交通运输、仓储和邮政业由于本身被界定为传统行业，所以并没有涉及新兴行业主营业务扩大和升级。由于其他一级行业子行业的组成比较复杂，因此，均包括这两大类融资用途，但是比例有明显的不同。其中，房地产业，住宿和餐饮业，以及农、林、牧、渔业的融资项目用于业务转型或升级的很低，大部分资金募集用于扩大传统业务规模；水利、环境和公共设施管理业以及文化、体育和娱乐业的企业融资用于发展新兴业务的比例较高，但扩大传统业务的资金也不低。其次，从二级细分行业层次同样将融资项目按项目和行业分类，如图 2-4 所示。在 74 个子行业中，共有 8 个行业为新兴行业，33 个行业为传统行业。其他行业的企业组成较为复杂，既有经营传统业务的公司，又有经营高科技业务的公司。而且经营传统业务的公司

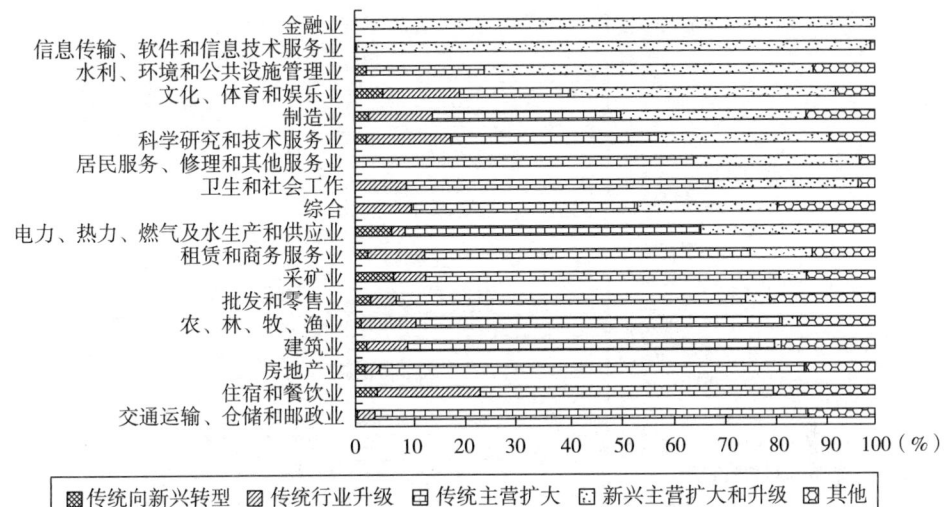

图2-3 一级行业不同用途融资项目占比

扩大原有业务、转型、升级的比例也不尽相同。

从以上综合分析来看,2000~2005年,社会股权融资总量以及各个融资方式对应的融资量均很少。但在2006年后,融资量有了大幅的增加并且每年波动较大。这与我国股票市场的体量以及牛熊市周期有关。从各个融资方式的比例变化来看,我们可以将这15年分成三个阶段:

(1)第一个阶段是2000~2004年,该阶段用于传统行业转型升级、新兴行业扩大主营业务的融资比例较大,而用于传统行业产能扩大的资金比例较小,说明该时期我国社会处于创新技术运用发展的阶段,企业转型升级、进入新兴产业的积极性高,而不倾向于扩大传统产能。分析其中的原因主要有两个:一是2000~2004年我国第十个五年计划提出要大力发展高科技行业,《国民经济和社会发展第十个五年计划纲要》的第二篇第四章提出优化工业结构,增强国际竞争力。要求加快工业改组改造、加快转变工业增长方式、发展高技术产业,大力促进了我国产业的转型升级;二是美国的纳斯达克互联网泡沫带动了我国高新技术产业的发展,1995~2001年,在美国纳斯达克上市的互联网相关公司的股价出现了飙升和暴跌犹如过山车式般的走势。这波狂热追捧互联网公司的浪潮影响之大,甚至推动了我国计算机相关企业的发展,在随后几年中,我国计算机相关行业的融资量维持了一个较大的量。这两个因素使我国2000~2004年行业转型升级的融资量很大。

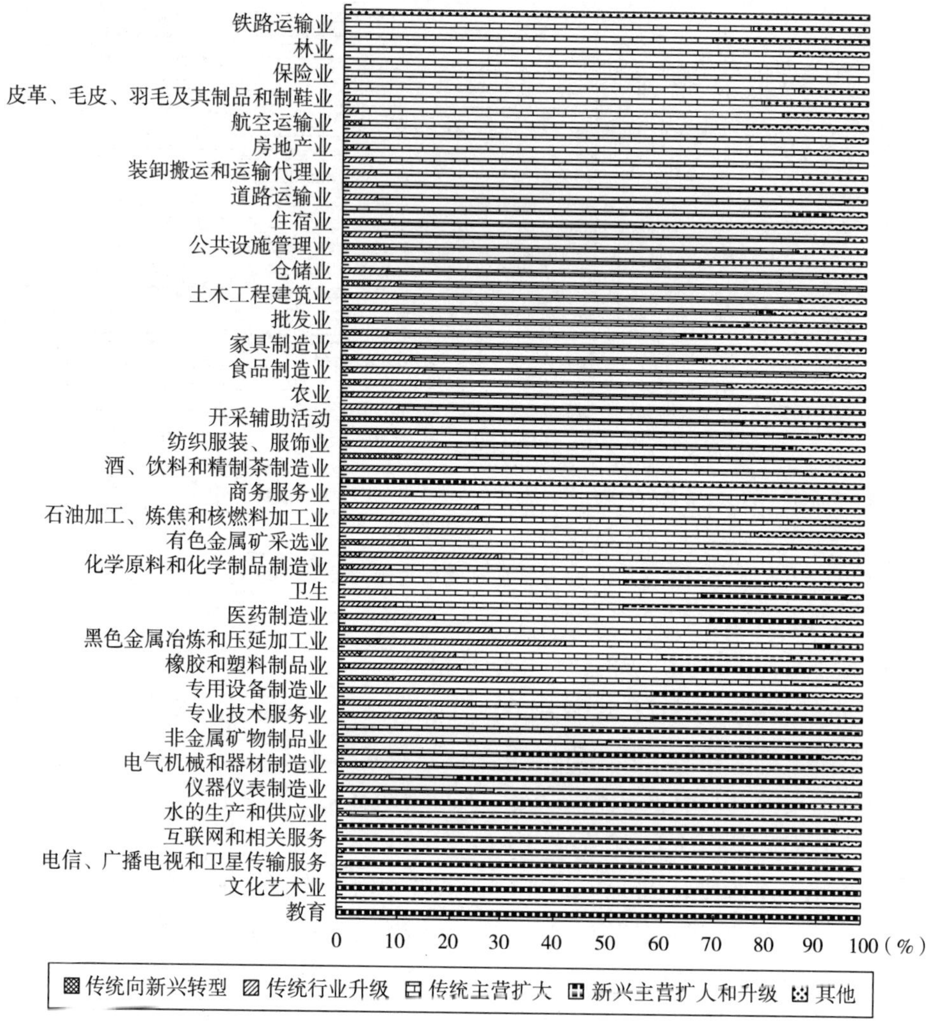

图 2-4 二级行业不同用途融资项目占比

(2) 第二阶段是 2005~2007 年，该阶段用于传统行业转型升级、新兴行业扩大主营业务的融资比例急剧下跌，而用于传统行业产能扩大的资金比例速度增大，说明中国经济进入扩大传统产能的阶段，这也许是造成近年来我国传统行业产能过剩的开始。其中的原因分析如下：2005~2007 年，我国经济大繁荣，三年的 GDP 同比增速分别为 11.30%、12.70%、14.20%，是这 15 年来 GDP 增速最大的三年。其中，第二产业的贡献率在 2003 年达到顶峰，然后在随后几年缓缓下降，在 2009 年，对 GDP 增速的贡献率首次小于第三产业。而资金在 2005~

2007年大量涌入这些传统行业,由此可以推断适应我国的经济发展的产业结构在逐渐变化,当2005~2007年传统行业投资量剧增时,工业对GDP增速的贡献率反而没有前几年高,传统行业的投资机会已然饱和。从行业的资金利润率角度来看,传统行业的资金利润率在2003年达到高点,随后逐渐降低。可以推测资金的运动在滞后于实体经济。当传统行业出现高的资金利润率后,大量资金流入这些传统行业,扩张产能,赚取高利润。

(3) 第三个阶段是2008年至今,即产业结构的转型升级被纳入国家经济的发展战略以来,尽管从比例来说,还是有高比例的资金流入了传统行业用以扩大已经产能过剩的主营业务,但是传统行业主营业务扩大的融资额占比在缓慢减少,新兴行业融资额占比有略微增长的趋势。对此,我们认为其中有两个因素起到了非常关键的作用。首先,是国家大力推行的产业转型升级政策,例如,"十二五"规划明确提出要培育发展战略性新兴产业。政策对资金的流向有很强的引导作用。再者,2009年创业板正式上市,创业板是专为暂时无法在主板上市的创业型企业、中小企业和高科技产业企业等需要进行融资和发展的企业提供融资途径和成长空间的证券交易市场,创业板的开设,极大地促进了新兴产业的融资。5年的融资额中有高达59%用于新兴产业的发展。

二、股票市场融资方式与产业结构升级

目前,我国股票市场有以下四种主要的股票融资方式:IPO、增发、配股以及发行可转债。为了更细致、清晰地分析股票融资量逐年变化的原因。我们将融资总量按这四种股票融资方式分解,如图2-5所示。从中可见,2000~2005年所有的股票融资方式所筹集的资金量均相对较小;2005年后,IPO获得融资量则波动较大,总体而言,其融资总量较2005年前有很大增加;配股和可转债的融资量逐步上升,但增加量不大;增发的融资量呈现稳步且大幅的增加趋势。

关于IPO年际波动大需考虑两个主要因素:一是股票市场的表现;二是IPO通道的开闭。首先,我们发现上证指数的走势与IPO融资额走势基本一致,即:当股票市场处于牛市的时,股票市场资金量与成交量大,公司积极IPO,证监会也会大量放行,那么IPO的融资量大;当股票市场处于熊市时,公司IPO积极性不高,证监会监管严格,IPO市场低迷,融资量萎缩。其次,在此期间经历了5次IPO停闸,分别是2001年7月31日至2001年11月2日、2004年8月26日至2005年1月23日、2005年5月25日至2006年6月2日、2008年9月16日至2009年7月10日、2012年11月16日至2014年1月17日,而停闸期间IPO融

资额下降，没有公司首次公开上市，自然就没有首发融资。而另外三种再融资方式在2005年以后筹资量猛增，最大的影响因素还是2006、2007年的一波史无前例的大牛市，股票市场火爆，上市公司再融资积极性高，带起再融资量的大幅增加。但随着上市公司基数的扩大，再融资的量自然越来越大，故再融资量呈现上升的趋势，其中上升趋势的波动与股票市场的表现明显会有正相关关系，原因不再赘述。值得注意的是，再融资方式中的配股和发行可转债，因为采取这两种方式融资的公司比例相对较小，融资量也较小，因此，上市公司数量增大的基数效应对其影响不如股市波动的效应对其影响大，出现了融资量在某些年（熊市）下降的情况。

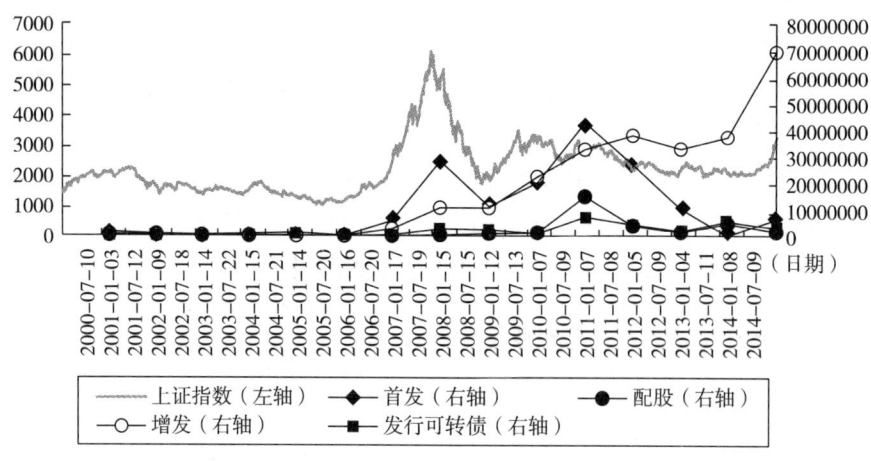

图2-5 2000~2014年上证指数及格股权融资方式融资额

比较不同股票融资方式可见增发的占比显著上升，在2014年，其占比已接近90%，融资量相比其他三种融资方式处于绝对的优势。在本研究的统计口径中，增发分为定向增发和公开募集股份。前者指向特定投资人非公开发行股份，后者指向公众公开发行股票募集资金。我们认为增发之所以在股权融资中占如此重要的地位，有如下的原因：一是增发可以满足各种融资主体的融资需求，当一家企业上市以后，意图募集资金，或引入战略投资者，或投资某个优质的项目，或注入优质资产，或被借壳，或并购某家公司。这些需求均可以通过增发的融资方式实现。因此，企业很愿意进行增发以促进企业的长期发展。二是增发相比于配股、发行可转债、IPO等股权融资方式有一定的优势。首先，从融资规模的角度来看，增发的融资规模较大。在四种方式中，配股要求配股总额不得超过总股本的30%。发行可转债的上限为发行后累计债券余额不超过公司净资产额的40%。增发与IPO尚没有具体的融资规模限制。其次,从发行门槛来看,IPO的门槛最高,对公司的净利润、现金流、营收都有一定要求。例如,在上交所上市,要求公司三年累计净利润超过3000万元,现金流超5000万元或累计营业收入超3亿元;可转债,要求最近3年连续盈利,且最近3年净资产收益率平均在10%以上;然后是增发,最近3个会计年度加权平均净资产收益率平均不低于6%;门槛最低的是配股,对公司资产收益率等没有要求来看,IPO定价较复杂,一般会有抑价。可转债的定价较高,增发次之,配股最低。可转债的转股价格应不低于募集说明书公告日前二十个交易日该公司股票交易均价和前一交易日的均价,经常会上浮一定幅度;公开募集股份的发行价格应不低于公告招股意向书前20个交易日公司股票均价或前一个交易日的均价,而定向增发的发行价格不低于定价基准日前20个交易日公司股票均价的90%;配股的价格一般最低,因为公司希望迅速完成配股。

综上,增发可以满足融资主体的各种需求,且融资量较大,门槛较低,发行价并不低。结合我国的实际情况,在我国,增发还与牛熊市周期依然有关。处于牛市时,增发的融资量明显上升,当处于熊市时,增发融资量上升幅度减缓。这是因为当股市低迷时,投资者投资热情不高,增发价也会定得比较低。对公司而言,募集来的资金少,股权被稀释得多,于是公司不太愿意进行增发。而当股市狂热时,股价被高估,增发价格较高,对公司而言,在发行股份购买资产时会少摊薄原股东权益比例,一般情况下公司的增发热情较高,2014年后半年的牛市更是带动了定增项目的大爆发。因此,增发的占比和体量在15年来增加迅速,在四种股票融资方式中占主导地位。并且基于以上分析,我们认为增发的优势地位仍将持续下去,其融资量将随着牛熊市周期震荡增加。

进一步地,考虑四种股票融资方式分别对产业结构转型升级的影响,本研究对所有在2000~2014年发生的股票融资项目进行股票融资方式和募集资金用途这两个维度进行分类统计。

1. 传统向新兴转型融资金额变化

由图2-6可以看到,2007年以后增发融资在转型过程中扮演最重要的角色,且其重要性越来越强。首发对转型的支持力度逐年减弱。值得注意的是,发行可转债在很多年份里占有相当的比例。这是由于转型的风险较大,从事的新业务盈利情况并不确定。而发行可转债有着较为平缓的稀释股权的特点,相比其他即刻稀释股权的股权融资方式,可以暂缓摊薄每股收益,从一定程度上减轻企业的业绩压力。而当新业务的盈利优势逐渐显现时,此时转股摊薄股本,并不会对公司造成很大的影响。

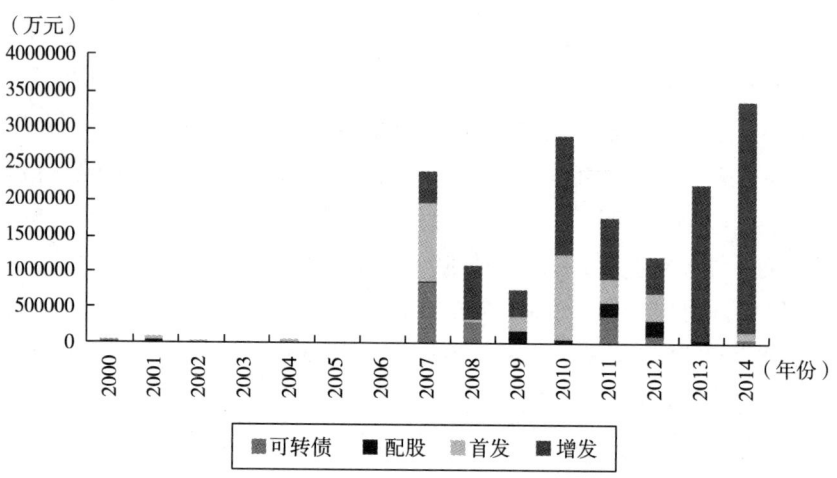

图 2-6　2000~2014 年各股权融资所融资金用于转型的融资量

2. 传统行业升级融资金额变化

如图 2-7 所示,用于升级的资金中首发的比例较大,尽管近几年总量逐渐被增发超过,但依旧占据重要的地位。我们首先分析意图升级的公司,相比较意图转型的公司,一定是经营现状较好的。一方面,因为转型的公司一般都会有现有业务经营困难,资产盈利能力差的情况,为彻底摆脱困境,唯有破釜沉舟,尝试从事全新的新兴业务。而意图升级的公司不同,一般都是现有资产经营情况良好,但是可预见的未来盈利能力会减弱。因此,公司提前布局,升级产能。由此分析,这些公司都具备较好的资产经营现状,能符合首发的高要求。另一方面,升级需要的资金量相对较小,首发所融资金足够公司用于业务升级。

3. 传统行业主营业务扩大融资金额变化

如图 2-8 所示,传统行业主营业务扩大的融资,依旧是增发和首发占主导。但是可转债和配股在历年依旧占到不小的比例。对于传统行业主营业务扩大,对某种股权融资方式的偏好并没有其他用途那么强。这主要是因为传统行业意图扩大原有产能的企业一般资产盈利较好,因此,希望扩大原有产能。这些企业能够相对轻易地满足这四种融资方式的要求,因此,区分度相对小。对定增而言,企业定增的项目一般盈利能力相对不强,对投资者的吸引力相对其他三类较小,因此,尽管市场上增发的占比极大,但是在此用途下,主导作用并没有这么明显。

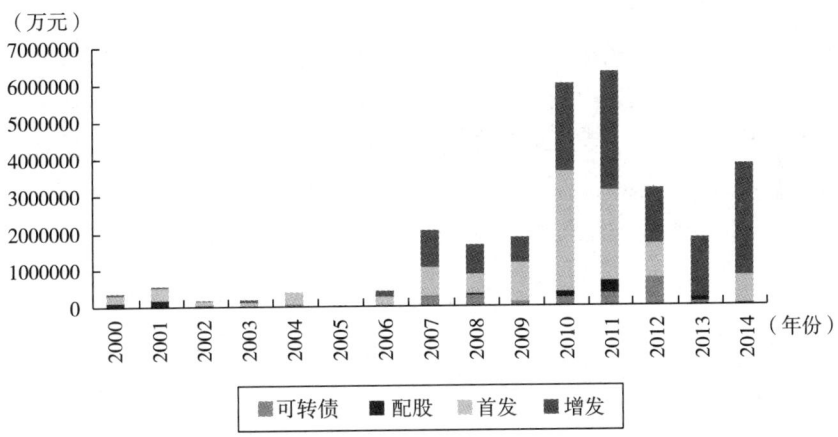

图2-7 2000~2014年各股权融资所融资金用于升级的融资量

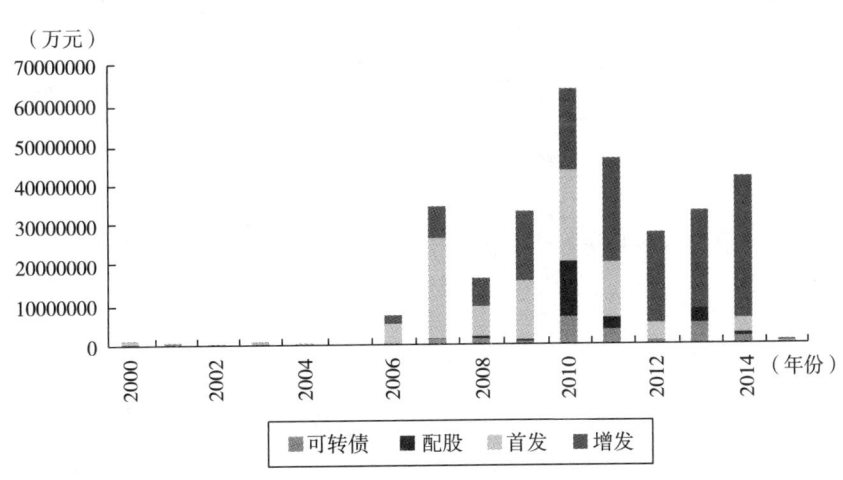

图2-8 2000~2014年各股权融资所融资金用于传统行业主营扩大的融资量

4. 新兴行业主营业务扩大和升级融资金额变化

如图 2-9 所示,在新兴行业主营业务扩大和升级的融资中,配股和可转债的贡献一直都很小,2012 年以前,该类融资由首发股票融资主导,但是 12 年后,增发超越首发成为最重要的融资手段。2013 年,由于 IPO 停摆,其融资量为零,增发融资量稳定增长。2014 年,增发融资量呈现爆发式的增长,主要是由 2014 年后半年的牛市以及国家出台相关政策鼓励上市公司并购引起的,其中主要政策有《国务院关于进一步优化企业兼并重组市场环境的意见》《上市公司重大资产重组管理办法》《上市公司收购管理办法》,这些政策简化了上市企业并购审批流程,降低了并购成本,有助于引导上市企业并购做强。而由于新兴行业的发展壮大风险较大,并购是该行业公司经常使用的、用于扩大其业务的手段,因此,新兴行业主营扩大的增发融资量在 2014 年猛增。

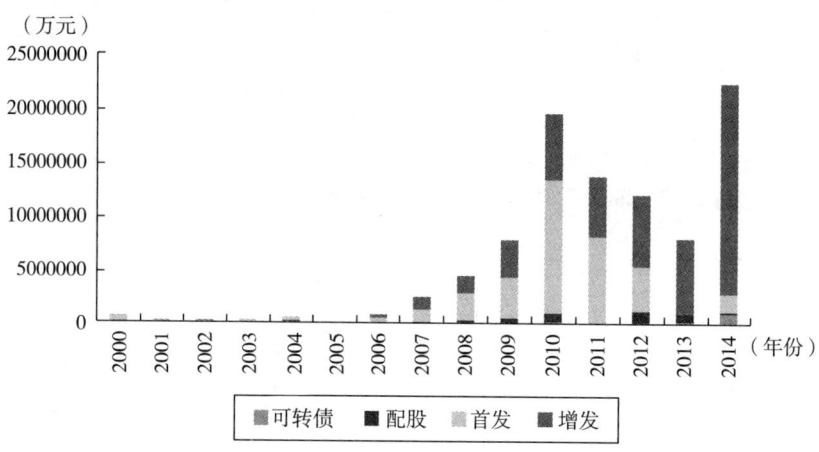

图 2-9　2000～2014 年各股权融资所融资金用于新兴行业主营扩大的融资量

三、三大板块股票融资与产业结构升级

目前,我国的股票市场有主板、中小板、创业板三个板块层次。为了再进一步分析股票融资量逐年变化的原因,将融资总量按这三个板块分解,从融资总量来看,主板占据绝对的优势,这主要是与板块的开设的时间以及成熟度有关,主板开设最早,知名度最高,上市公司多,基数大。值得注意的是创业板比中小板开设的时间晚,但融资量却比其更大。这可能与创业板的定位成功与社会环境有

关,创业板是我国的二板市场,类似于美国的纳斯达克板块,定位清晰,主要服务于高新技术行业,为高风险的成长型企业提供融资服务。而目前我国正处于万众创业的时代,创业型公司多,融资需求大。对比中小板,中小板介于主板和创业板之间,定位模糊。因此,创业板开设后,融资规模迅速超越2004年设立的中小板。

接着,我们又分别在主板、中小板和创业板这三个板块中对所有在2000~2015年发生的股票融资项目进行板块和募集资金用途这两个维度的分类统计。

1. 传统向新兴转型融资金额变化

我国中小板于2004年6月上市,而创业板于2009年10月上市。因此,从图2-10可以看到,在2004年以前,中小板的融资量为0,2009年以前,创业板的融资量亦为0。对于传统公司转型,主板依旧是主要融资场所,这与主板本身上市公司多,体量大有关。创业板对转型作用很小,占比一直在5%以下。虽然中小板融资量相对主板不高,但波动很大,2010年和2014年中小板转型融资量突然增大,前者是由于2010年银行新增贷款急剧收缩,资本市场总融资量应势提升,中小板快速扩容,增加了204家公司。后者是因为2014年的股票市场的定增潮,而这些定增项目大多是企业转型项目,且中小板占据半壁江山,因此,转型融资量出现了急剧上升的现象。

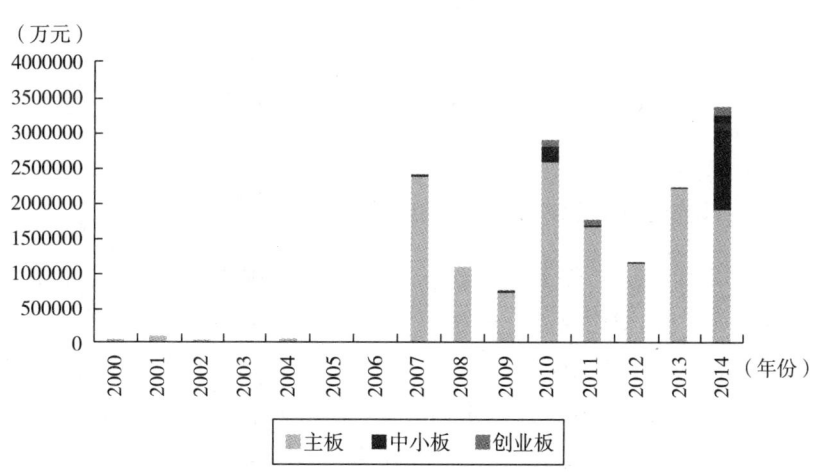

图2-10 三板块传统向新兴转型融资金额变化

2. 传统行业升级融资金额变化

如图2-11所示,与传统转型的情况有所不同,三个板块在升级的作用差距没有那么明显。创业板由于上市公司大多为新兴行业,对升级的帮助不大。而中小板和主板的对其均有相当的贡献。然而,必须注意到中小板体量要比主板小,即使如此,融资量在某几年超过了主板,因此可以判断,中小板用于升级的融资项目比例更大,在未来,可能会逐渐超过主板成为传统行业企业的重要融资场所。

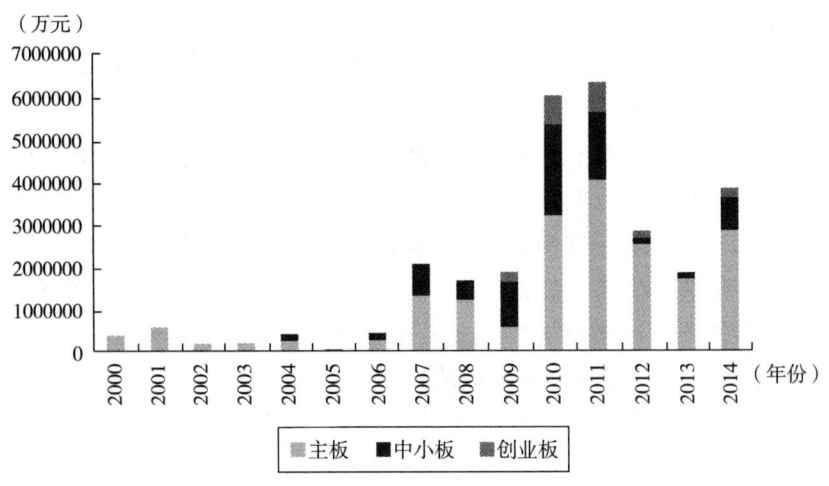

图2-11 三板块传统行业升级融资金额变化

3. 传统行业主营业务扩大融资金额变化

如图2-12所示,传统行业主营业务扩大的融资主要通过主板进行,占比稳定保持在75%以上,相比之下,中小板和创业板的融资量就要小得多,并且维持稳定,波动不大。究其原因,一是主板本身就是传统行业公司融资的主要场所,二是政策并不支持创业板和中小板的公司进行传统行业主营扩大的融资,且投资这两个板块公司的投资者也倾向高收益率高风险的融资项目。可以预见,传统行业主营地扩大将维持现有的状况,即主要由主板融资支持。

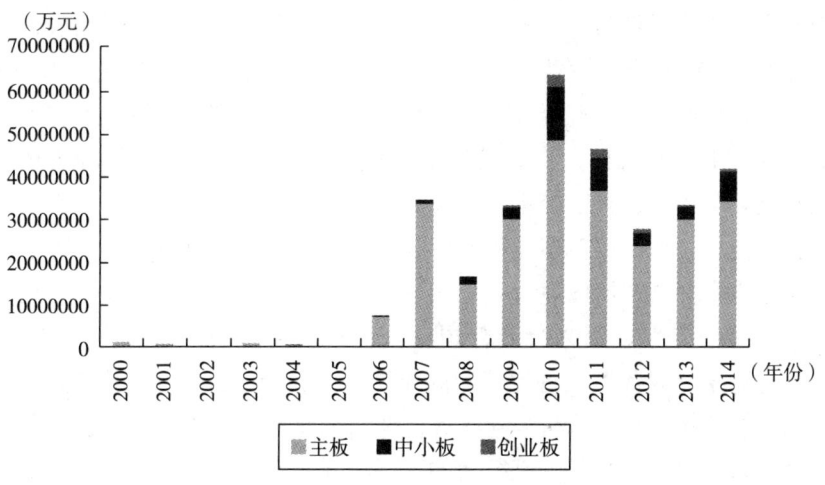

图 2–12　三板块传统行业主营业务扩大融资金额变化

4. 新兴行业主营业务扩大和升级融资金额变化

如图 2–13 所示，与前面三种情况截然不同，新兴行业企业主营业务的扩大在各板块占比融资占比相差不大。从融资量来看，主板依旧最高，中小板和创业板相当。但考虑各板块的体量，创业板的融资用于扩大新兴业主营业务的比例最大，这是因为创业板上市的公司大都是新兴产业的公司，其融资项目用途新兴产业主营扩大的比例自然高，在这里表现出来的融资量大大高于前面三种融资用途创业板所融的资金量。2014 年，三个板块用于新兴行业发展的融资均大幅上升，这是由于 2014 年是我国转型升级的关键年，年中国务院明确提出了依靠创新驱动发展的经济发展模式，提出设立国家新兴产业创业投资引导基金。并推出的创业板的两项新政：一是放宽创业板上市条件，上市企业不再限于九大行业；二是放行创业板再融资。可以预测当创业板的公司越来越多，创业板将承担起新兴行业发展融资的重任。

除此之外，我们又统计了 15 年来主板、中小板、创业板的融资项目用途结构表现三个板块的融资用途偏好，结果发现：对于主板而言，73% 的融资额是用于传统行业主营业务扩大，其他用途的融资额占比均较小。因此，我们认为，首先，主板依旧是传统行业发展融资的主要场所。值得注意的事，虽然传统行业向新兴行业转型的占比仅为 4%，但其是三个板块中最高的，而传统行业升级的占比却是最低的，由此可见，主板的公司保守度相对较高，即使是意图摆脱旧行业落后产能,这些公司更倾向于转型而不是升级;其次,对于中小板而言,50%的融资额是用于传统行业主营业务扩大,其他用途的融资额占比差距并没有像主板那么大。新兴行业发展融资资金占比31%,传统行业升级融资占比9%,基于这些数据以及与主板的对比,我们发现中小板公司融资目的更偏向向新兴行业发展。尤其是升级的占比是三个板块最大的,中小板的传统行业公司相比主板更渴望采用新兴技术,从事创新型业务。最后,创业板的融资用途结构正符合了我们所期望的未来中国股市所应该有的融资用途结构。融资用途占比最大的是新兴行业和升级,高达59%,新兴行业公司在创业板获得了极大的融资支持。同时,尽管传统行业主营业务扩大占比依旧高于转型和升级,但相比于其他两个板块,创业板的传统公司更加喜欢将公司业务往新兴行业上靠。总的来说,创业板的融资是三个板块中最倾向投资新兴行业的。

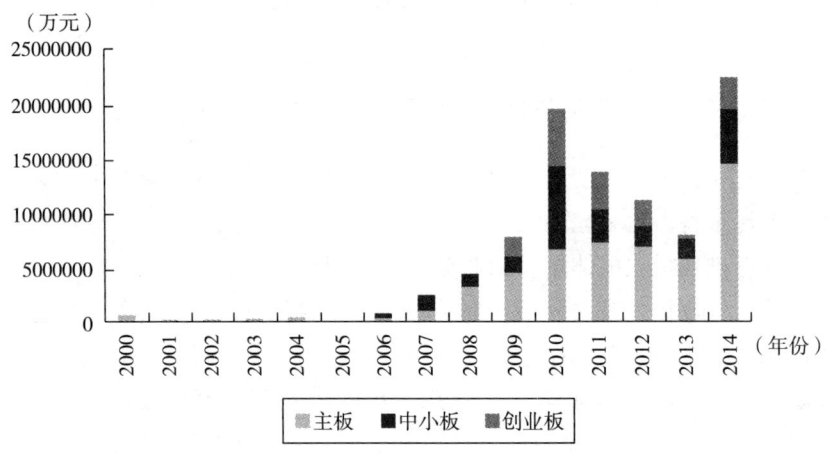

图 2-13 三板块新兴行业主营业务扩大和升级融资金额变化

综上,我们可以得出如下结论:第一,主板市场作为体量最大的市场,将继续为我国各个行业的企业提供融资服务,但是主要侧重于帮助传统行业发展;第二,创业板是我国大力支持发展的板块,以及为新兴行业发展的发展做出了重大贡献,可以预期,创业板在未来体量将会大幅提高,并成为创业型中小企业融资的主要场所;第三,中小板处的地位较尴尬,融资量增幅不大,但在支持传统行业、新兴行业发展上相对均衡,是支持力量。另外,从股票融资的行业分布来看,首先是制造业股票融资的总量最大,其次是信息传输、软件和信息技术服务业,教育行业股票融资量最少。由此可见,股票融资依旧偏好于传统行业,但是其融资相比新兴行业并没有占有绝对的优势。股票市场在支持传统行业发展的同时，同样能够帮助新兴行业融资发展。

第二节 债权融资与产业结构升级

一、企业债权融资途径比较

企业缺少资金需要进行外部融资时，其融资渠道主要是通过股权融资和债权融资两种途径，其中债权融资又可主要分为发行债券、进行银行贷款和通过信托融资，我们通过表2-2总结了主要债权融资途径对应不同的发行门槛和利率水平。

表2-2 债权融资途径比较

融资途径		发行门槛	利率水平	发行者结构
债券	企业债	①股份有限公司的净资产不低于人民币3000万元，有限责任公司和其他类型企业的净资产不低于人民币6000万元； ②累计债券余额不超过企业净资产（不包括少数股东权益）的40%； ③最近三年平均可分配利润（净利润）足以支付企业债券一年的利息； ④筹集资金的投向符合国家产业政策和行业发展方向，所需相关手续齐全。用于固定资产投资项目的，应符合固定资产投资项目资本金制度的要求，原则上累计发行额不得超过该项目总投资的60%；用于收购产权（股权）的，比照该比例执行；用于调整债务结构的，不受该比例限制，但企业应提供银行同意以债还贷的证明；用于补充营运资金的，不超过发债总额的20%； ⑤债券的利率由企业根据市场情况确定，但不得超过国务院限定的利率水平； ⑥已发行的企业债券或者其他债务未处于违约或者延迟支付本息的状态； ⑦最近三年没有重大违法违规行为	10年期利率一般为4.2%~4.8%	中央政府部门所属机构、国有独资企业或国有控股企业。适用于能源、交通、城建、工业、高新技术等扶持性行业内的企业

续表

融资途径		发行门槛	利率水平	发行者结构
债券	公司债	①股份有限公司的净资产不低于人民币3000万元，有限责任公司的净资产不低于人民币6000万元；②累计债券余额不超过公司净资产的40%；③最近三年平均可分配利润足以支付公司债券一年的利息；④筹集的资金投向符合国家产业政策；⑤债券的利率不超过国务院限定的利率水平；⑥国务院规定的其他条件	10年期利率一般为4.2%~4.8%	有限责任公司（主要指国有独资）、上市公司。适用于能源、交通、城建、工业、高新技术等扶持性行业内的企业
	短期融资券	①具有稳定的偿债资金来源，最近一个会计年度盈利；②流动性良好，具有较强的到期偿债能力；③发行融资券募集的资金用于本企业生产经营；④近三年发行的融资券没有延迟支付本息的情形；⑤具有健全的内部管理体系和募集资金的使用偿付管理制度	利率一般为3.4%~4.5%	中国境内具备法人资格的非金融企业
	中期票据	①发行人规定为非金融企业（企业性质、规模以及是否上市等条件并无规定）；②具有稳定的偿债资金来源，拥有连续三年的经审计的会计报表，最近一个会计年度盈利；中期票据待偿还余额不得超过企业净资产的40%；③募集的资金应用于企业生产经营活动，并在发行文件中明确披露具体资金用途	3年期的利率为5.01%~5.15%，5年期的利率为5.4%~5.5%	
银行贷款		各大银行对各个企业的贷款门槛不同，但总体来讲，银行贷款手续比较繁杂，审批周期长，信贷门槛高，并限制资金使用范围。例如某银行对中小企业的贷款仅限于注册资本达到500万以上，一年营业收入超过2000万，以及成立两年以上时间的企业	一年期中小企业贷款利率为8.5%~9%	
信托		①企业必须符合国家产业政策，不是属于国家短期内明令限制或淘汰的产业；②企业现今赢利而且将来一定年限内必须能够持续赢利，且年赢利能力不得低于20%；	利率为5%~12%	

续表

融资途径	发行门槛	利率水平	发行者结构
信托	③企业内部经营管理规范，有着良好的公司治理架构与公司治理制度、财务管理制度与企业劳动人事管理制度； ④企业本身的经营能够产生持续可靠的现金流，足以支付投资者的红利或者利息； ⑤融资企业所需资金一般控制在5000万元至1亿元的资金规模，太少或太多均不利于信托机构利用信托方式融资	利率为5%~12%	

其中，与银行贷款融资相比，企业选择债券融资具有一定的优势：第一，企业债券具有价格信号作用。债券定价包含了比银行贷款更为复杂的市场内容，市场价格反馈回来的信息能够帮助企业做出正确的投资决定。相反，单纯的银行体系下没有市场价格信号，融资的实际成本可能大大偏离真正的风险成本，使风险高的项目获取利率相对低的贷款。而债券拥有的独特价格信号功能能够更好地进行金融资源配置，使资金以最小的成本流向所需的企业。第二，采用债券融资方式，可以避免被迫接受银行在放贷时严格的资格审查和苛刻的限制条款，取得经营活动、日常决策的充分自主权。第三，债券融资为中小企业提供了新的融资渠道。目前，我国中小企业由于受到各方面的歧视与限制，几乎很难取得商业银行的贷款支持，更难获得上市资格。在这种情况下，通过发行债券筹集资金，就可以在资金上更好地促进那些拥有良好前景和潜力的中小企业发展。第四，企业进行债券融资也有利于优化企业的治理结构。银行在对企业行使债权人权利时是被动的：一方面，破产容易被多数企业用来作为逃债的工具；另一方面，企业无力偿债时，作为债权人的银行通常采取贷款偿还缓期，以新贷还旧贷等办法，而不是用破产或其他积极手段来追索债权。而企业债券的持有者往往是公众和机构投资者，债权债务关系为法律意义上的民间债务，更能给经理人带来经营压力和控制，保护债券投资人的利益。由此看来，选择发行债券作为企业的融资方式，在一定的条件下具有银行贷款不可比拟的优势，这也是我国债券市场得以日渐发展的原因。

对于企业选择通过信托公司发行信托融资来说，虽然相对银行贷款或发行债券需支付更高的利率，但其募集资金的门槛不高，资金用途监管方面也没有银行贷款和债券那么严格，许多企业对此趋之若鹜，而这也是前几年信托业野蛮生长的原因。

二、债券融资与产业结构升级

在2000~2014年,我国的债券发行经历了飞跃的发展,从仅有企业债、公司债,到推出短期融资券、中期票据,随着债券品种的不断丰富,企业通过债券取得融资的便利性也越来越大,债券发行规模不断提升。对比美国企业债券历年发行额的GDP占比与中国企业债券历年发行额的GDP占比可以看出,美国作为成熟的资本市场,其每年发行的债券规模占比大致保持在6%~7%这样一个稳定的箱体中,而中国作为一个发展中的资本市场,债券发行规模占比处于震荡上行,且2014年与美国一样达到8.2%的GDP占比。为了透过我国企业债券融资的发展状况来了解我国企业经济转型升级的发展情况,我们从Wind数据中导出2000~2014年的所有约15000条企业债券募集记录,分别包括每只债券的交易代码、债券名称、发行起始日、发行期限与规模、募集资金用途、企业经营范围及企业所对应的证监会一、二级分类等债券要素,通过分析每一只债券的募集资金用途之后,对此15000只债券进行5个维度的归类(即募集资金用于传统行业内企业向新兴行业转型;募集资金用于传统行业内企业升级;募集资金用于传统行业内企业主营业务的扩大;募集资金用于新兴行业内公司主营业务的扩大和升级;其他),并对每一种分类进行融资金额绝对数值和相对比例上的汇总,得出企业债券融资在传统行业、新兴行业以及传统行业向新兴行业转型升级领域的配置比例。还从时间序列上对比各类资金用途的配置比例变化,对相应时间点的政策和经济情况进行分析,得出对年度间波动的解释。此外,我们还通过研究更具体的行业(采用证监会一级、二级行业分类)对应的各维度融资金额,分析各个行业在向新兴业务转型升级中的资金需求情况。

首先,从时间轴年份之间企业债券融资量来看,我国企业债券融资需求总体呈现逐年递增的趋势。2000~2004年,由于企业债券市场处于初步探索的发展期,仅有几笔债券融资,融资规模相对较小。其主要原因是企业债券市场品种单一,只有企业债,且以5~10年的期限为主,债券融资主要是作为贷款的补充,为企业提供长期限的融资;同时,发改委对企业债发行采取的严格额度审批制度也限制了规模的扩大。从2005年开始,以人民银行推出短期融资券为标志,企业债券市场进入快速增长期。短期融资券的发行规模仅2005年一年就达到了1453亿元,几乎接近以前年度企业债发行的总和。除了得益于企业债券品种的丰富外,企业债券发行的市场化也是一个重要原因。中国人民银行2005年推出短期融资券时,尝试进行发行体制改革,采取备案制,强调通过市场化的发行来放松管制,极大地激发了市场潜力。此后企业债券市场融资规模基本呈现逐年递增,仅2013年出现了负增长的情况。回顾2013年,4月中国银行间债券市场经历了一场史无前例的监管风暴,万家添利B放量大跌引发质疑,进而牵出多位债券业内人士涉嫌非法交易被查。6月市场又经历了一场钱荒,三四季度则经历了一场幅度颇大的债市下跌。由于利率市场化的推进,商业银行配置行为扭曲,导致债市行情走势与传统经济指标相背离的情形也是首次出现。这些因素造成了2013年企业债券融资量的小幅下降,但在2014年债券市场回归平稳后,债券募集资金量又有了大幅的回升。

其次,将2000~2014年所有企业债券募集资金信息整合,如图2-14所示。从不同融资用途的募集资金量角度来看,企业债券募集资金中传统行业占主导,占比高达86.07%。而仅有9.22%的债券募集资金是用于新兴行业的主营扩大和升级。在传统行业募集资金用途中,传统主营扩大仍然占据主导,高达83.70%的资金用于传统主营扩大,而只有1.34%的资金用于传统行业升级,用于传统行业向新兴行业转型的资金则最少,仅占1.03%。由此可见,在过去14年里,我国企业债券融资的需求主要集中于传统行业扩大其传统主营业务,而用于传统行业的转型升级以及新兴行业的扩大和升级则少之又少。这和债券的性质和发行条件不无关系,债券作为一种风险中等、收益中等的投资品种,各大资本市场(包括成熟的资本市场)对发债企业都会做出相关规定,以保证企业具有一定的偿债能力。我国要求发行公司债券,应当符合:①股份有限公司的净资产不低于人民币3000万元,有限责任公司的净资产不低于人民币6000万元;②本次发行后累计公司债券余额不超过最近一期期末净资产额的40%,金融类公司的累计公司债券余额按金融企业的有关规定计算;③最近三个会计年度实现的年均可分配利润不少于公司债券1年的利息。这些条件,对于中国过去以重化工业为主的产业结构来说,可以起到一个筛选的作用,使得发债企业具有一定的偿债能力。然而,这些适用于筛选重化工业等传统企业的标准,显然并不适合新兴行业。以目前公认的新兴信息产业和生物产业为例,它们都是轻资产的企业,很难达到债券的发行条件。且作为初创的新兴行业,将发债条件与企业盈利相挂钩也阻碍了新兴行业主营扩大和升级过程中通过发行债券的方式进行融资。因此,从整体来看,由于债券的风险收益特征,其对新兴产业发展的贡献并不大,更多的债券融资资金用于维持现有传统产业的生产和发展。

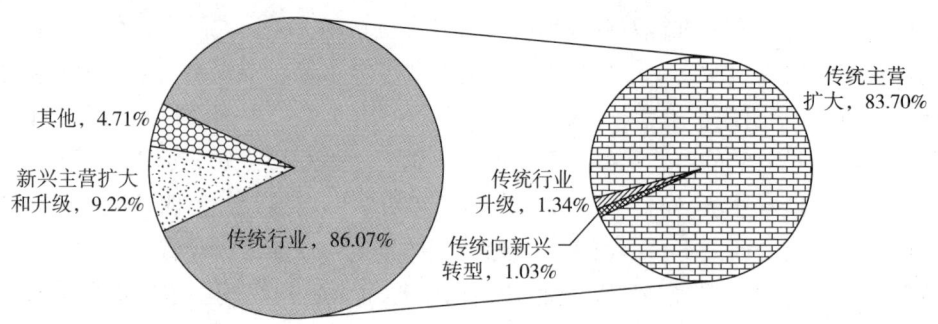

图2-14 2000~2014企业债券募集资金用途

从融资目的分类来看,自2001年以后,用于传统主营的扩大的金额逐年增加,并且在2003年以后在总融资金额中达到绝对优势,并不再发生较大的变化。一方面,新兴主营扩大和升级的金额是总的债券融资中的一个比较重要的部分,其在2001年所占总融资金额的比例为最大,但随后逐年减少;另一方面,在2003年前后和2009年前后,传统行业的升级和传统向新兴的转型也占据了一部分融资资金。在2012年以后,其他所占的比例也有所增大,这说明近几年来出现了更多并不好分类的债券融资的新用途(如图2-15所示)。

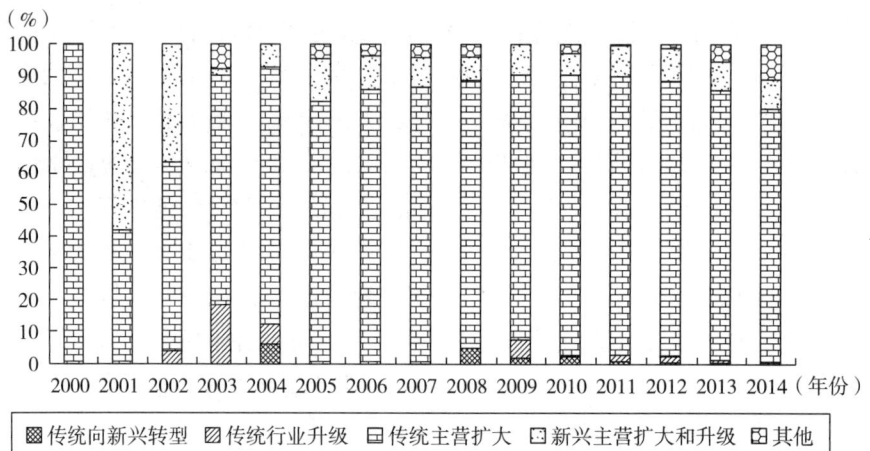

图2-15 各资金用途占比

从企业债券融资是用于新兴主营扩大和升级还是非新兴行业来看,除去2000年全部融资金额用于传统主营扩大,从2001年开始传统主营扩大所占据的比例逐年增多并在2003年到达最大值。其后传统主营扩大所占据的比例有所增减但总体来讲变化很小。与之相反的是新兴主营扩大和升级，其在债券融资总金额里面所占的比例从在2001年达到最大，并在此之后逐年减少，在2005年出现了一定的反弹并在此逐年递减，直到2009年左右到达最低值并几乎不再发生变化。这说明我国在2001年前后涌现了一批新兴行业，其募集了大量资金，但经过一两年之后，其资金需求趋向于稳定。在十五计划中，首次提出经济结构调整的主要预期目标。计划中提出：产业结构优化升级，国际竞争力增强。2005年第一、第二、第三产业增加值占国内生产总值的比重分别为13%、51%和36%，从业人员占全社会从业人员的比重分别为44%、23%和33%。国民经济和社会信息化水平显著提高。基础设施进一步完善。地区间发展差距扩大的趋势得到有效控制。城镇化水平有所提高。从债券募集资金用途来看，提出十五计划的第一年，市场给出了积极的响应，2001年新兴行业的融资需求显著增加，但政策对于推进产业升级的持续力不够，2003年新兴行业融资占比又急剧减少。接着，我们依然具体从每一个细分用途来进行分析：

1. 传统向新兴转型企业债券融资总量变化

2000～2007年，传统行业向新兴行业转型的融资金额除2004年外都为0。而在2008年是从无至有的融资量大爆发，2004年和2008年分别是由于南方电网公司发行债券用于西电东送项目及国家电网公司发行债券用于特高压和输变电工程。这之后的六年里，传统行业向新兴行业转型的融资金额整体呈下降趋势。由于特定用途融资量的变化受总量的影响很大，因此，在分析不同年份实体经济的行为（转型、升级、扩大原有产能等）时，研究比例指标更加反映真实现状。在融资占比上，除了2004年与2008年两个爆发年份以外，传统向新兴转型的融资占比均小于3%，且从2008年起呈现一个逐年下降的整体趋势，仅在2010年有一个小幅反弹。究其原因，2010年我国提出的"十二五"规划，其中出现了转型升级、提高产业核心竞争力以及战略性新兴产业发展的规划，受此驱动，在这一年向新兴行业转型的债券融资量出现反弹。然而在这之后的五年，债券募集资金用于传统行业向新兴行业的转型的比例却在逐年减小，传统行业以发行债券的方式向新兴转型的募集资金量仍较小。

2. 传统行业升级企业债券融资总量变化

传统行业升级的债券融资情况和传统行业向新兴行业转型的融资情况有较高

的重合度，2000~2008年，除了在2003年有过一轮融资爆发以外，其他年份用于传统行业升级的债券金额为0，2005~2008年，传统行业内的企业升级意愿不高，政府号召产业升级的反馈平平。2009年又一次迎来了融资大爆发，绝对金额与占比都是大幅提升，但这种增长并没有持续，2010年有显著回落，而这之后，传统行业升级的债券融资占比也一直低于2%，保持在一个非常低的水平。由此可见，"十二五"规划，我国传统企业的转型升级之路走得并不顺利，甚至因为遭受金融危机以及国家4万亿救市的影响，传统产业所在企业的转型升级融资不升反降，趋势堪忧。

3. 传统行业主营扩大企业债券融资总量变化

从融资金额来看，过去14年用于传统行业主营扩大的债券融资呈逐年递增趋势。2013年融资金额的略微回落也在前面融资金额总计中有所分析，主要因为2013年利率市场化和钱荒的原因造成，但并不影响整体趋势。而从占比来看，2001~2003年，由于政策鼓励，有较多融资资金用于传统行业的转型升级以及新兴行业的主营扩大，传统行业主营扩大的比例保持在相对较低的水平，2001年达到最低的40%。从2004年之后，用于传统产业升级的债券融资就保持在一个稳定的比例，而这一比例高达80%以上。由此可见，我国企业运用债券这一融资工具进行融资时，主要用于传统行业扩充产能、扩大规模，尽管近年来各个传统产业均出现产能过剩的情况，但资金依然保持的一个较高的比例不断流入传统行业的传统业务之中，加剧了产能过剩和产业结构的恶化。

4. 新兴行业主营扩大与升级企业债券融资总量变化

新兴产业主营扩大与升级的融资总量总体呈现逐年递增的趋势，与债券融资总量的变化相一致。而从占比来看，新兴产业的融资情况与传统行业主营扩大的变化情况基本形成了互补的状态。在2001年与2002年这两年中由于整体债券市场规模较小的基数效应，以及属于新兴通信行业的中国移动和核电行业的广东核电集团发行债券，使这一资金用途维度在这两年有突破式的增长。2005年之后用途新兴行业主营扩大与升级的资金占比趋于稳定，约10%。绝对数值上，在2009年和2012年融资规模较大，主要为航空、轨道交通、核电、污水处理等行业的相关企业进行了债券的发行。2008年，企业债发行制度发生重大变革，债券增信方式得到创新，突破了以往单一的银行担保增级，市场首现无担保企业债券，推动了企业债市场化进程。2009年，受益于政府四万亿投资、信贷大幅投放、十大产业振兴规划等系列政策的刺激,中国经济快速增长,也带动新兴行业中的企业快速发展增加对资金的需求。2012年,在经济下行周期中,股票市场、房地产市场较为疲弱,而债券市场适逢牛市,整体企业债券发行量较2011年有较大的增长,新兴行业中的企业资金需求也较大。

为了进一步的研究每个细分行业在5个分类维度上的债券融资需求,我们采用了证监会一级行业分类和证监会二级行业分类,对应各维度融资金额,分析各个行业在向新兴业务转型升级中的资金需求情况。从图2-16显示的按一级行业分类的情况来看,交通运输、仓储和邮政业,建筑业,采矿业等传统工业和住宿和餐饮业等传统服务行业,其债权融资几乎全部用于传统主营扩大;对于房地产业和电力、热力、燃气及水生产和供应业这两个行业,除少部分融资用于传统向新兴转型和传统行业升级,其债券融资的金额同样几乎完全用于传统主营扩大。对于租赁和商务服务业,信息传输、软件和信息技术服务业这两个行业,由于其本身即为新兴行业,因此其债券融资几乎全部用于新兴主营扩大和升级;而其他行业的债券融资的目的则一般用于传统主营扩大和新兴主营扩大和升级这两个目的,其资金的分配则不同的行业有很大的不同。卫生和社会工作,水利、环境和公共设施管理业,科学研究和技术服务业,居民服务、修理和其他服务业等服务行业和社会工作等用于新兴主营扩大和升级的资金较多;而批发零售业,农、林、渔、牧业等商业和农业则用于传统主营扩大的资金较多。

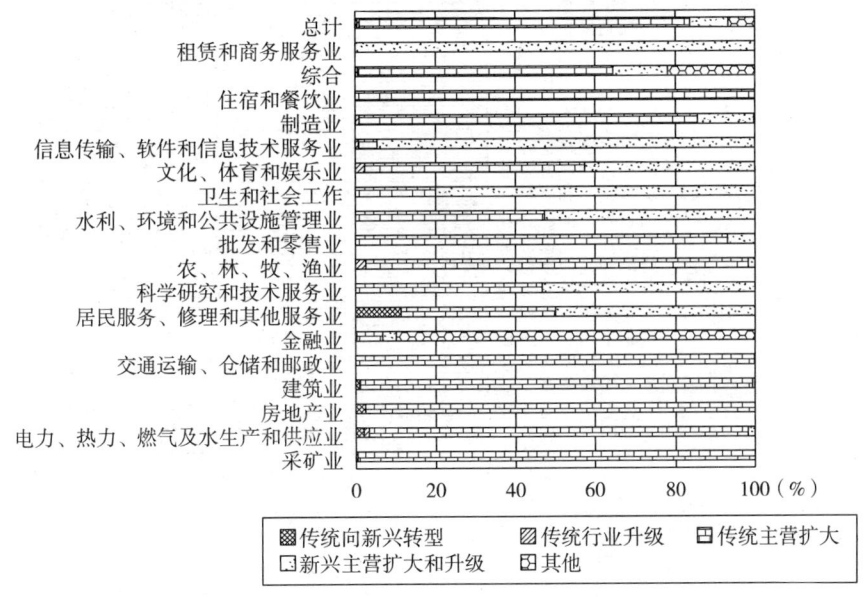

图2-16 一级行业层面各资金用途维度占比

中国多层次资本市场与社会资产结构优化问题研究

对于债券融资二级行业，其资金目的划分如图2-17所示，融资的主要目的还是在于新兴主营业的扩大和升级和传统主营扩大两类。与新兴主营业扩大与升

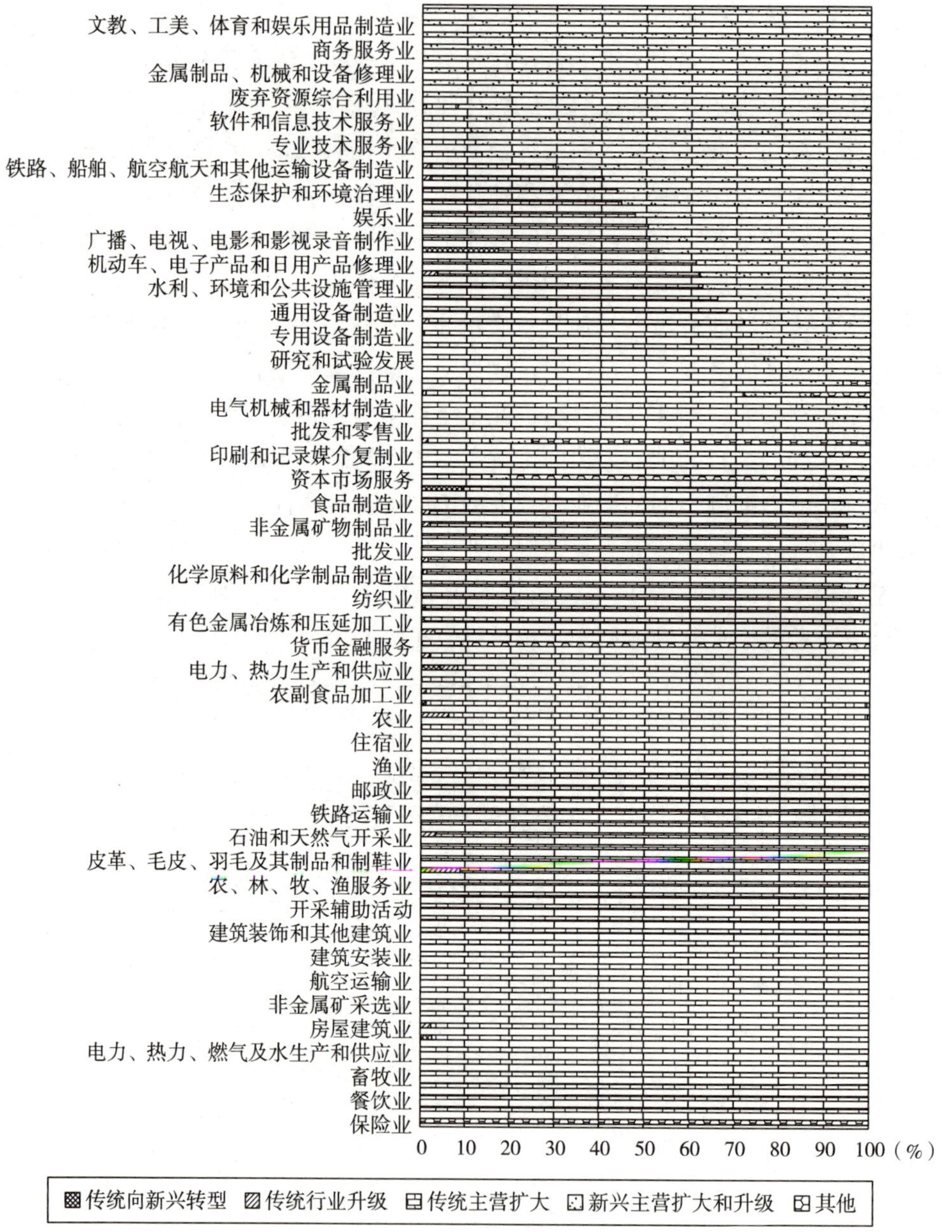

图2-17 二级行业层面各资金用途维度占比

级相关的包括租赁、文体娱乐、商业、科技、互联网、机械、废气资源综合利用等新兴行业，其债券融资几乎全部用于新兴主营业的扩大和升级；而用于传统主营扩大的行业主要包括农业及农副食品加工业、重工业（包括石油化工、建筑行业、采矿业、运输业等）、住宿餐饮等。而其他一部分行业则同时用于新兴主营业扩大与升级和传统主营扩大，包括计算机与互联网、水利、娱乐、家居和公共设施行业等，这些行业往往企业组成较为复杂，既有处于传统行业的公司，又有经营相对较为新兴行业的公司。

我们进一步对债券融资的偏好进行分析。在2000~2014年企业债券发行量统计口径内，共有3815家公司发行过企业债券，其中，国家电网公司以72只债券6830亿元的发行总额名列榜首。在发行总额达1000亿以上的全部26家公司中，清一色均为国有企业，其中25家为中央国有企业，仅有1家为地有企业，而这26家"发债大户"在14年发行的债券总额约占企业债券总发行额的1/4。在所有发债企业中，中央国有企业数占比12%，但发行的企业债券金额占比达到47%；地方国有企业数达60%，发行债券金融占45%；而民营企业家数虽占了所有企业中的22%，金额上却只占5%。总的来看，在债券的发行企业中，国有企业数量最多，通过债券募集的资金数也多达债券募集总资金的92%，而其他的企业类型占比较少。因此，从企业类型来看，国有企业更偏好使用债券融资这种途径，究其原因，上篇认为主要是，一是国有企业的股权集中性要求高，通过股权融资的途径因国有资产将被稀释而存在一定的局限性；二是债券融资以企业的整体信用为基础，对企业在资产流动性、负债率和盈利水平等方面的要求很高，国有企业具有一定的中央与地方政府的信用背书，其通过发行债券融资所需要付出的融资成本相对较低。

从发债企业所属的行业来看，2000~2014年制造业企业发行债券募集的资金最多，约达4000亿元，其余募集资金大于1000亿元的行业分别为综合、建筑业、电力行业和交通运输业，可以看出这些行业均属于支撑国民经济发展的基础性行业，具有一定的战略性与不可替代性，因此这些行业中的企业往往在经营地区具有一定的垄断性，信用状况也较好，行业风险较低使得其发行的债券有较好的流动性及较低的融资成本，这些因素均导致制造业、交通运输业等基础性行业的企业偏好通过债券来募集资金。

从企业是否上市的维度来看，在统计口径中的3800多家发债企业中，上市企业821家、非上市企业2897家（其他的97家未确定是否上市，但鉴于数值较小不影响分析结果，因此，放入"其他"）。非上市企业通过发行债券募集了债券总金额的78%，上市公司募集了21%的资金，可以看出非上市公司更倾向于通过债券融资。究其原因，我们认为主要是：第一，目前仍有较多央企、地方国企未上市，而此部分企业业务规模大、对于资金的需求也大，通过债券融资是比较具有优势的融资途径；第二，上市公司具有较为畅通的股权融资渠道，且许多上市公司（特别是中小板与创业板的上市公司）本身的经营规模不大，无法满足债券融资的净资产、营业收入等要求。

综上，通过分析对比了发债企业的各项性质，我们发现：一是国有企业因其良好的信用背书以及对股权集中性的要求，更偏好进行债券融资；二是制造业、交通运输业等国民经济的支撑性行业中的企业，因其在经营区域的战略地位及经营规模，使其进行债券融资具有较低的成本，因此这类企业更偏好进行债券融资；三是非上市企业因对应较多的国有企业，加之股权融资便利性的缺失，也更偏好于债券融资途径。美国著名金融学家米什金曾提出八个金融谜团，其中第一个金融谜团就是：一些人认为，"发行股票是工商企业最重要的融资来源"。股票市场的快速发展以及中国大量散户对股票市场的参与度的确造成了人们对资本市场认识的一些误解，往往将资本市场单一的等同于股票市场。通过以上分析我们可以发现，中国的债券市场同样为中国的经济发展、资本市场的发展做出举足轻重的贡献，资本市场的参与者应重视及正确对待债券市场，让它发挥更深层次的作用。

三、信托融资与产业结构升级

信托是一种理财方式，同时又是一种金融制度，其与银行、保险、证券一起构成了现代金融体系。信托业务是一种以信用为基础的法律行为，一般涉及三方面当事人，即投入信用的委托人，受信于人的受托人，以及受益于人的受益人。在信托活动中，委托人为了受益人的利益，将自己的财产委托给受托人，以受托人自己的名义进行管理、运用和处分，其结果是受托人对信托财产享有名义上的所有权，并且对信托事务的处理拥有较大的自主权。按照委托人数与财产来源，信托产品与服务类型主要分为三种：单一资金类、集合资金类、管理财产类。2014年末，信托行业管理的信托资产规模为13.98万亿元（平均每家信托公司2055.88亿元），较2013年末的10.91万亿元，同比增长28.14%；较2014年3季度末的12.95万亿元，环比增长7.95%。但是，资产规模的增幅明显回落，较2013年末46.05%的同比增长率，2014年同比回落了17.91个百分点；从年内季度环比增速看，2014年前三季度也一直延续了自2013年1季度开始的持续回落态势：2014年1季度为7.52%，2季度为6.40%，3季度为3.77%，4季度环比增速则有大幅度回升，为7.95%，企稳迹象明显。其中，单一资金类与集合资金类构成的资金信托是信托产品的主要组成部分，占比90%以上，其余为管理财产类信托产品，即委托人将其合法所有的财产或财产权（包括各种动产、不动产和其他权益等）交付给信托公司设立信托。截至2014年底，资金信托余额达到13.04万亿元，相比2013年底增长26.5%。虽然信托余额的绝对数值逐季度不断增长，但增速明显回落，增速高点在于2011年底和2012年底，而2014年前三季度增速开始下滑到阶段性低点。主要由于2014年前三季度社会融资结构开始显著向银行表内融资与证券市场融资倾斜，新增融资额的结构占比呈现周期性反转迹象。包括委托贷款、信托贷款与银行承兑票据在内的银行表外及信托新增融资占比下降11.4%，相应的银行表内本外币贷款与证券市场的新增融资占比则分别上升6.9%、4.4%。这种现象在第三季度时尤为突出。社会融资结构的反转通常与宏观经济及融资环境的周期阶段更迭有关。在衰退阶段及政策干预的影响下，银行表内与证券市场融资将重新赢得主导地位。

由于金融系统通过优化社会经济资源配置支持服务实体经济，信托对产业结构调整的支持作用则主要体现在通过产业基金、创业基金、私募股权投资以及贷款等多种方式将资金配置到符合产业政策导向的创业企业、处于技术研发阶段的新兴产业以及具备良好发展潜力的中小企业。

1. 信托资金主要投向工商企业和基础产业领域

从信托财产的运用领域来讲，信托公司以其"多方式运用、跨市场配置"的灵活经营体制，总能根据政策和市场的变化，适时调整信托财产的配置领域（如图2-18所示）。2014年4季度末信托公司主要业务数据表明，13.04万亿元的信托资金投向主要是工商企业、基础产业、金融机构、证券投资和房地产五大领域，但信托资金投向在上述领域的占比有较大程度的变化，市场化对信托资产配置领域变化的驱动非常明显。

从2014年的数据来看，工商企业仍然是资金信托配置最高的领域，规模为3.13万亿元，在资金信托总额中占比24.03%。但是，占比已有明显的下降，相较2013年末28.14%的占比，同比下降了4.11%；相较2014年3季度末25.82%的占比，环比下降了1.79%。并且在绝对数值上，2014年3季度和4季度已经连续两个季度出现了负增长。我们认为这主要是受经济下行影响，工商企业普遍经营困难，信托业对工商企业的资金运用开始偏向谨慎；此外，基础产业

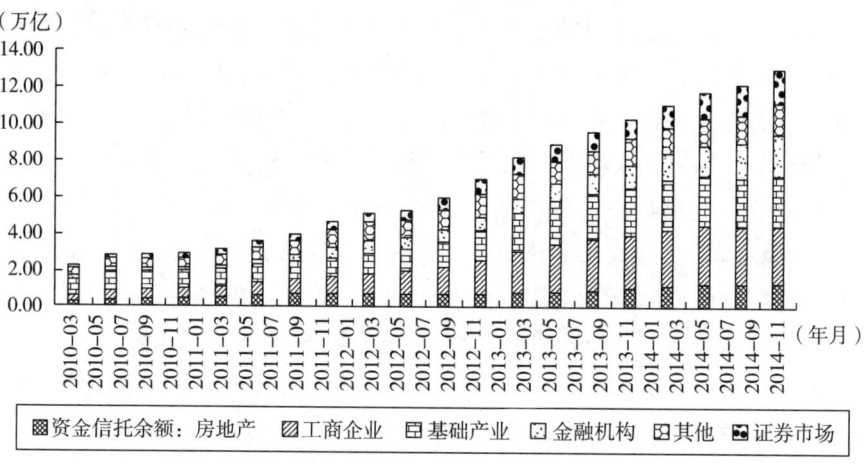

图 2-18 信托资产各配置领域

仍然是资金信托配置的第二大领域,规模为 2.77 万亿元,占比为 21.24%。与工商企业相同,2014 年基础产业投向占比也呈下降趋势,规模也呈现负增长。资金信托对基础产业配置的减少,与基础产业过度投资、地方债务风险显现有密不可分的关系。可以预见,随着国务院出台的关于地方政府债务融资方式和存量债务管理方式调整政策的实施,信托业未来将进一步压缩对基础产业的配置,信托公司对政信合作业务也将更加审慎。金融机构则资金信托的第三大配置领域,2014 年度资金信托对金融机构的运用规模为 2.27 万亿元,占比 17.39%。与资金信托对工商企业和基础产业配置减少趋势不同,资金信托对金融机构的配置则呈现上升趋势,相比 2013 年末 12.00% 的占比,同比上升了 5.39%,同时相比 2014 年 3 季度末 15.73% 的占比,环比提升了 1.66%。投向金融机构领域的信托业务其中很大一部分是与银行理财产品对接,投资于信贷资产、银行票据、基础设施建设项目等回报稳健的资产。资金信托对金融机构投资的增加,主要源于其与信托业较为匹配的风险收益水平,以及由于经济的下行,信托资金对实体经济投资减少部分的转移。另外,证券投资作为资金信托的第四大配置领域,资金信托 2014 年对其投资规模为 1.84 万亿元,占比为 14.18%,其中,债券投资占比 8.86%,股票投资占比 4.23%,基金投资占比 1.09%。与投向金融机构相同,近年来,资金信托对证券投资的配置一直呈现上升趋势。相比 2013 年末 10.35% 的占比,同比增加 3.83 个百分点;相比 2014 年 3 季度末的 14.27% 占比,环比基本持平。资金信托对证券投资占比的提升,主要源于 2014 年证券市场股债双牛,财富效应显现,对原来房地产等传统融资类信托产品需求造成替代和挤出的影响，资本市场投资价值的显现吸引更多的信托资金对其进行资产配置。最后，房地产是资金信托的第五大配置领域。2014年资金信托投向房地产领域的规模为1.31万亿元，占比为10.04%。与其他领域的配置不同，资金信托对房地产的配置近年来表现一直比较平稳。相比2013年末10.03%的占比，小幅上升了0.01个百分点，基本持平；相比2014年3季度末10.38%的占比，环比又小幅下降了0.34个百分点。资金信托对房地产配置的上述特点，与房地产市场的短期波动平稳、中长期风险暴露增加的特点有关。随着2014年2季度开始暴露的房地产行业风险，预计资金信托投向房地产领域今后或将更为谨慎。总的来说，2014年度资金信托投向非实体经济部门的规模为4.11万亿元（包括金融机构及证券投资），占信托总规模的29.40%；投向实体经济部门的规模为9.87万亿元（包括工商企业、基础产业等），占信托总规模的70.60%，由此可见，信托业依然是实体经济的坚定支持者。

2. 信托业投向与项目本身直接相关

信托融资与其他融资方式均有不同，根据《信托法》，受托人基于委托人的信任，为受益人的利益或特定目的对被委托的财产进行管理。信托公司会成立信托计划，接受银监会的监管。信托计划会全面地涉及对应信托资金的运用，资金投资具体项目时，信托公司会专门建立资金账户，并监督被投资方资金的使用。当资金出现安全性问题时，信托公司会及时采取措施保证资金的安全性。因此，信托的投资方向与项目的利润率直接相关，而与并非与实行资金运用项目的公司直接相关。即使公司本身信用评级低，只要项目本身能够带来满意的利润，信托公司就会将资金投入于此。如果公司本身出了问题导致资金紧张，企业也不能挪用信托投资资金进行运营救急。而如果项目运作出现了问题，信托公司就能够按照一定规则收回资金。结合我国的房地产市场来看，中国房价飙升，房地产开发项目利润率高，信托业为房地产行业的地产开发和楼房建设提供大量融资，而后产业产能过剩，利润率变低，信托资金撤出房地产行业。而2014年股债双牛，信托业又将大量资金投入金融行业。

3. 信托业仍是传统行业的支持者

由图2-19进一步分析细分行业投向的季度数据可以看出，信托资金投向金融业的资金占比达到30%以上，其次是建筑业、租赁与商务服务业、水利环境公共设施，分别占比10%左右。而像信息、计算机软件这类新兴行业，信托资金的投入仅约1%。虽然数据的行业分类较广泛，无法计算资金信托在新兴行业与传统行业投入的准确金额，但是从大体的金额可以看出，目前资金信托大部分都投入到了基建和房地产这类传统行业，仅有极少部分支持了新兴行业，可见信托资金目前并未成为新兴行业发展的支撑资源。未来随着我国实体产业在传统行业领域的过剩产能去化，以及国家对新兴行业扶持力度的加大，信托业有望增加其对新兴行业的支持力度。

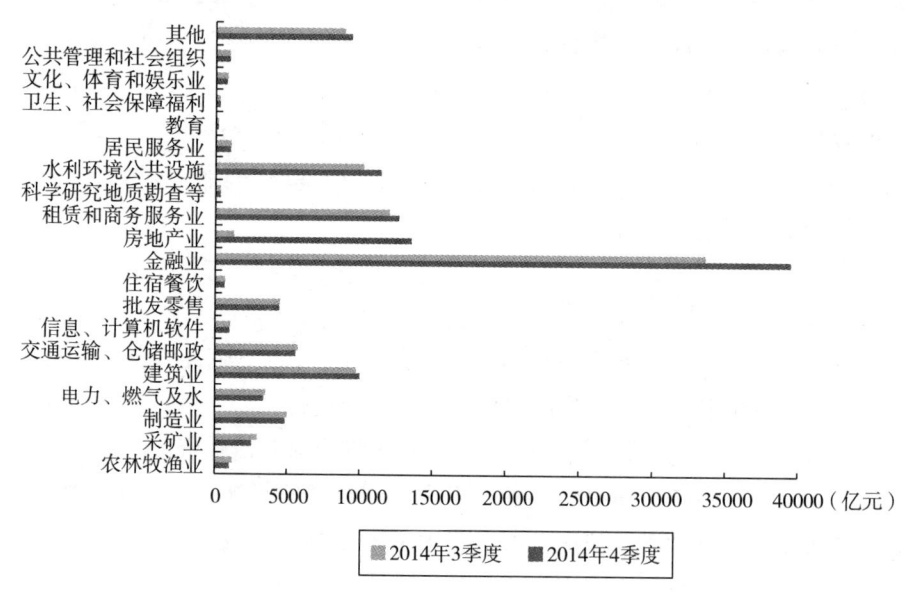

图 2-19　一级行业层面信托资产的配置领域

四、银行贷款与产业结构升级

银行贷款融资是过去几十年甚至是现在我国最重要的企业融资方式。然而，此种间接融资方式与股票、债券融资方式相比，有诸多劣势，若其依旧占据企业融资的主导地位，将不利于我国的经济转型和未来发展。从过去13年间我国银行信贷市场的融资变化来看，我国银行信贷市场发展迅速，每年依靠贷款融资的量越来越大。2008～2009年，新增人民币贷款暴增，增幅接近100%，这主要是由于2008年末以来，为应对国际金融危机，保持经济平稳较快发展，人民银行实行适度宽松的货币政策，连续5次下调人民币贷款基准利率、4次下调金融机构人民币存款准备金率。同年11月央行取消了商业银行信贷计划的硬约束，造成信贷供给端的超增长，加之宏观经济整体向好，企业逐渐恢复信心，信贷需求端同时增长，在几个因素共同作用下，2009年新增人民币贷款出现超常规增长。2010年后，信贷融资规模回调，并在2012年进入稳定的增长的阶段。

分析银行贷款资金的投向能够较好地描述信贷市场融资对我国不同产业发展的支持度，但是由于已有的公开数据并没有按照我们涉及的统计口径对资金的行业投向进行分类，我们只能通过较为粗略的分类口径分析银行信贷融资的投向以及取工商银行为样本解读这两种方式来剖析这个问题。整个银行业资金投向的数据公开披露较少，经过整理，较为详细的仅为以上投向的历年贷款余额增速。从表2-3中的数据可以发现，近几年来，银行投入大型企业的资金量增速逐渐放缓，中型和小微企业的增速比较稳定，这与国家引导资金进入小微企业支持转型发展的政策是分不开的，但同时也能看到在银行贷款端，政策的效力不够强。从具体的行业来看，代表新兴产业的文娱业增速放缓，而代表传统行业的交通运输业增速较为稳定。

表2-3 银行信贷融资投向

投向\年份	2012	2013	2014
小微企业贷款（%）	16.60	14.20	15.50
中型企业（%）	8.60	10.30	10.70
大型企业（%）	15.60	10.20	9.40
服务业（%）	7.10	11	15.70
交通运输、仓储和邮政业（%）	13.30	10.90	13.10
文化、体育和娱乐业（%）		36.30	24.20
水利、环境和公共设施管理业（%）	-0.50		
工业（%）	4	4.20	8
重工业（%）	3.70	3.30	7.50
轻工业（%）	5.10	11.50	12.20

中国工商银行是最大的商业银行,其存贷款业务占国内整个市场的25%,从图2-20工商银行提供的分类统计数据来看资金投向了11个一级行业,首先是制造业占比最大,其次是交通运输、仓储和邮政业。2005~2013年,总的贷款资金量增长迅速,年复增长率为15%。具体各分项资金量均逐年增加,体现了工商银行出色的业务扩张能力。如果再对11个一级行业按照新兴行业、传统行业的定义重新分类,可较为清晰地发现行业信贷融资更偏好传统行业,2013年传统行业信贷融资的体量是新兴行业的6倍。从增长率角度来看,传统行业信贷融资增速较为稳定,基本在10%~20%,与之形成鲜明对比的是新兴行业,其增速波动很大,最高达50%,但最低接近于0。究其原因,新兴行业风险较大,企业发展与社会经济状况紧密相关,而银行贷款作为一种间接融资方式,十分注重资金的安全性,因此,每年的新兴行业信贷额增速波动大。从占比角度分析,中国工商银行贷款投入新兴产业的资金占比较为稳定,占总资金的10%~15%。虽然历年有所增长,但是增速缓慢,仅从2005年的10.8%增加至2013年的14.1%。由此可见,银行信贷融资由于其固有的间接融资本质,是不可能对高风险的新兴行业的成长企业提供足量的资金支持的,而是只能为经营风险小、现金流稳定的传统行业成熟企业提供融资服务。

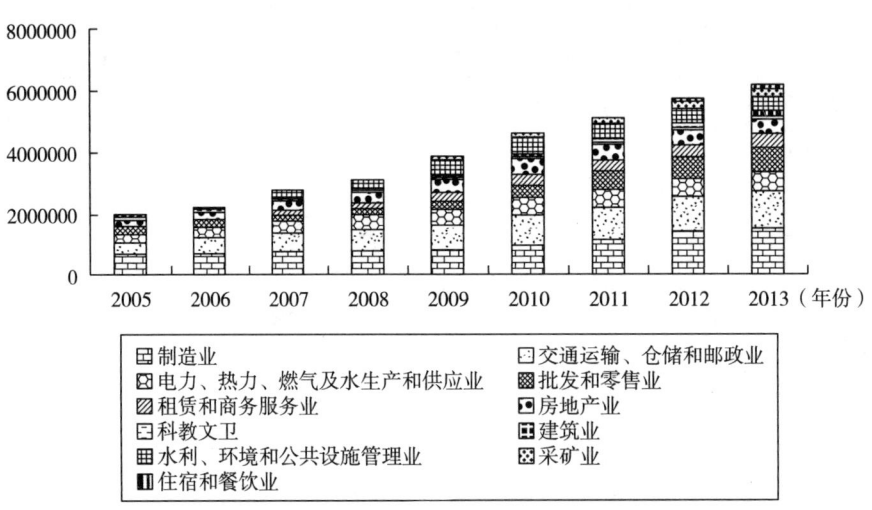

图2-20　2005~2013年中国工商银行贷款行业投向

第三节 股权融资与债权融资对产业结构升级效应对比

一、新兴产业的特点

尽管不同行业的创新模式和资金要求存在较大差异,但在新兴产业确立的过程中,存在两大特点:一是较多的风险和不确定性,二是多元化的信息和观点。

1. 风险和不确定性

在经济分析中,不确定性往往有两层含义:一种是由于不完全信息导致的对于已知事件集合的发生概率的不确定性,另一种是对将要发生事件集合的一无所知。在技术范式建立的过程中,充满了后者这种所谓的强不确定性,当范式逐步建立起来之后,不确定性就逐步减弱,因为技术进步开始沿着技术轨道发展。因此,在前范式阶段的创新是一个不断试错的过程,很容易受到各种偶然因素的影响,如信息获得的不确定性、技术变动的不确定性和市场变动的不确定性等,因而其过程和结果都是不确定的。这些不确定性既包括技术发展前景和效果的不确定性,也包括针对这一技术的经营管理策略选择上的不确定性。

2. 信息多元化

新技术的价值往往很难评估,不仅因为几乎不存在关于它们可能盈利的信息,而且因为没有广博的专业知识,信息本身的价值也很难评估。如果没有对相应创新的可靠价值评估,对那些拥有新技术知识的创新者而言,要说服那些拥有实施创新所需资源的投资者可能是困难的。同时,创新往往涉及多样化的观点,技术的发展机会受到各种可能的技术变化方向的规定和制约,但寻找技术最终会朝着哪个方向突破的过程充满了不确定性,因此,在这一领域的专家也往往会对此有着许多不同的意见。由于分工的日益细化,更加专业化的技术生产率也较高,但同时收益的波动性和不确定性也较大,这就表明对于企业技术创新过程中的管理更加困难,公司治理过程中的监督、评判和审核的难度更高。

二、债权融资在转型升级上的局限性

首先,债权融资有对融资主体的发展前景和现金流以及易于被认可和接受的抵质押物均有一定要求,融资额大单位成本较低,对企业的过往情况非常看重。而科技型小微企业一般具有"轻资产、重技术"的特点,成立时间较短,没有稳定的现金流、没有足够的抵押物,甚至有的没有清晰的盈利模式,规范的财务与内控制度尚未健全,资金需求具有"小频急"的特点,较难通过债权融资获得资金支持。

其次,投资债权的资金有着低风险偏好的特点,这就决定了其稳健资产配置风险偏好。而一项技术在没有进入商业推广应用成熟期之前,其未来发展不确定性较大,风险相比传统产业较高,融资还款现金流的稳定性难于保证导致债权融资难以为新技术的发展提供融资支持。

三、股权融资针对新兴产业特点的优势

对于风险与不确定性,当技术创新的风险较大时,股权融资比债权融资更能起到分散风险和多元化投资的作用。资本市场主导的金融结构所形成的企业与投资者之间的风险分散机制能够有效地处理创新所涉及的各种风险,保证创新过程的延续。熊彼特曾经指出,市场竞争在相当程度上是通过创新进行的,而只有进行实际经验验证与技术进步相联系的不确定性和产业创新,才能解释为什么资本市场体系比银行体系经济表现得更好。

对于信息的多元化,股票市场具有加总不同观点的多次审查机制,并且存在外部控制权市场作为外部治理机制,这些都更加有利于创新企业获得资本。在面对众多不同的观点时,一个项目能否获得投资取决于已有成果的经验信息和市场的乐观程度,但在面临众多不同的观点进行甄别和选择时,市场型金融制度的效率更高一些。

四、对比股票融资和债券融资对产业发展的贡献

2000~2014年,我国股票市场总共为实体经济筹集约4.7万亿元,这些资金被广泛地投入到各个产业中,为我国经济的发展做出了很大的贡献。其中用于产业转型升级的资金约1.4万亿元。对比银行市场的信贷规模,股票市场历年的融资量很小。体量不在同一个量级上,2002~2005年,信贷市场相对于股票市场的融资倍数均大于100倍,在2006~2014年,股票市场得到了迅速发展,融资

量显著提升。融资倍数在 10~20 倍波动。尽管有所进步，但必须认识到信贷市场依旧在社会融资上占据绝对的主导地位，我国的金融体系改革之路还有很长一段路要走。在此期间，我国的债券市场也得到了很大的发展，企业发行的债券规模从 2000 年仅有 114 亿元到 2014 年达到 5 万亿元，15 年间总计发行近 20 万亿元债券。用于新兴行业发展以及向新兴行业转型升级的债券资金，也从 2000 年的 0 元发展到 2014 年的 5000 多亿元，虽然在整个债券融资量中仍然占比较少，但"星星之火，可以燎原"，这样的发展趋势可期以后有更多的债券融资资金用于发展新兴产业，同时，债券市场的发展对整个资本市场和实体经济的发展均做出了很大的贡献。

将过去 15 年股票融资和债券融资用于转型升级的资金总量和占比进行对比，发现尽管股权融资总量要小于债券融资总量，但是在某些年，例如，2010 年，前者用于转型升级的资金量反而高于后者。这说明了股票融资对转型升级的支持力度要强于债券融资（如图 2-21 所示）。而从占比上看，历史上股票融资总是高于债券融资，在 2008 年后，两者用于转型升级的资金占比保持相对稳定，前者为后者的 2 倍有余。可见，要实现我国产业转型升级的艰巨任务，必须主要依靠股票融资，而非债券融资。

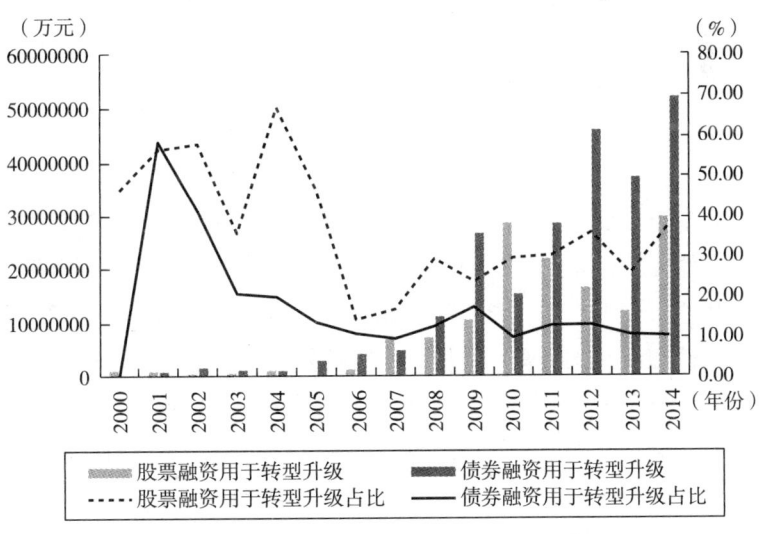

图 2-21 债券融资与股票融资对产业转型升级的贡献

第三章 中国多层次资本市场发展

第一节 中国多层次资本市场体系演变历史及现状

一、我国多层次资本市场体系构成

资本市场（Capital Market）指投资期限在一年以上的各种资金构成的市场，学术定义上一般与货币市场（Money Market）相对应。资本市场中存在不同的投资者与融资者，其主体规模、资信水平、对市场上金融服务的需求不尽相同，而多样化的需求决定了资本市场应该是一个多层次的市场体系。成熟的资本市场体系应具有完整的内在层次结构，不同风险偏好的投资者参与到不同层次的市场中，不同层次的市场满足不同层次企业的融资需要和不同层次资本的供给与需求。资本供求均衡不仅是总量均衡，也是结构上的均衡，这样资本市场才能更有效地发挥其功能。资本市场若要有效实现对实体经济升级转型的支撑作用，对资本市场的流动性和潜在入场资金规模有不同的要求，与这种不同需求相匹配的资金是不同类型的投资者。换言之，资本市场的不同层次对应着不同的资金来源结构，不同来源的资金有着不同的风险偏好和流动性需求，与其对应匹配的投资中介和最终标的也会相应不同。因此，多层次资本市场的发展对于盘活金融市场，支持未来实体经济的长期发展有重要的意义。

如图 3-1 所示，中国多层次二级股权资本市场由主板（沪深交易所主板）、二板（中小板、创业板）、新三板、四板（区域性股权交易中心）、新五板（互联网股权众筹）、券商柜台市场以及 PE、VC 等组成。由于多层次股权资本市场的定位不同,风险也不尽相同。主板、二板市场服务的企业主要是大中型企业,这些企业经营模式本身已经较为成熟,投资风险相对较低。新三板服务的是中小型企业,四板区域性股权市场服务的是小微型企业。在信息技术不断创新和发展的背景下,针对当前微型企业融资难、亟须拓展直接融资渠道的迫切问题,结合股权众筹是微型企业融资的有效新方式。因此,中国五板市场的建设应直接利用互联网等技术,将股权众筹打造成为中国多层次资本市场的"新五板"。

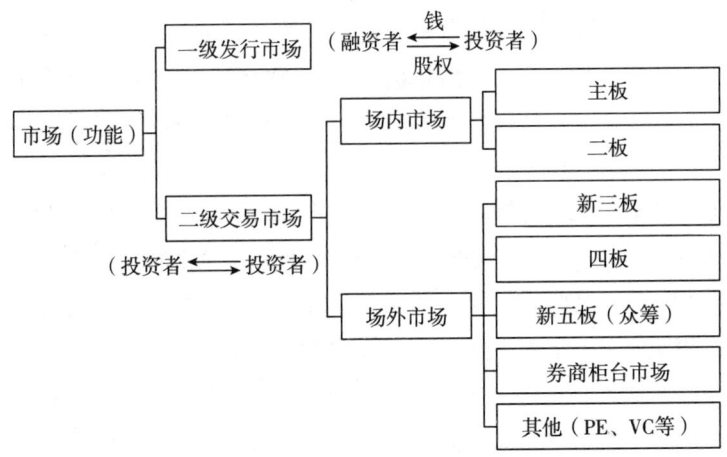

图 3–1 中国多层次股权资本市场划分维度

如图 3–2 所示,对于目前我国二级多层次资本市场,我们提出了一个较为贴切的比喻:主板相当于研究生学历,各方面条件都很优秀;中小板和创业板相当于大学本科学历;新三板创新层相当于高中学历,基础层相当于初中学历;区域股权交易中心相当于小学学历;股权众筹市场相当于幼儿园阶段。

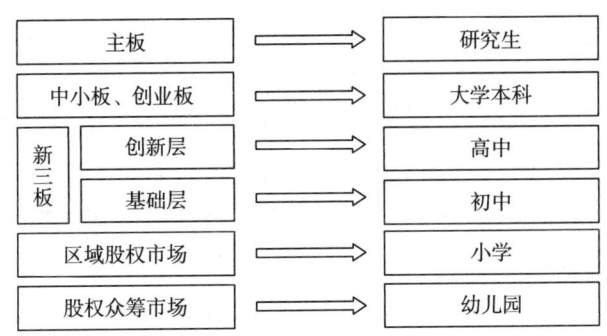

图 3–2 我国多层次资本市场比较

二、我国多层次资本市场基本信息

1. 多层次资本市场的发展历程

我国资本市场发展历史较短,自1989年开始试点,1990年上海证券交易所和深圳证券交易所先后成立以来,至今30年时间。其中,我国的二板市场包括中小企业板和创业板两部分。2004年5月,经国务院批准,中国证监会批复同意深圳证券交易所在主板市场内设立中小企业板块,流通盘大约1亿元以下,为发展较为成熟的中小企业提供资金融通的场所。2009年10月,中国创业板正式成立,主要服务于创业型高科技产业企业。二板市场是我国多层次资本市场的重要组成部分。

2013年1月16日,全国中小企业股份转让系统正式揭牌,股份转让系统(新三板)主要为创新型、创业型、成长型的中小微企业服务,是我国多层次资本市场的一个重要组成部分。我国新三板挂牌要求较低,满足以下要求即可:依法设立且存续满两年,业务明确,具有持续经营能力;公司治理机制健全,合法规范经营;股权明晰,股票发行和转让行为合法合规;主办券商推荐并持续督导。新三板对公司财务标准没有做出硬性要求,股东人数也仅仅要求2人以上。由于较低的挂牌标准,我国新三板发展迅猛,截至2017年3月22日,挂牌公司共10922家,其中做市转让1618家,协议转让9304家。新三板挂牌公司不仅在发展阶段、业务规模、盈利能力等方面存在较大差异,而且在行业特征、企业管理、发展潜力等方面也有很大差别。为了在交易制度、发行制度、信息披露的要求等方面进行差异化安排,使投融资精准对接,我国新三板内部采取了分层制度。根据盈利能力、市值、股本、投资者及做市商个数等标准,我国新三板进一步分为创新层和标准层。

自2008年以来,为了破解中小企业融资难的问题,各地陆续成立了一批区域性股权交易市场,即多层次资本市场中的四板市场。2012年以后获得加速发展,成为多个地方金融改革的重点,呈现出地方政府大力推动、证券公司深度参与、中小企业踊跃挂牌的局面。区域性股权交易中心是由省级人民政府负责监管、主要服务于所在地省级行政区域内中小微企业的私募证券市场,具有区域性、私募性、证券性、灵活性等特征。据Wind统计,截至2016年,我国共设立区域性股权交易市场37家,绝大多数为省级股权交易中心。

股权众筹是我国多层次资本市场的"新五板"和创业孵化基地,向上可以连接中国多层次资本市场的四板市场，向下则可以联合分布在各地的实体孵化基地，使得股权众筹平台能够更加灵活、有效地服务于创新和创业。央行金融所所长姚余栋在2015年6月的"互联网金融千人会"发言称，2015年是股权众筹元年，并提出了央行金融所的研究成果"股权众筹54321方案"。其中"5"是指将股权众筹打造成为中国资本市场的新五板；"4"是指按照公募、小公募、大私募、私募四个层次来划分股权众筹的投资者；"3"是指根据融资规模，可以将众筹平台分为种子众筹、天使众筹和成长众筹三个层次，不同层次信息披露要求不同，以降低融资者信息披露成本和入市门槛，成长众筹应该是中国主要推广的模式；"2"是指两条股权众筹平台应当遵守的底线，即不设资金池和不提供担保；"1"就是指一条红线，即股权众筹平台不要突破目前《公司法》和《证券法》所规定的200人的众筹人数上限。至此，多层次资本市场已经全面构建起来。

2. 各层次资本市场挂牌条件

如表3-1所示，我国各个层次挂牌条件有显著不同。需要注意的是，我国五板市场（股权众筹市场）是新兴的场外市场，目前各项规定尚未出台，以上各项基本没有限制。因此总而言之，按上市条件由高到低排序为主板＝中小板＞创业板＞新三板＞四板＞五板。中小板市场和主板市场的挂牌条件完全一致，但中小板上市公司的规模相对主板市场较小，流通盘一般为1亿元以下。

表3-1 我国各层次资本市场挂牌条件

项目	主板/中小板	创业板	新三板	四板（以上海股交中心为例）
主体资格	依法设立且合法存续的股份有限公司	依法设立且合法存续的股份有限公司	非上市股份公司	非上市股份公司
经营年限	持续经营时间在三年以上	持续经营时间在三年以上	存续满两年	企业存续期满一年
主营业务	最近三年内没有发生重大变化	应当主要经营一种业务，最近两年内没有发生重大变化	主营业务突出	业务明确
盈利要求	最近3个会计年度净利润均为正数且累计超过人民币3000万元	最近2年连续盈利、净利润累计不少于一千万元；或者最近一年盈利、净利润不少于500万元	具有持续盈利能力	有持续经营能力

续表

项目	主板/中小板	创业板	新三板	四板（以上海股交中心为例）
资产要求	最近一期末无形资产占净资产的比例不高于20%	最近一期末净资产不少于2000万元	无限制	各子板块有所不同，净资产要求在300万到1000万元不等
股本要求	发行前股本总额不少于人民币3000万元	发行后股本总额不少于3000万元	无限制	无硬性规定
董事、高级管理人员	最近三年内没有发生重大变化	最近两年内没有发生重大变化	最近两年内实际控制人未发生变更	最近两年不存在违法违规行为
投资门槛			自然人投资者需满足拥有证券类资产市值500万元人民币以上等条件	自然人投资者需满足拥有50万元以上金融资产

3. 各层次资本市场服务对象

在我国多层次股权资本市场中，主板市场是一板市场，上市公司在上海证券交易所以及深圳证券交易所挂牌交易，主板的服务对象主要是大型企业，挂牌上市的单个企业募集资金规模达到十亿元级别，一些特大型国有企业上市融资规模甚至达到上百亿元；创业板和中小板市场是二板市场，上市公司在深圳证券交易所挂牌交易，市场服务对象是中型企业；新三板市场全称为全国中小企业股份转让系统，向全国各高科技园区的企业开放，服务对象以机构投资者和高净值个人投资者为主，明确规定个人投资者持有金融资产市值要超过500万元；新四板市场是各地区性的股权市场，主要服务于地方辖区内的小型企业股权转让和交易。互联网股权众筹是我国的"新五板"，其服务对象主要是国内微型企业甚至初创企业的种子轮融资。

三、多层次资本市场概况

截至2016年底，我国注册的工商企业总数为1673.53万家，其中主板市场上市公司数量共计1641家，占我国公司总数的比值0.0098%；二板市场数量1370家，占总公司的比值为0.0082%；新三板上市公司数量9789家，占比0.0584%家。区域股权市场公司总数1.49万家，占比0.089%。可见从挂牌公司数的角度，我国多层次资本市场呈正三角结构；四板市场挂牌数量首先最多，其次是新三板市场，主板、二板市场挂牌公司数量最少。这与我国多层次资本市场挂牌条件近似对应。其中二板市场由于发展历史较短，因此，挂牌公司数量小于主板市场。

此外，截至 2016 年底，我国 GDP 总额为 74.41 万亿元，主板市场市值共计 43.8 万亿，占当年 GDP 的比重为 58.86%；二板市场（创业板 + 中小板）共计 5.23 万亿元，占 GDP 之比为 7.03%；新三板市值共计 9.64 千亿元，占 GPD 之比为 1.30%。四板市场由于目前尚不规范，市值数据缺失，因此，此处不讨论四板市场市值占 GDP 的权重。从市值占比的角度来看，我国多层次资本市场呈倒三角结构，主板市值占比最高，二板市场次之，新三板市场再次之。这与我国多层次资本市场对经济增长的贡献相对应，主板、二板市场发展时间较长，对我国经济增长贡献较大，新三板市场成立时间不久，是我国多层次资本市场的重要补充。

最后，综合可比性实用等因素，我们选择换手率指标来衡量各层次资本市场的流动性。对比主板、创业板、新三板的换手率，创业板表现最好，主板流动性稍低，新三板流动性表现最差。根据 Wind 数据，2016 年创业板周换手率保持在 10% ~ 25%，而主板在 5% 左右，新三板处于 1% ~ 2% 的水平。

第二节　中美多层次资本市场比较

一、中美多层次资本市场的对应关系

美国拥有世界上体量最大、发展最完善的资本市场，其层次结构最为复杂，但也最为合理。可以说，美国资本市场经历几百年的发展，已形成了一个全国与区域、集中与分散、场内与场外相结合的资本市场体系。我们经过研究发现，美国不存在严格的多层次资本市场，或者说美国资本市场的各层次之间错综复杂，没有明确的界限，这主要是因为美国资本市场是在市场化背景下发展起来。而我国资本市场从诞生之初即存在较强的行政管制，要与美国多层次资本市场完全一一对应起来是不现实的。然而，为了研究方便，我们将尽可能地将中美多层次资本市场对应起来，以便从各个层次的角度与美国进行比较，从而发现我国资本市

场的不足之处。

为了与我国多层次资本市场相对应,我们将美国的资本市场具体划分为一个多层次全方位的市场体系。由图3-3可以看出,美国的多层次资本市场由全国性交易所市场、地区性交易所市场和场外市场三大部分构成。其中全国性交易所市场涵盖了纽交所、美交所和纳斯达克市场;地域性的交易所市场包括了太平洋、费城、中西部三大交易所;场外市场则包括了电子公告板柜台(OTCBB)、粉单市场、第三市场和第四市场。

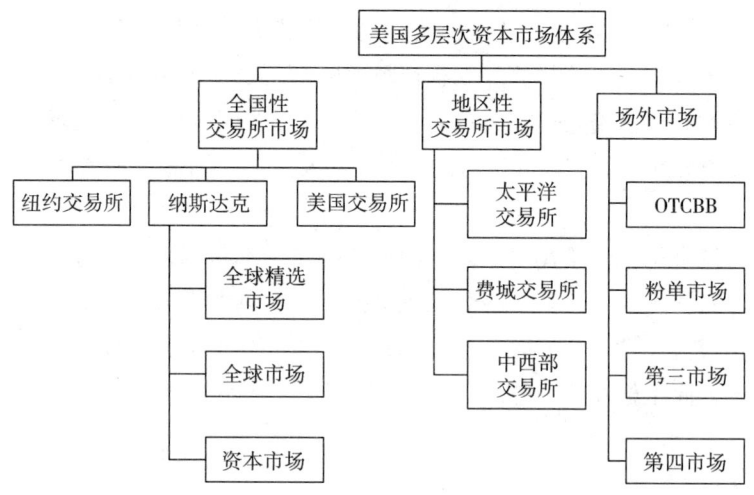

图3-3 美国多层次资本市场结构

根据各层次资本市场服务的企业对象不同,我国主板市场应该对应的美国纽交所。二板市场对应的是美国纳斯达克全球精选市场和全球市场。目前虽然新三板市场是场外市场,但也存在交易场所,且新三板的创新层可以通过转板进入到二板市场甚至主板市场,因此,可以视为"场中市场",我国新三板服务的企业主要是创新型的中小企业,因此,对应美国纳斯达克资本市场。需要注意的是,20世纪中叶后,随着资本的全球化程度加深,资本的流动速度不断加快。美国区域股权市场在竞争中往往不敌全国性股权市场,各区域的股权交易所纷纷关闭或被收购,为数不多的区域股权市场,如芝加哥股票交易所、辛辛那提股票交易所等也纷纷转型,加入全国市场体系,可以交易其他交易所的股票,单纯为区域服务的初衷已完全改变。因此,我国区域性股权市场属于场外市场,对应于美国多层次资本市场中的OTCBB和粉单市场,因为这两个市场服务的对象均是初具规模、急需资金发展却无法在美交所和纳斯达克上市的小公司,并且 OTCBB 对挂牌公司没有提出财务方面的准入要求,仅仅规定三家做市商承诺为其股票进行报价即可;粉单市场更是对企业不设任何准入门槛,旨在为中小企业提供更广泛的融资途径。此外 OTCBB 和粉单市场收费低廉,发行人不需支付上市费用,只需向做市商支付小额做市费用即可,融资成本低。这些特征均符合四板市场的定位,与我国区域性股权交易中心所发挥的功能相似。另外,美国的五板市场由地方性柜台交易市场(OTC)构成,是面向在各州发行股票的小微型企业的柜台市场。然而,随着互联网技术的发展,美国五板的区域性柜台交易市场逐渐衰退。在信息技术不断创新和发展的背景下,针对当前微型企业融资难、亟须拓展直接融资渠道的迫切问题,结合股权众筹是微型企业融资的有效新方式。从这个角度来看,我国多层次资本市场中五板市场的建设不应该参照美国的五板市场,而应直接利用互联网等技术将股权众筹市场打造成为中国多层次资本市场的"新五板"。

二、中美各层次资本市场规模比较

之前已就我国资本市场各层次挂牌企业的数量进行了描述,而美国的企业总数在美国统计局官网仅公布了 2014 年以前的数据。2007~2014 年的美国企业总数依次为 604.97 万家、593.01 万家、576.73 万家、573.45 万家、568.44 万家、572.62 万家、577.5 万家、582.55 万家,平均值为 581.16 万家。可见近 10 年美国的企业总数保持了相对稳定的水平,因此,我们用 2007~2014 年数据的平均值,即 581.16 万家作为 2016 年末美国企业总数的估计值。截至 2016 年底,美国主板市场挂牌企业共 2009 家,与美国企业总数的比值为 0.0346%;美国二板市场挂牌的股票共 1843 家,与美国企业总数的比值 0.0317%;美国三板市场上市的股票共 674 家,与美国企业总数的比值 0.0116%;美国四板市场上市的股票共 9619 家,与美国企业总数的比值 0.1655%。与之相比,我国主板和二板市场企业数量远远低于美国主板、二板市场,其占企业总数的比值均不足 0.01%,而我国三板市场挂牌公司数量占比则远高于美国的三板市场,其占企业总数的比值有 0.058%。这主要是因为我国主板、二板市场注册制尚未推出,上市门槛较高,而美国早已推出注册制。主板、二板的发展不足又导致我国新三板市场出现"堰塞湖"的现象。

同样地,截至 2016 年底,美国 GDP 为 18.57 万亿美元,其主板市场市值共计 25.7 万亿美元,占美国 GDP 的比值为 138.4%;二板市场共计 9.2 万亿美元,占美国 GDP 的比值为 49.54%;三板市场共计 0.096 万亿美元,占美国 GDP 的比值为0.52%。从中美各层次资本市场市值/GDP的比值来看，美国的资产证券化程度较高，主板市场的市值已经高于GDP的绝对水平，二板市场的市值也达到了GDP的一半，远高于我国的证券化水平。三板市场与我国较为类似。可见在多层次资本市场中，主板、二板市场对于一国的经济发展尤其重要。

三、中美各层次资本市场流动性比较

根据Wind提供的2016年交易数据，我国主板、创业板以及新三板的年换手率估算为234.9%、415.1%以及17%。根据来自各交易所以及WFE的数据，我们估算得到纽约交易所2016年年换手率数据为68%，纳斯达克全球精选和全球市场的年换手率在133.48%，纳斯达克资本市场年换手率为191.84%。中国各层次换手率比较如图3-4。由此可见，我国主板、二板市场流动性要远远高于美国主板和二板市场，而三板市场流动性则远小于美国三板市场。这一方面是因为我国主板、二板市场估值较高，投机性较强；另一方面是由于新三板市场目前准入门槛高，投资者保护机制不健全，投资者参与度不高。

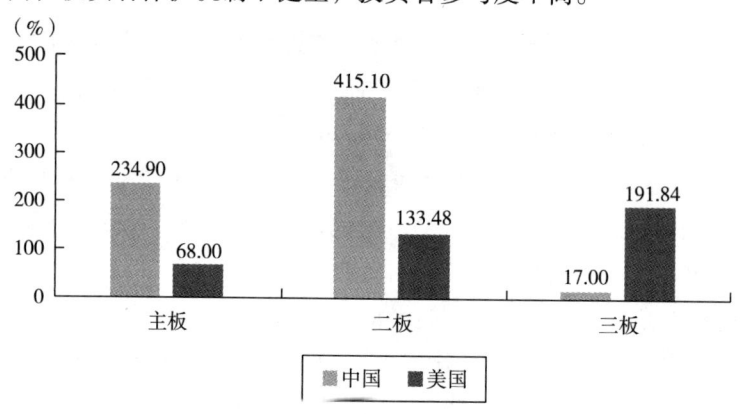

图3-4 中美各层次资本市场换手率

资料来源：交易所官网、WFE、Wind。

第三节 我国多层次资本市场发展愿景设计

一、框架设计

通过中美比较可知，我国多层次资本市场与美国相比存在不足，主要体现在

主板、二板市场规模不足,新三板市场流动性存在问题。除此之外,我国多层次资本市场的不足之处还包括四板市场区域优势特色不明显,发展不规范,五板互联网股权众筹市场尚处于起步阶段,各项配套设施尚不完善等。基于此,我们对我国资本市场发展提出如下愿景(如图3-5所示):

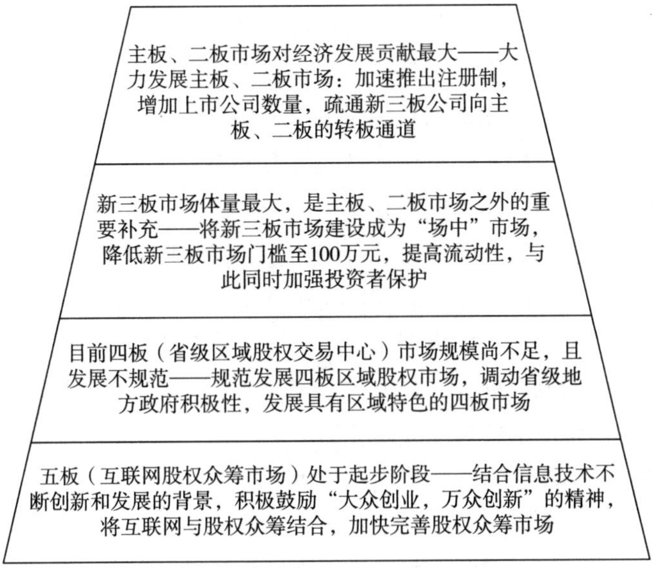

图3-5 我国多层次资本市场建设意见框架

首先,美国完善的资本市场体系在历史上的产业升级转型和经济发展过程起到了至关重要的作用。当前我国正处于产业升级转型的关键节点,鉴于美国在资本市场发展上的成功经验,我国应该向其学习。从短期来看,将我国多层次资本市场与美国近似的市场对应起来,从各个层次分别发力是可行的,也是一定程度上的必要之举。但从长期来看,我国应该学习美国的经验,减少行政干预,强化市场化因素,让资本市场自由发展,使我国资本市场体系成为真正意义上一个有机整体。

其次,我国应该大力发展主板、二板市场,为产业升级转型提供助力。美国主板、二板市场挂牌公司数量占美国企业总数之比高于我国数倍,但换手率却远远低于我国。主要原因在于我国主板、二板市场挂牌数量相对有限,估值水平高,投机性强。从美国主板、二板市场挂牌公司占比数据可以看到,主板、二板市场对经济发展的贡献最大,因此,我国应该大力发展我国主板、二板市场,包括推出注册制,增加上市公司数量,提高长期投资者占比,降低市场估值水平等。

再次,我国新三板市场要建设成为一个"场中"市场。目前我国三板市场的定位比较模糊,介于场内市场和场外市场之间,其公司数量已经远远高于美国的水平,但流动性却远远不足。新三板要为中小企业提供支持,需要进一步提高其流动性。一个重要的举措是降低新三板市场准入门槛。由于新三板主要服务达不到主板、二板上市条件的中小企业,风险较主板、二板市场大许多,因此,新三板的投资者准入门槛不能降到和场内市场一样。与此同时,应该加强对投资者的保护。长此以往,我国最终应该将新三板市场建设成为既能为中小企业提供支持,又有一定投资门槛,能为投资者提供保护机制的"场中"市场。

又次,我国四板区域性股权交易市场作为我国多层次资本市场的塔基,能够发挥灯塔效应、集聚金融资源,满足广大小微企业的融资需求。因此,规范发展区域性股权市场,对完善多层次资本市场体系,使其更好地服务实体经济转型升级、促进大众创业、万众创新,具有重要意义。但我国四板目前规模尚且不足,且非常不规范。应该从多个角度完善我国区域股权交易市场,为中小企业融资提供便利,切切实实为产业升级转型提供助力。

最后,我国股权众筹市场主要服务微型企业,在产业升级转型的过程中必将发挥越来越重要的作用。然而,我国五板市场目前刚刚起步,各方面还处于探索阶段。我国应尽快完善股权众筹市场各方面配套设施,加快五板市场的发展。

二、分板块设计

1. 主板、二板市场

我国主板、二板市场存在的主要问题包括估值水平较高导致股市的风险收益不匹配、长期投资者不足使资本市场对实体经济的助力有限、期现对冲机制不健全等。估值水平高、期现对冲机制的不健全增加了投资者的入场风险,损害了投资者的入场积极性,长期投资者不足使主板、二板市场难以有效地为产业升级转型提供助力。同时,炒新现象也与估值水平较高、风险收益不匹配的问题。一方面,市场的高估值是炒新的根本原因,而行政性的IPO暂停使得股价长期处于较高的估值水平;另一方面,炒新现象使得主板、二板市场面临长期估值下行的压力,从而使股市长期收益不高。在前期成果要报九《承受股市回归合理估值水平是培育壮大价值投资者的必要条件》中,我们提出两点政策建议:一是允许市场自我调整，回归合理估值水平；二是短期内我国在任何情况下都不应该行政暂停IPO，使得市场估值水平能逐渐回归正常，长期内我国应该逐步推行注册制，增加主板、二板市场上市公司数量，使炒新顽疾降温去病。

因此，针对我国长期投资者不足的问题，我们认为，长期资金具有支持经济转型升级、稳定股票市场价格的重要作用。而我国长期投资者，尤其养老金和保险资金不足，公募基金规模不足且投资期限明显较短。我们提出三点政策建议：一是大力完善养老金个人账户制度建设，提升可投资股票市场的养老保险资金规模；二是通过税收抵扣等优惠政策鼓励个人养老保险的发展；三是延长公募基金业绩考核期。

针对期现对冲机制不健全的问题，我们结合2015年我国股灾发现，融券卖空机制的不健全是我国期现对冲机制不健全的根本原因，而期现对冲机制的不健全在股价异动时加剧了股价的波动，一定程度上增加了二级市场的系统性风险，从而使投资者入场的积极性不高。我们提出两点政策建议：一是逐渐放开我国融券卖空限制，具体措施包括增加融券标的，引导机构投资者广泛参与；二是采取配套设施，丰富我国股指期货品种，完善我国期现市场对冲机制。

2. 新三板市场

主板、二板市场已经经过了多年的发展，目前我国新三板市场发展处于较为初步的阶段。通过对新三板市场进行深入考察后发现，我国新三板市场存在的问题主要包括定位不够清晰、上市公司数量较多而流动性不足，投资者门槛较高，转板和退出机制不够完善。在多层次资本市场中，新三板是连接上市交易市场（主板/二板）和股权市场（区域股权市场）的中间层次，因此，市场参与者对新三板定位和发展前景的理解分歧很大，有的认为是以纳斯达克为蓝本的可以公开发行的集中交易市场，有的认为是股权市场，只是增加企业的透明度，便于企业进行私募融资。可见新三板的定位应该进一步进行明确，我们认为新三板市场的定位应该是"场中"市场，即一方面有较好的流动性，另一方面对中小投资者有一定的保护。

为将我国新三板市场打造成中国特色的"场中"市场，首先，我国应该逐步在新三板市场推行注册制度，使创新型的中小企业能够便利地在新三板市场挂牌融资。目前我国新三板市场对挂牌公司的审核条件较为宽松，在一定程度上已经具备了推行注册制的基础。其次，由于我国新三板市场的公司数量已经超过主板、二板市场的挂牌公司数量，更是远远多于美国同等层次市场，因此，在新三板市场内部继续分层意义不大,新三板市场已经有基础层和创新层两个层次,尽快推出新三板创新层往二板甚至主板市场的转板机制以及新三板市场自身的退出机制才是完善我国新三板市场的关键举措;其三,我国新三板市场的流动性严重低于主板、二板市场以及美国同等层次的市场,公司众多但交易非常不活跃,因此,我国应该降低新三板市场的准入门槛,提高市场流动性,与此同时加强投资者保护。具体措施包括将创新层投资者准入门槛从现在的500万元降至100万元,实行竞价交易机制,推出新三板的投资者集体诉讼制度等。

在此基础上,我们总结了我国新三板市场改革的顺序,绘制流程如图3-6所示。由于推出注册制是一个长期的过程,因此,没有放入以下流程如图3-6中。

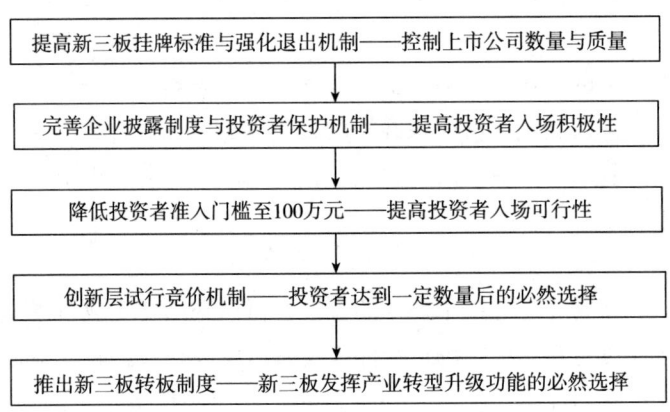

图3-6 我国新三板市场改革的顺序

3. 四板市场

从中美比较的结果可以看到,目前我国四板市场的规模相对美国仍有差距。我国四板市场作为区域股权交易中心,对于地方中小企业的发展尤其关键,是主板、二板乃至新三板市场等全国性交易场所的重要补充。四板市场存在的问题主要包括:

(1)区域发展差距明显,各地比较优势待强化。目前各地缺乏统一规划,长三角、珠三角的股交中心发展明显好于中西部,从而可能导致区域经济发展不平衡的问题。因此,我国四板市场应该因地制宜发挥比较优势,助力打造地方特色产业。

（2）股交中心股东复杂多样，治理结构差异大。建议要求股交中心均采用政府和券商共同持股的股权结构，但对双方的持股比例不作具体要求，从而使股权交易中心既有公司化的市场运作模式，又会受到行政力量的引导和监督。此外，建议把省内的资产交易所、联合产权交易中心等均合并到股权交易所内。划分为四个部门：股权交易部、债权交易部、产权交易部和不良资产交易拍卖部。其中股权交易部主要帮助企业进行股权转让和股权质押融资；债权交易部主要是针对非标债权的转让开展业务；产权交易部专门负责企业科技产权、文化产权等交易和转让；而不良资产拍卖部则是针对已破产企业进行资产的拍卖。这一合并举措有利于打造一个高效率、多层次、专业化的金融资产交易平台。

（3）企业跨省挂牌现象普遍导致部分股交中心为争夺企业资源进行恶性竞争，风险较大导致投资者参与度不高。我们建议区域股权交易中心在专注服务省内小微企业的同时，放开投资者而非融资者的区域限制，一方面，有利于区域性产业发展优惠补贴政策的落实；另一方面，有利于提高投资者对于四板市场的参与意愿。

（4）通过中美对比可知，我国四板市场的发展规模仍不及美国，为了提高挂牌公司占比，可以考虑取消挂牌企业注册费，仅向融资成功的企业收取少量交易费，以降低挂牌企业成本。

4. 五板市场

互联网股权众筹市场作为一个新兴的领域，是多层次资本市场的"幼儿园阶段"，向上可以连接中国多层次资本市场的四板市场，向下则可以联合分布在各地的实体孵化基地，因此，能够灵活有效地服务于创新和创业。我国五板市场存在的问题主要包括行业基础不完善、面临运作模式问题及存在一些法律障碍等。针对这些问题，我们提出以下三点政策建议：

（1）应该尽快出台股权众筹监管框架，放宽股东人数限制。对于股权众筹市场面临的法律障碍，我国应借鉴美国。美国股权众筹的健康发展得益于其在股权众筹的发展初期即出台了"JOBS"法案。JOBS法案确立了股权众筹的合法地位，新设了对众筹融资的注册豁免机制，在计算持股人数上限时去除众筹投资者数，构建起较完备的股权众筹监管框架，有利于股权众筹的有序发展。

（2）应该降低投资者准入门槛，细化风险控制要求。我国股权众筹平台对投资者准入门槛都较高，一般要求个人投资者最近三年个人年均收入不低于30万元或者金融资产不低于100万元。借鉴美国的经验，应降低我国股权众筹投资者准入门槛,从而引入更多的投资者参与股权众筹,促进股权众筹行业的发展。同时,应加强保护投资者的利益。重点对发行人要求、中介平台资质、平台义务及禁止行为、信息披露等方面细化风险控制要求。

(3) 我国应该提高专业化机构投资者比例,鼓励建立公募股权众筹投资基金。丰富股权众筹退出渠道,促进股权众筹平台与区域性股权交易市场对接。

第四章 中国各层次资本市场重点问题剖析

第一节 我国场内资本市场重点问题分析

一、从股灾视角看我国场内资本市场

从 2014 年 4 月 29 日到 2015 年 6 月 12 日,上证综指由 2026 点上涨到 5178 点,上涨幅度达到 156%,从 6 月 15 日开始,股市的上涨走势结束。6 月 19 日,上证综指暴跌 6.42%,两市近千只个股跌停,交易额全面萎缩,上证综指从 5178 点的最高点到 7 月 8 日 3507 点的最低点,下跌幅度达 32%,创 1992 年以来中国股市跌幅的最大纪录。股票市场的这一次的异常波动,导致 20 多万亿元的国民财富灰飞烟灭。而历史经验表明,在现代市场经济条件下,资产泡沫膨胀乃至破裂,对高速增长的经济体杀伤力最大,殃及实体经济的稳定增长。对 2015 年的股市异常波动,也反映出了我国场内资本市场存在的众多问题。

1. 泡沫是本次股灾发生的必要条件和首要原因

泡沫是一种经济失衡现象,可以定义为某种价格水平相对于经济基础条件决定的一般均衡稳定状态价格的非平稳性向上偏移,这种偏移的数学期望可以作为泡沫的度量。导致价格泡沫的原因是复杂的,在实际经济活动中,与预期相关联的过度投机行为、幼稚投机者交易行为、规范失灵,诈骗行为和道德风险等都可能成为导致泡沫现象的原因。而对于导致我国股市存在价格泡沫从而引发 2015

年股灾的原因，我们认为主要包括货币政策、商业银行资产配置以及杠杆资金运用等多方面。

（1）2012～2016年我国处于相对宽松的货币政策时期。特别是从2014年11月到2015年6月底，中国人民银行4次降低金融机构存、贷款基准利率、3次降低金融机构存款准备金率，随后至2016年第一季度，央行又进行2次降息、3次降准。从理论上来说，降准降息对于股市而言是利好消息。存款利率的下调导致储户的收益下降，影响到部分公民把资金用于消费或者其他的渠道，进而加快了货币流通；下调贷款利率会降低企业的资金成本，也会促进银行贷款业务的增加，盘活了货币的流通；降低商业银行存款准备金的百分比会促使商业银行多向企业放贷。

（2）从表面上来看，虽然商业银行并非股市的直接参与者，但其在股市泡沫化进程的推动作用绝不容忽视（见表4-1所示）。首先，由于实体经济的低迷以及利率下行的趋势，商业银行面临生息资产收益率下滑、竞争力下降的威胁。对比股市的繁荣，商业银行有间接将理财资金投入股市的动机；其次，我国金融业分业监管的现状为理财资金隐性进入股市提供了政策便利。再者，由于商业银行未能很好地监测信贷资金的真实用途，呈半放任状态，导致大批企业信贷资金流入股市，进一步推动了股市泡沫化。商业银行的资金主要有三种类型，分别是：信贷资金、自营资金和理财资金。一方面，虽然商业银行将理财或信贷资金直接投入股市是被严格禁止的，但是由于监管上的不匹配，商业银行的资金可以通过两融收益权转让以及结构化配资等方式进入股市，分散在各类机构的各种创新科目中。一般来说，银行提供资金用于和股票交易的业务并收取固定利息，这种加杠杆的方式在股市上放大波幅。对2014年中、2014年底和2015年中三个时间节点的银行理财资金流入股市的存量进行分析可以发现，2014年下半年银行理财资金流入股市的净值大约是2000亿元，而这个量在2015年上半年则翻了2倍，高达6000亿元。由此可见，当2015年上半年股市上涨最疯狂时，银行的理财资金确实通过各种间接渠道加快了入市的步伐，并为股市带来了规模可观的增量资金。另一方面，银行的信贷资产中包含向居民发放的贷款和向企业发放的贷款。企业贷款主要包括短期贷款、票据融资、中长期贷款和其他贷款。居民贷款主要包括短期消费性贷款、短期经营性贷款、中长期消费性贷款和中长期经营性贷款。从银行监管角度来看，信贷资金是明确禁止入市的。根据《商业银行法》规定，商业银行不得向非自用不动产投资或向非银行金融机构和企业投资。贷款业务相关管理办法也要求，银行贷款资金专款专用，严格控制信贷资金被挪用流向股市。故从理论上来讲，银行自营资金和信贷资金不能直接流向股市；但事实上，在 2015 年上半年银行信贷资金却大举进入股市。综合理财资金和信贷资金两方面，2015 年上半年，银行资金通过理财产品间接进入股市大约 6000 亿元，通过信贷资金入市约 1.4 万亿元，共计 2.0 万亿元，占上半年入市总资金（3.6 万亿元）的半数以上。可见，商业银行资金在推动股市泡沫中起着至关重要的作用。

表 4－1 银行理财资金入市渠道总结

两种间接入市渠道	2014 年底	2015 年中
"两融"收益权	融资融券余额（10000 亿元）- 券商的自有资金和发行债券等筹集到的资金（6000 亿元）= 银行理财资金通过两融收益权渠道入市的资金规模存量（4000 亿元）	融资融券余额（20000 亿元）- 券商的自有资金和发行债券等筹集到的资金（12000 亿元）= 银行理财资金通过"两融"收益渠道入市的资金规模存量（8000 亿元）
结构化配资	伞形信托配资（2000 亿元）+ 上市公司定向增发配资（1000 亿元）= 银行理财资金通过结构化配资渠道入市的资金规模存量（3000 亿元）	伞形信托配资（4000 亿元）+ 上市公司定向增发配资（1000 亿元）=银行理财资金通过结构化配资渠道入市的资金规模存量（5000 亿元）其中，伞形信托配资（4000 亿元）= 伞形信托规模（7000 亿元）*杠杆率（1:2）
理财资金入市存量总计	7000 亿元	13000 亿元

资料来源：中国信托业协会。

另外，尽管投资者是金融市场的主体，但泡沫时理性投资者的假设是不成立的，身处泡沫之中的人往往不相信这是一个泡沫，故而投资者情绪对泡沫有重要影响。投资者所做的投资决策是基于他对市场的认知和判断形成的。但人的大脑非常复杂，认知过程会存在各种偏差，例如，倾向于凭借经验快速地做决定的启发式偏差，依赖背景和事物的表面形式而产生框定偏差，倾向于证实而非证伪的证实偏差。投资者也存在过度自信、损失厌恶、后悔厌恶等心理特征。这些心理特征往往导致投机性行为的产生，导致股价的暴涨暴跌，从而对泡沫的堆积和破灭产生明显的作用。对此，我们选取工业增加值、居民消费价格指数、银行间 7

日拆借利率这三个宏观经济变量作为基本面的代理变量,在2007年1月至2016年3月对我国上证指数收盘价与上述三个宏观经济变量建立误差修正模型(VEC模型),采用VEC模型剔除指数价格的内在价值后所获得的收盘价残差序列为上证综指的泡沫。由此,我们得到了投资者情绪指标与股市泡沫指标的曲线图(如图4-1)。从图4-1中可见,2010年5月后的投资者情绪与泡沫走势很吻合,2014年7月开始的牛市中投资者情绪高涨,高涨的情绪催生了更多的投机性行为,促进了泡沫的发展。而当泡沫破灭时,投资者情绪的迅速转向加剧了股市的下跌。

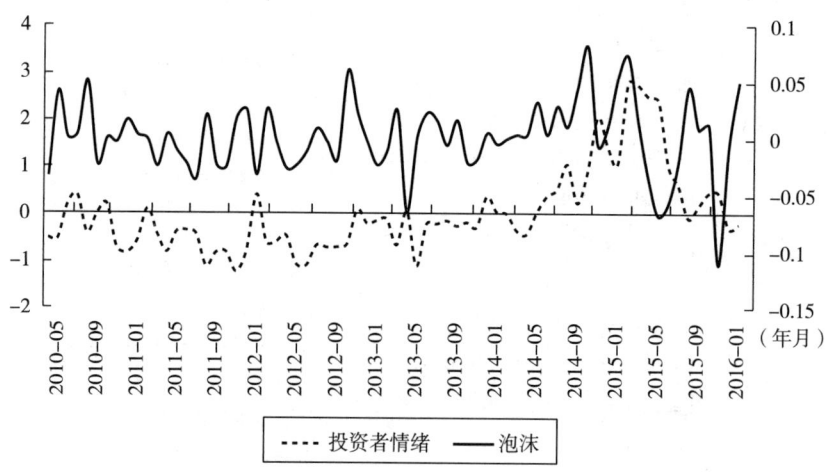

图4-1 2010年5月后投资者情绪与泡沫的变化趋势

2. 不合法、不合理的杠杆工具及其杠杆效应是本次股灾发生的充分原因

杠杆资金对本次股市异常波动过程中的泡沫形成有着重要影响。在本轮股市异动过程中,主要的加杠杆方式有场内融资、场外配资、伞形信托与单一结构化信托以及股权质押。我们对几类加杠杆方式的资金规模及其杠杆比例进行了初步统计(见表4-2)。

其中,场内融资主要是通过证券公司的融资融券渠道实现的。融资融券是指证券公司向符合一定条件的投资者通过借出资金或出借证券的方式进行的一项信用交易行为。融资即证券公司向投资者借出资金供投资者买入市场的证券,有为市场提供流动性和杠杆交易的作用。融券即证券公司向投资者借出证券供投资者卖出,是一种做空的机制。到 2015 年 6 月融资融券的规模已经达到 2 万亿元以上,且资金主要来源于散户,对参与股市的普通群众影响最为直接,其杠杆比例为 1:1~1:2,相对控制得较低,且担保比较高。融资业务的风险指标主要有三个:一是警戒线、平仓线,目前的警戒线为 150%,平仓线为 130%。当维持担保比例低于警戒线时,公司 T 日以合同约定的方式向客户发出追保通知,要求客户于 T+1 日 16:00 前按合同约定的方式追加担保物,且追加担保物后,客户的维持担保比例不低于 150%。对于未在规定时间内追加担保物或追加担保物不足的,将于 T+2 日进行强制平仓;二是保证金比例,在 2015 年 11 月 23 日以前,保证金比例为 50%,即只有 50 万元的客户资金才可以融资。

表 4-2 加杠杆方式总结

投入股市杠杆资金							
	场内/场外	资金来源	2015 年 6 月累计规模	杠杆倍数	融资成本(年化)	警戒线/平仓线	数据来源
融资融券	场内	散户、机构投资者	22000 亿元	1:1~1:2	9%	担保比 150%~130%	中国证券业协会
伞形信托与单一结构信托	场外	银行理财、机构投资者	15000 亿元	1:2~1:3	10%	1:3 净值 90%~85%	中国信托业协会、券商研报估计
分级基金	场外	机构投资者、散户	700 亿元	1:2	6%~8%		证监会
场外配资	场外	散户、地下钱庄、民间借贷	17000 亿~20000 亿元	1:2~1:10	13%~18%	担保比 104%~108%	根据市场信息、多家券商研报估计
其他涉及平仓线的方式							
股权质押	场外	银行、信托、券商	6000 亿~8000 亿元	2:1~5:2	10%	130%~150%	证监会、华泰证券研报估计

除此之外,分级基金也是一种场内融资加杠杆的工具。作为一种结构化衍生产品,其是基于将普通开放式基金的风险和收益进行一种不对称的分割,将较低的风险和较低的(通常是固定的)收益分配给份额 A 的投资者,而将较高的风险和超额的收益分配给份额 B 的投资者,同时份额 A 和份额 B 均可以通过二级

市场单独流通。与融资融券50万元资产的入市门槛不同，分级基金的入市门槛很低。杠杆的吸引力和与普通开放式基金相同的投资门槛让分级基金在此轮股市泡沫格外受投资者青睐，其规模出现了爆发式的增长，尤其是股票型分级基金。这一轮股市泡沫的快速形成，使股票型分级B的净值不断升高，在此期间，多只分级基金多次出现"上折"。上折，也就是分级基金的不定期向上折算，当分级基金母基金的净值上涨至某个阈值，分级基金将进行上折。由于上折的触发是母基对应的指数大幅上涨造成的，此时B份额大涨之后杠杆降低，而上折后A份额和B份额的净值均回归为初始净值1，超过1的部分将以母基的形式发放给A份额和B份额的持有人，这也使分级B的杠杆恢复到了初始杠杆。据统计，2014年8月，分级基金发生了分级基金创立以来的第一例上折；到2014年底共发生了8起上折事件，2015年上半年共发生了38起上折事件。由于分级B的杠杆特征，其净值的波动比标的指数的波动更为剧烈，对标的股票指数的反应也更为敏感。分级B作为对市场风向最为敏感的场内交易品种，市场上通常将分级B当作反映市场人气的一种"信号"。而频繁被触发的上折，尽管本身是一个中性事件，本身不会带来收益，但它的大量触发却也向外传递了积极的市场情绪。通过上折使份额B的杠杆向上恢复到初始杠杆值，对杠杆投资者的吸引力也进一步上升，同时还起到了引资入市的效果。6月中旬起股市大幅下挫，随着母基金以及分级B的持续下跌，分级B的价格杠杆不断放大，分级基金的杠杆效应越加显著。随着分级B净值的持续下跌，分级基金又面临着下折风险。对单个分级B来说，净值下跌到下折阈值（一般情况下为0.25）时，就触发了下折。截至2015年底，分级基金累积共发生68次分级基金下折算事件，其中64例都发生在本轮股灾期间。按下折发生的集中性可分为下列三次下折潮，涉及基金总规模约为1243亿元。分级基金下折潮会带来一定的赎回冲击，使基金公司不得不选择抛售股票，大量的抛单使本就脆弱的市场更加承压，加速股价的下跌和分级基金的下折。例如，富国国企改革基金在2015年8月27日下折前仓位在94%左右，为了应对大量赎回将会有大概120亿左右的抛售股票压力。而当投资者能够预见下折，从而提前抛售该分级基金的持仓股票，则又加速了该板块的下跌，进一步加重市场的恐慌情绪。

由表4-2可以看到，场外配资方式的资金规模巨大，且资金来源复杂，杠杆比例高，场外配资公司最多可以提供给股民高达10倍的杠杆资金，对本次股灾形成的影响也最大。场外配资的杠杆大约为1:4~1:5，个别配资公司可能达到1:10。且杠杆越大，平仓警戒线和平仓线越严格。根据PPmoney、迅银、点金盒、大金牛等几家配资公司发布数据,对1:4或1:5配资账户,其预警线多设在110%~113%,止损线设在104%~108%的水平。场外配资的总量难以估计,由于场外配资的来源包含线上网贷平台以及线下股票配资公司以及其他来源等,其中线上网贷平台与线下股票配资公司是主要来源,但两者都存在共同的问题:一是非严格处于监管之下,没有确切的统计数据;二是从草根调研得到统计数据耗时长,不具备高频性,难以将场外配资数据与其他数据进行动态对比以及汇总。因此,可以通过观察场内融资买入额和成交额之间的动态关系来推测场外配资规模变化。成交额包括融资买入额和非融资买入的交易额,其中融资买入额包括场内融资买入额和场外融资买入额。由于场外配资属于不规范的交易行为,数据不可获得,因此,官方统计的融资买入额仅仅反映了场内融资的规模。2015年上半年,虽然场内融资买入额随着交易额的增加而不断增加,但总体占比却在2月以后不断下降,从而可以推测,虽然,场内融资买入额不断增加,但是各种投资限制已经满足不了融资客的要求,因此,场外配资就在此时开始了"野蛮生长"。经过申万宏源研究所的测算,民间配资公司全国约为10000家,平均规模约为1亿~1.5亿元。

除此之外,伞形信托模式被认为是2014~2015年股市大涨中被利用最为广泛的一种配资模式。伞形信托是一种结构化证券投资信托的创新品种,指在同一信托产品下,包含一个或多个不同的子信托产品,由投资者根据自身偏好和需求选择一个或多个进行组合投资。伞形信托的一种典型结构是:信托公司作为受托人,发行集合资金信托计划,按照约定的分成比例,由银行发行理财产品认购信托计划的优先级收益权,获取优先固定收益;其他潜在投资者认购劣后收益权,并根据信托投资表现,获取剔除各项支出后的剩余收益,这种模式类似于分级基金。单一结构化信托的原理与伞形信托类似,最大的不同在于它的劣后投资者只有1个人。伞形信托与单一结构化结构信托的主要风险指标包括融资成本以及配资比例,伞形信托产品配资比例一般为1:2~1:3,甚至更高。根据杠杆比例的不同,信托设有预警线和止损线,杠杆越大,"红线"越紧,一般以优先受益人利益保障线为基础上浮高出10%~20%。以某券商发布的一款产品为例,1:2融资比例,预警线为90%,止损线为85%;1:1融资比例,预警线为69%,止损线为64%。根据信托业内人士估计,早在2014年12月末,伞形信托的存续规模既已达到2000亿元,而到了2015年2月,这一规模已攀升至3000亿~4000亿元。到股灾前夕,伞形信托+单一信托资金规模估计一度达到7000亿~8000亿元,杠杆比例可达到1:3,较场内融资更高。在监管层面,证监会在2015年7月的第19号公告与2015年9月的通知中接连对伞形信托进行点名,明确要求券商全面清理伞形信托账户,严查场外配资。除了优先劣后结构上的不同之外,伞形信托还具有成立快、门槛低、杠杆高、投资范围灵活、接入便利等优势,有助于投资机构扩大客户源,便于实现客户分层管理。从投资机构个体而言,伞形信托的出现实现了灵活化、多层次客户管理和风险统一监控的协调统一,不失为一项重要的金融创新,提升了客户资金和交易系统的使用效率。诸多的优点使得伞形信托在2014年的牛市中受到众多投资者的欢迎,各类资金争相涌入伞形信托,希望利用杠杆的放大效应在证券市场上获取高额收益。如此规模的资金迅速涌入证券市场,必然会导致证券市场非理性繁荣,并在市场下跌时对高杠杆资金埋下了爆仓的重大风险隐患。2012年初到2014年7月,伞形信托规模缓慢增长;2014年7月到2015年6月,伞形信托规模高速增长,市场泡沫水平不断增加;2015年6月,市场泡沫开始破灭,伞形信托规模增长停滞;2015年9月,监管层意识到场外配资的严重性,证监会发文清理伞形信托,但此时行动已严重滞后。

最后,股权质押也是本轮股市异动中加杠杆的方式之一。股权质押是指出质人以其所拥有的股权作为质押标的物而设立的质押,以股权质押进行融资,补充出质人流动资金。股权质押的质押率大约在40%,融资成本大约在10%,警戒线和平仓线比例多为160%/140%或150%/130%。在股市上涨期间,上市公司的股东可以借由高估值来融入更多资金,截至2015年8月31日,股票质押市场的存量达到2.7万亿元,其中2015年净增加1.4万亿元,对应的股权质押净融资额约1.1万亿元。然而,通过逐家查看每笔股权质押资金的用途,我们发现几乎所有大额质押贷款资金或流向大股东企业(此处大股东是法人股东),或在银行借款给股东后由股东再借给被质押上市公司。少数流向不详的资金可能流回股市或作其他用途。根据券商研报估计(《国联证券20160128宏观策略思考系列——股权质押风险几何》《招商证券20170426股权质押风险又来了》),股权质押后再投入股市的杠杆资金只有30%~40%。换言之,上市公司通过股权质押融入的资金大部分没有再次投入股市,因而对股市涨跌影响不大。

综上,泡沫程度过高是本次股灾发生的必要条件和首要原因。在相对宽松的货币政策下,大量资金流入股市。随着股市的上涨,投资者在短期内的投机性情绪变强,市场开始炒热。2014~2015年,经过近一年的上涨后,大部分股票股价已经翻番,创业板许多股票的股价已经翻了数倍。而此时的市场上仍然充斥着各式各样的概念、故事以及光鲜亮丽的财务数据,大多数中小投资者被不断上涨的指数以及每天几百只涨停板所带来的赚钱效应所迷惑,再加上对大牛市宣传的偏听偏信,从而对5000点以上的大盘所积累的高风险放松了警惕。然而,繁荣的背后是众多上市公司令人怀疑的基本面信息与上市公司高管纷纷减持的真实情况。换言之,股灾前期的上涨是非理性的。过高的泡沫酝酿了股灾的形成,可谓"乐极生悲"。不合法、不合理的杠杆工具及其杠杆效应是本次股灾发生的充分原因和第二重要原因。2014年末至2015年6月之前,杠杆资金加速入市,并推动了市场加速上涨。据海通证券研究所估算,高峰时杠杆资金规模约4万亿元以上,主要包括:场内融资规模2.27万亿元,场外配资规模约1.8万亿元。场外配资的配资比例普遍偏高,甚至可以高达10倍,且配资方式五花八门,从民间借贷到地下钱庄,这显然属于非法且不合理的杠杆方式。不合理的高杠杆资金在市场下跌时加速离场,进一步加剧了股灾的严重程度。这其中,场外配资和伞形信托的部分资金表现得尤为突出。监管层对两融业务的规范和对场外配资的清理是本轮股灾的导火索。在本次股灾过程中,清理场外配资引发暴跌,涨跌停制度引发流动性枯竭,造成股票市场上出现本可以避免的抛售盘和股价的螺旋式下跌。针对本轮股灾中我国场内资本市场表现出的问题,我们提出了以下政策建议:

第一,合理调控股票市场,避免非理性繁荣。本轮股灾对国民经济造成了较大的负面影响,而泡沫作为此次股灾的首要原因,必须从中吸取教训。虽然资本市场对我国产业升级转型非常重要,但也不能放任其野蛮生长甚至"拔苗助长"。在本轮股市泡沫形成的过程中,媒体的大肆鼓吹在一定程度上直接或间接地表明了政府的态度:2015年4月9日新华网有文章称"A股估值或许才到半山腰"。4月21日人民网有文章称"4000点才是A股牛市的开端",而在5月初A股经历短暂调整之际,人民日报5月8日评论称"股市或是假摔,长期牛市势头不变",都从正面肯定了A股市场的狂热状态。世界发达国家资本市场的历次大灾难经验显示,股市大崩溃大都是非理性繁荣导致的(罗伯特希勒《非理性繁荣》)。媒体的鼓吹以及由此带来的投资者投机性情绪的强化,无疑也是导致本轮股灾的重要原因。因此,政府应该对股市的估值状态进行合理监控,不能盲目地干预股市。

第二,加强对杠杆的管理。高杠杆是造成本次股市异常波动的重要原因。首先,对于非法的不合理的高杠杆要采取必要监管措施。杠杆倍数在3倍以上甚至高达10倍的杠杆方式都可以认为是不合理的。例如,部分的伞形信托、场外配资等。而场外配资本身还是不合法的杠杆方式。对于此类或违法或不合理的杠杆工具要进一步加强监管；其次，加强对合规杠杆方式的管理。以融资融券为代表的场内融资方式一般杠杆倍数为2倍，属合理合法的杠杆方式，但也需要及时监督发现操作过程中的一些不合规行为，加强管理。

第三，加强对金融体系灰色地带的监管。本次股灾中场外配资之所以难以监控，一个重要的因素即在于银行资金通过信托等方式变相入市，从而同时逃脱了银监会和证监会的监管。因此，现阶段由于分业监管与实际混业经营之间的矛盾带来的不同部门之间的监管漏洞要及时弥补。未来随着混业经营的进一步发展，逐步由分业监管向混业监管转变是满足监管需求的必然选择。

第四，完善我国股市对冲机制。在现货市场融券卖空受限的情况下，股指期货的作用难以得到有效的发挥。在海外成熟市场，现货市场卖空机制都是全面放开的，我国应该借鉴其经验，逐渐放开融券卖空机制。与此同时，我国可以考虑逐步开放更多品种的股指期货，方便投资者进行对冲，降低投资者入市风险。

二、股票主板市场并购重组与经济转型升级

并购重组淘汰落后产能，做大做强龙头企业，并最终优化产业结构，是具有内涵式扩张特点的发展路径。在美国，并购重组热潮通常都与新兴产业高速发展的关键节点并行出现，20世纪50~60年代后期第三次并购浪潮，催生了以宇航、核能、激光和合成材料等为代表的新兴产业，特别是自20世纪90年代以来的第五次并购浪潮，以互联网IT技术和生物技术为核心的新兴产业革命进一步巩固了美国在高科技产业领域的领先优势。而资本市场吸引各方参与者，能够为资产重组和兼并提供足够的出价者和应价者，有利于形成公平的交易价格；繁荣的股票市场也可以为上市公司提供充裕的资金来源和较高的估值溢价，以美国市场为例，五次并购热潮大多出现在股票市场的繁荣时期。同时，在20世纪80年代的并购热潮中，并购基金的杠杆收购成为影响巨大的一种收购模式，以2000~2007年的并购事件为例，美国市场并购基金杠杆收购案例接近3000个，并购规模超过1万亿美元。

同样地，我国股票市场并购重组也初显成效。我国家电、啤酒等行业的整合生动体现了资本市场的作用：20世纪90年代初，啤酒行业品牌众多市场分散，全行业盈利能力偏低。90年代末，燕京啤酒（A股）、青岛啤酒（A股、H股）、华润集团（H股）三家公司通过上市募集资金，进行了一系列并购整合，2006年三大巨头的市场占有率达到36%，通过整合，啤酒产业的竞争力得到稳步提升。我国煤炭、钢铁、航空、电信、汽车等行业依托资本市场进行了大规模整合,实现了集团资产整体上市,盘活了存量资产,调整了产业结构,提升了产业集中度。根据 Wind 数据库统计,2010~2015 年我国并购市场共完成交易 10451 起,并购交易涉及金额 4.54 万亿元。现阶段,清理退出和重组整合国企,特别是那些已在主板上市的大型央企和地方国企,离不开股票市场这一低成本高效率的并购重组平台。2015 年,沪深两市国有控股上市公司共发生并购重组 743 单,交易金额 9365 亿元,同比增长 35%。沪市共有近 70 家中央和地方国企披露重大资产重组预案。产能过剩型行业的上市公司,通过并购重组实现去产能去杠杆,2015 年,沪市共有 250 余家涉及房地产、煤炭、铁矿石开采、水泥、钢铁等产能过剩行业的上市公司,通过资产出售,剥离了处于亏损状态的资产,合计交易金额近 1600 亿元。创新型新兴产业的上市公司,通过并购重组获得亟须的发展资金和技术,2015 年,1011 家战略新兴行业上市公司共发生并购重组 602 单,交易金额 5146 亿元,同比增长 71%。同时,有 10 余家沪市公司通过重组实现与"互联网+"的深度融合。然而,我国股票市场并购重组依然面临着诸多问题:

1. 我国的并购重组行政许可还有待进一步放宽

证监会对上市公司并购重组的行政许可包括要约收购义务豁免;上市公司发行股份购买资产核准;上市公司合并、分立审批;上市公司重大资产购买、出售、置换(构成借壳上市的)行为审批。实践中其中的一些行政许可已没有存在的意义,例如,要约收购义务豁免审批,由于通常不涉及上市公司控制权的变化,事前审核机制已无实际意义,且实际中几乎所有的此类审批都被核准通过。

2. 上市公司并购支付手段和融资手段仍然缺乏

并购的支付方式主要有现金支付、换股支付和混合支付这三类,目前我国支付手段过于单一和落后,采用现金支付的偏多,采用换股并购的较少;虽然我国现行的《上市公司收购管理办法》对"换股并购"给予法律支持,但有关具体操作细则仍需要规范和明确。总结国际经验发现,在现金支付手段下发达国家资本市场可以通过发行债券、高收益票据、优先股、并购基金等多种方式来融资为并购活动提供资金支持,尤其是融资型杠杆并购曾经促进了美国等并购活动的大发展。而这些渠道和方式在我国尚未得到真正的发展,没有得到基本法律文件的确认是重要原因。对此,为推动股票主板市场并购重组我们提出以下政策建议:

(1)从顶层设计上明确我国主板市场(特别是上交所)把促进并购重组(即激活存量转型升级)作为十三五时期最重要发展战略的工作来抓;若上交所

公司并购活动全面激活，亦可以全面激活上海股票市场，从而带动全国股票市场走出 2015 年股灾阴影。深交所则以发展增量为主，加快新兴产业和高科技中小企业上市。

（2）深化并购重组市场化改革，进一步取消简化上市公司并购重组行政许可，对新兴产业的行业性并购、传统产业向新兴产业的转型重组适用快速审批通道，发挥并购重组在上市公司产业转型升级中资源整合和杠杆撬动作用。研究实行并购重组股份协商定价，完善分行业审核专业化操作，提高审核效率与行政许可的透明度。

（3）建议完善现行的《上市公司收购管理办法》，规范和明确换股收购的有关具体操作细则，研究出台发行优先股、定向发行可转换债券等作为并购重组支付方式的实施细则。在融资手段方面，建议明确杠杆收购以及一系列并购融资方法的合法性，鼓励将公司债（高收益债券票据）、过桥贷款、定向发行的可转债、优先股、股债结合类产品等多种金融工具作为融资手段，提升并购融资的便利性，特别要大力扶持促进第三方并购基金的发展。对以产业整合为目的的并购重组，进一步放松在股份支付方式、风险管理机制、评估定价安排等方面管制，同时在税收安排方面予以针对性支持，真正发挥并购重组在上市公司产业转型升级中资源整合和杠杆撬动作用。

（4）还需转变对并购重组的监管重点。在国际成熟资本市场中，对上市公司的并购重组监管重点不是对交易的审批，而是对内幕交易、操纵市场等违法违规行为的界定、查处和打击。我国证券监管部门应该进一步完善《上市公司收购管理办法》相关规定，将对并购重组的监管重点从交易的审批转变至内幕交易、操纵市场等方面，特别是要明确这些行为的界定标准，增强防范和打击内幕交易的可操作性。

三、我国衍生品市场存在的问题

我国衍生品市场不发达，自 2010 年推出股指期货品种以来，截至目前，股指期货品种仅有沪深 300 期指、上证 50 期指和中证 500 期指三种；而在风险管理方面具有其他金融工具无法替代的作用的股票期权，发展则更为缓慢，2015 年 2 月 9 日，上海证券交易所正式上市我国首个场内期权产品——上证 50ETF 期权。

其中，股指期货作为新兴的金融衍生产品，其主要功能包括对冲与价格发现。它主要以股票市场的某个价格指数作为标的物进行标准化期货合约的交易，要求交易者双方在未来一定日期以一定价格交割相关指数所对应的现金。目前，全世界主要的成熟市场一般都有相应的股指期货产品进行交易，例如，标准普尔500指数期货，日经平均指数期货，恒生指数期货等。我国也于2010年4月推出了沪深300股指期货合约，并于2015年4月增设了上证50股指期货与中证500股指期货两个新的品种。

期现价差的变化是期货市场对于股票市场对冲作用与价格发现能力最明显的体现。在期货市场的交易中，只要分为三类投资者：投机者、套利者与对冲者。通过三类投资者在期现市场的共同交易，从而维持期货市场对于股票现货市场价格的反应与引导。一般来说，投机者会根据趋势进行趋势交易，多空方向会根据投资者的交易情绪而产生变化；对冲者一般会在期货市场开出与现货市场相反的仓位进行对冲，从而减小风险；套利者会根据期现市场的价差的变化进行期现套利。可以说，投机者让期货市场更好地对信息产生反应，而套利者让市场的反应变得合理，并降低了对冲者的对冲风险。从2010年4月至今，我们可以将IF期现价差大致划分为四个阶段，2010年4月至2014年7月的平稳时期，2014年7月至2015年6月的上涨时期，2015年6~9月的股灾时期与2015年9月至今的缩量时期。

2010年3月31日，融资融券业务正式推出，在理论上投资者可以通过融券来卖空个股，从而使股价回归其内在价值。然而，自从推出融券以来一直规模较小，且发展缓慢。2013年2月28日，出于市场稳健性的考虑，转融券业务随后推出。然而，融资与融券业务的发展表现出显著的不平衡状况。2013年底我国转融资期末余额增至574.78亿元，而转融券期末余额仅有2.19亿元。从纵向比较来看，自2010年推出融券余量以来，仅在2013年出现了小幅上涨，之后表现出增长乏力的特征。融券余额占两融余额之比最高时也仅有4.25%，出现在2013年1月4日，其他时候则均低于4%，2014~2015年牛市期间更是不到1%。从横向比较来看，2010年6月中旬纽约证券交易所的股票卖空总量达到180亿股，占流通股的4.75%。而我国自从2010年4月融券卖空推出以来融券余量占流通总股本的比例始终没能超过0.05%，远远没有达到美国的水平。虽然我国融券标的经过几次扩容，但目前数量仍然非常有限。经课题组统计，2015年6月15日至7月9日（股灾期间）的融券标的一共900余只，其中创业板仅有57只，中小板股票172只，其余均为大盘股。换言之，股灾期间，尤其是价格波动较大的创业板和中小盘股，即使有融券需求，在现存券源不足的条件下也无法得到满足。除此之外，在我国现有的融券制度下，投资者和券商之间存在着博弈关系。

一方面，由于我国融券的券源主要是券商自营部门买入的证券。当市场预期趋于一致时，券商融券给投资者赚取的费率最高不过10.6%，却有可能承受较大的机会成本；另一方面，融券的券源除了券商自营之外，还有一部分来自证金公司转融通。由于转融通的成本较高，券商得到的费率就更低，因此，转融通常见于有大量融券需求的机构投资者。总而言之，券商融券的积极性不高，即使愿意融出券，往往也会提高费率，从而进一步增加投资者的融券成本。为此，投资者参与融券，尤其是个股融券，会更多地选择成本小、风险低的"日内回转交易"。总之，融券卖空虽然推出已久，但由于诸多限制，一直没有发挥应有的作用，实际已是"名存实亡"。

一方面，融券缺失及其制度的不完善直接影响现货价格；另一方面，通过期现货市场的对冲机制也间接影响股价。在理解期现货市场的相互作用之前，先来了解下股指期货市场多头力量和空头力量的构成。构成期指市场的多头力量主要包括新多头的入场，空头套保者的回补以及空头投机者的回补；而构成期指市场的空头力量则包括新空头的入场，多头套保者和多头投机者的获利了结。这样，当股价上涨时，由于融券卖空制度的缺失，现货市场没有足够的空头力量使股价回归合理区间。现货市场价格高涨使得投资者买入股指期货，期指市场新入场的多头力量非常强劲。同时，期指市场的空头套保者因其在现货市场多头的盈利可以抵消期货市场空头的损失，因而其尽管在期指市场遭受损失，却不急于回补期指市场的空头。换言之，此时期指多头力量主要为新多头的入场和空头投机者的回补。至于期指市场的空头力量，新入场的空头既包括了在现货市场持有大量多头头寸出于对冲风险的目的而做空期指的投资者，也包括因为看空现货，却无法在现货市场卖空从而做空期指的投资者，而多头套保者和多头投机者在判断股价快要见顶时，也会获利平多了结。因此，当现货市场股价高涨时，期指市场多头力量是强劲的，而新入场的空头投资者，或要获利结算的投机者，其买入的时点取决于对股市见顶时点的判断，不具有行为一致性，也就不会有较强盛的空头力量。多空力量对比之下，期指价格居高不下。相反，如果融券卖空制度完善，一方面，现货市场做空力量会在一定程度上抑制股价过快上涨；另一方面，期指市场的空头力量会更加迫切和强劲一些。换言之，当股价上涨而融券制度完善的情况下，期指多头力量中的多头套保者会对现货市场股价形成一定程度的抑制，而空头力量则要相对更加强盛一些，价格居高不下的局面或能有所缓解。

同样地，当股价下跌时，由于融券卖空制度缺失，股指期货的多头绝大多数为投机仓，股价下跌期间将恐慌止损，而与此同时新入场的空头增加，空头力量强劲。由于期指市场杠杆倍数高，期指市场的多头投机者争先恐后地平仓止损，使得期指价格迅速下降。空头力量还来自于新入场的空头，这又包括两种：一种是空头投机仓，其入场时点取决于其对股价进一步走势的判断；另一种则是在现货市场持有多头，但由于持仓量大，市场流动性紧张等因素而不能及时抛售的投资者，他们将迅速地在期指市场做空进行对冲。由于现货市场融券卖空受到限制，这部分投资者做空期指的需求是相对大而迫切的。至于期指市场的多头力量，由于期指市场有多必有空，多空必相等，因此，即使在股价下跌期间，多头力量仍然存在，但相比于空头，此时的多头力量远没有那么迫切。前面已经提到，期指市场多头力量包括空头套期保值者的回补、空头投机者的回补以及新多头的入场。其中空头套保者在现货市场往往持有大量的头寸，在股灾的行情中不大可能迅速撤离，在短时间内回补期货市场空头的意愿也就不强，那么期指卖空力量的主要对手方就更有可能是回补空头的投机者和新入场的多头。前者出于获利了结的目的并不着急回补，而后者往往基于投资者对抄底时点的判断。换言之，期指的多头往往并不具有行为一致性。也因此，多头力量远远没有空头力量那么强盛和迫切。总而言之，尽管在期指市场，有多必有空，多空必相等，但由于现货市场融券卖空制度的缺失，期指市场卖空力量仍然占据了主导，使期指价格迅速下降。期现货市场的价格相互论证，形成一个正反馈机制，最终形成股灾。相反，如果现货市场融券卖空机制健全，则期指多头不会恐慌止损，新入场的空头也相对少一些。在股价上升期间，如果部分期指市场多头投资者在现货市场做空进行对冲，则在股价下跌的过程中现货空头将逐渐回补，期指多头也会逐渐平仓止损，而不会发生期指多头争相平仓的恐慌情况。现货空头的回补一来对股价形成一定的支撑，二来也使在现货市场重仓的多头投资者出货相对容易一些，使其无须在期货市场大量卖空进行对冲，换言之，新入场的空头相对要少一些。再来看期指市场的多头，如果现货市场卖空机制健全，则回补空头的投资者和新入场的多头将对期指形成一定程度上的支撑。前面已经提到，卖空的对手方或说多头方，主要包括回补空头的套保者、回补空头的投机者和新入场的多头。对于回补空头的套保者而言，由于其在现货市场的多头要出货，而在融券机制健全的情况下现货市场多头的出货相对容易（现货市场空头的回补等），因此，期货市场回补空头的需求也相对较大，这将对期指价格形成支撑。当投资者在现货市场抄底相对困难时，可以选择在期货市场提前买入多头，锁定收益。也就是说，如果融券卖空机制健全，则期指市场空头力量相对要弱一些，而多头力量将对期指价格形成一定的支撑。期货市场的价格又将在一定程度上对现货市场价格起到支撑作用。

综观世界金融市场发展路径,都是在股市已有买空卖空交易机制的情况下再推出股指期货,但香港地区则是一个失败的反例。1987年10月,当全球性的股灾爆发,香港股市崩盘,一直到1987年底恒指才企稳回升;而美国股市在10月底就逐渐企稳。从股灾爆发到指数跌至最低点,道琼斯指数下跌23%,而香港恒生指数下跌50%,比美国的情况要严重许多。这次股灾的原因有很多,包括世界经济萧条、程式交易、股价过高等。而香港的问题有其特殊性。当时港英当局"证券检讨委员会"出具的《戴维森报告》显示,香港1987年发生股灾主要是因为其金融市场存在问题,其中一个重要原因在于香港在还未推出股市买空卖空制度的时候就在金融期货市场推出了股指期货。为此,香港在1994年在股票现货市场推出了买空卖空机制。

由于融券的缺失,投资者无法实现期现对冲,是引起我国股票市场暴涨暴跌的重要原因。因此,完善融券制度是促进我国场内资本市场健康发展的必要举措:

首先,进一步放开融券标的,引导机构投资者广泛参与。在海外成熟市场,融券标的的选择面广,机构是融券交易的主要对手方。一方面,从融券供给的角度来看,保险、国有股东和一些长期战略投资者可能会有较为强烈的出借证券意愿。因其持有期限长,持有量大,通过融出券能给持有者带来一部分低风险收益,同时又不影响长期持有的目的。因此,如果放开了融券和转融券的标的,券源会进一步扩大。另一方面,从融券需求的角度来看,融券只是短期操作,不太适合有长期资产配置要求的机构,因此,在国外融券主体是对冲基金。在我国,由于融券标的没有完全放开,追求短期收益的机构投资者并没有参与融券的积极性。对于他们来说,目前的情况是券源有限,资金相对是"无限"的。因此,他们大多放弃用融券来做风险对冲工具,并非没有需求。如果市场上券源丰富一些,他们同样可以构造许多交易策略,从国外对冲基金的表现来看,其需求是很大的。

其次,从中国台湾和美国的经验可知,融券标的的放开并不等同于有充足的券源,要提高融券便利性,除了要放开融券标的之外,还要有许多配套措施。例如,期现货市场的对冲机制与融券制度往往是相辅相成的。融券投资者通常需要有对应的期货合约进行对冲。我国目前只有沪深300、上证50和中证500三类股指期货,未来随着现货市场融券标的的放开,应该推出更多的指数期货,为投资者在期现货市场套利提供便利,从而提高投资者融券的积极性。由于融券的券源主要来自于券商自营,当投资者融券积极性不高时,券商自营部门有很大一部分用以融出的券源都处于闲置状态,因而承受了较大的机会成本。投资者融券积极性的提高将适当降低其成本,从而反过来又将降低投资者的融券费用,进而在一定程度上提高融券的便利性。

最后,目前我国的授信制度是借鉴日本的单轨制集中授信制度。这在很大程度上决定了现阶段融资融券交易效率较低、规模受限的情况。但由于我国大陆目前是以散户为主的投资结构,如果没有一个制度化的集中授信机构则不便于管理和监督,因此,这里可以参考台湾地区的双轨制授信制度。另外,也可以借鉴台湾地区"以资养券"的做法。在我国大陆现行制度设计下,融券是投资者和券商之间的博弈,而"以资养券"实际上将其变成了投资者之间的博弈。换言之,只要有人看多,有人看空,融券就不会缺少券源和需求,从而提高了流动性,有利于使股价处于合理区间。"以资养券"要求融资买入的券可以作为融券的券源,因此融资和融券的标的就要尽可能重合。我国目前融券标的和融资标的各有1000只左右,但重合度不高。未来可以考虑为"以资养券"提供便利。

第二节 新三板市场重点问题

一、新三板市场发展现状

自2006年推出新三板时,符合条件的挂牌公司数量稀少。在2012年新三板第一次扩容后,挂牌公司出现第一次较大幅度的增长。2013年,新三板扩容至全国,其上市制度、交易制度也不断完善。2014年和2015年,新三板挂牌公司数量呈现爆炸式增长,挂牌公司单月净增加数也呈现上升的趋势,仅2015年内,挂牌公司净增加3565家,总数达到5129家,超过A股所有上市公司总数。同时,自2014年1月以来,新三板挂牌公司总市值增长非常迅速。2014年初,新三板总市值还不足1000万亿元,到2015年末新三板总市值已经超过1.5万亿元,在两年时间里增长了15倍。新三板市值的大幅上升,一方面是因为新三板挂牌公司中有真实交易,市值可计量的公司不断上升;另一方面是因为新三板公司平均市值呈现上升的态势。在所有市值能可靠计算的公司中,市值位于1亿~5亿元的公司的数量最多,占比为48.2%;此外,在市值可计算的公司中,大约有12.8%的公司市值超过10亿元。从纵向对比来看，自2014年1月以来，市值在1亿元以下的公司占比大幅减少，市值在5亿元以上的公司占比大幅提高。虽然新三板总市值在两年内大幅提高，但是与主板、中小板和创业板的相比，无论从总市值还是公司平均市值来看，新三板仍然有较大差距。

新三板挂牌公司募集资金总额呈现大幅上升之势，2015年下半年开始至2016年第一季度末，单月募集资金总额约为120亿元。从年度数据上来看，2015年募集资金较2014年增长820.7%。新三板市场的融资功能不断增强。虽然与A股板块相比，新三板的融资规模仍然较小，但相比于2014年，其2015年与A股的融资规模差距有所缩小，融资功能正在逐渐提升。从成交情况上来看，目前新三板共有两种交易方式：协议转让和做市转让。目前，鉴于做市转让在交易活跃度、价值发现等方面具有优势，越来越多的新三板公司获得做市商的青睐，截至2016年3月，平均每家做市转让公司有4.9家做市商，较2014年做市转让推出初期有了较大提升。拥有2家做市商（最低要求）的公司数量最多，大部分公司拥有的做市商数量在6家以下，自2015年以来，做市转让的公司家数也呈现大幅度上升之势。从成交金额来看，做市转让已经成为市场主流，在2015年后，占比基本保持在50%以上，对新三板的交易活跃度做出了较大贡献。虽然新三板目前交易规模较之前已经大幅提升，做市转让制度也大大提高了新三板市场股票的流动性，但新三板市场目前交易额仍然与A股板块有着较大差距，交易额与总市值之比同样差距悬殊，新三板仍然面临流动性不足的问题。

二、新三板价值发现功能

股转公司于2015年初开始编制新三板指数（又称"NEEQ指数"），指数包括三板成指和三板做市两个系列（如图4-2所示）。三板成指包含新三板中做市转让和协议转让的股票，共包含681家成分公司。三板做市指数仅包含做市交易的公司，共包含331家成分公司。两个指数均以2014年12月31日为起始基点，起始指数均为1000点。两个指数的走势基本相同，但是三板做市指数在市场情况乐观时，上涨更为迅速，这与做市交易能够提供更优的流动性密不可分，较好的流动性利于股价在连续交易中快速上涨。

进一步地，对比新三板指数和A股指数走势可以发现，新三板市场走势受到A股板块走势的影响，除了2015年3月份新三板出现大幅上涨之外，其他时间基本与A股同涨同跌，但是波动幅度远小于A股整体。为了便于比较，A股指数也根据各自2014年12月31日收盘价同比例调整至以1000点为起点。

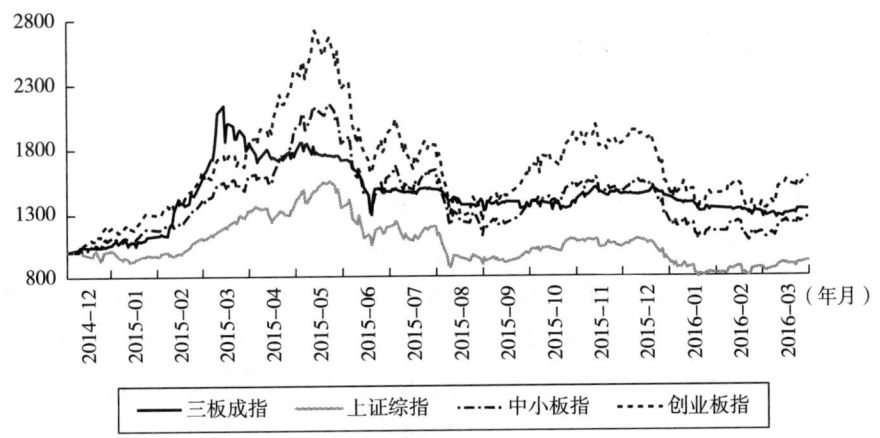

图 4-2 新三板指数与 A 股指数走势对比

从市场估值情况来看，长期来说，新三板整体的 PE 倍数呈现上升的趋势（如图 4-3 所示）。自 2014 年 8 月进行做市转让制度以来，新三板整体估值水平迅速走高。在大多数时间里，做市转让公司的估值水平高于协议转让的公司的估值水平，说明做市转让制度有利于公司的投资价值获得较高的认可。但与 A 股不同板块整体 PE 的比较可见，新三板估值水平在中国资本市场中处于较低的位置。新三板的估值水平仅高于上交所市场，大幅低于中小板和创业板的估值水平。假设 A 股市场估值水平合理，从行业和成长性角度考虑，新三板整体的估值水平应该与创业板相近。目前新三板相较于 A 股较低的估值，说明其交易活跃度较低，市场价值发现功能不完善。

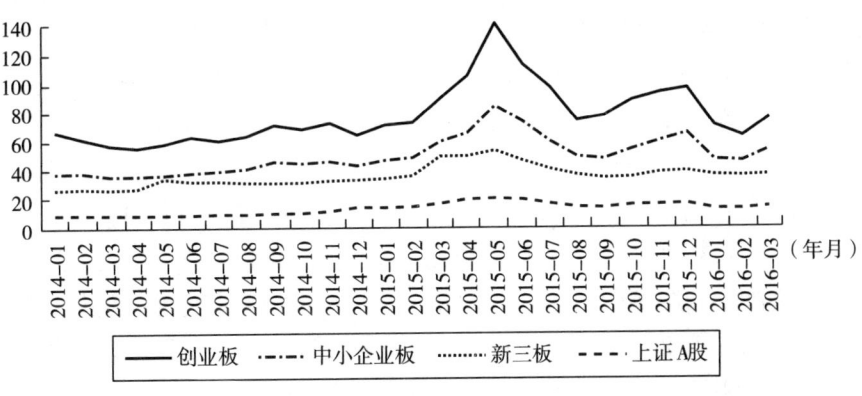

图 4-3 新三板与 A 股板块整体 PE 对比

三、新三板产业升级功效

1. 从行业角度看新三板产业升级功效

(1) 从新三板挂牌公司整体行业分布来看,首先是信息技术行业公司为新三板市场上最多的公司,占比接近30%;其次是工业类公司,医疗保健公司的占比仅为6%。由于金融行业较为特殊,将其剔除。按照新兴行业定义,当剔除金融公司后,新三板挂牌公司中新兴行业公司占比约为40%,虽然比例没有过半,但考虑到其较为庞大的基数,该比例仍然相对较高。与A股板块相比,创业板上市公司中新兴行业占比最高,达到55.3%。新三板新兴行业占比虽大幅领先与中小板和主板,但落后于创业板,仍然有较大的提升空间。

(2) 融资资金是否流向新兴行业能够在一定程度上说明新三板资产配置效率的高低以及是否主要为新兴行业提供发展资金。近几年来,除金融行业以外,新三板的融资资金主要流向了信息技术、工业、材料和可选消费四个行业。其中,信息技术和医疗保健两个代表性新兴行业的融资公司数量和金额均呈现大幅增长。不过,2015年新兴行业融资额占比反而出现了下降,其原因可能是新三板挂牌公司基数扩大,众多非新兴行业公司也涌入新三板进行融资。与A股板块对比来看,计算A股板块2015年的IPO和定向增发金额的合并值(剔除金融行业),新三板的新兴产业融资额和融资数量占比次于创业板,但高于主板和中小板。从融资行业流向角度考虑,新三板产业升级特征较为明显,但对新兴产业的支持不及创业板。

(3) 从交易市值来看,截至2015年末,新三板挂牌公司中有真实交易市值能够计算的公司数量为2296家,因金融行业单个公司市值显著大于其他行业公司,不具可比性,在剔除金融行业公司后,共有2241家市值能够计算的新三板公司。其中,信息技术行业公司在新三板市值可以计算的公司中数量占比为32.6%,高于其在新三板挂牌公司整体中的占比28.8%,可见二级市场对信息技术公司较为青睐。从市值占比上来看,可以得到相同的结论。信息技术行业公司的总市值占比为30.3%,高出第二名的工业行业的总市值约8个百分点,而这两个行业总挂牌公司数量占比相差仅为1%。二级市场中新兴行业公司数量和市值占比分别为44%和45%,均高于新兴行业公司数量在挂牌公司总数量中40%的占比,说明了投资者对于新三板中的新兴行业有着更高的关注度和估值。

(4) 在新三板市值排名前200的公司中,新兴行业数量和市值占比高于其在所有新三板市值可以计算的公司中的占比，进一步证明了从市值角度而言，新三板投资者对于新兴行业公司的追捧。并且与A股其他板块公司比较来看，创业板的新兴产业公司数量和市值占比仍然最高，新三板排名第二，仍然具有较大的提升空间。

（5）在2015年新三板市场的交易中，剔除金融行业后，信息技术的交易额占比分别为39.0%，高出该行业在总市值中的占比约9个百分点，显示出信息技术行业拥有较为活跃的交易度。与之相反的是，工业行业公司的2015年的交易量占比为23.1%，仅略微高于其总市值占比0.6个百分点。近几年，新兴行业公司交易额占比呈下降趋势。其中，最主要原因是新三板挂牌公司数量迅速增长，2013年还是以高科技产业园区公司为主，2014年其他行业公司逐渐增多，2015年更是呈现爆发式增长，这在一定程度上影响了信息技术等新兴行业公司的交易额占比。但是，从2015年的数据来看，剔除金融行业外，新兴行业公司的交易额占比为53.6%，仍然远远超过新兴行业总市值占比45%。可见，新三板投资者对于新兴行业的交易更为频繁。与A股板块对比来看，情况与之前类似，新三板新兴行业交易额仍然排名第二，创业板排名第一。

2. 从新三板产业升级功效上进行实证分析

行业角度的分析仍然具有一定的局限性，我们将从财务角度出发对新三板产业升级特征进行研究，进而得出其产业升级功效。从研究方法上而言，我们基于财务指标展开实证研究。

从财务数据角度入手对产业升级特征进行分析，需要明确新兴行业公司表现出的财务特征。因此，首先，将着重分析新兴行业公司的基本特征；其次，寻找相应的财务指标作为基本特征的替代变量，并通过美国的数据和中国的数据分别对国家产业转型程度与财务替代变量进行协整检验；最后，在确定替代变量合理的基础上，将基于财务数据建立 Logistic 回归模型，用于比较我国新三板和其他资本市场上市公司的产业转型升级特征。逻辑结构如图4-4所示。

（1）新兴行业公司的基本特征分析。根据实证分析得逻辑思路，要明确新兴行业的基本特征。综合过去的研究成果和相关理论，我们认为新兴产业应当具备以下三大特征：

1）高成长性。根据产业经济学理论，新兴行业位于产业生命周期的发展期，因其开创了新的产品、发掘了新的客户需求，处于蓝海市场，增长速度较快。因此，新兴行业公司的第一个共同特征是成长迅速。从表4-3中可见移动互联网、生物制药、新能源汽车等新兴行业增速很快,明显超过中国GDP增速,而钢铁、机械制造等传统行业则面临较大的增长压力。施平(2010)也在其论文中证明了此观点。

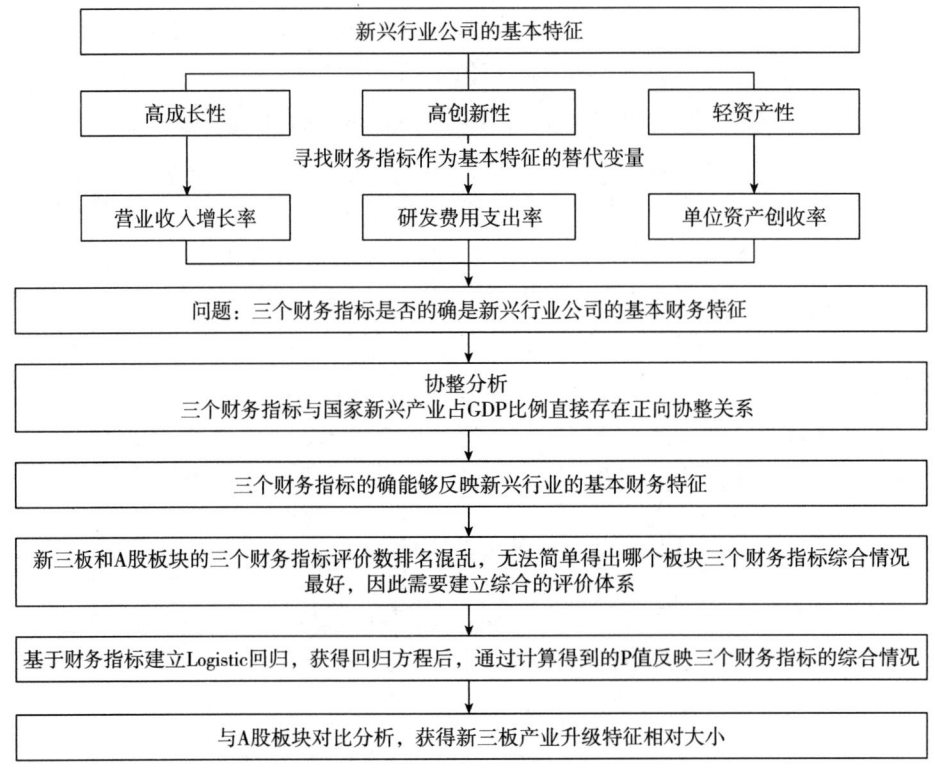

图4-4 实证分析逻辑思路

表4-3 中国各行业产值近年增速

类别	行业	2012年增速(%)	2013年增速(%)	2014年增速(%)	2015年增速(%)
新兴行业	移动互联网	156.4	158.0	183.8	72.2
	医药	20.1	18.8	15.7	14.4
	生物制药	19.7	29.4	18.0	20.0
	新能源汽车	50.0	39.7	347.7	105.0

续表

类别	行业	2012年增速（%）	2013年增速（%）	2014年增速（%）	2015年增速（%）
传统行业	工程机械制造	-8.4	4.1	-12.5	-15.0
	钢铁	-1.8	6.0	-5.6	-20.5
	GDP	7.7	7.7	7.3	6.9

资料来源：国家统计局。

2）高创新性。信息技术、生物科技等新兴行业需要顶尖技术和人才研发新产品，其对技术人才的争夺会愈演愈烈。在刘伟和张辉（2008）的文献中也证明了科学技术对中国产业结构优化至关重要。如图4-5所示，战略新兴行业每年申请的专利数量占总专利数的比例基本在70%左右，远超其他行业，可见在研发的投入上，新兴行业远超传统行业。郑江淮（2010）的研究也证明了新兴行业公司研发投入较大，技术创新是其主要特征之一。

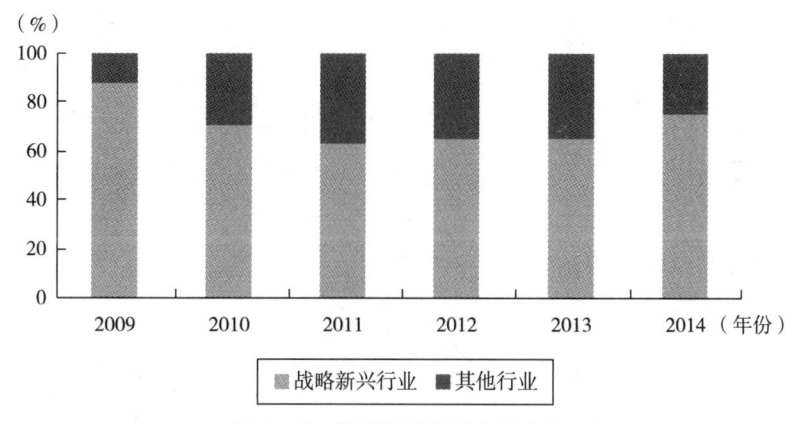

图4-5　新兴行业发明专利占比

资料来源：国家统计局。

3）轻资产性。产业升级的目的之一是减小经济对资源的依赖，以较小的资源投入获得较多的回报。互联网行业公司多使用轻资产运行模式，生物医药、新能源汽车、高新材料等增长不是依赖资产的大幅投入，而是依赖技术的创新，因此，新兴产业能够用较小的资产投入获得较大的收入产出。传统行业公司进行产业转型与升级也是朝着减少对资源的依赖方向前进。在吕铁和余剑（2012）的文献中证明了新兴行业中固定资产、存货等相对较少，以轻资产模式运营。

当明确新兴行业的特征后,要寻找新兴行业公司基本特征对应的替代性财务指标。因为只有寻找了基本特征的财务指标替代变量,后续才能够方便地开展实证研究。基于新兴产业高成长性、高创新性、轻资产性三大特征,选取营业收入增长率、研发费用支出率、单位资产创收率三个财务指标作为三大特征的替代变量(自变量)。由于需要验证美国和中国两组数据,因此,以下替代指标均需要同时获取中国及美国的数据。获取时间段与美国和中国因变量选取时间段一致。

①高增长性的替代财务指标:营业收入增长率。

高增长性一般使用营业收入、净利润、总资产或净资产等指标进行替代。考虑到新兴行业公司并不一定拥有正的净利润,且经营不一定依赖总资产的提升,因此,使用营业收入增长率来作为高成长性的代替财务指标。同时注意到,营业收入的增长率受 GDP 增长影响较大,因此,在考虑营业收入增长率时需要剔除 GDP 增长的影响,最终确定的计算公式为:

$$
成长性指标 = 营业收入增长率 = \frac{当年营业收入/当年GDP}{前一年营业收入/前一年GDP} \times 100\% \tag{4-1}
$$

②高创新性的替代财务指标:研发费用支出率。

公司的高创新性来自不断的自主研发,研发支出与营业收入的比例能说明一家公司对于研发的投入程度。因此,使用研发费用支出率来作为高创新性的替代指标,考虑到部分企业会资本化自身的研发支出,在计算研发费用时同时包括资本化的研发支出,计算公式为:

$$
创新性指标 = 研发费用支出率 = \frac{调整后的研发费用}{当年营业收入} \times 100\% \tag{4-2}
$$

③轻资产性的替代财务指标:单位资产创收率。

一单位资产能够创造出的收入越多代表一个企业的运营模式对资产的依赖程度越小。因此,使用单位资产创收率作为轻资产性的替代财务指标,计算公式为:

$$
轻资产指标 = 单位资产创收率 = \frac{当年营业收入}{当年总资产} \times 100\% \tag{4-3}
$$

(2)替代性财务指标与国家产业升级程度的协整检验。为了保证学术研究的严谨性,我们又进一步使用实证检验证明营业收入增长率、研发费用支出率、单位资产创收率三个财务指标较为优秀的确是新兴行业公司所表现出的财务特征。证明的方法是用协整检验证明三个财务指标和国家的产业升级程度存在正向协整关系。分析中自变量为由式(4-1)、式(4-2)、式(4-3)确定的三个

第四章 中国各层次资本市场重点问题剖析

财务指标;因变量为国家产业升级的程度,根据过往相似文献的研究和产业升级的定义,最为相关的指标应该是新兴产业占 GDP 的比重。目前中国暂无权威机构公布新兴行业总产出数据,分析结果可能存在偏差,因此,将同时使用中国和美国两组数据进行协整检验。其中,美国和中国因变量的替代变量选取如下:

1) 美国的产业升级程度的替代指标。选择美国新兴产业总产出占 GDP 的比值作为产业升级程度的替代变量,记为 y。

$$美国产业升级指标(y) = \frac{美国新兴产业总产出}{美国 GDP} \times 100\% \qquad (4-4)$$

数据的选取时间是 1997~2014 年的年度数据。

2) 中国的产业升级程度的替代指标。

目前,中国没有权威机构披露相关战略新兴产业总产出的数据,在过往文献中,我国学者多采用中国第三产业占 GDP 的比例作为国家产业转型与升级程度的替代变量。新兴产业中如 IT 服务和医疗服务位于第三产业,但高端装备制造、计算机制造等仍然处于第二产业,因此该替代变量较为粗放,存在一定误差。但第三产业占 GDP 比重的确能在一定程度上反映中国全社会的产业转型与升级程度,因此,基于数据获取,现在以中国第三产业占 GDP 比重作为中国产业升级程度替代指标。

$$中国产业升级指标(C\_y) = \frac{中国第三产业贡献 GDP}{中国 GDP} \times 100\% \qquad (4-5)$$

3) 自变量为营业收入增长率、研发费用支出率和单位资产创收率。

在协整分析中的自变量是之前确定的对应新兴行业特征的三个财务指标(如表 4-4、表 4-5 所示)。成长性指标(营业收入增长率)由公式 4-1 定义,美国的成长性记为 Growth,为了便于区分,中国的成长性指标记作 C_Growth。创新性指标(研发费用支出率)由公式 4-2 定义,美国的创新性指标记为 Research,中国的创新性指标以 C_Research 表示。轻资产指标(单位资产创收率)由公式(4-3)定义,美国的轻资产指标记为 Light,中国的创新性指标以 C_Light 表示。

我们先计算美国和中国单个上市公司的三个财务指标计算结果,在剔除异常值后使用算术平均法分别计算美国、中国上市公司整体三个财务指标的数据。随后,我们在两国上市公司整体的三个指标数据上进行协整分析,结果显示:

① 美国产业升级程度与三个财务指标存在正向协整关系。

从美国市场的协整结果来看,美国产业转型与升级指标与上市公司成长性指标、创新性指标及轻资产指标之间的弹性都为正,其中对创新性指标的弹性最大,对成长性指标的弹性最小。正向的系数表明美国产业升级指标与成长性指标、创新性指标、轻资产指标是正相关关系,从理论上来说三大财务指标越好,美国产业升级指标就会越好。所以,通过对美国的数据进行检验,验证了以成长性指标、创新性指标和轻资产指标作为一家公司产业升级特征的替代变量的初步合理性。

表4-4 美国数据的变量Johansen检验方法(迹检验)结果

协整变量	检验方法	协整方程个数	t统计量	5%临界值	p值
y, Growth, Research, Light	迹检验	没有*	60.591690	40.17493	0.0002
		最多1个	18.365240	24.27596	0.2318
		最多2个	2.456181	12.32090	0.9097

注:*表示在5%的显著性水平下。

表4-5 美国数据的变量Johansen检验方法(最大特征值检验)结果

协整变量	检验方法	协整方程个数	最大特征值统计量	5%临界值	p值
y, Growth, Research, Light	最大特征值检验	没有*	42.22645	24.15921	0.0001
		最多1个	15.90906	17.7973	0.0940
		最多2个	1.784039	11.2248	0.9447

注:*表示在5%的显著性水平下。

②中国产业升级程度和三个财务指标存在正向协整关系。

与美国市场的协整检验结果类似,中国产业升级指标与上市公司成长性指标、创新性指标及轻资产指标之间的弹性都为正(如表4-6、表4-7所示)。因此,在中国市场上以成长性指标、创新性指标和轻资产指标作为一家公司产业升级特征的替代变量也是合理的。

以上协整分析结果表明上市公司成长性指标、创新性指标及轻资产指标三个财务指标与国家产业升级程度之间存在正向协整关系。对中国数据的协整分析表明,三个财务指标与国家产业升级程度之间的正向协整关系仍然成立。正向协整关系表明,上市公司整体的三个财务指标越好,全社会产业升级程度越高。通过全国上市公司整体的三个财务指标,利用协整模型在一定程度上可判断该社会产业升级的程度。因此,上市公司成长性指标、创新性指标及轻资产指标三个财务指标的确是新兴产业公司基本的财务特征。财务指标替代变量具有可靠性,基于三个财务指标开展公司或者板块的产业升级特征的研究是合理的。

表 4-6 中国数据的变量 Johansen 检验方法（迹检验）结果

协整变量	检验方法	协整方程个数	t 统计量	5%临界值	p 值
C_y, C_Growth, C_Research, C_Light	迹检验	没有*	77.62879	63.87610	0.0023
		最多1个	35.50381	42.91525	0.2249
		最多2个	17.98376	25.87211	0.3450

注：*表示在5%的显著性水平下。

表 4-7 中国数据的变量 Johansen 检验方法（最大特征值检验）结果

协整变量	检验方法	协整方程个数	最大特征值统计量	5%临界值	p 值
C_y, C_Growth, C_Research, C_Light	最大特征值检验	没有*	42.12497	32.11832	0.0022
		最多1个	17.52006	25.82321	0.4149
		最多2个	11.03065	19.38704	0.5102

注：*表示在5%的显著性水平下。

③基于 Logistic 回归的新三板产业升级特征实证分析。

通过协整分析，验证了基于三个财务开展板块市场的产业升级特征研究的合理性。在此基础上，我们又用 Logistic 回归对三个财务指标综合情况优劣进行判断。

研究思路是：以协整检验确定的三大财务指标为基础建立 Logistic 回归模型。回归的因变量是一家公司或板块三个财务指标的综合值，基于 Logistic 回归的特点是一个位于区间（0,1），回归前将预先将通过客观排序的方法将公司分为综合值优秀和不优秀两类（或称为产业升级特征明显或者不明显）并分别赋值1和0。通过 Logistic 回归得到回归方程后，能够根据三个财务指标计算得到单个公司的财务指标综合值（回归特征值 P 值）在通过算术平均得到每个板块的财务指标综合值（平均 P 值）。基于之前的分析，P 值的大小反映了产业升级特征大小。一个上市板块的 P 值越接近于1，说明该板块公司的三大财务指标综合表现越好，产业转型与升级特征越明显。

我们以式（4-1）、式（4-2）和式（4-3）定义的成长性指标、创新性指标和轻资产指标三个财务数据作为 Logistic 回归的自变量。成长性指标以2013年和2014年的财务数据及中国对应年份的 GDP 数据计算，创新性指标和轻资产指标以2014年年报数据进行计算，并根据财务指标综合排序对上市公司进行分类及赋值。我们将上市公司分成两类：一类为三个财务指标综合值优秀（或产业升级特征明显）的公司，赋值为1；另一类为三个财务指标综合值差（或产业升级特征不明显）的公司，为其赋值为 0。分类通常的方法是通过行业进行判断，将处于信息技术、生物科技等战略新兴行业的公司赋值为 1，但这种方法从本质上来说仍然是属于行业判断的角度，不符合建立客观的 Logistic 回归模型的目标。因此，直接通过三个财务指标的综合排序为上市公司赋值，在获得 Logistic 回归后，再通过对信息技术等特定行业的 P 值比较，检验分析模型的准确性。具体步骤如下：

步骤 1：确定所研究的上市公司范围。

选择截至 2015 年 11 月 30 日在主板、中小板深交所及新三板上市或者挂牌的所有公司。但考虑到的自变量要求有研发支出数据、营业收入应该具有连贯性，故将下述公司剔除或进行相应调整：①公司财务报表可能没有单独披露研发支出的；②在最近三年内被借壳的上市公司，以借壳方财务数据计算营业收入平均增速；借壳方财务数据无法满足要求的，剔除；③在最近两年内进行过重大资产重组的上市公司，以历史备考财务报表数据计算营业收入平均增速；备考财务数据无法满足要求的，剔除。在完成以上调整后，研究公司的整体覆盖率超过 75%，能够较好地反映市场整体情况。

步骤 2：将上市公司按照三个指标分别排名，并计算分位数。

将 5698 家上市公司分别按照成长性指标、创新性指标、轻资产指标进行从大到小的排序，并将其编号 1~5698，则每家公司获得了三个排名，进一步计算每家公司各指标的分位数。例如，以中小板上市公司天音控股为例，其轻资产指标排名为 19，创新性指标排名为 3926，成长性指标排名为 3004；对应的轻资产指标分位数为 19/5698，创新性指标分位数为 3926/5698，成长性指标分位数为 3004/5698。

步骤 3：计算各公司总分并按照总分排序。

根据在步骤 2 中计算出的三项指标分位数，再按照如下公式计算得出各公司总分：

$$总分 = (轻资产指标分位数 \times 创新性指标分位数 \times 成长性指标分位数)/3$$

(4-6)

以创业板公司天音控股为例，总分 = (19×3926×3004)^(1/3)/5698 = 0.106597，在计算出各公司总分之后，再按照总分从高到低进行排序，并依次编号 1~5698 号。

步骤 4：赋值。

根据步骤 3 中得到排序，排名 1~1709 名（前 30%）的公司赋值为 1，排名

1710~5698（后70%）的公司赋值为0。选择30%作为赋值0或1的临界点，是参考了所有上市或挂牌公司中新兴行业公司数量占比的结果。

之后，我们使用 SPSS 18.0 进行 Logistic 回归分析，Logistic 回归模型如下：

$$z = \alpha \cdot Growth + \beta \cdot Research + \gamma \cdot Light + \mu \quad (4-7)$$

回归结果显示，回归参数均位于95%的置信区间之内，回归结果显著（如表4-8所示）。

表4-8 Logistic 回归分析结果

变量	B	S.E.	Wald	df	Sig.	Exp（B）	Exp（B）的95%置信区间	
							下界	上界
Light	12.405	0.768	260.898	1	0.000	2.44E+05	5.42E+04	1.10E+06
Research	92.813	5.744	261.061	1	0.000	2.00E+40	3.00E+35	2.00E+45
Growth	0.183	0.012	251.716	1	0.000	1.200	1.173	1.228
Constant	-25.312	1.520	277.172	1	0.000	0.000		

通过回归结果，回归模型可化简为：

$$z = 0.183 \cdot Growth + 92.813 \cdot Research + 12.405 \cdot Light - 25.312$$

根据 Logistic 函数定义，其中：

$$z = \ln\left(\frac{P}{1-P}\right)$$

故：

$$P = \frac{\exp z}{1 + \exp z}$$

通过以上回归方程，利用每个公司的三个财务指标计算出每个公司对应的P值。根据赋值原则，其P值越接近1，则其产业转型与升级的特征越明显；反之，其P值越接近于0，其产业与转型的特征越不明显。在得到单个公司P值的基础上，进一步使用算术平均法计算得出每个板块或者每个行业的P值。板块或行业的P值越接近1，意味着板块或行业中的上市公司的产业转型与升级特征越明显。

在此基础上，我们将各个行业基于回归模型判断的产业转型升级特征的结果与经验判断结果进行对比，判断回归分结果与经验判断结果的一致性，以此检验回归模型的适用性。

根据 GICS 行业分类，将所有研究范围类的上市公司划分成10个行业，并将同一行业的公司的回归结果取算术平均数，结果见表4-9所示。

表4-9 各行业上市公司回归计算结果比较

排名	行业	算术平均P值	公司数量
剔除	电信服务	0.427714191	16
1	信息技术	0.372521959	1617
2	医疗保健	0.162581926	698
3	材料	0.151277127	1065
4	工业	0.136360148	1480
5	日常消费	0.136319776	210
6	可选消费	0.110530487	441
7	能源	0.104203214	80
8	金融	0.078953187	38
9	公用事业	0.066046282	53
	总计	0.200152424	5698

因电信服务行业公司样本太小，存在误差可能性较大，暂不考虑该行业。从剔除电信服务行业后的结果可以发现，首先是信息技术行业P值最高，其次是医疗保健、材料和工业，而排在后三名的行业是能源、金融和公用事业。根据战略新兴行业的定义，七大行业基本属于信息技术、医疗保健、材料和工业的细分行业，说明基于Logistic回归模型的判定结果与经验判断结果高度吻合，根据三大财务指标建立Logistic回归模型可信度较高。

（3）基于回归模型比较分析新三板产业升级特征。进一步地，我们利用建立的回归模型对新三板及A股各板全部公司进行对比。从各板块全部公司的分析结果发现新三板的P值最高，远超其他三个板块，可见新三板挂牌公司整体上产业转型与升级的特征较为明显，与新三板推出的定位相符。排名第二的是创业板，但创业板公司的P值更加接近排名主板，与新三板差距较大，说明即便在目前已经有创业板或中小板这样的针对中小公司设立的股票板块，新三板的推出仍然极大地弥补了具有产业转型与升级特征的中小企业的融资需求。排在第三名和第四名的板块为主板和中小板，两者的P值差异不大，但主板作为中国最早推出的股票板块，其上市公司体量大且多为传统行业公司，其整体P值却高于中小板公司，一个可能的解释是主板公司在近年来不断通过资本运作提高了技术水平，或进入了新的领域；但中小板公司上市的主要为传统的制造类中小公司，公司体量较小，技术创新不足。

该结果与从行业角度出发分析结果略有不同，行业角度的分析认为，创业板产业升级特征优于新三板，而实证分析结果刚好相反。可能的解释，一是定性分析中新兴行业的定义不够精确导致结果不同；二是虽然新三板市场中新兴行业公司占比相对于创业板要少，但是其他行业公司也表现更为优秀的成长性、轻资产性和高创新性。行业角度分析结果和财务指标角度的实证分析结果都一致认为新三板表现出较为良好的产业升级特征（如表4–10所示）。

表4–10 新三板及A股各板块回归计算结果比较

板块	算术平均P值	公司数量（家）	排名
新三板	0.330550048	3509	1
创业板	0.105091907	479	2
主板	0.078078243	1007	3
中小板	0.067142268	703	4
总计	0.200152424	5698	

另外，我们又根据模型中的三大财务指标综合排序，取各板块中排名前20%和后20%的公司，比较它们的产业升级特征，结果如表4–11所示。从表各板块财务指标综合值前20%的公司可以看出，新三板排名前20%公司的P值远超创业板、主板和中小板，高达0.99，非常接近于1，说明新三板挂牌公司中已经有部分公司呈现出较高的产业转型与升级的特性。基于新三板已经出现部分优质的产业转型与升级特征明显的公司这一发现，应该尽快推出相应的支持政策，如新三板分层制度、竞价交易等，这将有利于优秀的新三板公司进一步获得活跃的交易或通畅的融资渠道，为中国产业转型与升级提供有力支持。

从各板块财务指标综合值排名后20%的企业可见，新三板的P值仍然是所有板块中最高的。但更值得注意的是，主板排名后20%公司的P值较其他三个板块异常低。可见，相较于其他三个板块，主板公司之间的产业升级特征差异较大，在主板的上市公司之中，虽然已经有部分企业开始迈入产业转型与升级的轨道，但同时仍有一部分企业存在成长性较差、不注重技术研发或依赖较大资源投入驱动营收等问题，且较其他板块更为严重。基于以上发现，在主板应该考虑尽快推行退市制度，将不符合产业转型与升级要求的公司淘汰出市场，保证市场的资金流向新兴行业公司。新三板推出退市制度的意义不大。

表4-11 各板块财务指标综合指标排名前20%和后20%公司的回归结果比较

板块	排名前20%的公司		排名后20%的公司	
	算术平均P值	公司数量	算术平均P值	公司数量
新三板	0.998454275	702	0.0000020247	702
创业板	0.521791846	95	0.0000005502	96
主板	0.391016136	201	0.0000000023	202
中小板	0.336637439	140	0.0000000613	141
总计	0.687782407	1138	0.0000010414	1141

综上，我们对新三板产业升级功效进行了全面的实证研究。结果显示，从财务指标角度来看，新三板公司呈现的产业升级特征较为明显，其挂牌公司成长性优秀、重视研发、以轻资产运营。与A股板块相比，新三板的产业升级特征最佳，创业板上市公司产业升级特征排名第二，主板排名第三，中小板排名第四。产业升级特征大小预示着产业升级功效的好坏，新三板挂牌数量众多，从财务角度分析又表现最为明显的新兴产业特征，挂牌公司成长性优秀、重视研发、以轻资产运营，因此，新三板具备优秀的产业升级功效，将对我国产业升级进程起到重要作用。此外，通过对各个板块财务指标综合排名前20%和后20%的公司的分析发现，新三板已经孕育出一批优秀的符合产业升级要求的企业，而主板的公司产业升级特征分化严重，排名后20%的公司在财务上表现的产业升级特征较差，应该考虑在主板推出退市制度，以保证主板资金尽可能多地流向新兴行业。

第三节 四板市场主要问题

一、我国区域股权交易中心发展现状

区域性股权交易中心作为我国多层次资本市场的塔基，能够有效地降低信息不对称、公司规范治理、发挥灯塔效应、集聚金融资源，满足广大小微企业的融资需求。规范发展区域性股权市场，对完善多层次资本市场体系，使金融更好地服务实体经济转型升级,深入实施创新驱动发展战略,促进大众创业、万众创新,具有重要意义。

自 2008 年以来,全国各省陆续批设了一批区域性股权市场。截至 2016 年底,全国除云南省还未设立以外,已有 40 家区域性股权市场,挂牌企业 1.74 万家,展示企业 5.94 万家,为企业实现融资 2871 亿元。我们通过走访调研上海、江苏、天津、甘肃、深圳等多家股权交易中心,对其发展概况、融资规模以及政策支持等方面进行了全方位的考察,总结出现阶段四板市场还存在四大问题:

1. 区域发展差距明显,各地比较优势待强化

股权交易中心地区差距较为明显,各地缺乏统一规划。长三角、珠三角等地的股交中心凭借良好区位优势和优质的金融服务吸引了全国上千家的企业挂牌,集聚了最优质的小微企业资源,发展势头强劲。而相反中西部内陆地区的股交中心却因为地理位置差、金融发展水平薄弱错失了本省的优质企业资源。并且大部分省份没有因地制宜,形成本省的比较优势产业,股权交易中心缺乏核心竞争力和吸引力。这种现象会加剧我国区域经济发展不平衡问题,从而诱发严峻的经济和社会问题。

2. 股交中心股东复杂多样,治理结构差异大

我国股权交易中心的股东背景复杂多样,导致不同地区股交中心的运作既有纯公司化运营模式,又存在纯行政力量主导模式,从而造成各股交中心治理结构差异大和管理体系混乱的问题。再加上部分省份的股权交易中心与当地资产交易所、联合产权交易所等机构之间存在股东重叠和功能交叉的现象,不利于省级政府对区域性股权市场实行统一监督和管理。

3. 企业跨省挂牌现象普遍,投资者参与度不高

在服务范围方面究竟是该立足于区域,还是辐射向全国,各地股权交易中心一直未形成共识。国家把股权交易中心定位为四板市场,服务于省级行政区域内的企业,但各地股权交易中心在经营过程中形成了不同的自身定位和服务战略,部分四板市场将服务对象已扩大到全国范围,导致企业跨省挂牌现象普遍存在,不利于行政区域范围内的统一监管,也造成了部分股交中心为争夺企业资源进行恶性竞争。而在投资者方面,投资者保护不健全、投资者参与度不高是四板市场存在的一大问题。投资者保护体现在信息披露方面,股交中心对挂牌企业不设要

求股改或定期披露企业信息,导致投资人无法及时了解企业的经营状况、盈利水平,理智的投资者会选择不投资的观望状态。

4. 政策补贴扶持力度小,股交中心缺乏吸引力

由于四板市场规模小、成立时间短,在带动地区经济发展、创造税收方面能力有限,所以地方政府对股权交易中心不够重视,给予的政策支持力度也较为薄弱。再加上各地扶持挂牌企业的贴息、担保、专项资金等优惠政策分散在不同的部门,难以落实,造成区域性股权交易市场影响力弱、发展速度缓慢。目前大多数股交中心的主营业务仅仅是为挂牌企业提供培训、路演、整合政府资源等支持服务性工作,并没有真正发挥为企业对接融资、孵化小微企业的核心功能,总体来讲股权交易中心缺乏吸引力和核心竞争力。

二、我国四板市场融资效率实证研究

我们着重针对我国股权交易中心融资功能低下的问题,通过实证分析研究四板挂牌企业的融资效率现状和效率低下背后的原因,并从中推断合理的解决方法,为四板市场发展提出切实的政策性建议。基于对各种常用效率评价的考察和前人的经验总结,我们采用数据包络法(DEA)对我国的股权交易中心的融资效率进行分析。

1. 模型选择

DEA 模型是 1978 年由著名的运筹学家 A. Charnes、W. W. Cooper 和 E. Rhodes 首先提出的,用来评价部门间的相对有效性。DEA 模型引入了投入产出指标、决策单元(DMU)、生产可能集、生产前沿面、相对有效率和无效率的概念:所谓投入产出指标即特定实体在生产和制造过程中消耗的投入要素和制造过程结束之后产生的生产成果;决策单元(DUM)即这种在特定的外部条件下根据确定的目标,将投入的要素资源转化为生产成果的组织或者实体;生产可能集是指在当前的条件下一系列 DMU 单元及其全部生产活动成果的总和;生产前沿面是在现有全部 DMU 中达到技术有效状态的投入产出向量构成的集合;相对有效率是指落在生产前沿面上的决策单元的效率值,而相对无效率是指落在生产前沿面之内的决策单元的效率值。

在研究公司融资效率时,考虑到 DEA 模型可以把每一个公司作为一个决策单元(DMU),而事先不必确定指标之间的数学关系,直接使用输入、输出的数

据，从而建立非参数的最优化模型，由此得到相对测度值。同时，改变C2R模型关于规模报酬不变的假设，得到的BC2模型将原技术效率进一步分解为纯技术效率和规模效率。因此，我们利用DEA模型的相关原理，以构建的C2R模型和BC2模型为基础来评价四板上市公司的融资效率。

2. 指标选择

（1）投入指标选择。我们综合从企业融资总量、企业融资结构和企业融资成本三个方面考虑，选择以下投入指标来评价企业的融资效率：

1）累计融资量（x1）：累计融资量反映了企业通过四板股权交易中心市场融得的资金总规模，一方面，衡量企业融资总量；另一方面，也体现出四板市场的融资功能。

2）资产负债率（x2）：资产负债率是企业融资结构的体现，用于衡量企业的杠杆率是否合理。不同的融资模式会带来资产负债率不同方向的变化。合理的资产负债结构可以帮助企业获得更好的长期成长能力。过低会影响企业资本来源，限制生产经营的进一步扩大，过高会致使企业在过高的杠杆率下经营，隐藏财务风险。该指标的计算公式是资产负债率=负债总额/资产总额。

3）主营业务成本（x3）：反映公司在进行主营业务生产时所需的成本，是企业在生产经营生产过程中所投入的资源，其变动反映其对所融入资金的使用方向和使用效率。

（2）产出指标选择。如前文所述，企业对融入资金的使用成果通过企业融资效率的输出指标得以反映。结合现有文献，我们从发展能力、运营能力和盈利能力三个方面定义企业融资效率的产出。

1）营业收入（y1）：指企业在日常经营业务过程中所形成的经济利益的总流入，是企业一切经营活动的最终目的，是企业实现股东价值最大化的前提。

2）总资产周转率（y2）：衡量总资产的周转速度，比例越高表示企业资金的运转速度越快，所融资金使用效率越高。该指标的计算公式是总资产周转率=营业收入/（期初资产总额+期末资产总额）×1/2。

3）净资产收益率（y3）：净资产收益率是衡量企业盈利能力的重要指标，反映了企业对资本的使用效率，也可以反映股东权益资本的投资效率。净资产收益率越高，表明企业运用自有资本的效率越高，盈利能力越强。同时该指标不受企业分红等行为的影响，相比每股收益更具有客观性和稳定性。因此，我们选用净资产收益率作为企业效率的衡量指标。计算公式是净资产收益率=净利润/（期初净资产+期末净资产)×1/2。

3. 实证分析

我们选取上海股权交易中心、江苏省股权交易中心、天津股权交易中心和齐鲁股权交易中心作为研究对象,之所以选择这四家股交中心是因为这其成立时间早、挂牌企业多、融资规模较大、企业信息披露较为完善。随后抓取四家股交中心于2014年挂牌的所有企业2013~2016的财务数据。当剔除被摘牌、财务报表不全和财务报表出现异常的公司后,样本公司合计911家,其中上海股权交易中心536家、江苏省股权交易中心76家、天津股权交易中心222家、齐鲁股权交易中心77家。通过对这些样本公司数据的研究,探讨我国区域性股权交易市场挂牌企业的融资效率。数据均来自交易中心官网披露的公司年度财务报告以及Wind金融资讯区域股权交易中心数据库。

由于DEA模型成立的前提是所有数据均不能为负,而在净资产收益率中可能出现负数,所以要对净资产收益率指标进行无量纲化处理。我们采用极值法进行无量纲化处理:

$$Y_{i,j} = 0.1 + \frac{x_{i,j} - \min(x_{i,j})}{\max(x_{i,j}) - \min(x_{i,j})} \times 0.9 \ (i = 1, 2, 3, n) \ y = [0, 1]$$

通过上述公式对样本原始数据进行标准化后,新的样本数据的变化区间为[0,1],满足DEA模型对于投入产出变量的取值要求。但是由于在上述极值化的过程中可能会出现极端值,所以需要再将极端值剔除。

(1) 指标分析。按照证监会行业分类标准,我们分别对四家股权交易中心挂牌企业的行业分布、投入和产出指标进行了描述性统计分析。

从表4-12所示的行业分布情况来看,目前股交中心中的企业涉及制造业,信息传输、软件和信息技术服务业,农、林、牧、渔业,批发和零售业,建筑业,租赁和商务服务业,科学研究和技术服务业,交通运输、仓储和邮政业,文化、体育和娱乐业,金融,房地产,住宿和餐饮业,居民服务、修理和其他服务业,水利、环境和公共设施管理业,采矿业,教育,电力、热力、燃气及水生产和供应业,卫生和社会工作及综合19个行业。其中制造业和信息技术业是股权交易中心挂牌的主流行业,合计占比达到了60.70%。同时根据统计数据发现,在占据股交中心挂牌企业半壁江山的制造业企业当中,也以医药制造业、计算机、通信和其他电子设备制造业等新兴成长性领域的企业居多,挂牌企业的行业结构和区域性股权交易中心促进科技型、创新型小微企业转型升级的目标相符合。

表4-12　四家股权交易中心挂牌企业行业分布

行业	企业家数（家）	所占比例（%）
制造业	477	52.36
信息传输、软件和信息技术服务业	76	8.34
农、林、牧、渔业	70	7.68
批发和零售业	60	6.59
建筑业	49	5.38
租赁和商务服务业	36	3.95
科学研究和技术服务业	33	3.62
交通运输、仓储和邮政业	30	3.29
文化、体育和娱乐业	13	1.43
金融	10	1.10
综合	10	1.10
房地产	9	0.99
住宿和餐饮业	9	0.99
居民服务、修理和其他服务业	8	0.88
水利、环境和公共设施管理业	7	0.77
采矿业	5	0.55
教育	4	0.44
电力、热力、燃气及水生产和供应业	3	0.33
卫生和社会工作	2	0.22
合计	911	1

对投入指标进行统计后（如表4-13所示），我们发现，在总资产方面，总资产最高的企业达到了8.25亿元，总资产最低的企业为11.3万元，平均资产规模在5379.78万元，大部分企业资产规模分布在2000万元以内。我国对于大中小微型企业的划分标准是：通常把资产规模在200万~2000万元的企业归类为小型企业，资产规模小于200万元的企业归类为微型企业。根据这一标准可以看出在股交中心挂牌的企业多数为小微型企业。资产负债率分布较为均衡，最大值0.98，最小值0.01，平均值在0.43，说明挂牌企业的总体资产负债水平不高。在主营业务成本方面，总体水平不高，均值为3947.94万元。但是两极分化比较严重，最低的主营业务成本只有2万元，最高的达到了7.1亿元。

表 4-13 投入指标统计

资产规模（万元）		资产负债率		主营业务成本（万元）	
分类	企业数（家）	分类	企业数（家）	分类	企业数（家）
<2000	442	<0.1	100	<2000	483
2000~4000	181	0.1~0.3	204	2000~4000	164
4000~6000	100	0.3~0.5	236	4000~6000	92
6000~8000	78	0.5~0.7	218	6000~8000	30
8000~10000	53	0.7~0.9	135	8000~10000	36
>10000	57	>0.9	18	>10000	106
最小值	11.30	最小值	0.01	最小值	2.00
最大值	82528.06	最大值	0.98	最大值	71057.67
均值	5379.78	均值	0.43	均值	3947.94

对产出指标进行统计后可以看到（如表 4-14 所示），营业收入小于 4000 万元的公司占公司总数的半数以上。在净资产收益率方面，最高为 1.61，最低为 -0.99，均值为 0.22，可以看出大部分股权中心挂牌的企业营业规模和盈利水平都还不高。股权市场挂牌企业的总资产周转率水平较低，均值仅为 0.82，这也符合前述股交中心挂牌企业以制造业企业为主、资产周转速度慢的现状。

表 4-14 产出指标统计

营业收入（万元）		总资产周转率		净资产收益率	
分类	企业数（家）	分类	企业数（家）	分类	企业数（家）
<4000	574	<0.2	139	<0	277
4000~8000	163	0.2~0.4	164	0~0.15	489
8000~12000	67	0.4~0.6	137	0.15~0.30	105
12000~16000	33	0.6~0.8	123	0.30~0.45	18
16000~20000	14	0.8~1	107	0.45~0.60	13
>20000	60	>1	241	>0.60	9
最小值	13.56	最小值	0.01	最小值	-0.99
最大值	104479.28	最大值	10.26	最大值	1.61
均值	8890.94	均值	0.82	均值	0.22

资料来源：股交中心网站。

(2) DEA 投影分析。这里，我们对非融资有效（即综合融资效率值<1）的公司进行了 DEA 投影分析，旨在发现投入和产出指标的改进空间。同时投影分析还会给出各指标松弛变量的改进程度，对融资无效的公司具有很大的借鉴意义。我们选取 2016 年 780 家融资效率不高的公司进行了投影分析，样本公司松弛变量的描述性统计如表 4-15 所示。

表 4-15　样本公司投入、产出指标松弛情况统计

投入/产出指标	调整方向	需要调整的企业数量（家）	所占比例（%）
累计融资总额	正向（s - <0）	499	64
	负向（s - >0）	43	5.5
资产负债率	正向（s - <0）	48	6.2
	负向（s - >0）	413	53
主营业务成本	正向（s - <0）	53	6.8
	负向（s - >0）	426	54.6
营业收入	正向（s + >0）	424	54.3
	负向（s + <0）	30	3.8
净资产收益率	正向（s + >0）	537	68.9
	负向（s + <0）	24	3.1
总资产周转率	正向（s + >0）	523	67
	负向（s + <0）	43	5.5

从投入指标的角度来看，64% 四板挂牌公司的累计融资总规模需要正向调整，说明目前小微企业的融资缺口还比较大，现有的融资水平不能满足企业扩张发展的需求，四板市场的助力企业融资的功能还需要加强；在资产负债率指标方面，有 53% 的企业需要进行负向调整，这说明超过半数的挂牌企业资本结构不合理，存在杠杆率较高的问题，会给企业带来较大的财务风险，因此企业需要降低负债水平，开发多样化融资途径；而在主营业务成本上需要负向调整的企业有 426 家，占比 54.6%，这体现四板市场小微企业的融资成本较高，股交中心和当地政府对于挂牌小微企业的政策补助和产业支持力度还有待加强。

从产出指标的角度来看，样本企业在营业收入指标上需要正向调整的比例较高为 54.3%，这表明在四板挂牌的公司还处于成长初期，面临经营不稳定、盈利水平低的问题；与此同时，67% 的融资无效企业存在总资产周转率过低的问题，这反映挂牌的小微企业对资产的运营能力不高、资产经营质量低的现状；此外，

在净资产收益率方面有高达68.9%的企业需要进行正向改进,这暴露了四板市场企业盈利能力弱,在融得资金后缺乏将资金转化为利润的能力。该结果和上节Tobit回归模型分析结果相吻合。进一步验证了想要提高企业融资效率,需要增加融资总规模以及提高资金运营能力和经营水平,以及减少融资成本,优化资本结构。

三、我国四板市场存在的问题

上文我们选取四板市场911家挂牌企业为样本企业,以2013~2016年的相关财务数据为研究对象,通过DEA模型对企业融资前后的综合融资效率、纯技术融资效率及规模融资效率进行测算,并通过Tobit模型和DEA投影分析进行归因总结。通过分析我们发现,我国四板市场的发展主要存在以下三个问题:

1. 挂牌四板市场提高了企业的融资效率,但效果不明显且缺乏可持续性

从整体来看,小微企业在四板市场挂牌融资后,融资效率得到了显著提升。区域股权交易市场在一定程度上帮助挂牌企业整合资金渠道、拓宽融资来源,满足了挂牌企业的融资需求,发挥了四板平台的融资对接功能。但不管是从综合融资效率还是纯技术融资效率和规模融资效率来看,四板挂牌企业的融资效率值和融资有效值(DEA=1)之间还存在较大差距,这说明现阶段四板市场挂牌企业的整体融资效率较低。并且值得注意的是挂牌企业融资效率的显著提升仅仅在挂牌融资后的第一年得以凸显,挂牌后的第二年其融资效率出现明显下降,这说明股交中心在吸引企业挂牌、帮助企业融资后缺乏对企业后续的指导和跟踪,四板市场对挂牌前企业的融资支持缺乏可持续性。

2. 多数企业面临规模报酬递增和较低的资本运营水平共存的局面

通过把综合融资效率分解成纯技术融资效率和规模融资效率可见:一方面,大多数企业都处于规模报酬递增阶段,亟须通过融资来扩大资本规模及经营规模,获得企业发展的资本支持;另一方面,企业资本运营水平有限,当企业通过融资扩大资本规模后,原有资本运营水平并不能适应新的资本规模,新融入的资金无法得到高效利用,最终表现为企业的盈利能力下降。所以大部分在四板挂牌的企业都面临着规模报酬递增和资本运营水平低下相共存的尴尬局面。这导致挂牌企业在通过四板市场融得资金后,却无法将资本顺利转化为生产力,资金利用率低,融资效果差。

3. 融资效率低归因于资本结构不合理、融资成本高、产出不足等原因

通过 DEA 投影分析我们发现，净资产收益率、总资产周转率、累计融资量、融资成本、杠杆率对综合融资效率有显著影响，其中净资产收益率、总资产周转率、累计融资量和综合融资效率呈正向关系，而杠杆率和融资成本与综合融资效率呈负向关系。并且，大部分企业的累计融资量需要进行正向调整，其融资缺口还比较大；而大多数企业的资产负债率指标都需要负向调整，这说明企业以债券融资为主的融资方式不合理，会给企业带来较大的财务风险；而融资成本需要负向调整的企业占绝大多数，这体现出四板市场和当地政府对于小微企业的融资优惠和政策补助还有待加强。大部分企业的产出指标包括净资产收益率、总资产周转率以及营业收入都存在产出不足的问题，需要正向调整，这暴露了四板市场的挂牌企业盈利能力弱，融得资金后缺乏将资金转化为利润的能力。

四、发展我国区域股权交易中心建议

针对上述问题，在实地调研和充分研究后提出大力发展我国区域股权交易中心的政策性建议。具体建议：

1. 因地制宜发挥比较优势，助力打造地方特色产业

我国幅员辽阔，各地自然禀赋和优势产业差异明显。大力发展股权交易中心推动各地区产业转型升级，不是意味着所有省份都要优先发展高新技术产业，而应该因地制宜，依托本土资源条件和产业基础，放大地区特有的差异化优势，打造诸如现代农业、绿色建材、环保产业等特色产业，构建特色产业转型发展的新格局。总之区域性股权交易中心的服务要从属于各省的地区发展战略，充分利用当地特色，促进区域内比较优势产业实现转型升级。

2. 统一股交中心股权结构，整合区域内产权交易所

针对股东背景复杂多样、公司治理结构差异大问题，建议要求股交中心均采用政府和券商共同持股的股权结构，但对双方的持股比例不作具体要求，由各地股交中心根据现有股东持股情况自行调整。规定政府和券商两个参与主体可以使得股权交易中心既有公司化的市场运作模式，又会受到行政力量的引导和监督。此外，建议把省内的资产交易所、联合产权交易中心等均合并到股权交易所内。划分为四个部门：股权交易部、债权交易部、产权交易部和不良资产交易拍卖

部。其中股权交易部主要帮助企业进行股权转让和股权质押融资、债权交易部主要是针对非标债权的转让开展业务；产权交易部专门负责企业科技产权、文化产权等交易和转让；而不良资产拍卖部则是针对已破产企业进行资产的拍卖。这一合并举措有利于打造一个高效率、多层次、专业化的金融资产交易平台。

3. 专注服务省内小微企业，但需放开投资者区域限制

一方面，根据《国务院办公厅关于规范发展区域性股权市场的通知》所述，区域性股权市场不得为所在省级行政区域外的企业私募证券或股权的融资、转让提供服务。该规定有利于避免因市场覆盖范围与监管覆盖范围不一致带来的监管悬空问题，有利于区域性优惠补贴政策的开展与落实。另一方面，经过审慎研究和全面思考后认为需要放开对投资者的区域性限制。由于我国地区发展差异大，经济发达省份聚集了众多投资者和闲散资金，而经济欠发达的省份合格投资者和可投资金均相对缺乏，所以建议放宽对投资者的区域性限制，允许有能力、有条件的投资者在理性判断、自主选择后进行跨区域投资。推动社会资源的合理配置与自由流通。此外，建议股交中心对投资者需求进行梳理，主动帮助投资者寻找相匹配的投资标的，提高投资者的参与度意愿。

4. 取消注册费降低融资成本，通过股交中心落实政府扶持补贴政策

建议股交中心取消挂牌企业注册费，仅向融资成功的企业收取少量交易费，以降低挂牌企业的融资成本。

此外，相比于其他层级的资本市场，区域性产业补贴政策更应该通过四板市场得以体现与落实。一方面，建议各省政府对当地股权交易中心实行专款专项补贴，为股交中心服务挂牌企业提供资金来源和政策支持。另一方面，对挂牌企业采取多样化的优惠补贴政策：包括直接资金补贴，挂牌费用补贴、股权（债权）融资贴息、税收减免或优惠等，并且明确这些优惠政策只面向在本省股权交易中心挂牌的企业，本省未挂牌的或是跨区域挂牌的小微企业不在优惠适用范围之内。简而言之，政府所要做的是通过股交中心这个平台帮助小微企业完善"造血"功能，提高省内小微企业的综合实力，提高股权交易中心吸引力。

五、建立区域性非标企业债权交易平台

1. 企业债危机爆发时点逼近，探寻应对方法迫在眉睫

自2014年以来，不管是中小企业还是国有企业的信用风险日渐暴露，企业

债的偿债危机事件频繁发生。面对产能过剩和经济结构转型带来的经营压力，企业债务负担持续增加，杠杆率有增无减，麦肯锡全球研究院的统计数据显示中国非金融机构债务占GDP的比重至2014年上半年达到了124%，大大超过希腊、意大利、德国等欧洲国家；再加上频繁的交叉违约事件，企业信用风险进一步释放。过去多数兑付风险事件最终依靠当地政府救助、股东注资和银行过桥贷款等方式来买单，而现如今随着债务规模的扩大，地方政府或国资委进行债务兜底的能力受到限制，刚性兑付难以为继。所以，在宏观经济运行处于增长速度换挡期、结构调整阵痛期、前期刺激政策消化期"三期叠加"的背景下，企业债务风险爆发的时点不断逼近，将对市场乃至整个社会造成巨大冲击。要想解决不良债务问题，政府应放弃坚守救济兜底的角色，利用市场化的手段积极应对，以吸纳企业债务风险爆发带来的冲击，为产业转型升级保驾护航。

2. 政府引导和市场化手段相结合是解决不良资产问题的关键

国际上诸多国家都曾面临过不良资产集中爆发危机，以美国和日本为例：美国主要经历过储贷协会危机和2008年金融危机两次大规模不良资产集中爆发期。在这两次危机中，美国实施了有形手、无形手双管齐下的应对措施。即在危机爆发后，联邦政府第一时间内成立政府直属的公司机构专门负责管理、处置不良资产，并出台一系列配套法律保证资产救助计划的顺利开展。政府全部救助手段均建立在市场化的运作之上：对资产规模较小的不良贷款，直接打包销售给投资者；对于交易条件严苛的大额贷款包，联邦存款保险公司将其注入新设公司后分阶段出售公司股权。美国所采取的政府引导和市场手段相结合方法高效地化解了不良资产危机，维护了经济稳定。

而日本政府则完成了由"超级保镖"向"金融秩序的革新者"的角色转换。20世纪90年代日本泡沫经济破灭，大量企业倒闭，形成巨额不良贷款。危机之初，日本政府坚持为即将破产的企业保驾护航，寄希望于通过经济恢复来解决问题，然而不良资产危机却愈演愈烈，最终日本政府放弃不让金融机构破产的方针，转而着手建立新金融秩序。其主要措施有：①上调存款保险费率；②组建专门监管机构；③对金融机构注资；④成立不良债权整理回收机构；⑤提出"金融再生计划"。在这一系列政策推动和市场化运转下，日本的不良资产余额大幅度减少，顺利度过债务危机。

3. 我国现有的不良资产处理方式不足以应对不良资产集中爆发危机

为解决不良资产问题，我国探索出了成立四大资产管理公司剥离不良资产、授权地方金融资产管理公司处理、银行内部分账集中处置、允许民间债权平台交易等多种应对机制。但随着产业转型升级逐步推进，我们认为现有的处理方式存在诸多局限性：

（1）传统模式难以适应不良资产现状。过去中国不良资产规模小、种类单一，而现在不良资产的规模日益庞大，除国有银行信贷以外公司债的比重越发上升，需要更加市场化的手段加以应对。

（2）中国现有不良资产交易市场混乱。中国不良资产交易市场主要是有四大资产管理公司垄断，缺乏必要的竞争。近几年虽然出现了地方AMC和民间债券交易平台，但是地方AMC存在着信息不对称、处置效率低下、市场化程度不高的问题。而相对公开化的民间债权交易平台却又鱼龙混杂、信用堪忧。所以急需对现有的平台资源进行整合，重整不良资产交易市场秩序。

（3）判决执行过程异常艰难。当诉诸法律时，银行一般都会胜诉。但因各种利益关联，地方法院拖延执行、行政效率低下的现象比比皆是。而执行难所带来的高昂时间成本会使企业资产面临贬值的风险，也会让投资者失去兴趣。而国有银行的坏账处置受到财政部的严格约束，所以想要其自主创新不良资产处理方式十分困难。

4. 建立区域性非标债权平台的政策建议

结合解决不良资产问题的国际经验，我们提出在中国建立区域性非标债权交易平台的政策建议。具体形式为：按行政区域划分，由地方金融办联合地方政府，在各省份设立统一的区域性非标债权交易平台。

（1）合并股权产权交易中心，提高平台质效。在2016年6月前，以省为单位，合并了各省现有的股权交易中心和产权交易中心，借助现有交易市场的网络、渠道，通过合并、改组、增设功能的方式建成一个统一的区域性金融资产交易平台。划分为三个部门：股权交易部、债权交易部和不良资产拍卖部。股权交易部专职股权的交易；债权交易部主要是针对非标债权的转让开展业务；而不良资产拍卖部则是着力针对已经破产企业资产的拍卖，其中，值得注意的是拍卖的过程是要有法院的介入，所以此处要和司法部门良好对接。若三个部门各司其职、各尽所能，那么这种市场化运作可以充分吸纳各类机构战略投资者、民营企业和国内外个人投资者等市场主体。统一、竞争的交易市场可以集中买者和卖者的信息，尽可能克服信息缺陷，降低交易成本，实现不良资产价值的最大化。通过挂牌交易、公开询价的机制，充分引入竞争机制，可以形成一个高效率、多层次、专业化的交易市场。

（2）限定挂牌企业地域范围，控制投资风险。区域性非标债权平台只接纳在本省内的、符合国家发展政策、达到在资产交易中心挂牌标准的企业，不接受其他区域的企业跨省挂牌。将挂牌企业限定为本省的企业的目的是，一方面，有利于省金融办联合地方政府对所管辖区域内的挂牌企业进行统一管理和监督，制定符合本地发展特色的条例规章，统筹规划整合区域性债权交易市场；另一方面，有利于本地区的投资者对所投企业进行实地调研和考察，增加对企业的了解，减少信息不对称，在对所投对象信息充分掌握的前提下进行投资判断能有效降低投资风险。

（3）放宽对投资者准入限制，释放主体活力。平台的投资者主要涵盖诸如银行机构、保险机构、基金机构等机构投资者以及具备一定经济实力和投资经验的个人投资者。当然投资主体还包括其他企业，尤其是和发行企业相关的伙伴企业或者上下游企业，他们对发行企业有足够的了解且具有一定的识别风险能力，更易于推动交易的实现。交易平台对投资者的限制较为宽松，不限定在本区域内，而是对全国的投资者开放。除对所有自然人投资者设立500万元的准入门槛之外，不作其他任何限制。放宽投资者市场准入条件，对激发市场主体活力、发展普惠大众的金融服务具有积极作用。

（4）地方金融办联合政府协同管理，强化监管效率。由地方金融办联合地方政府进行管理，对在区域非标债权交易平台挂牌的企业做好审查、监管工作，同时还要完善信息披露公示制度，推动交易平台的公开化运作。防范道德风险以提高债权平台透明度，强化市场稳定性为多层次资本市场成熟保驾护航。待时机成熟，应顺应区域债权交易平台的并网要求，建立全国统一的债权市场信息披露平台，汇聚所有挂牌公司的信息及其资产信息，既便于各市场信息共享又便于联合监管，形成相互协调、共同推进的管理协调机制。

第四节 五板市场发展的主要问题

一、股权众筹是促进微型企业发展的有效新方式

微型企业在促进经济增长，保障就业，推动创新等方面发挥重要作用：一是

创造的最终产品、服务价值对 GDP 的贡献已经达 60%；二是贡献了国家税收总额的 50%；三是提供了 75% 的城镇就业机会，并且是新增就业岗位的主力军，提供了 70% 以上的新增岗位和再就业岗位。可见小微企业，尤其是微型企业在促进经济增长、促进就业等方面发挥着重要的作用，对中国国民经济的贡献巨大。根据中国工商总局 2014 年发布的《全国小微企业发展报告》，中国小微企业占据了 65% 的发明专利和 80% 以上的新产品开发，可见小微企业，尤其是其中数量庞大的微型企业，同样是推动中国进步创新的重要动力。当前中国经济社会发展正面临严峻挑战，实现产业转型升级的关键是要在实体经济层面进一步推进"大众创业、万众创新"，更多地发挥科技型、创新型微型企业的作用。

然而，微型企业则长期面临难以解决的融资困境，其获取的金融资源配置与其创造的实际价值极不协调。银行出于成本效益考虑，天然地对有较完备硬信息、融资额较大的大中型企业倾斜，广大微型企业因自身积累及信用度不高等原因难以从银行获得信贷资源。而在股权融资中，公开市场上市门槛极高，一般企业难以企及；风险投资服务对象主要是中小企业，广大微型企业难以获得风险投资的青睐。多年来政府采取各种措施试图改善，但效果仍难以令人满意。金融体系与企业体系不匹配不仅造成"金融堵塞"使社会资本难以进入实体经济，不能惠及微型企业，还造成"资金逆向配置"，即大量资金配置于低效经济活动，而高效经济活动得不到资金支持，从而导致产业转型升级受阻。

近年来，互联网金融快速发展在一定程度上改善了社会资本与微型企业之间的匹配情况。其中，股权众筹作为互联网金融的重要模式之一，主要为微型企业提供融资服务。股权众筹的投资者基于项目前景而非企业现有信用提供融资支持，且当项目上线后，投资者可以根据项目已有的支持者人数、评价信息等判断项目是否可行，大大增加了投资者可掌握的信息量，平台通过聚集效应汇集公共知识和智慧，形成集体决策性的项目商业模式评估体系，即社会通过资金"选票"培育具有发展前景、符合市场需求的项目，不具有创新性的项目被放弃，从而提前淘汰潜在无效产能。这一模式吻合了新常态下供给侧改革的思路，也符合党的十八届三中全会提出的"使市场在资源配置中起决定性作用"的理论内涵。而对于股权众筹融资方而言，股权众筹是集筹人脉、筹智慧、筹资源于一体的方式。股权众筹平台的优势在于可以大大增加项目曝光度，可以很好地延续用户对产品的关注和互动；众筹投资者会成为初创企业产品的第一批忠实用户和推广者，并且众筹投资者来自不同行业，对项目有不同的理解，其中不乏非常专业的人员在其中，也不乏一些建设性的想法，能够帮助产品快速走向成熟。相比

P2P、债权众筹等互联网债权融资模式，股权众筹作为一种股权融资模式能为企业的发展提供长期资金，不用支付固定的股利，不存在还本付息的压力，能持续为微型企业发展壮大输氧供血，提高了创业成功率，为创新尝试保驾护航。

二、我国股权众筹的发展面临着三大问题

目前中国没有真正意义上的"公募"股权众筹平台，全部定位为互联网非公开股权融资平台，运作模式主要采用的是"领投＋跟投"模式。2014～2015年，互联网非公开股权融资平台的数量呈现出"井喷"式的增长，而2016年行业发展增速明显变缓，其发展面临三大问题，规范发展成为第一要务。

1. **股权众筹行业发展基础不完善**

（1）股权众筹平台间各自为战，行业性基础数据库缺失。
（2）创新业态与现行行政管理制度之间不适应。
（3）某些优惠政策，例如，国家对于投资中小高新技术企业的税后优惠政策，尚未覆盖到股权众筹领域。
（4）监管政策未出台，风险事件的产生使股权众筹行业遭遇信任危机。

2. **股权众筹的运作模式面临的问题**

（1）股权众筹平台盈利难以覆盖运营成本，且由于政策环境不确定、发展模式不清晰，股权众筹并未获得资本市场的青睐，进而导致股权众筹平台生存困难。
（2）缺乏有效的风险控制体系，股权众筹平台在项目审核与宣传、投资人保护，以及自身定位等方面存在不同程度的缺位和越界行为。
（3）股权众筹缺乏投资退出渠道，国内外投资退出渠道主要集中在上市、次轮融资、被收购、股权回购等，投资人平均等候时间较长。

3. **股权众筹的发展还面临着法律障碍**

在现有的法律规定下，选择股权众筹融资的企业只能采取"非公开发行"，而非公开发行的对象必须特定，且不能超过200人。这导致中国的股权众筹不得不提高投资者起投金额，不能实现真正的"公开、小额、大众"。

三、美国发展股权众筹的经验借鉴

众筹起源于美国，美国众筹行业的发展水平可以说代表了世界众筹行业的先进发展水平。美国股权众筹的健康发展得益于其在股权众筹的发展初期，即出台了在商业领域工作的机会（Job Opportunities in the Business Sector，JOBS）法案。JOBS法案确立了股权众筹的合法地位，新设了对众筹融资的注册豁免机制，在计算持股人数上限时去除众筹投资者数，构建起较完备的股权众筹监管框架，有利于股权众筹的有序发展。除此之外，JOBS法案将美国《证券法》规定的股东人数超过500人须注册为公众公司的法律条款中的股东人数修改为2000人。2015年10月美国通过了JOBS法案Title Ⅲ实施细则的决议案，对股权众筹采取了"收放结合"的监管方式。一方面，降低投资者参与股权众筹的门槛；另一方面，制定一系列风险控制政策强化对公众利益和投资者的保护。

另外，美国股权众筹的投资者结构中机构投资者比例为27.20%，机构投资者的行业知识水平和智力储备远远高于个人投资者，其能够更好地应对美国错综复杂的法律监管规定。而为了促进股权众筹行业的发展，美国也在积极探索股权众筹退出渠道，2016年美国CFX Markets推出股权众筹股份转让二级市场平台，股权众筹投资者可以在该平台上出售其持有的股份。

四、中国发展股权众筹的战略定位和政策建议

随着互联网等技术的发展，美国的场外交易市场由全国性的OTC Markets和OTCBB主导，五板的区域性柜台交易市场逐渐衰退。因此，在信息技术不断创新和发展的背景下，针对当前微型企业融资难、亟须拓展直接融资渠道的迫切问题，结合股权众筹是微型企业融资的有效新方式，在中国多层次资本市场中五板市场的建设不应该参照美国的五板市场，而应直接利用互联网等技术，将股权众筹打造成中国多层次资本市场的"新五板"。将"新五板"即股权众筹定位于服务微型企业，通过提供低门槛、高效率的股权融资服务助力更多的微型企业发展，不仅能够充分发挥"新五板"市场对大众创新创业的支持作用，也能完善中国多层次资本市场结构，使资本市场能够更好地服务实体经济和产业升级。将股权众筹打造成为中国多层次资本市场的"新五板"和创业孵化基地，向上可以连接中国多层次资本市场的四板市场，向下则可以联合分布在各地的实体孵化基地，使股权众筹平台能够更加灵活、有效地服务于创新和创业。

1. 尽快出台股权众筹监管框架，放宽股东人数限制

股权众筹虽然属于金融创新，但也无法脱离金融投资的本质。在更有效地对接投融资双方、筛选优质项目、降低投资过程中的信息不对称风险、在投后管理

中更好地保护投资人利益，以及实现投资退出等问题上，任何一个环节出现纰漏都可能影响整个业态的有序发展。针对当下股权众筹发展存在的问题，作为支撑行业发展的基础设施——立法和监管体系，是保证问题得到有效解决的前提。因此，有必要尽快扫除法律障碍，出台监管框架，对股权众筹融资进行必要的规范，以促进行业健康发展。针对股权众筹发展面临的法律障碍，公司法、证券法应该与时俱进，放宽对众筹股东数量的限制，可以借鉴美国的经验，将股权众筹融资企业股东不超过200人的限制放宽至2000人，实现"半公募"基金。

2. 降低投资者准入门槛，细化风险控制要求

中国股权众筹行业刚刚起步，数量少，规模小，经营模式、盈利模式等尚在探索当中，应为这种新的金融业态和业务模式预留发展空间，因此，应借鉴美国的经验，采取"收放结合"的监管政策，坚持"适度监管"，鼓励创新与防控风险并重，明确中国股权众筹创新发展的总体方向。一方面，美国在放开合格投资者限制后，国内股权众筹平台出现了一个小高潮。借鉴美国的经验，应降低股权众筹投资者准入门槛，从而能够引入更多的投资者参与股权众筹，促进股权众筹行业的发展；另一方面，股权众筹投资者的增加能够降低每个项目单个股东的投资金额，以分散风险为普通投资者投资多个项目提供了可能性。此外，股权众筹作为创业投资，在退出周期长、风险高、降低投资者准入门槛的同时，应细化风险控制要求，切实保护投资者的利益。借鉴美国的股权众筹监管政策，应重点对投资人要求、发行人要求、中介平台资质、平台义务及禁止行为、信息披露等方面细化风险控制要求，并重视投资者教育，可通过出台相关规定强化投资者教育，例如，在规定新用户注册时，签署风险提示表格，内容包括对潜在资金损失、流动性风险等的提示，确保投资者理解股权众筹属于长期投资、具有高风险等特征，明确要求投资者自担风险。防范出现P2P"一哄而上，一哄而散"的情况，切实保护投资人利益及股权众筹行业的健康发展。

3. 提高专业化机构投资者比例，鼓励建立公募股权众筹投资基金

股权众筹作为高风险性投资方式，对专业知识和投资经验要求较高。借鉴美国的经验，监管当局应颁布相关规定进一步提高机构投资者在股权众筹领域的投资比重，例如，允许公募基金投资股权众筹项目，鼓励设立公募股权众筹投资基金，并设立1000元的基金认购门槛，10万元的基金认购上限。设立公募股权众筹投资基金能够发挥三方面的作用：一是公募基金管理人可以利用专业知识和投

资经验，积极参与项目尽调，筛选出优质项目，解决个人投资者专业知识和投资经验欠缺、精力不足的问题；二是公募基金能充分发挥组合投资功能，投资多个股权众筹项目实现有效分散投资风险，在此基础上机构投资者具备了容错能力，抵抗违约等风险事件的能力较强；三是通过公募股权众筹投资基金的桥梁，更多的投资者可以参与股权众筹，真正实现"公开、小额、大众"。

4. 丰富股权众筹退出渠道，促进股权众筹平台与区域性股权交易市场对接

针对股权众筹缺乏投资退出渠道的问题，可以积极促进股权众筹平台和多层次资本市场体系中的四板市场，即区域性股权交易市场对接，通过运作"股权众筹企业挂牌区域性股权交易中心"创新退出机制，打通四板和"新五板"的连接，使得中国的多层次资本市场能够更加灵活、有效地服务于微型企业。

第五节　离岸市场的发展问题

一、在中国香港建设离岸人民币证券市场的必要性及其战略意义

在中国香港建设离岸人民币证券市场是人民币国际化的需要，人民币国际化与马克、法郎、日元等国际化过程有着显著的不同，这些货币国际化都是在国内实现资本项目可兑换的前提下实现的。我国选取的路径正好相反，先有人民币国际化，后有资本项目可兑换。

人民币国际化需要通过一个离岸人民币资本市场来推进，在全球跨境资产投资中，美元占据了40%以上的比重，离岸市场对美元国际地位的支持甚至超过了美国国内金融市场对美元的支持。离岸人民币资本市场既可以是中长期信贷市场，也可以是中长期债券市场，还可以是人民币股票市场。建议建设离岸人民币中长期债券市场与人民币股票市场，因为证券市场相比信贷市场更能有效地防范坏账风险。

经过2009年以来的发展，中国香港离岸人民币金融市场已经初具规模，呈现以下特点。其一，人民币结算发展仍然很快，香港地区人民币结算总额占整个离岸市场的70%；其二，随着美元走强，自2015年中期以来，香港地区人民币存款规模显著下滑，相较于最高点下滑了一半；其三，人民币债券规模也出现了

下滑,但下滑速度小于存款,资本市场比货币市场稳定。

作为中国香港离岸人民币市场主体部分的香港债券市场在发展中出现了举步维艰的状况。表现在:一是目前受到资本账户管制的影响,境内机构投资者投资离岸人民币债券市场尚存在困难,只能通过 QDII 途径参与港联所挂牌的离岸人民币债券交易;二是外部发行主体不踊跃,发行规模最大的机构为中国财政部、中国工商银行、国家开发银行、国家进出口银行、韩国进出口银行以及中国建设银行;三是离岸市场与在岸市场利差倒挂,自 2014 年 10 月开始,离岸债市整体到期收益率高于在岸市场,并持续至今。这种迹象表明,随着人民币升值周期结束,中国香港离岸人民币债券的受欢迎程度在下降;四是中国香港人民币债券二级市场不发达,根据中国香港中央结算系统报价网站资料,首先报价较为活跃的是财政部发行的主权债券,其次是境内银行发行的金融债,其他债券报价均不活跃,交易量有限,交易的深度和广度均不足,债券投资者一般都是持有到期。

但发展中国香港离岸人民币证券市场(债券市场/股票市场)具有全局性的战略意义。

(1)其与"亚投行"、"一带一路"倡议、人民币国际化联系密切,不可分割。前者是战术层面,后者是战略层面;前者是具体实施,后者是宏观政策。如果将两者合二为一,则可以概括为"中国与其他发展中国家经济的一体化"(如图 4-6、图 4-7 所示)。

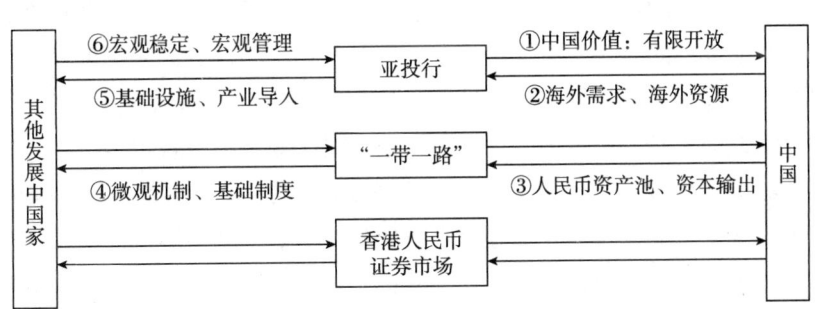

图 4-6 中国与发展中国家的一体化

"中国与其他发展中国家经济的一体化"面临的最大风险是,相关发展中国家的经济能否稳定发展?这一方面需要制度导入,另一方面需要金融市场建设。如果在香港设立人民币国际板证券市场为这些国家提供融资,就能同时满足这两方面的需要。

(2) 如果能建成持续繁荣的香港离岸人民币证券市场，对于维持香港地区的持续稳定与经济发展也有重要的意义。

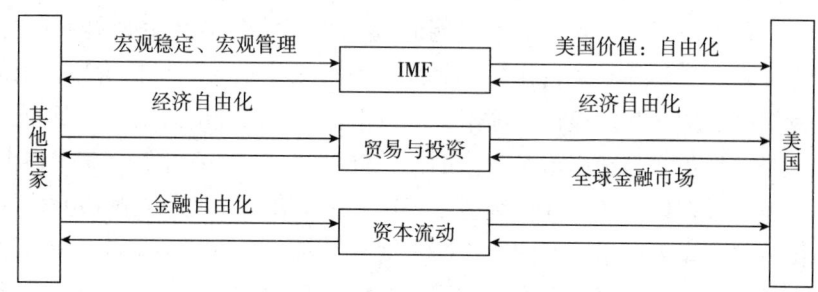

图 4-7 美国主导的全球化

二、设立香港人民币国际板股票市场的必要性、可行性

在香港地区建设人民币国际板股票市场，可以认为是我国对于落后发展中国家的制度诱导与"濡化"。对于金融体系有专门研究的著名学者费雷德里克·米什金在其《下一轮伟大的全球化——金融体系与落后国家的发展》一书中指出，导致发展中国家发展迟缓的主要原因是缺乏现代化的一系列相关制度。这些制度可以概括为：健全的产权制度，有效的法律、行政体系，健全的金融体系，以及政府对于金融部门的有效监管。很显然，股份制是最为基础的一项经济制度，另外，股票市场是一种共赢性、包容性设计。

在香港地区建设人民币国际板股票市场，对于规范我国资本走出去也具有重要意义。经过三十多年高速增长之后，我国逐步进入一个中速甚至是慢速的增长，我国下一轮经济增长在一定程度上将依赖于落后发展中国家的增长，这就需要资本走出去。资本走出去不同于资本外逃，建设中国香港地区人民币国际板有利于规范资本走出去。

建设香港地区人民币国际板股票市场应能受到各方欢迎。首先，对于落后发展中国家，香港人民币国际板是一个好选择。其次，落后发展中国家经济发展的前景广阔，能够吸引到足够多的投资者，通过"人民币国际化""亚投行"、"一带一路"倡议协同，容易获得成功。最后，通过有效监管，可以将这个市场建设得有吸引力。

因此，对香港股票市场重新定位并注入新的发展动力至关重要。建议在香港地区设立人民币国际板股票市场，具体如表4-16所示。

表4-16 香港人民币国际版股票市场建议

	参与者	释义
上市主体	海外发展中国家企业	发展中国家国内企业
	中国海外直接投资企业	中国企业在发展中国家资产
监管	香港交易所	香港交易所有关规则
	中国证监会	中国证券监管规则
投资者	海外人民币持有者	离岸人民币
	内地合格投资者	在岸人民币
交易机制	内地投资者投资方式	类"沪港通""深港通"机制

概而言之，接纳落后发展中国家优质资产在香港以人民币计价的股票市场上市。为了活跃股票市场，可适时引入沪港通机制，允许大陆资本通过此机制参与这一市场。

香港人民币国际板股票市场建设的时序，建议坚持"设立宜早，发展宜缓，逐步规范"原则。可以在2018年设立，达到100家后，上市公司的监管水平应达到国际通行标准。

三、加快发展香港离岸人民币债券市场的建议

目前，香港地区离岸人民币债券市场的主要问题是发展迟缓。根据国际清算银行（BIS）的统计，截至2015年末，人民币国际债券和票据的存量为1247.92亿美元，在国际债券和票据存量中的占比仅为0.59%，与美元的43.73%、欧元的38.48%、英镑的9.55%有巨大差距。

为了加快香港离岸人民币债券市场发展，建议：

（1）通过"沪港通"机制建设香港地区人民币债券二级市场。因为，在资本项目未实现完全可兑换的条件下，人民币在国际上接受程度不可能很高，香港地区独立发展出高效率的人民币债券二级市场可能性不大，这就需要有内地资源支持香港地区建成人民币债券二级市场。课题组注意到，"沪港通"机制是一个自动平衡机制，不会导致资本外流。

（2）取消境内企业在港发行人民币债券资金回流限制。加快发展香港人民币债券市场核心问题是，香港人民币债券市场与国内债券市场是什么关系？课题组认为，在不影响资本流出的情况下，可以同等对待。即使发展离岸市场，也要

考虑与在岸市场之间的联通,不可能发展出一个完全隔绝的离岸市场。

(3) 以市场化原则,低标准、有步骤地接纳相关发展中国家在离岸市场发行人民币债券。落后发展中国家问题多多,但与中国经济发展有巨大的契合性。所以,必须采取适当方式合作共赢。人民银行可以在发行与交易中对落后发展中国家债券予以适当支持,例如,在一级、二级市场买入一定数量、比例的相关债券,以提高其信用。

加快建设中国香港人民币债券市场的时序,建议先行以"沪港通"机制发展香港人民币债券二级市场,预计在2018年可以实现;在香港人民币二级市场建设成功之后一年内,可以放开国内企业赴港发行人民债券资金回流限制,预计2020年可以实现;吸纳落后发展中国家政府、金融机构赴港发行人民币债券可在2020年以后,小步推进。更大规模的发行需要视乎"亚投行"、"一带一路"倡议的协同。

第五章　中国多层次资本市场投资者结构

第一节　投资者的类型和定义

投资者作为资本市场的出资方，其结构和出资规模直接决定了资本市场的总量和功能实现，不同国家的资本市场由于不同的体制设计和发展路径，形成不同的投资者结构，投资者在资本市场上的活动主要为筹资和投资活动，其中，筹资活动影响市场总量的大小，而投资活动决定资金的配置，两者只有相互配合才能使资本市场在我国产业转型升级过程中发挥更大的作用。在此基础上，我们从资金来源和去向两个维度出发，以是否拥有大类资产配置决策权作为判断依据，将投资者分为终极投资者和中介投资者。

一、终极投资者

终极投资者，是指拥有风险—回报决定权及最终投资需求的资金供给方，拥有资产配置的决策权。终极投资者可以根据自身的风险和流动性偏好，选择市场上已有的标准化产品进行直接投资，也可以委托能够与出资人风险和流动性偏好相匹配的投资机构代为投资管理。终极投资者的资金来源可以分为两类：一类是自有资金，另一类是不附带风险及流动性偏好的外部资本。资金来源为自有资金的投资主体主要是个人及家庭投资者、政府投资者和实体企业投资者。这些投资主体使用自有现金、银行存款、留存收益、资本金等自有资本直接或间接通过投资中介持有投资标的，满足自身的收益—风险及流动性需求；还有资金来源为不附带风险及流动性偏好的外部资本，投资主体主要是保险类投资者，包括全国社保，企业年金和保险及再保险企业（理财保险除外）。虽然这些投资主体不是使用自有资金进行投资，却拥有资产配置的决定权。他们通过向大众发行资产合约来获取资金，而认购者的目的是以现时资金来购买资产合约，并在未来获取此合约带来的现金流，并不能对投资决策产生影响，因此保险类投资者拥有对资产配置的决定权，并以资本市场上的收益来履行对认购者的责任。

1. 个人及家庭投资者

个人及家庭投资者一般会通过配置资产来获取收益，实现个人及家庭财富的保值和增值。个人及家庭投资者会根据资金规模和风险偏好水平等条件配置储蓄存款、债券、股票等资产，资金规模和风险偏好水平等条件的差异会导致资产配置的不同。高风险偏好的个人及家庭投资者可以直接投资股票，追逐短期高风险高收益；低风险偏好的个人及家庭投资者通过中介投资者进入二级市场，进而分散非系统性风险提高资产管理效率，其途径主要是购买各类投资机构的开放式公募基金、券商集合理财、集合资金信托、银行理财产品和理财保险产品等中介产品。目前，我国居民的储蓄率较高，国内仍然缺乏足够的中介投资者作为桥梁引导个人及家庭投资者进入市场。同时，个人及家庭投资者会因为收入、教育、专业化水平等因素，形成资金规模和风险偏好水平的差异，进而在股权投资市场表现出差异。

2. 政府投资者

政府投资者进入市场的主要目的不是为了获取利息、股息等投资收益，而是为了实现其职能，满足社会资本需要。政府在市场中的占比受各国基本社会制度影响，西方发达资本主义国家的政府持有的股票比例一般较低，例如，美国和日本政府投资者，发达国家政府资金主要用于社会保障，并不用于兴办国企，因此，基本上不做股权投资。而发展中国家政府机构持有的股票比例一般较高，例如，中国的政府投资者，这与发展中国家尚未成熟的金融市场和社会制度有关；然而由于中国政府的股权投资大部分是针对传统/基础行业的国有企业投资，并非是针对高科技新兴产业转型的投资，故此中国政府投资者不是我们研究全社会资本结构与产业结构升级课题中的主要投资者。

3. 实体企业投资者

实体企业主要是指除专业投资机构之外的企业主体，其在资本市场上的投资主要出于两种目的,获得控制权和获取投资收益。一方面,出于长期发展和战略扩张的目的,实体企业会通过兼并收购、联营合营等方式整合上下游产业链,或投资于有发展前景的朝阳产业,具体在资本市场上表现为大比例的长期股权投资;另一方面,企业在经营过程中会出现闲置资金,企业可以将其投资于股票、基金等有价证券以实现保值增值,但对于发展健康、资金利用率高的企业来说这部分比例不应过大。实体企业作为股权市场投资的对象,其本身应通过资本市场的优化提高自身资金利用效率,从而做大做强主营业务。企业应更多地基于产业升级和战略布局的目的参与股权市场,故理论上其并不应该成为股权市场金融投资的主要投资者,也不是全社会资本结构与产业结构升级历程课题中的研究对象。

4. 保险类投资者

保险类投资者主要包括全国社保、企业年金和保险及再保险公司(理财保险除外),其资金来源主要为不附带风险及流动性偏好的外部资本。其中,社保基金是按照国家法律法规征收的,属于近似硬性划拨,缴纳人对社保基金的投资决策没有任何影响,因此,全国社保对配置资产有完全决策权。企业年金则是由企业依据国家政策和本企业经济状况自行设立的补充养老保险,因此,拥有资产配置的决策权。由于企业年金独立进行管理难以实现有效的保值增值,因而一般委托中介投资者等专业机构设立相应投资计划进行归集管理。保险和再保险公司提供的产品是保险产品,与其浮存金的投资行为相互隔离。投保人在认购保险产品时不会考虑保险公司浮存金的投资去向,投保人及再保险分出人对保险及再保险公司只有风险补偿的索取权,而对保费在保险公司内部的管理没有控制权。保险及再保险公司是将浮存金投入资本市场实现增值,因此,保险及再保险公司对浮存金拥有资产配置的决策权。

二、中介投资者

中介投资者是指为最终出资者代为持有投资标的的专业投资管理机构,其在市场上发行标准化或非标准化的资产合约,向大众募集资金,募资完毕后按照合约的规定进行投资,最终从中收取一定的管理费用和盈利分成。因此,中介投资者既不使用自有资金也没有最终的资产配置决策权,只是进行微观层面的组合投资决策。在此定义下,中介投资者主要有基金类投资者和资产管理类投资者,统称为投资管理类投资者。基金类投资者主要有其他部分市场的私募股权投资基金和创业投资基金、场内市场的公募证券基金和私募证券基金等,资产管理类投资者主要有券商资管、信托、银行理财、理财保险等。

基金类投资者中的公募证券投资基金是向不特定投资者公开发行受益凭证的证券投资基金,受到政府主管部门监管,有信息披露、利润分配、运行限制等行业规范;而与此对应的私募证券投资基金是指通过非公开方式向特定对象(一般是少数机构投资者和富有的个人投资者)募集资金而设立的基金,两者都是由基金管理人受到客户委托代为投资,在基金设立募集时已经规定并标明了投资类别,例如,股票基金或是债券基金,因此,基金管理人只能进行微观层面的投资决策如选股择时而没有最终的资产配置决定权。而其他部分市场的私募股权投资基金和创业投资基金等目前主要采取合伙人的组织形式,普通合伙人(General Partner,GP)负责经营管理,有限合伙人(Iimited Partner,LP)提供资金。在这种架构下,有限合伙人可以根据募投项目类型或者管理团队的风格制定自己的出资决策,满足自身的风险偏好和现金流要求,而普通合伙人没有资产配置的决策权,因此,其他部分市场的私募股权投资基金和创业投资基金等也属于中介投资者。资产管理类投资者中的托管方与实际出资人之间通过认购协议、信托合约、托管合同等法律形式形成资金和收益的划分安排,并没有资产配置的决策权,因此,券商资管、信托、银行理财、理财保险等也属于中介投资者。目前,我国居民参与金融市场的比例与美国等发达国家存在一定差距,尤其是投资管理类投资者差距较为明显,投资管理类投资者是股权市场发展和产业转型升级过程中的重要投资者,也是我们重要的研究对象。

三、外国投资者

目前我国采取的是资本管制的政策,外国投资者主要通过 QFII 和 RQFII 投资于我国市场,其中 QFII 和 RQFII 是由国家审批的境外投资机构在国内进行投资的业务代表。以 QFII 为例,其在 A 股市场主要采取两种形式:自营模式和基金模式。自营模式是指采用自营资金进行投资,这种投资形式满足很多境外养老金、捐赠基金等机构自主投资的需求,成为其全球投资组合的一部分,因此,这部分拥有资产配置权的外国投资者可以视为终极投资者。基金模式是指机构投资者在境外直接面向海外投资者发行单纯 A 股基金,包括结构性股票挂钩产品、中国股票与主题基金、A 股 ETF 等;或发行含有 A 股投资的中国主题基金,包括对冲基金、中国概念基金、环球主题基金(中国部分)等,因此这部分外国投资者可以视为中介投资者。从效果来看,自营模式的 QFII 主要满足单一海外机构投资者对国内金融市场的需求，市场影响力相对有限。相比之下，基金模式更符合监管机构要求，既控制了风险，也扩大了参与的境外投资者范围。而且可以充分发挥境外机构的金融创新能力。随着我国国际化进程的推进，外国投资者对我国资本市场的影响也将逐渐加深。在参与市场的六大类投资者中，政府和实体企业投资者不是我们的重点研究对象，本书后文也主要针对个人及家庭、保险类、投资管理类和海外投资者进行详细研究和分析。

第二节　中国多层次资本市场投资者结构演变过程及现状

一、中国主板、二板市场投资者结构

2005年，经国务院批准，中国证监会发布《关于上市公司股权分置改革试点有关问题的通知》，启动了股权分置改革的试点工作，以解决我国特有的股权分置的问题。2006~2010年，政府持有的流通股占比大幅增加，至2010年后稳定在45%的水平。由于非流通股主体为国有股和法人股，其进入市场的主要目的并不是为了获取利息、股息等投资收益，而是为了实现其职能，满足社会资本需要，实现经济和社会的发展，所以政府并不是我们主要研究的投资者。为了更清晰地观察我们重点研究的几类投资者结构的演变，排除股权分置改革这一事件给股票市场投资者结构带来的冲击，我们将一般法人持股从统计列表中剔除，得到其余投资者的相对结构。图5-1显示，2000年以来各类投资者的力量对比，从发展趋势来看，可以大致分为两个时期。2000~2007年，是投资管理类投资者扩张时期。2001年中国证券监管当局提出了"超常规发展机构投资者"的发展思路，希望依靠机构投资者的壮大来规范市场。此后的几年中，投资管理类投资者迅速壮大。在2005年开始的牛市中，上证综指由998点的低点上涨到最高的6124点，涨幅超过500%，强大的财富效应激发了公众的投资意识和投资热情。家庭部门出现了规模庞大的"资产替代行为"——大量的居民储蓄由银行流出，涌入股票市场和基金市场。随着这一资产替代行为，我国开放式基金出现了爆炸式增长，基金资产净值由2001年底的118亿元发展到2007年底的30423亿元的峰值。开放式基金资产净值占同期A股总流通市值的比重也由2001年底

的不到1%最高飙升至2008年底的42%左右。需要特别指出的是,美国共同基金占同期股票市场流通市值的比例由1950年的2%上升到2000年的19%,经历了整整半个世纪的时间。而美国投资公司协会(ICI,2009)的统计数据:截至2008年底,美国共同基金持有的股票市值也仅占流通市值的24%,低于我国开放式基金持有的股票市值。和世界上基金业最发达的美国相比,中国的基金业在短时间内实现了"跨越式发展"。

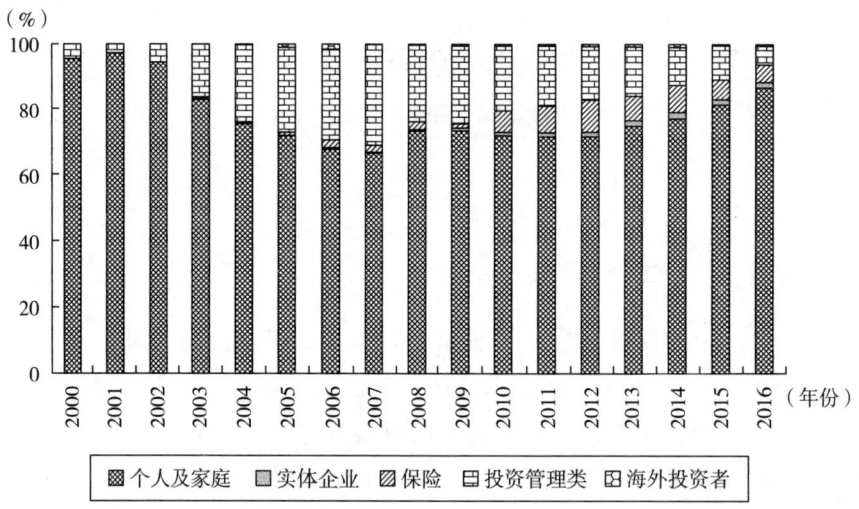

图5-1 沪深股票市场流通股投资者相对结构(除一般法人)

2007~2016年,是保险类投资者的扩张时期。保险类投资者主要包括保险公司、社保基金和企业年金。随着监管的放松,关系着民生大计的保险类资产也开始进入股票市场。保险公司入市分为两个阶段,第一阶段是间接投资阶段,1999年10月保监会发布《保险公司投资证券投资基金管理暂行办法》,允许保险公司通过委托证券投资基金进行投资的方式间接进入股市;第二阶段是直接投资阶段,2004年10月保监会发布《保险机构投资者股票投资管理办法》,允许保险公司直接投资股票市场。该《办法》还对保险资金的投资范围和投资比例进行限制:证券投资基金(15%)、AA级以上企业债券、商业银行次级债务和债券、保险公司次级定期债务、可转换债券(共20%)、股票(5%)。保险公司投资权益类资产的比例随后不断放宽,2014年保监会发布《关于加强和改进保险资金运用比例监管的通知》,将保险公司投资权益类资产的比例放宽至30%。

其中，全国社保基金于 2000 年 8 月设立，由中央财政预算拨款、国有资本划转、基金投资收益和国务院批准的其他方式筹集的资金构成，专门用于人口老龄化高峰时期的养老保险等社会保障支出的补充、调剂。社保基金 2003 年被批准进入股票市场，其投资的范围限于银行存款、国债（共不低于 50%）、企业债、金融债（不高于 10%）、证券投资基金、股票（共不高于 40%）。企业年金是由企业依据国家政策和本企业经济状况自行设立的补充养老保险，主要通过委托基金、信托、保险、银行等法人进行管理。2013 年人社部发布《关于企业年金基金投资范围扩大的通知》，在原有固定收益类、权益类、保险类等投资品种的基础上增加了商业银行理财产品、信托产品、股指期货、养老金产品等，进一步扩大了企业年金的可投资范围，并规定股票类投资不得高于 30%。保险类投资者资金规模庞大，随着监管的不断放松，其直接和间接投资于股票市场的比例变大，将为资本市场注入大量鲜活的资金，成为重要的投资者。

1. 个人及家庭投资者

首先，自 1990 年沪深两市开设以来，个人（家庭）投资者一直占有较大份额，但占比逐渐呈现出整体下降的趋势。2002 年之前我国股票市场以个人及家庭投资者为主导，其市值占比超过 90%，之后随着投资者种类的多元化和机构投资者的发展，个人及家庭直接投资于股票市场的比例下降，2010 年之后稳定在 40% 的水平。虽然个人投资者的持有比例在下降，但其市值持有量随市场行情表现出波动上升的趋势，说明个人投资者在主板市场的地位有所减弱，但其持有的市值总量呈上升状态，在市场规模扩大的同时，有更多的个人投资者参与进来。进一步地，我们将股票账户按 30 万元和 300 万元两个规模为界限，把个人投资者分为三种类型：小额投资者、中额投资者和高额投资者。

由图 5－2 可见，从 2008 年至今，小额投资者占比不断缩小，高额投资者占比不断扩大，至 2015 年高额投资者市值占比超过 50%，小额投资者占比缩小至 13.6%，期间中等投资者比例基本保持在 35% 的水平，说明了在股票市场的发展过程中，个人资金出现人群集聚现象，高净值人群对股票市场的作用有所增加，是个人投资者中的主力军。2009 年以来，中国高净值人群的规模逐年扩大，保持了较快的增长速度。2014 年，中国的高净值人群数量首次超过 100 万人，2015 年人数达到 126 万人，年均复合增长率达到 22%。更重要的是其不仅资金量大，在财富不断向高净值人群集中的过程中，高净值人群对资本市场的影响将越发重要，且投资目的偏于价值保值而非投机，所以是资本市场重要的优质投资者，也是我们重点关注的投资者。

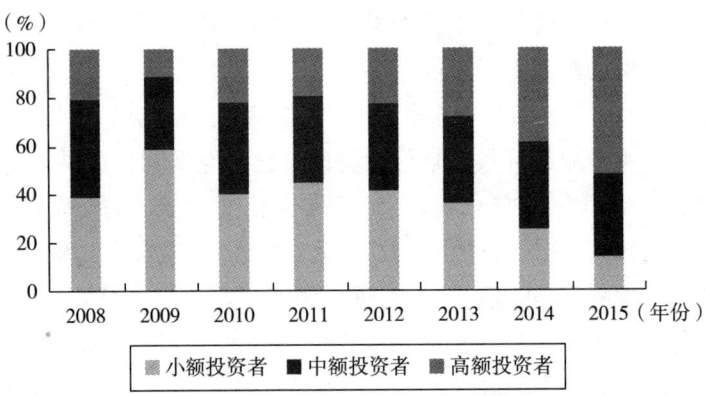

图 5-2　个人及家庭投资者中高额、中额、小额投资者市值占比情况

其次，从个人及家庭投资者的年龄分布可以看出明显的年轻化趋势，小于 30 岁的投资者比例从 2005 年的 27.8% 上升到 2015 年的 37.64%，十年上升了 10 个百分点，其他年龄段的投资者占比均有不同程度的下降，其中 40～50 岁年龄段的投资者下降幅度最大，达到了近 3 个百分点。一方面，个人投资者年轻化表明我国民众在资本市场中的参与度逐步提高；另一方面，也显示出我国股市的不成熟，越来越多并没有财富积累的年轻人出于投机的目的进入股市。

最后，从近十年个人投资者的受教育水平的分布来看，中等学历投资者正成为主板市场的投资主力军。2005 年，中专及以下学历者占比超过 60%，2015 年，大专和本科学历投资者占比接近 50%，十年间研究生学历投资者占比基本保持不变。我们认为，随着国民受教育程度的普遍提高，个人投资者的受教育程度也随之提高，现阶段，我国个人投资者以中等学历为主，未来可能会向更高层次发展。

由此说明，我国个人投资者呈现"年轻化、中等学历"的特征，30 岁以下的投资者占比最高，达到近 40%；大专及本科学历投资者占比 50%，成为个人投资者中的主力军。目前我国个人投资者的市值占有量呈"三角形"形态，超小额投资者（<10 万元）市值占比最小，超高额投资者（>1000 万元）市值占比最大，显示出财富的集聚效应，高净值投资者对市场的影响程度在逐步变大。政策当局应重点培育年轻投资者，一方面，这类人群是市场上人数最多的投资者；另一方面，这也是未来高净值人群的重要来源。高净值投资者作为影响市场的重要力量,是政策当局引导的重点人群,如何引导高净值投资者进入风险更高的股票市场,从而支持企业的产业转型升级是实务研究极为重要的问题。

2. 保险类投资者

2004年保险公司被批准直接投资股票市场之后,其占比呈现爆发式增长,一度占据保险类投资者超过90%的份额,近两年稳定在84%的份额,略微高于其可投资股票市场的最大资金规模占比,说明在保险类投资者中,社保基金和企业年金是比保险公司更加谨慎的投资者,更加厌恶风险,这也与他们的资金特性相吻合。总之,保险公司以其绝对的规模优势和市值占比成为保险类投资者中最为重要的角色。

从保险业保费收入与总资产情况可以发现,自2000年以来,保费收入与总资产均持续上升,且总资产的增长速度基本保持在20%以上的水平,明显高于保费收入的增长率,说明保险业资金的保值增值较为成功。保险公司投资管理以固定收益类投资为主,由图5-3可见,近三年该比例虽略有下降,却仍占有1/3的份额,银行存款由三成份额下降到15%左右,其他投资(主要为长期股权投资、不动产投资和基础设施投资)比例持续上升,份额接近1/3;权益类投资略有上升,但也仅占到总资产的10%左右,远低于保监会规定的30%份额,说明未来还有很大的增长空间,保险业在权益市场仍大有可为。

社保基金的资金划入属于近似硬性划拨,资金来源稳定,并不受社保基金投资的风险及流动性状况影响。社保基金自成立以来资产总额不断增加,2012年突破万亿元,2015年接近两万亿元。2003年全国社保基金直接投资额达到75%,间接投资额仅为1/4。近十年中,社保基金的直接投资比例不断下降,2015年间接投资比例超过直接投资比例,间接投资将成为全国社保基金未来的主要投资方式。

企业年金是由企业依据国家政策和本企业经济状况自行设立的补充养老保险。截至2016年,全国建立企业年金的企业接近77000个,累计规模接近11000亿元。企业年金由于由分散的企业主体设立,各企业独立进行管理难以实现有效的保值增值,因而一般通过专业机构设立相应投资计划进行归集管理。目前企业年金主要通过委托基金、信托、保险、银行等法人进行管理。

保险类投资者资金规模巨大,2015年已超过15万亿元,且其资金来源不附带风险和流动性偏好的,负债期限较长,适合做长期的资产配置。保险类投资者作为机构投资者中的"国家队",其投资风格和方向以国家政策为导向,以安全性为首要目标,以保值增值为主要目的,对市场有极大的影响力和引导作用,保险类投资者是稳定市场的重要角色。

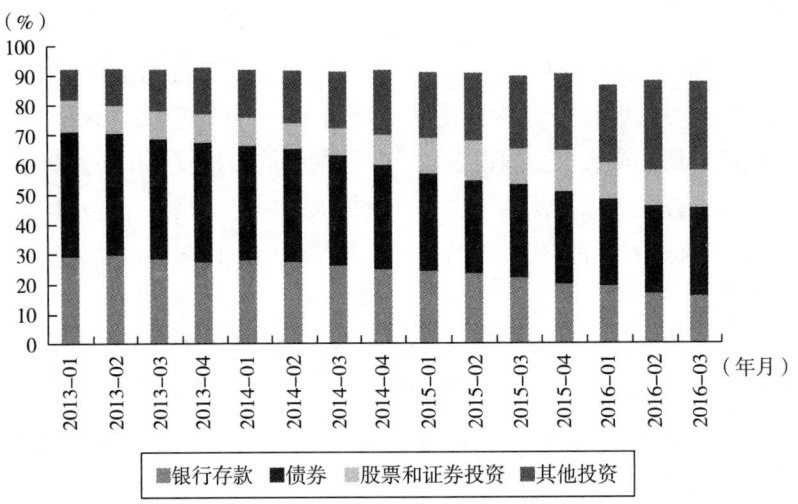

图5-3 保险公司资产配置①②

3. 投资管理类投资者

投资管理类投资者,是指募集最终出资人资金持有投资标的的资产管理者。管理者可以按照出资者风险和流动性偏好代为管理资金,并从中收取一定的管理费用和盈利分成,投资管理者与实际出资人之间通过认购协议、信托合约、托管合同等法律形式形成资金和收益的划分安排。我国的投资管理类投资者主要为基金(包括公募基金和私募基金)和资管(包括证券公司和存款类机构等)。

银行在我国金融业中处于不可撼动的地位,依托我国高的储蓄率,银行理财类产品规模远超其他机构产品,2016年达到30万亿元。券商和信托业规模也稳步增长,规模接近20万亿元。在证券投资基金中,私募基金增长迅速,不断缩小与公募基金之间的差距,并在2016年超越公募基金,管理规模达10.24万亿元。但对比各投资管理类投资者的资产管理规模和股票市场市值占比结构发现,

---

① 其他投资主要为长期股权投资、不动产投资和基础设施投资。
② 由于期初各种类投资金额不可得,故以期末的投资余额与期末总资产的比近似代替期初投资金额与期初总资产的比值,来得到各类投资的份额占比。

各类型投资管理类投资者在股票市场的投资比例与其总规模比例并不相匹配,这是由其资金特性和风险偏好所决定的。我国股票市场投资管理类投资者中仍是以证券投资基金为主,虽然其占比呈现下降的趋势,但仍占据了绝对的份额。所以,证券投资基金是我们重点研究的投资管理类投资者,包含公募基金中股票型基金和混合型基金以及私募基金中的私募证券基金。

投资管理类投资者发行产品募集资金,对募集来的资金进行管理,通过管理费和业绩获取报酬。产品持有人通过"申购赎回—产品规模—管理人业绩"这一路径影响产品的发行以及管理人的市场投资行为。马天明(2008)研究显示无论在慢跌市还是快涨市,个人持有人都喜欢申购波动较大的基金,这说明他们希望通过波动大的基金来博取更高的收益。而那些由机构主导的基金,尽管在表现一般的年份,机构依然继续保持较高的持有比例,显示出机构在选择基金时眼光更为长远,愿意给予其更长时期的业绩考察。个人及家庭投资者和机构投资者不同的行为表现会对管理人的投资行为产生影响,进而影响市场。

我们统计了2006~2015年存续的股票型和混合偏股型开放式基金持有人结构,结果显示我国基金以个人及家庭持有人为主,占据70%左右比例,机构投资者比例2007年相比2006年大幅下降,这是2007年股市暴跌所带来的冲击性影响,之后总体来看机构持有人比例在逐步扩大。

首先,在公募基金持有人中,持有经验在5年以上的持有人占比超过40%,说明我国的基金持有人大多数都为"老基民",但持有时间在2年以下的人占比有上升趋势,说明有更多的人开始持有基金。并且,30岁以下持有人账户占比明显上升,30~40岁和40~50岁持有人成为有效账户占比最大的人群。此结构与股票有效账户结构类似,都显示出了持有人年轻化的趋势。各年龄段持有人市值持有比例基本保持稳定,40~50岁人群是基金购买的主力,他们处在事业的稳定期,有一定的财富积累,是投资理财的主力人群。在此基础上,我们还进一步将各年龄段净值持有量除以有效账户数量,得到单位账户净值持有量,对比发现,单位账户净值持有量随年龄的上升而增长,且除了30岁以下人群以外,其余年龄段单位账户净值持有量都呈现上升趋势,60岁以上人群平均每个账户持有4.28元基金,是30岁以下人群的4倍。这表示年龄越大的持有人,越将基金购买作为一种长期投资而非小额投机的理财行为。

其次,从基金持有人的行为来看,超过半数的持有人持有单只基金的时间在半年到2年之间,持有时间超过5年的长期持有者占比仅有15%,并且持有时间小于1年的持有人比例不断上升,到2015年已达到45%,说明我国大部分基金持有人并没有将基金投资视作一项长期投资行为。统计 2015 年个人基金持有人盈亏情况,实现盈利的人数占到 68%,其中盈利 10% 以下的占比最多为 23.6%,盈利 10%~30% 和 30%~50% 的分别为 20% 和 16%,盈利大于 50% 的占 8.5%。可以看出基金持有人中的大多数实现了盈利,并且实现高盈利的人数(盈利高于 50%)远大于遭受大亏损的人数(亏损高于 50%)。

最后,我们从 Wind 数据中获取公募基金排名前十的持有人中机构持有人的份额数据,按照本书的统计口径进行归整发现:在公募基金的机构持有人中,保险类占据 50% 以上份额,投资管理类持有人(主要是 FOF、资管部门等)占据 20%~30% 份额,海外投资者和实体企业占比较小。可以看出,保险类是公募基金的主要机构持有人,进一步说明保险类投资者在股票市场中的重要作用。

从 2006 年开始,私募证券基金的市值持有占比不断增加,由于私募证券基金相较于公募基金更加追求收益,从而也承受了更多的风险,满足了持有人对收益和风险的高追求,这是我国私募基金加速发展的必然结果。2014 年,证监会公布《私募投资基金监督管理暂行办法》,明确规定私募基金的投资者投资于单只私募基金的金额不能低于 100 万元,投资者的个人净资产和金融资产分别不低于 1000 万元和 300 万元,且个人的最近三年平均年收入不低于 50 万元。所以私募证券投资基金针对的主要是高净值人群和机构投资者。私募投资基金的个人及家庭持有人比例略高于机构持有人比例,按照我们的统计口径将机构持有人进一步细分,投资管理类投资者占据机构投资者近 80% 的比例,实体企业占据剩余 20% 比例,保险类投资者在私募证券基金的持有额接近于零,这也体现出不同类型的投资者对风险态度的不同。

相较于公募证券投资基金,私募证券投资基金投资门槛更高,风险更大。私募基金中个人及家庭投资者比例低于公募基金。在机构投资者中,公募基金以保险类投资者为主,而私募基金中以投资管理类(主要为资管和集合理财计划等)为主,体现出不同投资者不同的风险特征。

4. 海外投资者

中国尚未实现货币的自由兑换和资本的自由流通,2003 年之前,海外投资者只能参与 B 股市场,并不被允许投资于 A 股市场。2001 年中国加入 WTO,经济全球化的同时也对资本市场的开放提出了新要求。2003 年 7 月,随着《合格境外机构投资者境内证券投资管理暂行办法》的出台,QFII 制度在中国正式开始实施,标志着中国资本市场的进一步开放。2011 年 12 月证券监督委员会等机构联合发布《基金管理公司、证券公司人民币合格境外机构投资者境内证券投资试点办法》，开始开展RQFII业务，促进人民币的国际化。QFII是一国在货币没有实现完全可自由兑换、资本项目尚未开放的情况下，有限度地引进外资、开放资本市场的一项过渡性的制度。这种制度要求外国投资者若要进入一国证券市场，必须符合一定的条件，得到该国有关部门的审批通过后汇入一定额度的外汇资金，并转换为当地货币，通过严格监管的专门账户投资当地证券市场。

自2003年QFII制度实施以来，海外投资者对于壮大我国机构投资者规模、增加长期资金来源、引入长期投资和价值投资理念、扩大资本市场对外开放发挥了积极作用。QFII累计获批额度和投资机构稳步增长，截至2015年末，国家外汇管理局共批准469家QFII机构（含追加、调减额度机构），累计获批投资额度增至810.98亿美元，当年新增141.75亿美元。从机构类型来看，获批额度位居前30的机构主要集中于基金管理机构、证券公司和银行，养老基金、慈善基金会、捐赠基金、信托公司、政府投资管理公司等机构获批额度则相对较少。

2013年3月6日，中国证监会发布《人民币合格境外机构投资者境内证券投资试点办法》和《关于实施〈人民币合格境外机构投资者境内证券投资试点办法〉的规定》，明确境内商业银行、保险公司等香港子公司或注册地以及主要经营地在中国香港的金融机构可参与人民币合格境外机构投资者（RQFII）试点，并放宽了对RQFII的资产配置限制，允许机构根据市场情况自行决定产品类型。同年7月，中国证监会、中国人民银行及国家外汇管理局决定将RQFII试点在新加坡（500亿元额度）、伦敦（800亿元额度）等地进一步拓展，为推动人民币离岸市场发展、扩大资本市场对外开放注入了新的活力。截至2015年末，国家外汇管理局共批准233家RQFII机构（含追加、调减额度机构），累计投资额度增至4443亿元人民币，当年新增1446亿元。数据显示，在各类RQFII机构中，基金系和证券公司RQFII机构成为主力，共占据54%的比例。除了中资和香港本土机构以外，RQFII也开始向欧洲和北美发展。

此外，图5-4显示了我国二板市场的投资者结构，从中可以看到，二板市场以个人及家庭投资者为主，2004年以来波动下降，现稳定在60%的水平。政府占比有所提高，达到20%。在机构投资者中，保险类投资者在二板市场占比只有1%左右，远小于其在主板市场的占比。二板市场企业成熟度较低，风险较大，作为以安全性为重要目标的保险类投资者其在二板市场的配置必然低于主板市场。在保险类投资者中，社保基金为主要投资者；保险公司的占比波动较大，与市场行情有较强的联系；企业年金占比一直较小。投资管理类投资者在二板市场的占比与主板市场有同样的变化趋势，先增加后波动下降，目前占比约为10%，高于其在主板市场的占比。二板市场以成长性企业为主，增长潜力大，对以增值为主要目的的投资管理类投资者来说是重要的资产配置市场。投资管理类投资者以证券投资基金为主，其中私募基金占比逐步增加。私募基金追求绝对收益，风险承受能力较高，与二板市场的高收益、高风险的市场特征较为匹配，所以私募基金在二板市场中的配置逐渐增大，影响力相应提升。

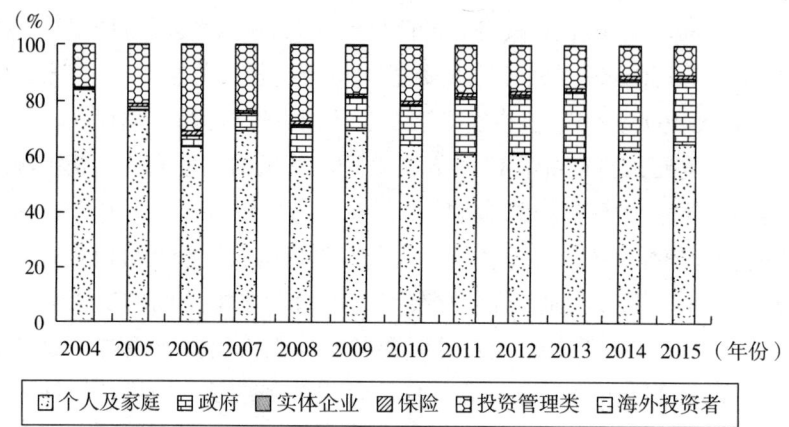

图 5-4 二板市场投资者结构

二、中国三板市场投资者结构

新三板由于流动性的缺乏每日成交额仅有几亿元，故我们通过其定增数据侧面研究新三板投资者结构。新三板定增对象以个人及家庭投资者、一般法人和投资管理类投资者为主。首先是一般法人占比最大，约为 50%；其次是个人及家庭投资者，占比约为 25%，投资管理类投资者约占 20%。

1. 个人家庭投资者

2016 年，共有 2675 家企业实行定增，募集资金 1483.03 亿元，个人及家庭投资者共认购 21411 人次，出资 369.16 亿元，占募资总额的 25%。与 2015 年相比，个人及家庭投资者的认购人次下降 1669 人次，其出资总额在募资总额中的占比也下降了 3 个百分点。与 2015 年相比，个人及家庭投资者的活跃度有所下降。其中，931 次定增资金全部来自于个人投资者，有 154 次全部来自于外部个人投资者，占比为5.7%，比2015年高三个百分点。2016年个人投资者平均每人认购金额达172.42万元，比2015年增加13.4%，外部个人投资者平均每人认购金额达430.62万元，比2015年增加60%，由此看出，个人投资者尤其是外部个人投资者的投资策略正在改变，由之前的广撒网、少投入变成了精挑选、重投资。在参与定增的个人投资者中，30~40岁的投资者人数占比最大，达36.7%，40~50岁投资者人数占比次之，为34.2%，可见30~50岁的个人投资者为投资主力。在配售金额方面，40~50岁投资者是绝对主力，占到出资额的46%，40岁以上投资者出资比例均大于人数比例，可见单位个人出资金额随年龄而增长。从成本和收益角度来看，40岁以上人群平均投入远高于40岁以下人群，30岁以下个人投资者人均浮盈为-2.5万元，60岁以上人群人均浮盈284.86万元，收益率为56.52%，远高于其他年龄段投资者，投资收益与年龄也呈现正相关的趋势。在参与定增的个人投资者中，本科学历的投资者人数占比最大，达41.6%，大专学历投资者人数占比次之，为19.2%，可见本科学历的个人投资者为投资主力。在配售金额方面，本科学历投资者仍是绝对主力，占到出资额的41.4%，本科学历以上投资者出资比例均大于人数比例，可见单位个人出资金额随学历的提升而增长。并且，本科学历和高中学历收益率最高，达到85%的水平，其余学历投资者收益率在25%~40%，高中学历投资者之所以能取得这么高的收益，很可能因为其中很多人是公司控制人、控股股东或者高管、关联方，这类人占到高中学历投资者总数的87%，他们通过低价定增的方式认购自家公司的股份，从而实现财富的增值。所以总体来看，收益率与学历程度有一定程度上的相关性。

2. 投资管理类投资者

自新三板自成立以来，投资管理类投资者种类不断丰富，现已有PE、VC、券商、信托、阳光私募等多类投资者，其在新三板企业定增中出资占比约为20%，扮演重要角色。在投资管理类投资者中，PE、VC占比极大。新三板是小微企业的孵化器，企业发展不成熟，风险较高，PE、VC的参与在为企业提供资金的同时也带来了技术和资源，对企业的进一步成熟壮大大有益处。

三、中国四板市场投资者结构

自2008年以来，为了破解中小企业融资难的问题，各地陆续成立了一批区域性股权交易市场，即多层次资本市场中的四板市场。据Wind统计，截至

2016，我国共设立区域性股权交易市场37家，绝大多数为省级股权交易中心，挂牌股份公司累计近55679家。统计显示，绝大多数市场上挂牌企业的数量在1000家以下，占比超过半数。前海股权交易中心挂牌企业数量位列第一，达到10183家。上海股权托管交易中心以9680家挂牌企业紧随其后。位列第三的是浙江股权交易中心，为3522家。为了避免投资者购买超出自己风险承受能力的产品，也为了市场的稳定，四板市场建立了合格投资者制度，对个人投资者提出了50万元金融资产的限定。

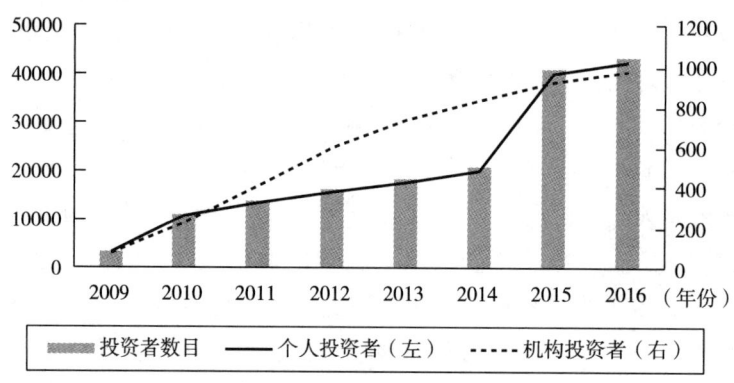

图5-5　天交所投资者结构

天津股权交易中心是天津滨海新区综合配套改革和金融改革创新的重要平台之一，2008年9月在天津滨海新区注册营业。从图5-5中可以看到，截至2016年，天交所共有挂牌企业967家，43327家合格投资者，其中机构投资者969家，个人及家庭投资者42358家，投资者数目稳定增加。天交所每年交易量和交易金额呈现先上升后下降的趋势，2012年成交量为5.56亿股，成交金额为11.81亿元，2016年成交量和成交金额分别下降至3.77亿股和6.64亿元。投资者人均成交量和成交金额也表现出相同的趋势，说明投资者的活跃度有所下降，四板市场已逐渐开始冷却。

四、从私募股权市场看其他部分市场投资者结构

我国其他部分市场发展还不成熟，研究数据并不完善，但私募股权投资是其他部分市场重要的组成部分，也是近些年蓬勃发展的部分，按照私募通的统计口径，将私募股权投资市场投资者以本书的投资者标准进行分类，政府包括政府引导基金、主权财富基金和政府拨款；实体企业包含上市和非上市公司；保险包括保险机构、养老金、大学基金和捐赠金等；投资管理类包括PE/VC机构、资产管理机构、银行、信托、FOF等。随着高净值人群的扩大，富有的个人及家庭成为一级市场的重要投资者，在清科研究中心收录的16849家LP中，个人及家庭LP数量达到8356家，占投资者总量的50%，虽然其人数较多，但由于投资规模较小（一般都低于1亿元），其出资总额占比较低只有2.5%。而我国私募股权投资市场的保险类投资者则以海外资本为主，保险类投资者以1%的投资人数占到了22%的出资金额，足可见其资金的雄厚。

1. 个人或家庭投资者

高净值个人依然为投资管理类机构募资最主要的资金来源，其占比为19.7%，然而随着我国机构投资者数量的不断扩大，参与到VC/PE基金募集中的机构投资者占比也在不断上升，尤其是大量设立于2015年的国家级和省市级政府引导基金在2016年开始进入投资期，成为VC/PE机构重要的资金来源之一。调研显示，政府引导基金已经成为投资机构募资计划的重要来源，占比达到18.9%，仅次于高净值个人。此外，上市公司、FOF和民营企业居于其后，占比分别为17.1%、15.0%以及12.1%。紧随其后的是国有企业和保险，占比分别为9.2%和2.1%。而由于我国私募股权投资市场起步较晚，市场发展初期一直以外币募集为主，2008年之前海外投资者资金量逐步增加。金融危机之后，全球经济遭受冲击，海外投资者在我国股权市场的投资资金也明显下降，波动于1000亿~1500亿元，我国本土资金在2012年超过海外投资者，差距逐步扩大，但海外投资者依靠其先进的管理理念和投资经验在我国股权投资市场上扮演重要角色。

2. 保险类投资者

进一步统计，在保险类投资者中，公共养老金占据了60%的出资比例，高于其他类型投资者的出资总和。虽然股权投资周期较长且收益存在不确定性，但是如果所投资企业的产品与服务具有较强竞争力，成长性得到市场认可，将会带来高额投资回报。这与养老金基金长期投资、价值投资的属性高度契合，因此，美国、英国、澳大利亚、新西兰等国家都将股权投资作为养老基金重要的配置资产类型，且允许投资于国外的风险投资市场。

在国内，社保基金于2005年获批开展境内实业投资，并于2008年正式获批投资发展改革委备案的股权投资基金，从项目与投资基金两个维度全面开展股权投资。2015年4月1日国务院总理李克强主持召开国务院常务会议,将基金直接股权投资的范围从中央管理企业的改制或改革试点项目,扩大到中央企业及其子公司,以及地方具有核心竞争力的行业龙头企业包括优质民营企业。2010年9月,中国保监会关于印发《保险资金投资股权暂行办法》的通知,允许保险公司投资未上市企业股权、股权投资基金等相关金融产品,但账面余额由两项合计不高于公司上季末总资产的5%。2012年7月,保监会发布《关于保险资金投资股权和不动产有关问题的通知》,将保险公司投资未上市企业股权、股权投资基金等相关金融产品的账面余额上调为10%。2014年12月,保监会发布《中国保监会关于保险资金投资创业投资基金有关事项的通知》,放开了保险资金对于创业投资基金的投资,比例不超过保险公司上季度末总资产的2%。2015年9月,保监会发布《关于设立保险私募基金有关事项的通知》,允许保险资金设立私募基金,范围包括成长基金、并购基金、新兴战略产业基金、夹层基金、不动产基金、创业投资基金和以上述基金为主要投资对象的母基金。投资比例遵循《中国保监会关于加强和改进保险资金运用比例监管的通知》的相关规定,一级市场和二级市场权益类投资总额合计不超过公司上季末总资产的30%。2014年9月,人力资源和社会保障部正式印发《人力资源和社会保障部关于企业年金基金股权和优先股投资试点的通知》,批准企业年金基金以专项型养老金产品形式投资中石化销售公司股权,标志着企业年金基金正式进入了股权投资领域。

3. 投资管理类投资者

在投资管理类投资者中,各种类型投资者出资比例较为均衡,FOF出资金额相对最大。FOF以基金为投资标的,通过持有基金而间接持有股票、债券、股权等资产,它是结合基金产品创新和销售渠道创新的基金新品种,在风险很高的股权投资市场可以极大地分散投资风险。

综上,我们从各层次市场出发研究了投资者情况,每一层次市场收益和风险不同,参与的投资者也不尽相同。主板市场最为成熟,市场监管到位,风险最小,机构投资者以证券基金和保险等为主;二板市场次之,私募基金在机构投资者中占比较大;三板、四板及其他市场流动性较低,公司成熟度低,风险较高,故机构投资者以PE、VC为主,不同风险的市场与不同风险偏好的投资者相匹配,共同组成我国的多层次资本市场。我们从投资者角度出发总结其在各层次市场的资金配比,更加清晰地展现投资者的投资风险偏好。由图5-6可以看出,个人投资者2016年在资本市场的直接投资资金达到28.3万亿元,其中19.3万亿元投资于主板市场，占总资金的68%，8.5万亿元投资于二板市场，占总资金的30%，其他部分市场投资仅占2%，说明个人投资者以风险较低的场内市场投资为主。保险类投资者2016年托管资金总额达17.1万亿元，但权益类投资仅约1万亿元，且主要集中在主板市场，说明保险类投资者投资态度谨慎，严格控制风险，仍有大量资金未进入权益市场，潜力巨大。在投资管理类投资者中，证券投资基金作为场内市场的主要机构投资者，在主板和二板市场共计投入1.2万亿元，占资金总量的13.4%，占比有所下降。近些年货币型证券投资基金增长迅速，股票型和偏股型基金规模明显萎缩，证券投资基金对股权资本市场的支持作用有所下降。股权投资基金以场外投资为主，投资范围广泛分布于新三板、四板及其他直接对接的项目，多层次资本市场的不断完善为股权投资基金提供了退出渠道，有助于股权投资基金的进一步发展壮大。虽然目前我国资本并未实现自由流通，但也逐步放松管制，为海外投资者提供投资机会。在我国场内市场中，海外投资者参与度有限，以QFII和RQFII为主，2016年投资约为100亿元。在其他部分市场投资中，监管限制相对较少，海外投资者参与度大大增强，2016年我国股权投资资金共计65910.19亿元，海外投资者持有41551.51亿元，占比达到63%，是股权投资的主要力量。我国产业转型升级离不开资本市场的大力支持，而保险类、证券投资基金等机构投资者以及海外投资者均有实力支持我国多层次资本市场的发展壮大。政策当局应适度引导这些资金进入资本市场，发挥市场"看不见的手"的力量，盘活资本市场资金，更好地支持我国产业转型升级。

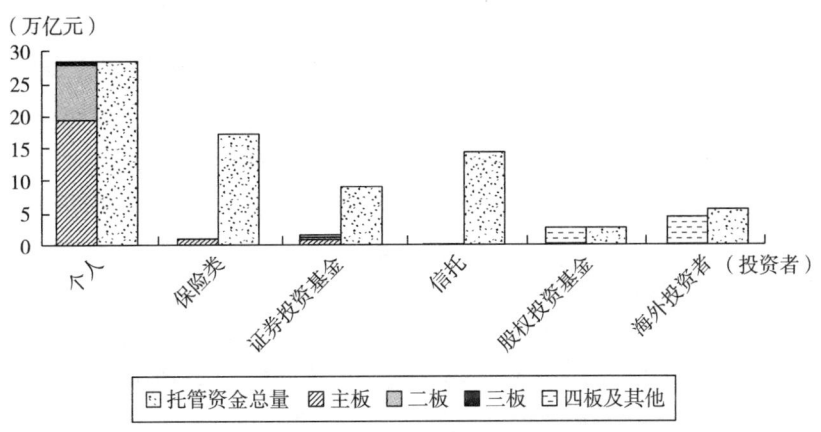

图5-6 多层次资本市场投资者资金分布

第三节 中外投资者结构对比

一、中外场内市场投资者结构对比

自21世纪以来,中美日三国市场规模表现出相同的变化趋势,表明随着经济全球化的发展,各国金融市场间的联系也越发紧密。美国拥有全球规模最大、最成熟的股票市场,远超排名第二的国家;中国股票市场发展迅猛,2014年超过日本,成为世界第二大股票市场,展现出巨大的活力。对比三国场内市场投资者市值持有结构,如图5-7所示,中国个人投资者占比最高,达到47%,日本占比最低仅为17.28%,在日本经济繁荣的20世纪70年代,日本个人投资者在股票市场的占比也曾一度高达40%,随着80年代经济增长的放缓,尤其是90年代房地产泡沫破裂之后,个人投资者投资回归理性,股市逐渐回归价值,个人投资者占比也稳定在20%的水平。美国和日本等成熟市场政府干预很少,因此,基本不持有股票,中国政府持股占比接近20%,主要用于调控稳定市场。自2009年开始,我国出台国有股减持政策,政府逐步减少对市场的干预,充分发挥市场"看不见的手"的调节作用,政府持股也将逐步下降。在实体企业持股方面,中国与日本情况较为类似。中日企业都采取法人制,公司之间出于战略合作和布局往往通过定向增发等方式持有其他公司股票,随着股权分置改革的进行,产业资本已经成为我国市场上不容忽视的力量。对于保险类投资者,我国远低于美国,与日本较为相近,表现为相对保守的投资态度。在投资管理类投资者上,美日成熟市场占比十分接近,约为25%。与之相比,我国投资管理类投资者占比明显不足,仅为6%。投资管理类投资者作为专业投资机构,在稳定市场、引导个人投资者方面具有重要作用,机构投资者的壮大是市场成熟的重要标志之一,故我国管理投资类投资者发展仍旧不足。美日为开放市场,海外投资者在市场中占有重要地位,但我国由于监管要求,海外投资者的参与十分有限。海外资本的进入有助于促进市场的公开透明化,向更加成熟的方向发展,同时也带来大量资金,为实体产业的发展注入新的活力。随着经济全球化的不断深入,我国市场应逐步增加海外投资者的参与度。

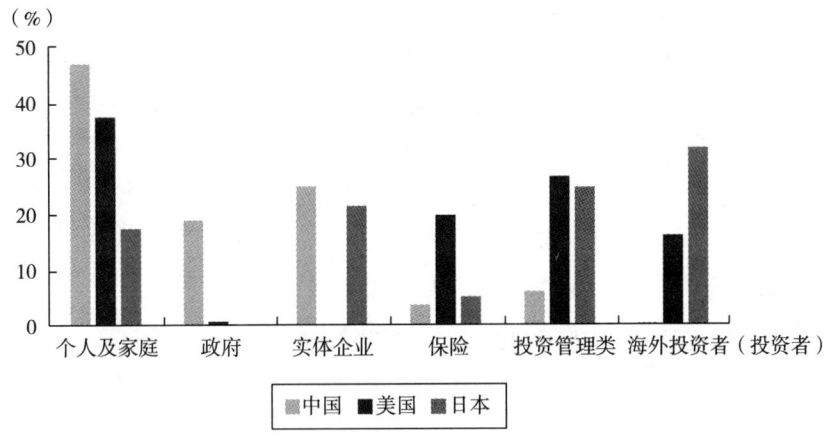

图 5-7 中美日场内市场投资者市值持有结构

1. 个人及家庭投资者对比

个人及家庭投资者作为终极投资者,其可以直接参与场内市场投资,也可以委托专业投资管理机构代为投资。个人及投资者由于专业知识的不足和精力限制,通过中介机构参与资本市场是优化社会资源和提升资金使用效率的有效途径。从场内市场的投资者结构来看,中美日三国的个人投资者场内市场直接持有比例依次递减。美国个人投资者在市场占比虽然低于中国,但由于其市场规模巨大,个人投资者持有的市值仍远大于中国投资者。2007 年的牛市带来了中国股票市场的繁荣,中国股市规模逐渐超越日本,个人投资者持有市值也已超越日本。

在间接投资方面,由于数据可获得性的限制,我们以中国的开放式基金和美国的共同基金为例,对比中美个人及家庭投资者间接持有股票的比例,从图 5-8 中个人及家庭投资者持有开放式基金/共同基金的份额乘以开放式基金/共同基金持有股票市值的比例:美国个人投资者通过共同基金间接持有股市比例较为稳定,保持在 15% 左右的水平。中国个人投资者通过共同基金间接持有股市比例从 2008 年的 18% 下降至 2015 年的 4.6%,低于美国近 10 个百分点,说明我国个人及家庭投资者间接持股的比例存在较大不足。

2. 保险类投资者对比

对比发达国家,我国保险规模仍旧很小,保险产业发展不足且保险业务对国民经济的覆盖程度较低。2016年我国保险总资产规模仅有123万亿元,占我国金融资产的6%,但总体表现出指数型增长趋势,增长速度较快,未来规模有望逐步扩大。与此同时,美国保险类投资者在场内市场中占有比例接近20%,日本也有约5%的保险机构投资者,而中国保险类资者占比分仅为3.5%。从的保险类投资者持有市值来看,美国保险类投资者遥遥领先,2015年时已有49203亿美元规模,而中国保险类投资者在场内市场的投资从无到有,发展迅速,并在2014年市值持有量达到2679亿美元,首次超过日本。日本保险类投资者场内市场市值持有量自2003年以来稳定在2500亿~3000亿美元的水平,长期处于占比较低的位置。

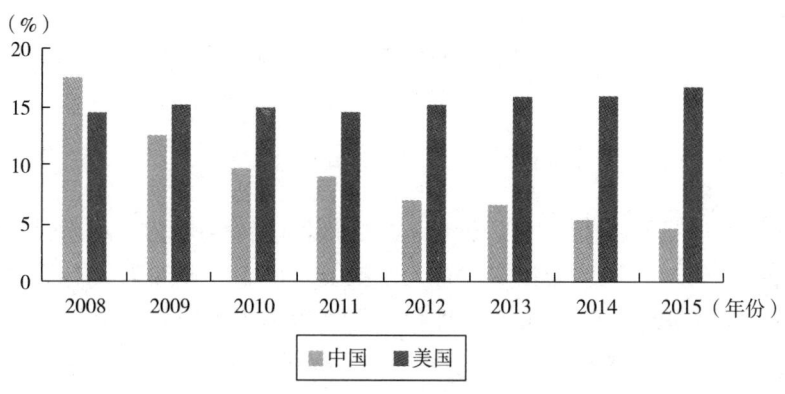

图5-8 中美个人及家庭投资者通过共同基金持有股票市值对比

对比三国保险资产的配置情况后可以发现,美国保险配置在场内市场的比例远高于其他两国,占比约为25%。中国股票配置占比略高于10%,日本股票配置占比不足10%,以上布局与各个国家的金融结构有关。美国的金融结构是市场主导型,资本市场在整个金融结构中有举足轻重的作用,美国保险公司主要投资于有价证券。但美国证券市场以债券为主,其保险投资也主要以债券为主,高峰时投资债券的比重接近70%。日本是以间接融资为主的国家,资本市场相对不发达,因此,保险公司投资于银行和信贷领域的比重较高,日本的保险公司投资股票和债券的比重均小于20%。中国政策当局出于对风险的控制,对保险配置于股票市场的比例设置了30%的天花板,高于美国保险在股票市场的配比,可以看出,政策当局对于保险在股票市场配置的限制作用已经解除。近些年虽然我国保险在场内市场的市值占比逐步升高,但其资产配置却仅有10%,远低于

30%的限制。我国保险资产配置超过30%的资产均为银行存款，可见通过保险资产的股权投资对支持我国经济转型产业升级还具有很大空间。

3. 投资管理类投资者对比

在投资管理类投资者方面，美国和日本等成熟证券市场的结构较为相近，投资管理类投资者在场内市场占比约为25%，对市场有强大的影响力。相比之下，中国投资管理类投资者仅占到市场的6%，发展相对不足。从市值持有量上来看，美国投资管理类投资者持有市值成波浪式上升趋势，日本投资管理类投资者市值持有相对稳定，中国投资管理类投资者市值持有在2007年之前显著上升，但在2007年之后市值萎缩，进一步证明投资管理类投资者在场内市场上发展不足。

具体从投资管理类投资者的内部结构来看（如图5-9所示），中国和美国均以投资基金为主，占比超过70%，而日本则以信托银行为主。日本信托银行有两种类型：一种原为银行根据《兼营法》兼营信托业务；另一种是信托公司为避免《证券交易法》不能从事证券业务的规定，转而申请成为银行后继续从事信托业务。因此，日本信托银行的经营范围可以分为银行业务和兼营业务，其中兼营业务主要指信托业务，其范围涵盖了企业年金、投资管理、信托贷款、证券管理、证券代理以及房地产信托等业务。对比三国投资管理类投资者结构发现，虽然中国投资管理类投资者市值持有较为不足，但其结构与美国较为相似，投资基金通过发放产品、公开募集、专业化投资，成为场内市场影响力最大的机构投资者。日本的信托银行更具有银行色彩，反映日本以间接金融为主的金融体系特点。

美国和中国投资管理类投资者分别以共同基金和开放式基金为主，虽然两者均以个人投资者为主，但中国开放式基金中个人投资者占比接近80%，美国这一比例近20年不断下降，目前略高于60%，对比美国我国开放式基金中个人投资者占比偏高。在机构投资者中，两者皆以保险类投资者为主，但美国保险类投资者占比接近30%，这一比例在我国仅为12%，不足美国的1/2。由此说明，我国投资管理类投资者结构与美国大体相似，但其中机构投资者占比不足，尤其是保险类投资者通过投资管理类这一中介对市场的支持作用明显不足。

继续对比中美两国个人投资者持有基金净值的年龄分布情况后发现，我国40岁以下低年龄段投资者占比表现出上升趋势，50岁以上高年龄段投资者有所下降，基金的个人投资者表现出低龄化趋势。而美国近20年44岁（统计口径不一导致年龄划分存在差异）以下低年龄段的投资者占比不断减小，同时55岁以上高年龄段的投资者占比不断上升，个人投资者表现出老龄化趋势。形成以上差异的原因主要在于：在美国这样发展成熟的市场，共同基金与养老金计划一样具有长期稳定增值的特点，符合养老投资的要求。个人及家庭投资者对养老问题的重视促使他们增加了投资管理类的投资，推动了共同基金等投资管理类投资者的发展。在中国，资本市场和基金业发展均不成熟，价格波动大，不具有长期稳定增值的特点，并不能满足个人投资者养老投资的需求。

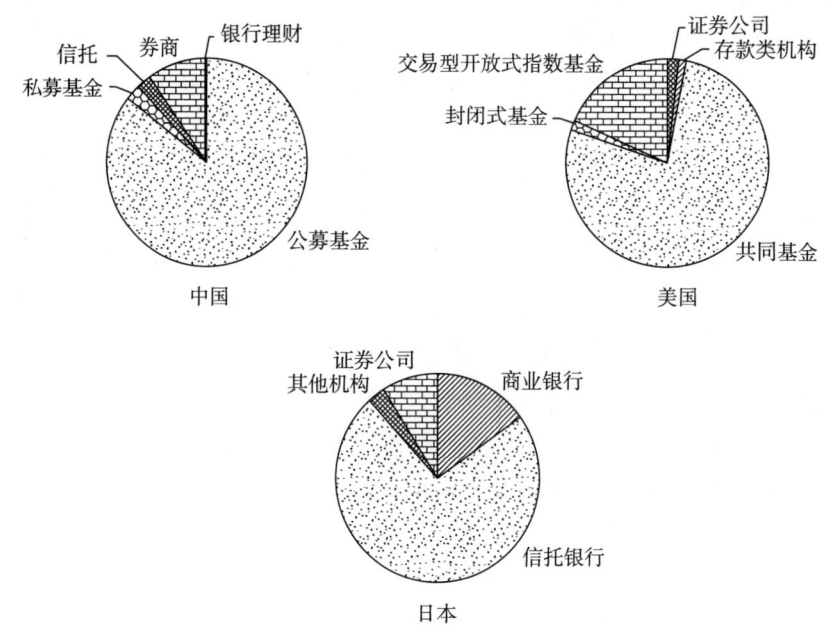

图 5-9　中美日投资管理类投资者结构对比

4. 海外投资者对比

与资本自由流动的制度安排相对应，美国和日本的证券市场也高度对外开放，其中，美国场内市场外国投资者占比约为16%，日本场内市场外国投资者占比接近32%。虽然外国投资者在美国和日本股票市场中均占有重要地位，但两国海外投资者表现出截然不同的发展过程。美国证券市场从成立之初就有外国投资者的影子。19世纪初，随着各州对企业执照发放的放松和股份制银行数量的增加，美国股票发行快速增加，其中有相当数量的股票流到国外，在欧洲大陆的市场挂牌、交易。外国投资者在美国股票市场的发展之初就积极地参与。在第一次世界大战前，美国证券遭遇大量抛售，证券市场一度陷入停业状态，从国外流回的证券促使纽约兴起了地下证券市场交易，表明自20世纪以来，西方各国的经济交往促进了金融资本的流通，美国证券市场与国外的联系也逐渐紧密起来。自21世纪以来，随着经济全球化的推进，中国等新兴国家的投资者逐渐走上世界舞台，美国场内市场中外国投资者占比进一步上升，现稳定在16%的水平。美国作为一个开放成熟的市场，外国上市公司、外国投资者均在其中扮演着重要角色。

与美国不同，外国投资者并非在日本证券市场成立之初就参与进来，而是逐渐进入。20世纪80年代后期，随着对外国投资者参与日本证券市场和本国居民对外投资的双重放开，日本证券市场加快了国际化脚步，其在国际金融市场中的作用也日益提高。日本证券市场在对外国投资者完全开放之前，进行了一系列的准备工作。从20世纪60年代开始，由于经常项目顺差的增长，日本放松了对外投资的限制，投资于国外证券的资金额增加。1970年、1971年、1980年相继批准投资信托、人寿保险公司和普通公民、人寿保险公司和邮政储蓄系统参与海外证券投资。1972年日本证券的海外分公司开始为外国投资者订购日本股票，同年日本实施"关于外国证券公司法"，梅里尔、林奈公司作为第一家外国证券公司获准在日本开业。1973年日本允许外国股票在TSE上市，1989年允许不在TSE上市的外国企业按照日本证券交易协会（JSDA）的规定在日本发行股票。1980年日本外汇控制法放松，外国投资者基本可以自由投资日本股票，1984年日本放松了外国投资者对敏感性行业的投资限制，日本股票市场实现国际化。

二、中外其他市场投资者结构对比

考虑到数据的可获得性，我们以中国和美国私募股权市场为例进行比较分析。首先，我国私募股权市场的新增投资总额与美国相比仍处于较低的水平，2011年我国私募股权市场的新增投资总额达到了美国同期的75%，为2010~2015年的最高比例。虽然2015年我国新增投资总额达到最高值872.36亿美元，但是仍然仅为美国同期的60.4%，可见我国每年的私募股权市场新增投资总额仍然显著低于美国同期水平。但若考虑到2015年我国GDP仅为美国GDP的64%，则我国私募股权投资市场新增投资总额相对来说已属于正常水准。

按照是否拥有资产配置决策权的统计口径，我们对私募股权投资市场的投资者进行划分，其中实体企业类投资者主要为上市公司和非上市公司，保险类投资者主要为养老基金、企业年金和保险公司，投资管理类投资者主要为 PE/VC 机构和银行等金融机构。如图 5-10 所示，中国的政府投资者占比远高于美国，这与中国的政府及其成立的政府引导基金致力于推动私募股权市场的发展有关。中国的实体企业投资者的占比远高于美国，这与近些年产业投资基金的成立热潮有关。2014 年新"国九条"明确构建多层次资本市场，鼓励大力发展私募行业，实体企业通过自身成立产业投资基金或者参与到其他产业投资基金中去，成为产业链上的整合型企业。中国的投资管理类投资者的占比略低于美国，两者之间的差距并不明显。投资管理类投资者中各种类型投资者占比都较为均衡，私募股权投资母基金（PE FOF）正逐渐成为投资管理类投资者的中坚力量。私募股权投资母基金为投资者管理资金并选择 PE 基金进行投资，通过选择不同的 PE 基金和项目以覆盖不同的行业、地域和投资团队，帮助中小投资人有效分散私募股权市场的投资风险。

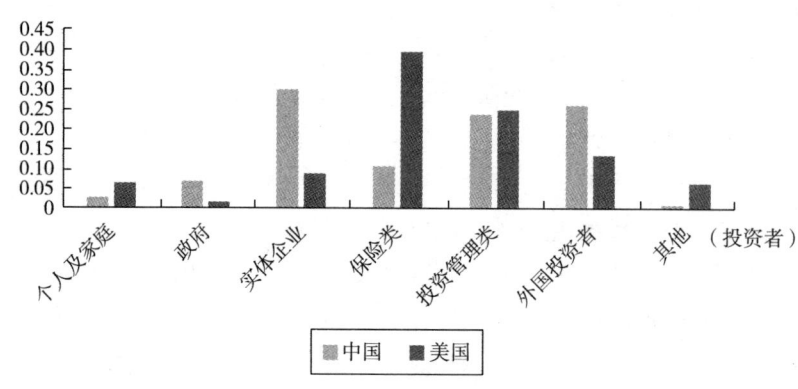

图 5-10　中国和美国私募股权投资市场的投资者结构
资料来源：私募通、《美国私募基金统计报告（2015）》。

1. 个人及家庭投资者对比

私募股权市场的个人及家庭投资者往往属于比较富裕的家庭，有足够的资金来投资于股权私募市场。《世界财富报告》调查显示，尽管中国高净值人口的同比增速接近 20%，增速为全球第一，但从数量上来看，美国、日本、德国等发达国家拥有更多高净值人群，其中美国高净值人口数量是中国的 4 倍，因此，美国私募股权市场会拥有更多数量的高净值人群组成的个人及家庭投资者。与此同时，美国高净值人群在私募股权市场的资产配置占比远高于中国的高净值人群。

不仅如此，美国高净值人群在金融投资产品（主要为股票、债券及基金）的资产配置占比也高于中国，这在一定程度上说明了美国高净值人群的风险承受能力强于中国高净值人群，他们更愿意为高收益而承受相应的风险。而中国高净值人群在储蓄存款和不动产投资方面的资产配置占比高于美国，这也在一定程度上反映了中国高净值人群的风险承受能力低于美国。

2. 保险类投资者对比

参与私募股权市场的保险类投资者主要为养老基金。保险类投资者除了固定支出以及留作流动资金以外的其余资金为了保值增值一般都会投资于中长期的金融产品中。保险类投资者通常将一小部分资金投资到私募股权市场，既可以实现投资分散化，不会对其总体风险产生太大影响，又可以获得相对较高的收益，还能够最大程度发挥保险类资金长期投资的优势，为实体经济的发展提供资金支持。此外，保险集团具有雄厚实力，在国际金融业中扮演着重要角色。在全球最大的10家金融企业中，有6家是保险企业，保险公司控股银行在发达国家司空见惯。据统计，2013年《财富》杂志公布的世界500强中，共有金融企业111家，其中银行54家，占49%；保险公司51家，占46%；多元化金融公司6家，占5%。500强公司数量最多的美国，其上榜公司所属行业最多的也是保险业，共有19家公司上榜。

通过对比我们发现，中国和美国的私募股权投资市场的保险类投资者中养老基金占比均远高于保险公司和企业年金。在中国的保险类投资者中，养老金在私募股权市场中的占比为6%，而美国保险类投资者中的养老金占比约为30%。2005年中国社保基金获批开展境内实业投资，并于2008年成立股权投资基金进入到私募股权市场，从项目与投资基金两个维度全面开展股权投资，因此，我国的社保基金在私募股权市场的投资还处于成长阶段。虽然美国养老金参与私募股权投资早期也受到政府相关法规的限制，但到了20世纪70年代末，美国政府修改法规允许养老基金进入私募股权市场投资，不仅有效地促进了美国的创新创业、企业公司治理的提升和价值发现，也为养老基金提高收益提供了重要的手段，使养老基金成为私募股权市场的重要投资主体。2015年中国的保险公司才被允许成立私募基金进入私募股权市场，因此，保险公司在私募股权市场的占比并不高，仅为1%左右。虽然美国保险公司参与私募股权市场由来已久，在政策上也被允许配置私募基金，但其在私募基金中的配置仅占3.9%。况且，中国的主要保险公司自身投资能力就比较强，配置私募基金需求不是十分强，因此，养老基金才是未来私募股权市场的重要力量。此外，私募股权市场一般为长期投资，流动性较差，但是美国发达的资本市场为其提供了较为完善的退出渠道，增强了私募股权投资的流动性，一定程度上降低了私募股权投资的风险。因此，我国应日益完善多层次资本市场，为私募股权投资等提供完善的退出渠道，并在政策上面做好设计，为养老基金和企业年金投入私募基金做好政策准备，引导养老基金等保险类投资者成为私募股权市场的重要组成部分。

3. 海外投资者对比

从中美外国投资者比较中可以看出，中国私募股权市场的外国投资者占比远高于美国，这与中国私募股权市场中外国投资者的进入历程有关。美国私募股权市场经过几十年的发展，目前已经处于成熟阶段，其外国投资者的占比也趋于稳定，而中国私募股权市场正处于发展阶段，部分国内投资者还未被允许或者近几年才被允许进入私募股权市场，尤其在市场发展初期，国内资金并未大规模进入市场，外国投资者一直占据主体地位。同时在场内市场对外国投资者严格监管限制的情况下，外国投资者可以通过私募股权市场进入到我国的股权市场，对我国的部分优质的企业和项目进行早期投资来获得高额收益。

1992年起，以IDG资本为代表的国外私募股权投资基金开始进入中国市场。在私募股权市场发展的初期阶段，国内投资者对股权投资认识有限，参与投资的动力和热情不足，同时政策环境不健全和企业股权结构不合理也制约了市场的发展。2002年《指导外商投资方向规定》和《外商投资产业指导目录》，吸引及利用外资政策步上新台阶；2004年，美国新桥资本从深圳市政府手中收购深圳发展银行17.89%的股权，这是我国第一起最典型的私募股权案例，也是国际并购基金在我国的第一起重大案例；2005年，《国家外汇管理局关于境内居民通过境外特殊目的公司融资及返程投资外汇管理有关问题的通知》（简称"75号文"），开启外资通过私募股权市场投资境外注册中国企业以及海外红筹上市的大门，股权投资政策环境逐步完善。在此环境下，中国私募股权市场开始进入蓬勃发展阶段。截至2005年末，活跃于中国境内的私募股权投资机构增至500家，其中主要领导者仍以外资机构为主，包括红杉资本、IDG资本、现赛富亚洲的前身软银亚洲以及凯鹏华盈中国基金等；与此同时，随着政策环境的完善，包括深创投、深圳达晨创业投资有限公司以及联想投资等机构在内的一批本土机构也开始崭露头角。然而，从上述本土机构可以看出这一阶段的机构资金来源仍以国家及地方政府财政或国有企业为主，民间资本参与股权投资积极性不足。

2006年颁布的《关于外国投资者并购境内企业的规定》(简称"10号文"),对境内企业以红筹方式在海外上市设下了限制,外资机构境外退出受阻,加之2008年全球金融危机爆发,境外资本市场表现低迷,外资机构募资、投资及退出活动均受重创,而本土机构则在国民经济稳步增长的宏观经济环境下迅猛发展。随着市场的逐步发展,国外先进的制度和管理理念逐步引入,我国私募股权市场的制度建设日渐完善,本土机构投资者群体随着政策的放开进一步扩容,且在高投资回报的吸引下,民间资本参与股权投资热情高涨,中国私募股权市场开始进入高速发展阶段。如图5-11所示,2008年以后人民币基金募集数量开始超过外币基金募集数量,2012年人民币基金募集金额和数量都开始超过外币,两者差距才逐步扩大。因此,外国投资者在我国私募股权市场的占比与其进入我国私募股权市场的历程有关。

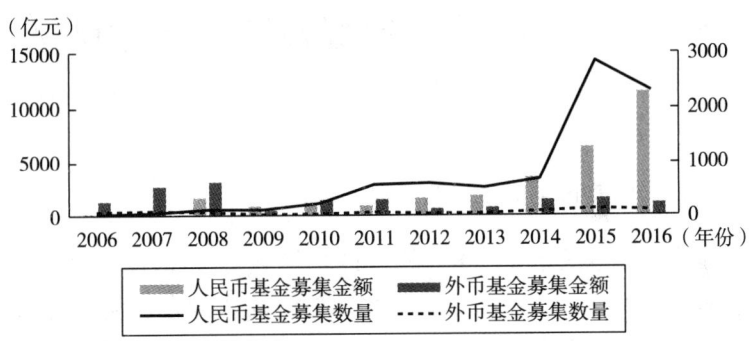

图5-11 私募股权投资市场募资情况

资料来源:私募通。

第六章 中国多层次资本市场投资者结构问题分析

第一节 场内资本市场投资者结构问题

一、场内二级股票市场资金供给不足

一方面资产价格取决于资产本身的"内在价值",另一方面取决于资本市场上投资者的投资情绪和总体资金供给规模。资产的"内在价值"可以按照未来的预期现金流贴现进行确定,是一个相对稳定的值,而投资者情绪以及市场整体资金供给规模会受到多种因素的影响,而且对资产价格相对"内在价值"的偏离会产生明显的作用。从表面上来看,资本市场上资金供给较多时,市场上资产的定价较高的可能性就更大;相反,如果资本市场上资金供给较少,即使是内在价值很高的资产,其定价也很可能低于其实际价值。在更深的层次上,资金供给规模是由宏观条件和资本市场微观条件所决定的,在宏观条件一定的情况下,如果某个层次的资本市场运行状况不佳,投资者就有撤出资金转向运行状况更好的市场的动力,这将进一步导致该层次资本市场资金匮乏,使资产价格有进一步下跌的压力。这种正反馈机制会导致资本市场出现结构性扭曲,某些层次资本市场的价格扭曲最终会导致整个资本市场的运行出现问题。

对于当前中国资本市场来说,以 PE、VC 为投资主体的场外市场运行状况好于以个人投资者以及公募、私募证券投资基金为主的一/二板场内股票市场,因此,资金有更强的向场外市场流动的动力,一/二板场内股票市场资金供给相对不足，经常性出现流动性问题，市场价格波动剧烈，影响场内股票市场正常的运行，进一步影响一/二板场内股票市场 IPO 融资和再融资对实体经济的金融支持作用。

在当前中国经济转型升级的关键时期，科技创新型企业及项目的投资风险较大、盈利模式并不清晰，传统的银行体系无法满足经济转型升级的融资需求，以一板（沪深证交所主板）、二板（中小板和创业板）、三板（新三板）以及四板（省级股权交易中心）等为主体的多层次资本市场在经济转型过程中的意义越发重要。而在多层次资本市场内部，沪深证交所主板和中小板、创业板场内二级股票市场是多层次资本市场的最终出口，一/二板场内二级股票市场充足的流动性为上市公司提供便捷的融资渠道，也为更低层次市场上的投资者提供与高风险相匹配的高回报，在中国经济转型升级的大背景下，维持多层次资本市场高效运转的一/二板场内二级股票市场的资金稳定性越发重要，研究场内二级股票市场资金供给不足的内在原因对完善健全一/二板场内二级股票市场制度建设、更好地支持实体经济转型具有重要意义。

1. 多层次资本市场资金供给规模不足以支持经济转型升级

中国当前处于经济转型升级的关键时期，以新技术、新模式为代表的新型经济体系具有较大的转型风险和较高的风险研判难度。以银行为主体的传统金融体系在为新经济提供融资支持时面临很大困难，银行体系难以承担过高的投资风险，也不具备识别、度量、控制相应风险的能力；多层次资本市场能够更灵活地配置资金，实现更合理的风险与收益的匹配，对经济转型升级的重要意义越发凸显。

在多层次资本市场上，一/二板场内二级股票市场是流动性最强的市场层次，新三板市场和 Pre–IPO 市场流动性较差，更低级别的市场层次流动性更差，相应的预期收益率也更高。股权在各层次资本市场之间可以实现流动，优质公司和项目可以从低层次市场向上层转板，为投资者兑现收益，同时获得更大的融资便利性。因此，最高层次的一/二板场内二级股票市场的资金规模对整体多层次资本市场流动性有着最为关键的领导性作用，活跃的一/二板场内二级股票市场能够带动一级市场和更低级别层次的市场高效运转，而一/二板场内二级股票市场资金供给不足将导致低层次资本市场收益率下降，进而影响低层次资本市场投资者的投资热情，使得整个多层次资本市场运转效率下降。

我国沪深证交所主板和中小创业板场内二级股票市场自诞生始，在长达二十多年的发展过程中常常表现出所谓的"资金供给不足"问题。政府监管部门为支撑市场稳定股价,经常采用暂停 IPO 的行政干预手段,以防止新上市的股票分流资金。常常暂停 IPO 的政策从表面上反映出我国一/二板场内二级股票市场资金供给不足的运行态势,自 2000 年起,我国一/二板场内二级股票市场共计暂停 6 次 IPO。暂停 IPO 使得优秀的公司和项目无法通过二级股票市场上市融资,也会影响 Pre – IPO 以及更早期的投资者的投资收益,进而降低投资者的投资意愿,使得经济转型升级过程中高新技术项目面临重大融资瓶颈,严重迟滞了中国经济的转型升级。

2. 多层次资本市场中,主要是场内二级股票市场资金供给不足

中国资本市场资金供给不足,影响了中国经济转型升级的融资效率,为准确定位症结所在,需要确定具体哪个或者哪几个层次的市场存在资金供给问题。我们针对最主要的两个市场层次——一/二板场内二级股票市场和一级市场进行研究,确定哪个市场层次存在资金供给问题。

(1)一/二板场内二级股票市场资金供给不足的横向比较。虽然在中国的一/二板场内二级股票市场上个人投资者的比例一直较高,但对于资本市场有长期促进作用的主要是机构投资者,因而我们主要的研究对象是机构投资者。考虑到公募基金的数据较易获得且其投资水平、投资理念有极强的代表性,我们主要聚焦于对公募基金的研究。

将我国的公募基金与美国的共同基金相对比可以看到(如图 6 – 1 所示),在绝对数值上我国的证券投资基金规模远远落后于美国的共同基金,2015 年,美国的共同基金净值规模约为中国的 13 倍。

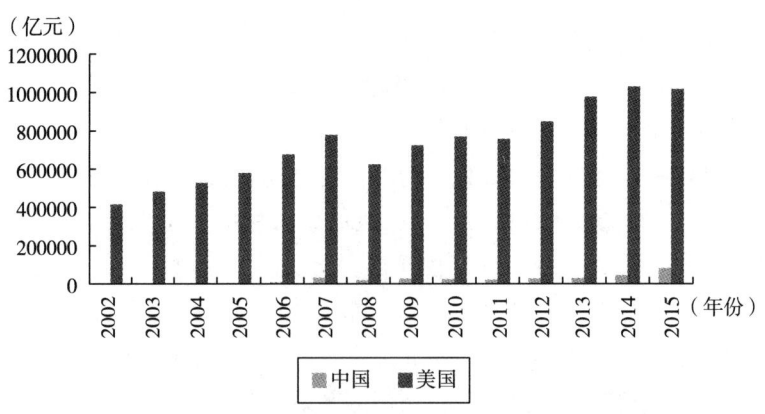

图 6 – 1　我国证券投资基金与美国共同基金的净值规模

从相对数值上来看，将基金的规模分别与其对应的国民生产总值进行比较可以看到，美国的共同基金占国民生产总值比例一直都处在一个较高的水平（高于50%），除了2008年受金融危机影响共同基金规模大幅下跌以外，这个比例始终稳步上升，金融危机之后更是迅速调整，近年来达到了GDP的90%。与之相对应中国的证券投资基金占国民生产总值的比例却十分低，随着牛市的到来，2007年该比例首次超过了10%，然而2008年随着金融危机的爆发，该比例迅速下滑至6%，此后2008～2014年，该比例一直在5%左右波动，并没有实质性的变化，直到2014年末和2015年非理性牛市的爆发，才重新刺激了基金规模的爆发，基金规模占GDP比例上升至12%。

美国的股票相关共同基金占国民生产总值比例一直都高于30%，金融危机之后同样是迅速调整，近年来甚至占到了GDP的50%以上。而中国的股票相关基金占国民生产总值比例仅有2007年超过了10%，而2008年金融危机的爆发之后至2014年，该比例一直很低，且有逐年下滑的趋势。相比较而言，中国一/二板场内二级股票市场机构投资者的绝对规模和相对规模都明显不足。机构投资者是一/二板场内二级股票市场上最稳定的资金供给方，其规模不足显著影响了我国一/二板场内二级股票市场的资金稳定性，一/二板场内二级股票市场的资金供给随市场行情波动变化剧烈，不能充分发挥一/二板场内二级股票市场对实体经济转型升级提供稳定融资的作用，也影响了整个多层次资本市场的资金稳定性和对创新型企业和项目的融资支持能力。

（2）一/二板场内二级股票市场资金供给不足的纵向比较。从我国基金行业的发展来看，基金行业经过了一段时间的快速增长期，但是由于投资回报不及预期、其他投资渠道蓬勃发展等原因，个人投资者对认购基金的意愿越来越低，基金业发展进入相对的瓶颈期。

剔除债券型和货币型基金，对股票相关基金的发行规模进行分析可以看到，2007年前基金每年发行规模呈上升趋势，而2008年金融危机后，股票相关基金发行规模则一直停滞不前，直到2015年新一轮牛市到来才重新爆发（如图6－2所示）。股票相关基金平均发行规模走势和全体基金平均发行规模相似，抛开牛熊市的影响以外，整体呈下降趋势，并曾一度降至10亿份，平均每只基金的发行规模的不断下降说明市场对基金的认购热情越来越低，进一步影响基金整体规模，也影响了以基金为代表的机构投资者在一/二板场内二级股票市场上的整体规模占比。

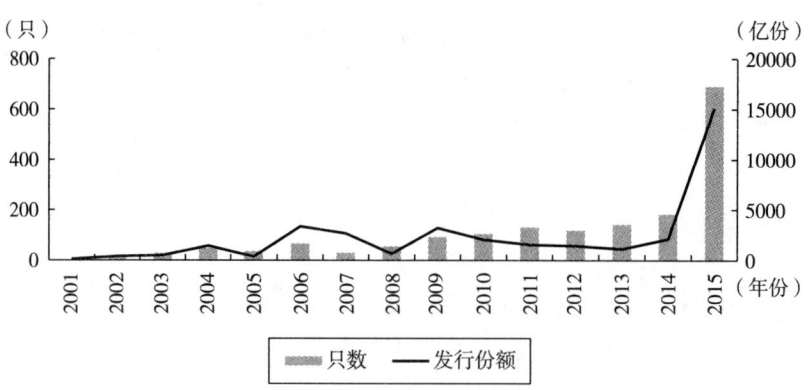

图 6-2 股票相关基金发行总规模

从前面的分析可以看到，我国证券投资基金业在绝对规模和相对规模上都远小于美国股票相关共同基金；在平均发行规模上，除牛市时好转以外，总体呈下降趋势。对其中股票相关基金的分析也表现出相同的结论。这表明我国基金业的资金供给相对不足。而作为我国一/二板场内二级股票市场的主要机构投资者，基金业资金的缺乏会直接影响到我国未来产业升级转型中的资金来源。

（3）一/二板场内二级股票市场与一级市场资金供给比较。一/二板场内二级股票市场资金供给的不足可能源于中国整体资本市场资金量的紧缺。为检验这一可能性，我们针对一级市场的资金供给进行研究。由于一级市场在多层次资本市场上是与一/二板场内二级股票市场相连的前端市场，其资金供给应与一/二板场内二级股票市场受到类似的制度因素影响。如果一级市场同样出现资金紧缺，那么有可能是制度环境对资本市场发展产生了不利影响；如果一级市场资金供给相对充裕，那么一/二板场内二级股票市场资金供给的不足就可能是一/二板场内二级股票市场自身发展过程中产生的问题。

为研究中国一级市场的资金供给是否充裕，我们与资本市场发展最为成熟的美国市场进行比较（如图6-3所示）。比较同期的中国、美国私募股权投资市场募资总量可以发现，我国的募资总量相较于美国仍处于较低的水平。2015年虽然我国募资总额达到历史峰值872.36亿美元，但是仍然仅为美国同期的60.4%，可见我国每年的私募股权募资绝对总额仍然显著低于美国同期水平。但若考虑到我国GDP仅为美国GDP的64%左右，因此，我国私募股权投资市场募资相对总量已属于正常水准了。

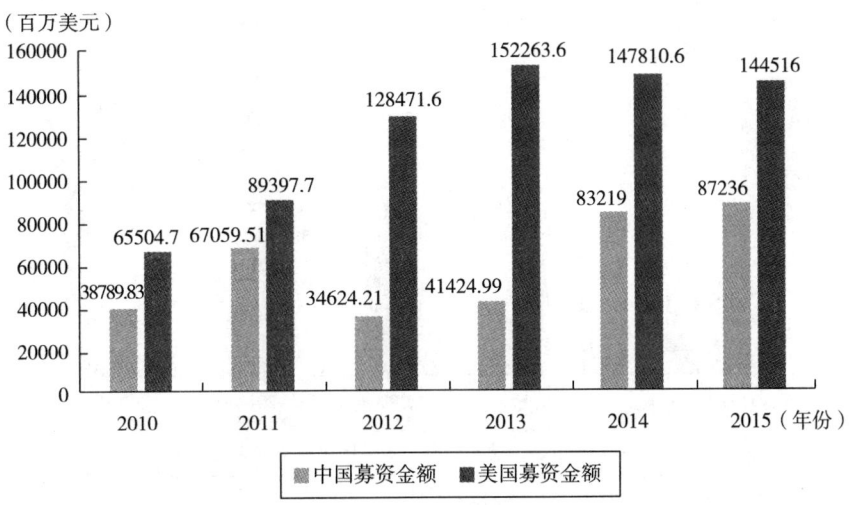

图 6-3 2010~2014 年中美私募股权投资基金历年募资总量比较

按照 NVCA 的统计规则，私募股权基金（Private Equity，PE）是由风险资本（Venture Capital，VC）以及收购和夹层资本（Buyouts & Mezzanine Capital）两者组成的；根据私募通的统计规则，中国私募股权基金是由成长基金、并购基金、夹层基金、房地产基金、不良债权基金、基础设施基金等组成的。由于私募通的统计规则与 NVCA 的统计规则大相径庭，为了对中美风险资本募资市场进行最大程度上的同类型比较，根据私募通与 NVCA 的相关定义可视中国的成长基金与美国的风险资本在相当意义上为等价的。我们将中国每年完成募资工作的基金中成长基金的募集金额与美国每年募集的风险资本金额进行比较，在 2010~2014 年，除了 2010 年、2012 年中国成长基金的募资金额比美国风险资本募集金额稍小以外，2011 年、2013 年、2014 年中国成长基金的募资金额均明显大于美国风险资本募集金额（如图 6-4 所示）。考虑到此处的中国成长基金募集金额数据仅包含当年已完成募集的基金，未计入当年仍在进行募集的基金，所以 2010~2014 年我国的成长基金募集金额极有可能全面大于美国风险资本募集金额。

综上，尽管我国私募股权基金的年募集总金额仍然小于美国的募集金额，但是我国的成长基金募集金额量不管从绝对量角度还是从相对量角度均已显著增长且超过美国的水平，所以我国一级市场的整体资金源基本充足，排除了中国整体资本市场体制因素导致市场资金供给不足的可能性，因而一/二板场内二级股票市场资金供给不足的内在原因，需要从一/二板场内二级股票市场内部寻找。

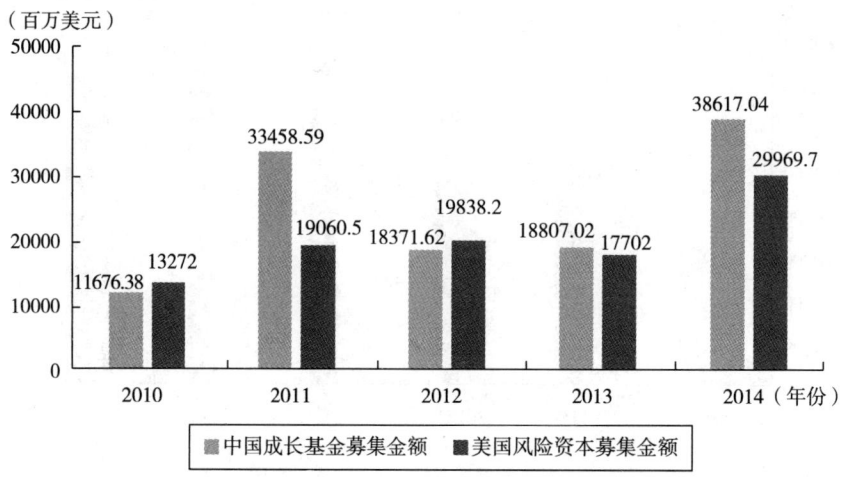

图6-4　2010~2014年中美成长基金、风险资本历年募资金额比较

3. 二级股票市场资金规模不足的原因：从收益—风险的角度

前文分析指出，作为多层次资本市场最终出口的二级股票市场资金规模不足并不是整个资本市场的共性问题，二级股票市场资金匮乏的原因应当在二级股票市场内部寻找。对此，我们将继续着重探究其背后的深层次原因。

不同层次资本市场之间存在逐利资金的流动，不同层次资本市场收益—风险状态的好坏决定了各市场对资金的吸引力，资金有从高风险—低收益市场向低风险—高收益市场流动的动力。虽然对机构投资者来说，其资金用途有合同约束不能随意跨市场，但从终极出资人的角度看，基金、信托等投资产品的认购者可以根据不同市场的收益—风险状态选择投资于低风险—高收益市场的投资产品，进而导致资金从高风险—低收益市场向低风险—高收益市场转移的趋势。因而，分析二级股票市场资金规模不足的核心是研究二级股票市场的收益—风险状况以及与其他层次市场的比较。

（1）二级股票市场证券投资基金风险收益比较。二级股票市场投资者主要包括个人投资者、公/私募证券投资基金、保险公司投资部门、全国社保等社会保障资金投资管理部门、证券公司自营部门等。首先我们将针对公募证券投资基金和私募证券投资基金进行研究，作为二级股票市场机构投资者的代表，一方面，公募基金和私募基金的业绩数据相对透明；另一方面，其他机构投资者大多会认购公募或者私募基金的产品，其投资业绩与这两类机构投资者的表现有一定的相关性。另外，根据无套利定价原理，不同类型机构投资者的收益—风险关系应该比较接近，否则资金将会持续流向风险更低收益更高的机构投资者。虽然现实情况中市场并不是充分有效的，但是我们选取的这两类机构投资者对整个二级股票市场机构投资者的表现是有相当代表能力的。

1) 各类公募证券投资基金间风险收益表现比较分析。将公募基金划分为六类：股票型、混合型、指数型、债券型、货币市场型和保本型。根据 Wind 上的统计数据，分别对六种类型的公募基金产品 2006 年以来的收益率数据进行统计，结果如表 6-1 所示。

表 6-1 六种类型的公募基金产品 2006 年以来的平均收益率情况

	时间	股票型	混合型	指数型	债券型	货币市场型	保本型
年平均收益率（%）	2015/12/31	20.10	44.35	15.66	11.06	3.65	19.06
	2014/12/31	33.82	24.12	36.05	19.37	4.72	17.47
	2013/12/31	3.03	16.76	1.89	0.47	4.10	2.81
	2012/12/31	6.58	5.29	6.19	7.07	3.95	4.49
	2011/12/31	-21.09	-22.08	-21.32	-2.71	3.59	0.38
	2010/12/31	-9.11	4.59	-11.25	7.42	1.83	2.85
	2009/12/31	78.23	63.69	79.93	4.93	1.44	16.98
	2008/12/31	-57.47	-48.36	-56.58	6.38	3.57	-13.02
	2007/12/31	134.78	118.48	130.20	16.73	3.33	53.50
	2006/12/31	117.28	113.20	109.76	13.22	1.89	50.33
复合年增长率 R（%）		17.21	21.60	16.19	8.20	3.20	13.80
年化波动率 σ（%）		28.36	25.13	28.63	4.06	0.36	8.79
夏普比率（%）		0.52	0.76	0.48	1.38	1.69	1.28

其中，指标的计算如下：

年平均收益率，对每种类型的公募基金，每年将该类型内所有产品的收益率求取算术平均得到。

复合年增长率，对每种类型公募基金的年平均收益率求取近十年的复合平均增长率，$R = \sqrt[10]{(1+x_1)(1+x_2)\cdots(1+x_{10})} - 1$。

年化波动率，对 6 类公募基金分别计算月收益率并求得月收益率标准差，再将月收益率标准差乘以 $12^{1/2}$ 进行年化处理。

夏普比率：无风险利率 R_f 取 2006 年 1 月 1 日至 2015 年 12 月 31 日的 1 年期国债的平均利率 2.59%（中债统计），夏普比率 = $(R - R_f)/\sigma$。

为评价不同类型公募基金获取一定收益率所承担的风险，我们计算了六种公募证券投资基金的夏普比率进行比较。我们发现，货币市场型基金夏普比率最高，为 1.69，然后是债券型和保本型基金，分别为 1.38 和 1.28，而混合型、股票型和指数型基金夏普比率则相对较低，分别为 0.76、0.52 和 0.48，均小于 1。这表明相比于货币市场型、债券型和保本型基金，我国股票相关公募基金的收益—风险较低。

股票型基金投资收益—风险表现不佳可能是基金管理人投资能力的问题，也可能是受市场整体趋势的影响，为检验哪种因素导致了当前我国二级股票市场上基金产品收益—风险表现较差，我们将各类公募基金产品与沪深 300 指数进行比较，结果见表 6-2 所示。

表 6-2　沪深 300 指数与股票相关公募基金 2006 年以来的平均收益率

	时间	沪深 300	股票相关基金	股票型	混合型	指数型
年平均收益率（%）	2015/12/31	5.58	31.45	20.10	44.35	15.66
	2014/12/31	51.66	29.38	33.82	24.12	36.05
	2013/12/31	-7.65	10.27	3.03	16.76	1.89
	2012/12/31	7.55	5.75	6.58	5.29	6.19
	2011/12/31	-25.01	-21.78	-21.09	-22.08	-21.32
	2010/12/31	-12.51	1.11	-9.11	4.59	-11.25
	2009/12/31	96.71	65.95	78.23	63.69	79.93
	2008/12/31	-65.95	-49.76	-57.47	-48.36	-56.58
	2007/12/31	161.55	121.10	134.78	118.48	130.20
	2006/12/31	121.02	113.26	117.28	113.20	109.76
复合年增长率 R（%）		14.99	19.95	17.21	21.60	16.19
年化波动率 σ(%)		33.99	25.53	28.36	25.13	28.63
夏普比率（%）		0.36	0.68	0.52	0.76	0.48

其中，沪深 300 指数年收益率为该年内指数的涨跌幅。其他指标的计算方法与之前相同。可以看到，股票相关公募基金复合年均增长率略高于沪深 300 指数，波动率则较沪深 300 指数低，股票相关公募基金夏普比率高于沪深 300 指

数。这表明，公募基金管理人具有较强的管理能力与风控能力，能够一定程度上打败市场。

根据数据画出 2006~2015 年沪深 300 指数和股票相关公募基金的收益率走势对比图和股票相关公募基金对沪深 300 指数超额收益走势如图 6-5 所示，从图 6-5 中收益率走势可以看出，股票相关公募证券投资基金的收益率走势与大盘指数非常相似，我们可以看到，股票相关基金收益率通常在指数表现较好的时候低于大盘，而在指数表现较差的时候优于大盘，总体而言较大盘指数波动更小。

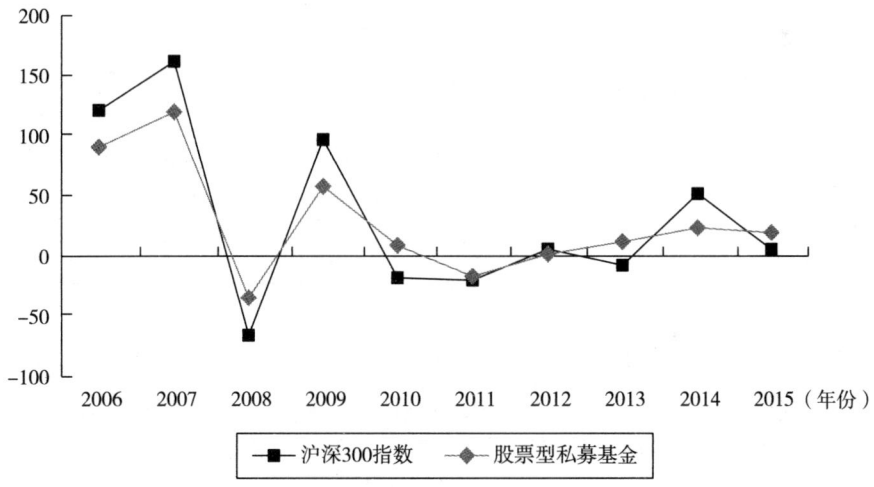

图 6-5　2006~2016 年沪深 300 指数与股票相关公募基金收益率走势

综上所述，虽然公募证券投资基金管理人具备较强的投资管理能力，但由于市场整体运行状况不佳，股票相关公募基金的夏普比率仍小于 1，而且远低于货币市场型、债券型和保本型基金，股票相关公募基金产品对资金的吸引力相对较弱。

2）各类私募证券投资基金间风险收益表现比较分析。我们将私募证券投资基金划分为四大类：股票型基金、债券型基金、混合型基金和货币市场型基金。根据 Wind 上的统计数据，分别对五种类型的私募基金存续的产品 2006 年以来的收益率数据进行统计，分别计算收益率及波动率等指标，指标的计算方式与上节相同，具体结果如表 6-3 所示：

表6-3 2006年以来五种类型的私募基金存续产品平均收益率情况

	时间	股票型	债券型	混合型	货币市场型
年平均收益率（%）	2015/12/31	19.41	7.92	39.32	4.91
	2014/12/31	23.37	4.99	20.60	5.81
	2013/12/31	11.86	2.15	22.89	5.17
	2012/12/31	1.56	3.23		5.23
	2011/12/31	-16.59	0.14		4.80
	2010/12/31	8.87	3.24		2.45
	2009/12/31	57.64	5.58		1.90
	2008/12/31	-34.62			3.47
	2007/12/31	119.65			3.17
	2006/12/31	90.65			
复合年增长率R（%）		20.70	3.87	27.34	4.09
年化波动率σ（%）		19.83	2.08	17.35	0.42
夏普比率（%）		0.91	0.62	1.43	3.57

股票型基金是最早发展形成的私募证券投资基金产品，市场规模最大也最为成熟，然后逐渐出现了其他几类基金，存在时间较短，混合型基金由于数据较少，参考价值不大。将收益按风险进行调整，计算得到夏普比率，我们发现货币市场型私募基金的夏普比率最高，然后依次是混合型、股票型和债券型，股票型私募证券投资基金的仍然排在较靠后的位置。

进一步地，我们对股票型私募证券投资基金2006年以来的数据进行统计，并与沪深300指数进行对比。根据Wind上的统计数据，可以计算得到私募证券投资基金2006年以来投资收益，如表6-4所示。

根据数据画出2006~2015年沪深300指数和股票型私募基金的收益率走势对比图和股票型私募基金对沪深300指数超额收益走势如图6-6所示，从图6-6中我们可以看到，私募股票型证券投资基金相比于市场整体是有更优表现的，体现出基金管理人较强的选股能力。从超额收益率上我们可以看到，私募证券投资基金收益率通常在牛市阶段低于大盘平均水平，在熊市阶段优于大盘。私募证券投资基金管理人通过选股带来的超额收益相对有限，私募证券投资基金的业绩仍然与二级股票市场整体风险—收益水平高度相关。

表6-4 私募证券投资基金2006年以来投资收益统计

	时间	沪深300	股票型
	2015/12/31	5.58	19.41
	2014/12/31	51.66	23.37
	2013/12/31	-7.65	11.86
	2012/12/31	7.55	1.56
年平均收益率（%）	2011/12/31	-25.01	-16.59
	2010/12/31	-12.51	8.87
	2009/12/31	96.71	57.64
	2008/12/31	-65.95	-34.62
	2007/12/31	161.55	119.65
	2006/12/31	121.02	90.65
复合年均增长率（%）		14.99	20.70
年化波动率σ（%）		33.99	19.83
夏普比率（%）		0.36	0.91

注：其中，上证综指和沪深300指数年收益率为该年内指数的涨跌幅。其他指标的计算与表6-2相同。

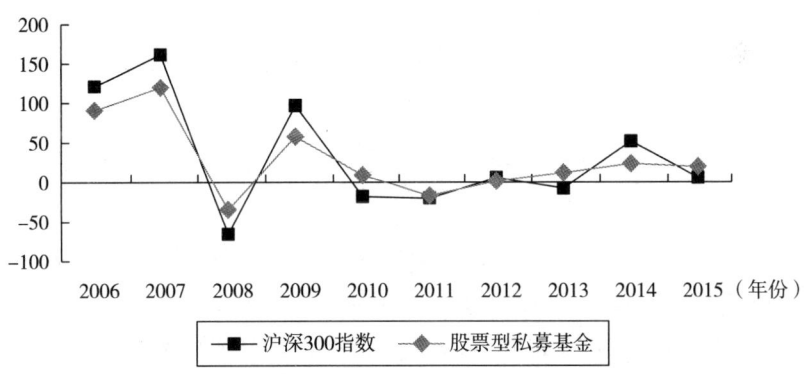

图6-6 2006~2016年沪深300指数与股票型私募基金收益率走势

综上所述，就风险调整后的基金收益来看，股票型私募基金可以战胜市场，但由于所处的场内二级股票市场本身的收益—风险水平较差，债券型基金和货币型基金相较股票型基金的表现更优。我国的私募基金管理者在主动管理中获取超过市场的收益的能力还是较强的，但相较于其他类型基金产品，股票型私募基金产品吸引力仍然较弱。

（2）二级股票市场与一级股权市场投资收益的比较。前述分析中我们已经阐述了资金在不同层次资本市场间出于逐利目的倾向于向收益更高的市场流动，因此，我们就以数据最充分的一级市场作为比较对象，比较场内二级股票市场与一级股权市场的投资收益。

一级市场的主要参与者是 PE/VC 等机构，投资者认购未上市公司股权后，通过 IPO 上市、公司回购、股权转让等方式出售股权兑现投资收益。我们的数据主要来自清科私募通数据库，分不同退出方式统计了一级市场上每年的投资者退出回报，并以投资金额为权重计算每年一级市场投资者的平均退出收益率。

从整体来看，2010～2014 年，一级市场上 PE/VC 等投资者平均内部收益率高达 68.39%，平均账面回报倍数达 3.8 倍（如图 6-7 所示）。

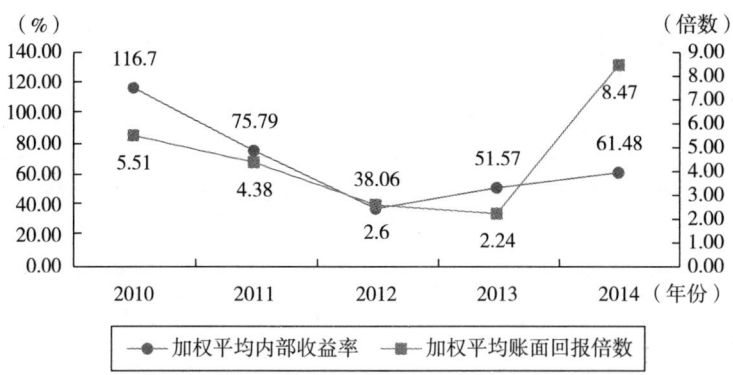

图 6-7 2010～2014 年中国私募资金退出内部收益率及账面回报倍数

根据退出方式细分，以各投资事件的投资金额占全部投资事件总金额的比例为权重，计算加权收益率与加权账面回报倍数，不同退出方式的收益率存在显著差异。其中，IPO 退出具有最高的收益率，内部收益率和账面回报倍数分别达到 75.7% 和 6.5 倍。并购和股权转让平均实现 25% 左右的内部收益率和 2 倍左右的账面回报；而另外三种方式的收益处于相对较低水平，账面回报略高于 1，内部收益率从 6.5% 到 14% 不等，但所占份额较小，一级市场主要退出渠道的内部收益率均显著高于二级股票市场基金产品的年化投资收益率。

前面我们已经计算了 2006～2015 年二级股票市场上公募基金和私募基金的投资回报，为与一级市场收益率数据进行比较，我们可以计算出二级股票市场上公募基金和私募基金在 2010～2014 年的年复合回报。经计算得出，2010～2014

年，场内二级股票市场公募基金年化投资收益率为16.7%、私募基金年化投资收益率为18.6%，远低于同期一级市场投资者68.39%的年平均收益率。

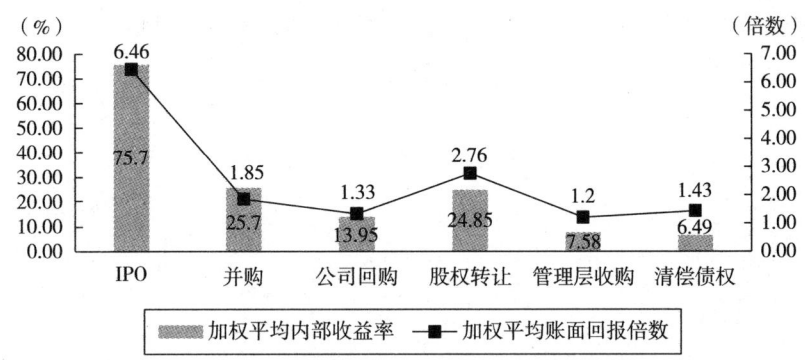

图6-8　2010~2014年中国私募基金各退出方式内部收益率及账面回报倍数

我们在前文已经论证了多层次资本市场中，一级市场资金供给相对充足，从投资收益的角度再次证实，一级市场近年来的投资收益表现明显优于一/二板场内二级股票市场，场内二级股票市场资金有向其他层次资本市场流出的压力，进而导致场内二级股票市场资金供给出现不足。

（3）二级股票市场与其他资产市场投资收益—风险表现。经过前面的分析我们可以看到，二级股票市场上的主要机构投资者的投资业绩与二级股票市场的市场表现相关性很强，虽然机构投资者能够获得比市场整体更低的波动性，但相应的收益也要低于市场整体。与投资其他标的资产的同类机构投资者的投资业绩相比较，二级股票市场上的机构投资者业绩落后于债权、货币以及一级市场上的机构投资者。

机构投资者的业绩不可能脱离其所投资的标的资产的市场表现。因而，二级股票市场上机构投资者整体表现差于债权、货币以及一级股权市场上的机构投资者，可对应到不同类型市场的整体表现不同。同时，我国二级股票市场的一个显著特征是，个人投资者资金占比高达80%，因此股票市场指数收益率和波动率基本相当于个人投资者的收益—风险水平。因此，通过市场指数研究二级股票市场总体运行状况，在一定程度上也可以使我们对个人投资者的投资收益和风险状况做出相应的评价。

选取上证指数、中小板指数和创业板指数作为二级股票市场整体表现的代表指数；计算中证全债指数、理财产品指数、货币基金、现货黄金（伦敦）价格、银行存款利率、房地产价格、信托年化综合指数的年收益率数据作为债权、货币基金、大宗商品、银行理财、房地产及信托市场整体表现的代表。

另外,计算成熟的美国股票市场代表性指数标普500指数和纳斯达克指数的相关指标进行比较,我们选取2008~2015年美国联邦基金利率的平均值作为美国市场的无风险收益率。最终统计结果见表6-5所示。

表6-5 大类资产收益—风险比较

年份\类别	上证指数年收益率(%)	中小板指数年收益率(%)	创业板指数年收益率(%)	中证全债指数年收益率(%)	理财指数(三个月)年收益率(%)	货币基金年收益率(%)	现货黄金(伦敦)年收益率(%)	房地产价格年涨幅(%)	信托年化综合实际收益率(%)	标普500指数年收益率(%)	纳斯达克指数年收益率(%)
2008	-65.4	-54.2		15.9		3.6	5.8	-0.2		-38.9	-41.0
2009	80.0	96.6		-1.4		1.4	24.4	21.1		23.5	43.9
2010	-14.3	21.3		3.1		1.8	29.5	7.1	4.6	12.8	16.9
2011	-21.7	-37.1	-35.9	5.9		3.6	10.1	6.9	4.3	0.0	-1.8
2012	3.2	-1.4	-2.1	3.5	4.6	4.0	7.1	7.7	6.3	13.4	15.9
2013	-6.8	17.5	82.7	-1.1	5.7	4.0	-28.0	7.7	7.0	29.6	38.3
2014	52.9	9.7	12.8	10.8	5.4	4.6	-1.8	1.4	7.5	11.4	13.4
2015	7.3	49.0	82.9	7.5	4.4	3.4	-9.3			-0.7	5.7
年收益均值	4.4	12.7	28.1	5.5	5.0	3.3	4.7	7.4	6.0	6.4	11.4
年标准差	0.40	0.42	0.43	0.05	0.01	0.01	0.16	0.06	0.01	0.19	0.23
夏普比率	0.05	0.24	0.59	0.57	4.76	0.72	0.13	0.81	2.88	0.34	0.49

从上表中我们可以看出,信托、房地产和银行理财产品的夏普比例明显较高,这些市场上隐性刚性兑付的市场状态使得收益率波动率极低。从整体上看,二级股票市场经风险调整的市场平均收益低于其他大类资产市场的平均水平。

对中美股票市场指数进行比较可以看到,2008年金融危机之后,美国股票市场主要指数的夏普比例明显高于中国主板和中小板指数的夏普比率,创业板由于2011年才成立,大部分时间处于市场触底反弹阶段,因而夏普比例偏高,并不具可比性。综合比较中美股票市场的运行状况我们可以看到,中国股票市场相比美国市场收益率波动性更大、风险更高,但中国股票市场的收益相对较低,不足以补偿市场的高风险,导致总体夏普比率显著低于美国市场。

综上所述,二级股票市场收益较低风险较高的特点使得资金更多地向其他市

第六章 中国多层次资本市场投资者结构问题分析

场流动,造成二级股票市场资金规模的不足,制约了二级股票市场整体的发展。

4. 二级股票市场收益水平相对较低的原因分析

二级股票市场整体收益—风险情况明显差于其他主要的资产交易市场。因而,二级股票市场资金规模不足的一个可能原因是因为二级股票市场收益—风险状况相对较差。下面,我们就来探究二级股票市场收益水平相对较低的主要原因。

从股票的内在价值看,二级股票市场股票价格取决于上市公司的盈利以及未来的利润增长预期。从相对估值的角度看,上市公司的盈利就是当期的每股净利润,而对公司未来的利润增长预期则反映为市场对公司的估值水平,也就是市盈率。

二级股票市场投资回报相对较低的原因,一方面,可能是上市公司本身业绩较差;另一方面,可能是二级股票市场投资者的不规范和不理性行为导致股票估值水平存在下降压力。下面从这两个角度分别对二级股票市场收益水平相对较低的可能原因进行检验。

(1) 上市公司盈利能力及成长性。为全面反映二级股票市场全部上市公司的盈利能力,避免规模较大公司的表现覆盖规模较小公司的信息,采用简单算数平均的方法,对所有上市公司的盈利成长性进行归并分析。

通过 Wind 数据库搜集上交所和深交所所有上市公司 2000~2015 年的公司利润总额的数据,逐一计算出各家上市公司从 2000 年到 2015 年的年复合增长率。最后分别计算主板(包括上海和深圳主板)、中小板、创业板所有上市公司的年复合增长率的简单算术平均值,作为该板块从 2000 年到 2015 年的年复合增长率。需要指出的是,由于我国交易所市场上市有盈利要求,上市公司上市时的利润必定是正的。但是在区间末尾,2015 年上市公司的利润必定有正有负,由于我们采用年复合增长率作为盈利成长性的指标,因而我们需要对 2015 年亏损的公司进行调整。

具体计算步骤如下:

若 2015 年某公司的利润总额是正数,则以下公式计算某一个公司利润的年复合增长率:

$$利润年复合增长率 = \sqrt[年数]{\frac{2015年该公司利润总额}{基准年利润总数}} - 1 \qquad (6-1)$$

其中,2000 年前上市公司以 2000 年为基准年,2000 年后上市公司以上市年作为基准年。

若该公司在 2015 年的利润总额是负数,则以 2014 年为计算的最后一年。若 2014 年该公司的利润总额是正数,则以以下公式计算某一个公司的年复合增长率

$$利润年复合增长率 = \sqrt[年数]{\frac{2014 年该公司利润总额}{基准年利润总数}} - 1 \qquad (6-2)$$

其中,2000 年前上市公司以 2000 年为基准年,2000 年后上市公司以上市年作为基准年。

若 2015 年、2014 年利润总额均为负数,则以 2013 年作为计算年复合增长率的最后一年,并重复上述步骤。若 2015 年、2014 年、2013 年某公司利润总额均为负数,则不再考虑此公司。因在主板、中小板、创业板中,连续三年利润总额为负的公司分别有 8、2、0 家,在整个板块中所占比例非常小,所以对板块年复合增长率计算的影响可以忽略不计。

按照上述方法分别计算出主板、中小板、创业板所有上市公司利润总额的年复合增长率后,我们将得到的数据取简单算术平均,作为该板块上市公司 2000～2015 年利润总额的年复合增长率,结果如表 6-6 所示:

表 6-6 主板、中小板和创业板上市公司利润年复合增速

	主板	中小板(含 ST)	创业板
利润年复合增长率(%)	8.92	13.73	23.20

从计算结果来看,21 世纪我国上市公司的盈利增速是领先于经济整体增长的,因为上市公司经过保荐机构和监管机构的筛选,拥有更灵活的融资渠道并接受广大投资者的监督,因而上市公司本身的体制相对健全、经营更加理性合规,是整个经济社会中比较优秀的能够为股东提供长期成长回报的企业。从这个角度来看,我们认为,中国二级股票市场上市公司的盈利能力以及盈利的成长性是值得肯定的,并不是导致二级股票市场投资收益较低的主要原因。

(2) 二级股票市场估值问题:发行制度的视角。通过以上分析,二级股票市场投资回报率偏低并不是由于上市公司质量较差。根据股票价格的决定因素,可排除 EPS 的影响,下面将探究估值水平层面可能存在的问题。

中国股票上市采用核准制,监管机构通过控制审批进度、IPO 时间窗口等非市场化的行政干预手段对新上市公司数量形成一定的控制,使 IPO 公司成为稀缺资源,新股供不应求的状况形成了"新股不败"这一畸形的市场特征。炒新

资金在新股上市初期,就透支了公司未来的估值空间,将新股市盈率推高到一个远高于合理估值的水平。在长期中,股票势必回归市场平均的合理估值水平,因而对新股上市初期很短时间内的不合理炒作导致二级股票市场在长期中存在向下的估值压力。我们将重点研究炒新活动对二级股票市场不合理估值的推动作用。

炒新行为与新股发行政策以及上市后交易制度有着密切关系,为准确评估炒新行为在短期内会将上市公司股票价格推到何种估值水平,需要对不同政策阶段进行区分,找到各阶段大致的炒新周期,从而确定炒新行为结束时新股的平均市盈率水平。为保持数据的可比性,研究时段从2000年开始。

从新股发行定价角度来看(如表6-7所示),我国股票市场从1999年证券法颁布开始尝试不限制发行市盈率,但新股过高发行市盈率带来的次新股大幅下跌使得证监会从2001年11月开始重新控制发行市盈率不高于20倍(存在例外,如石岘纸业26倍市盈率,因国有企业定价需保证市净率大于1);到2004年12月开始实施市场化询价制度之后,虽然名义上定价由投资者自行决定,但是管理机构对实际发行定价施行窗口指导,发行市盈率控制在30倍左右;2009年创业板推出的同时,证监会彻底放开对发行定价的控制,新股发行市盈率完全由市场决定;新政策持续到2013年IPO暂停,恢复新股发行之后,证监会对新股发行定价再次施行窗口指导,非公开地要求新股市盈率不得超过行业平均市盈率,实际批准发行的新股定价市盈率不超过23倍(为前期新股发行的平均市盈率)。

表6-7 历年新股发行市盈率统计

类别 年份	均值	中位数	最大值	最小值	标准差
2000	42	33	207	16	30
2001	34	34	64	17	11
2002	19	20	20	10	2
2003	18	20	26	7	3
2004	17	18	20	8	3
2005	20	20	27	15	3
2006	23	24	41	10	6
2007	30	30	99	10	11

续表

年份 \ 类别	均值	中位数	最大值	最小值	标准差
2008	27	29	44	7	6
2009	52	49	127	20	17
2010	59	56	138	14	19
2011	48	44	151	12	21
2012	30	29	82	7	10
2013	13	13	14	13	1
2014	24	23	51	6	7
2015	22	23	33	7	2

从上市首日交易制度来看，2005年之前新股首日不设涨跌幅限制，2005年开始，新股首日涨幅限制为1000%，跌幅限制为50%，2007年涨幅限制修改为900%，2012年恢复不设首日涨跌幅限制。2013年12月，沪深交易所将新股上市首日集合竞价有效报价涨跌幅限制在20%，连续竞价阶段涨跌幅限制也为20%，因而实质上，从2014年开始，新股首日涨幅限制为44%左右。

根据上述政策演变的追溯，由于2013年之前新股首日涨跌幅限制或者不设限制，或者限制的区间很大（9~10倍的涨幅），为研究简便，我们将这一阶段统一视为不设置首日涨跌幅限制。因而，我们将研究时间段划分为四个阶段：2000~2001年、2002~2008年、2009~2013年、2014~2015年分别对应新股定价及交易制度如表6-8所列：

表6-8 新股定价及交易制度演变

新股发行时间段 \ 类别	发行定价制度	上市首日交易制度
2000~2001年	不限制市盈率	不设首日涨跌幅限制
2002~2008年	不高于20~30倍市盈率	不设首日涨跌幅限制
2009~2013年	不限制市盈率	不设首日涨跌幅限制
2014~2015年	窗口指导不高于行业平均市盈率，实际不高于23倍市盈率	新股首日涨幅为44%左右（四舍五入误差）

资料来源：证监会、上海交易所、深圳交易所。

为研究炒新行为，首先需要定义炒新行为的持续区间。打新资金在新股上市后如果不主动撤出，股价将维持成交量极低的一字涨停，当打新资金大举撤出时，股票价格才会出现大幅波动，标志着炒新行为的结束。我们将出现首次下跌的前一个交易日作为炒新结束的时间点。

逐年确定各层次市场新股上市后的炒新周期后，将主板、中小板和创业板的所有股票按照上市年份和所属市场层次所对应的炒新周期计算各个股票炒新结束时的市盈率：

$PE_{market,i}^{year}$（year = 2000，2001，…，2015；market = 主板，中小板，创业板；i = 股票代码）。

之后，我们对各个层次市场各年度上市的新股计算炒新结束时的平均市盈率如式（6-3）：

$$\overline{PE_{maret}^{year}} = \frac{\sum_{i \in 当年该层次上市的新股} PE_{market,i}^{year}}{N} \tag{6-3}$$

其中，N = 当年该层次上市新股总数

计算得到的 $\overline{PE_{maret}^{year}}$ 代表了每一年各个市场层次上市的新股经过炒新者炒作后达到的算数平均市盈率水平。具体结果如图6-9、图6-10所示：

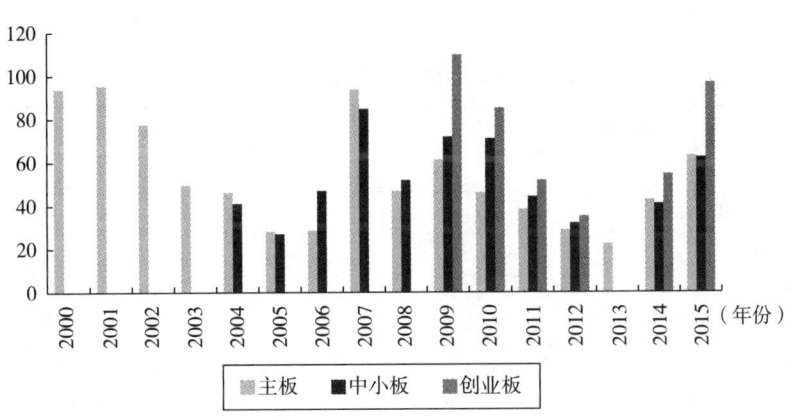

图6-9 不同层次市场不同年份炒新最高市盈率

从统计结果来看，市场对新股炒作存在一个经过博弈的平均炒新市盈率水平，不管新股发行市盈率是否受到限制、新股首日交易涨跌幅是否受到限制，炒新资金都会将新股估值推高到一个很高的市盈率水平。在不限制首日涨跌幅的阶段，新股上市后往往一天之内就通过很高的股价涨幅到达较高的估值水平进而炒新周期结束，在设置首日涨跌幅限制的阶段，新股上市后会保持数天的无量涨停，达到很高的市盈率水平后结束炒新。

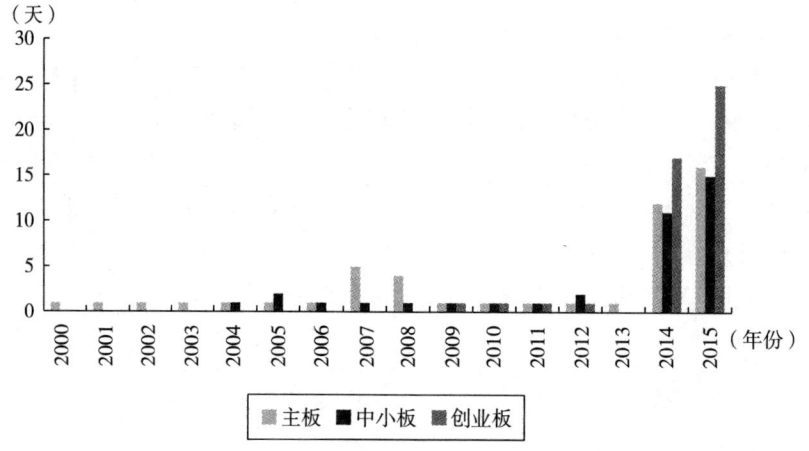

图6-10 不同层次市场不同年份炒新周期长度

根据之前我们总结的不同制度阶段，我们统计了各制度阶段炒新结束后新股的平均市盈率，结果如表6-9所示。

表6-9 炒新结束后新股平均市盈率

年份 类别	主板	中小板	创业板
2000~2001	94.5		
2002~2008	53.0	50.4*	
2009~2013	39.4	54.8	70.5
2014~2015	52.9	51.7	75.8
平均	53.9	52.2	72.3

注：*中小板第一阶段根据2004~2008年数据计算。

结果显示，不同的制度安排下，各层次市场都存在一个大致的市盈率水平，不管炒新投机者用一个交易日的大涨还是用10~20个交易日的无量涨停，炒新结束后新股平均市盈率水平都被推高到各层次市场各自的炒新最高平均市盈率水平上。除2000年前后的大牛市以及2010~2013年的长期熊市阶段（2009年有一轮明显的反弹，但是当年上市的新股很少）外，主板炒新结束后市盈率平均在

53倍左右，中小板在52倍左右，创业板在73倍左右，这个水平是明显高于各市场整体的平均市盈率水平的。

由于新股上市10个交易日之后才有被纳入各种市场指数的资格，因而大部分炒新的收益率并未体现在市场指数中，而且这部分收益率也只是落到极少部分炒新者的口袋中，并未成为二级股票市场正常投资者的收益。由于炒新市盈率高于各市场平均市盈率，长期中，次新股估值水平势必向板块均值回归，因而新股被纳入指数或者被普通投资者能够买入时，就处于估值下降的压力之下，进而影响了二级股票市场中长期的投资回报。

（3）二级股票市场估值问题：平均估值水平分析。由于我国二级股票市场上过度的行政干预导致上市公司数量相对不足，整个市场长期处于估值过高的水平，即使在市场大幅下挫、监管层暂停IPO以避免新股抽血的时期，A股市场仍然处在很高的市盈率水平。我们通过不同方法核算A股市场的平均市盈率水平，并结合历次IPO区间，检验当前我国二级股票市场估值过高的问题。

在计算实际市场平均市盈率时，有两个问题会造成计算偏误。首先，使用加权平均的方法会使得大市值公司掩盖小市值公司的估值水平信息；其次，当使用算数平均数时，亏损企业的市盈率无法准确反映在平均数中，亏损企业的市盈率为负数，其市值越高，市盈率的绝对值就越大，使得计算出的平均市盈率变小，但是这并不反映市场估值水平较低，相反应该表现为市场估值水平过高。另外，当亏损企业亏损额很小时，市盈率将是绝对值很大的负值，纳入平均市盈率中进行计算，并没有实际意义。为避免仅采用一种计算方法造成的计算偏误，我们下面将使用加权平均和简单算术平均两种方法来计算市盈率，在阐述不同问题时，采用更加准确的平均值进行分析。

1）加权平均市盈率。通过Wind数据库搜集2000~2015年所有上市公司的年末A股股数、年末股价与A股股数。通过公司年报搜集了各公司2000~2015年各年归属母公司股东的净利润。

以创业板为例，具体计算步骤如下：

①计算公司年末市值：年末市值＝年末A股股数×年末股价。

②逐年对2000~2015年创业板所有上市公司的年末市值求和，该数据为创业板各年的总市值。

③Wind数据库中记录有公司上市前各年的净利润，该净利润为年报中归属于母公司股东的真实利润。若将这些净利润计入创业板各年的总净利润，会导致计算出来的总净利润失真偏大。因此，对于计算2000~2015年各年创业板的总

净利润可以通过数据筛选的方式避免这一问题。具体方法如下：筛选留下某年某公司股价不为零的情况下，当年该公司的归属母公司股东净利润，并将筛选留下的当年创业板所有上市公司的归属母公司股东净利润求和，作为当年创业板的总净利润。

④重复上一步数据筛选及求和的步骤。

⑤创业板各年加权平均市盈率＝当年总市值/当年总净利润。

主板、中小板计算方式与创业板相同。

经过一系列数据处理，最终数据处理结果如图 6-11 所示。

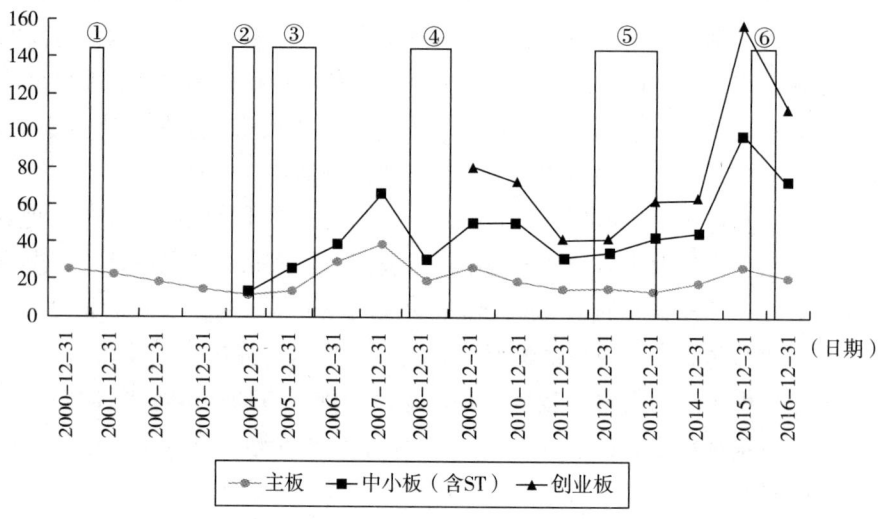

图 6-11　不同层次市场不同年份加权平均市盈率

注：①~⑥表示 2000 年以来，第 1~6 次 IPO 暂停阶段。

由图 6-1 中可以看到，整体而言，不同板块加权平均市盈率的关系为：创业板 > 中小板 > 主板。具体而言，主板加权平均市盈率随年份波动较为平缓，平均市盈率在 20 倍左右；中小板市盈率则波动显著，但总体来看在 40 倍左右，创业板也呈现与中小板类似的特点，平均市盈率在 90 倍左右，各层次市场的市盈率水平均显著高于板块按 PEG 计算的合理估值水平。

在历次 IPO 暂停区间，市场处于市盈率相对较低水平或大幅下降的时期，暂停 IPO 是监管层应对股市长期低迷或短时间快速下跌的重要手段。然而我们看到，尤其是最近的几次 IPO 暂停的时间段内，A 股市场的平均估值仍处于相对高位，监管层为维持市场的稳定，通过不正常的行政干预阻止市场向理性估值水平的自然回归。

2）算术平均市盈率。通过 Wind 数据库搜索了 2000~2015 年所有上市公司年末收盘价、A 股股数，并根据公司年报搜集各年归属于母公司股东的净利润，最后通过算术平均的算法计算市盈率。为了便于统计，暂不考虑市盈率为负的公司。

具体计算步骤如下：

①计算各公司每股收益。

②每股收益 = 归属于母公司股东的净利润/当年年末该公司 A 股股数。

③公司市盈率 = 年末股价/每股收益。

④筛选数据：因部分公司市盈率过高，有的甚至过万，主要因为当年利润极低，因此需要过滤一些市盈率过高的公司。中小板、创业板分别过滤掉市盈率最高的前 10% 家公司。主板过滤掉市盈率最高的前 100 家公司。因主板上市公司基数庞大，过滤掉 100 家造成的影响比较小。

⑤逐年对 2000~2015 年各板块所有上市公司的市盈率求简单算术平均，该比值为各板块各年的算术平均市盈率。

经过一系列数据处理，最终数据处理结果如图 6-12 所示，从中可以看到，采用算数平均市盈率后，主板、中小板和创业板走势更为一致，创业板市盈率相对来说最高，各层次市场的估值水平仍然显著高于合理估值水平。

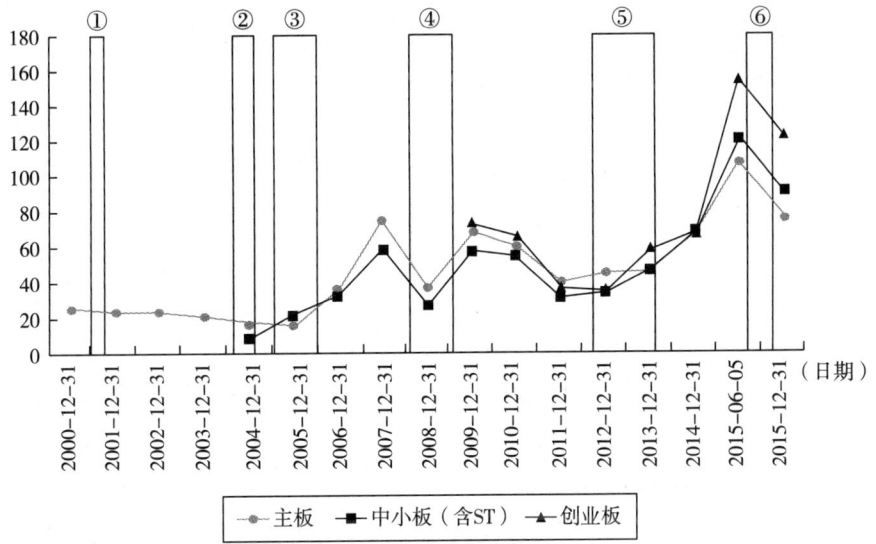

图 6-12　不同层次市场不同年份算数平均市盈率

注：①~⑥表示 2000 年以来，第 1~6 次 IPO 暂停阶段。

通过统计数据以及折线图，可以得出结论：在IPO暂停时期，市盈率走势等并未受到明显一致性影响，IPO暂停在一些年份随着市盈率提升，另一些年份则随着市盈率下降。同样，我们发现了在较高估值的时间段内，监管层仍会通过暂停IPO的方式维持市场的过高估值，阻碍市场向合理估值水平自然回归。

除了计算加权平均、算术平均市盈率之外，我们还计算了各层次市场市盈率的中位数，而采用市盈率的中位数来刻画并未改变前面得到的趋势和结论如图6-13所示。

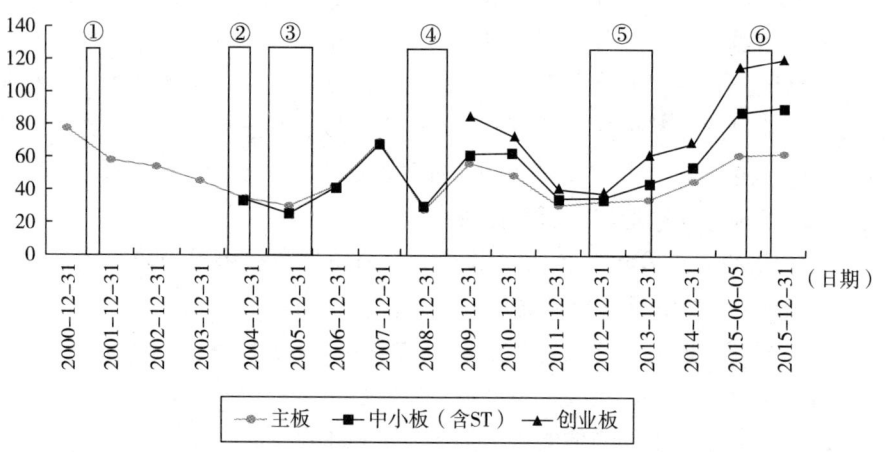

图6-13 不同层次市场不同年份市盈率中位数

注：①~⑥表示2000年以来，第1~6次IPO暂停阶段。

我们不妨将A股的资料与其他市场做个比较。以2013年底为例，此时中国IPO暂停，扣除亏损公司后，我国上深A股、中小板、创业板的市盈率中位数均超过32倍，香港股市市盈率中位数是12倍，美国纽交所上市公司市盈率中位数是21倍，纳斯达克上市公司市盈率中位数是22倍。根据数据比较可知，我国二级股票市场市盈率即使在IPO暂停期间依然很高。

市盈率是衡量上市公司价格和价值关系的一个指标。股市存在风险，有风险市场的基准利率为市场无风险收益加上1%~2%的风险贴水。无风险收益约为4%，为市场化运作下银行理财产品的一年期收益率。假设存在2%的风险贴水，相应的市盈率是1/6%=16.7倍。如果从这个角度来看，中国股市整体17倍的市盈率基本算得上合理。

然而，国内许多上市公司的市盈率非常高，超过100倍市盈率的公司非常多,平均市盈率水平远超合理的市盈率水平。与美国成熟市场进行比较可以看到,美国主板市场代表指数标普500指数的平均市盈率长年在15~35倍波动,尤其是2001年互联网泡沫破裂之后,标普500指数平均市盈率一直在15~25倍。美国的二板、三板市场的代表指数纳斯达克综合指数的平均市盈率波动相对剧烈,在2000年前后的互联网泡沫时期,纳斯达克指数平均市盈率曾高达350倍,互联网泡沫破裂之后,纳斯达克市场估值回归理性,指数平均市盈率在30~50倍波动。

我国股票主板市场和二板市场的市盈率接近成熟的美国市场相应层次市场估值的两倍,我国整体二级股票市场一直在估值过高的泡沫状态下运行。这种长期过度泡沫化导致市场上交易的股票资产并不具备投资价值,投机气氛较为浓厚,限制了具有充足资金量的机构投资者配置股票资产的意愿,使得二级股票市场呈现与成熟市场截然不同的个人投资者为主的特点,导致市场资金规模相对不足,反而无法较好地实现为实体经济融资、支持经济转型升级的根本任务。

二、改善我国股票二级市场资金供给不足的建议

通过以上分析,导致二级股票市场资金规模不足的主要原因是二级股票市场的投资收益—风险不匹配,A股市场长期运行在远超合理估值水平的泡沫状态下。为此,必须对现有政策目标进行调整,认清A股市场正常的估值水平,允许市场自我调整,回归合理估值水平。我们坚信,随着二级股票市场估值水平下降至合理水平,足额的长期价值投资资金必将自然培育出来并进入股市,各类投资者在资产配置选择时一定会更多配置股票资产。

另外,导致二级股票市场收益较低的主要原因之一是A股新股炒新行为,针对新股炒新行为,我们提出如下政策建议:短期内维持IPO数量限制,但在任何情况下都不再行政性暂停IPO[在极少恐慌情况下(如市场算术平均市盈率已降至15倍以下)可通过窗口指导控制IPO节奏]。一方面,可以逐步对炒新顽疾降温去病;另一方面,也可以确保创新升级类企业上市路径畅通无阻,疏导证监会IPO审批排队的"堰塞湖",提高资金配置效率,有力促进我国产业转型升级。长期则应逐步推进注册制改革,最终实现IPO环节的供求平衡,由企业自行选择上市时机。在市场整体估值较低的阶段,企业会选择暂缓上市融资,等待市场估值水平的修复,进而导致IPO新股的供给减少,资金分流压力减轻。当市场整体估值较高时,大量企业会寻求上市融资,推动IPO新股供给增加,资金分流压力提升,引导股市回归合理估值水平。通过注册制及后续充分的市场教育,最终形成市场化的新股供应体系，实现 IPO 环节的市场自我调节，使 A 股市场从源头上形成合理估值的调控阀门。

第二节 长期资金供给尤其是保险和公募基金的规模不足

在多层次资本市场内部，沪深主板和中小板、创业板共同组成的二级股票市场的流动性最为充足，是多层次资本市场的顶层出口。一方面，二级股票市场能够通过定增等方式为优质的上市公司提供便捷的直接融资渠道；另一方面，能够通过 IPO 退出、并购退出等方式为更低层次资本市场上的投资者提供与高风险相匹配的高回报，进而带动整体多层次资本市场高效运转，实现各层次资本市场上投资者风险与收益的匹配。因此，在中国经济结构升级与产业转型的大背景下，维持多层次资本市场高效运转的二级股票市场的稳定运行意义重大。

自中国二级股票市场成立以来，市场价格经历过多次剧烈波动，过度的投机行为、不稳定的政策状态等行为严重影响二级股票市场的稳定性，进一步迫使监管层采用暂停 IPO、限制配套融资等监管手段维持存量资金规模、强化市场信心、恢复二级股票市场价格的稳定。这些特殊的监管手段极大地影响了上市公司和其他非上市公司通过多层次资本市场融资的能力，影响了较低层次资本市场上投资者的投资收益，对整体多层次资本市场的运行效率造成极大的影响，严重制约了金融体系对实体经济转型升级的融资支持能力，对中国经济的结构升级与产业转型产生较大的负面影响。我们研究表明，长期投资者持股比例提升有助于维持二级股票市场价格稳定，而短期投资者持股比例增加则显著提升二级股票市场价格的波动性。

根据我们的划分方法，当前中国二级股票市场上长期资金规模与成熟的美国市场相比绝对量和相对规模均严重不足。在中国的长期投资者中，保险公司和全国社保在股票市场内的绝对规模和相对规模都明显偏低，公募基金规模也明显偏低且其投资期限较短，属于典型的短期投资者，进一步降低了中国二级股票市场上长期资金的规模。同时我们发现较高的股票收益率波动性、股票相对其他大类资产较低的收益率以及过短的业绩考核周期，限制了保险等长期资金大规模进入二级股票市场，也导致公募基金管理人倾向于采用较短的投资期限。

第六章 中国多层次资本市场投资者结构问题分析

基于以上研究结论，我们认为，应当从落实养老金个人账户建设、通过税收优惠等政策提升个人养老金及企业年金规模、延长公募基金考核周期等三方面入手，促进机构投资者形成长期投资的理念，提升长期投资者规模，对提升二级股票市场稳定性发挥应有的作用。

一、中国二级股票市场长期资金规模充足性研究

1. 保险、社保及公募基金的长期投资者作用分析

目前在中国二级股票市场上主要的机构投资者中，保险公司和全国社保具有类似的特征，其出资人希望通过当前的投入，获取很长时间段的保险保障，保险公司和全国社保具有很长期限的预期负债现金流。同时，保险公司和全国社保汇聚了大量的可投资资金，资金规模相当庞大，进行频繁操作的成本较高。因此，保险公司和全国社保应采用长期投资的方式，平衡资产与长期预期负债现金流。

另一类主要机构投资者公募基金面对更分散的家庭和个人投资者，家庭和个人投资者希望通过持有基金份额实现资产的长期保值增值。公募基金面对的是理财产品等收益较为稳定的投资产品的竞争，因此，应当保持较为稳定的投资业绩以满足基金份额认购者的保值增值需求。同时，随着中国资本市场的不断发展，公募基金的资金规模也快速扩张，单只基金的规模也不断扩大。因此，公募基金也应当采用与认购者获得长期保值增值的投资目标相匹配的长期投资策略，进而起到长期投资者的重要作用。

（1）保险公司和全国社保的投资期限及与美国的发展比较。保险公司在收到投保人的保费后，剔除偿付支出和其他经营开支以及准备金外，需要对剩余的留存保费（保险业称为浮存金）进行投资管理以实现保值增值，以应对未来可能出现的偿付需求，而股票是保险公司浮存金配置中的一大类重要的资产。目前中国 187 家保险公司的保险资金运用余额（指保险公司浮存金投资总量）超过 10 万亿元人民币，股票类资产配置比例在 15% 左右，也即 1.5 万亿元，占 A 股总市值（约 50 万亿人民币）的 3% 左右。

全国社会保障基金（以下简称全国社保）是国家为社会性保障而设立的专项储备基金，其资金来源于财政拨款、国有资产出售所得以及其他国务院批准的筹集方式。另外，地方政府的养老保险资金结余也可委托全国社保理事会代为投资管理。全国社保承担着补充国家社会保障资金缺口的重要作用，在当前我国养老体系出现较大资金缺口的背景下，全国社保同样有着迫切的保值增值需求，而

股票也是全国社保资产配置中的一大类重要资产。目前全国社保资产总额约2万亿元人民币，按照2001年的社保管理条例，配置股票资产的比例不超过40%，2016年规定放松至可在国务院批准的额度内配置股票资产，具体额度并未披露。按照40%口径计算，全国社保可以配置的股票金额约0.8万亿元，占A股总市值约1.6%。

我们筛选出全国社保以及187家保险公司在各只股票的各个季度的持股数据，分别计算出全国社保以及187家保险公司各只股票的持股季度数。对于保险公司，为简便起见我们不考虑各家保险公司股票持有规模的差异，直接对每个季度187家保险公司分别的持股季度数求算数平均数作为该季度保险公司的平均持股季度数。最后，我们分别将每年的四个季度全国社保和保险公司的持股季度数求算数平均，得到全国社保以及保险公司每年的平均持股季度数。

我们将沪深300指数与得到的全国社保以及保险公司每年的平均持股季度数数据相叠加进行比较，结果如图6-14所示。

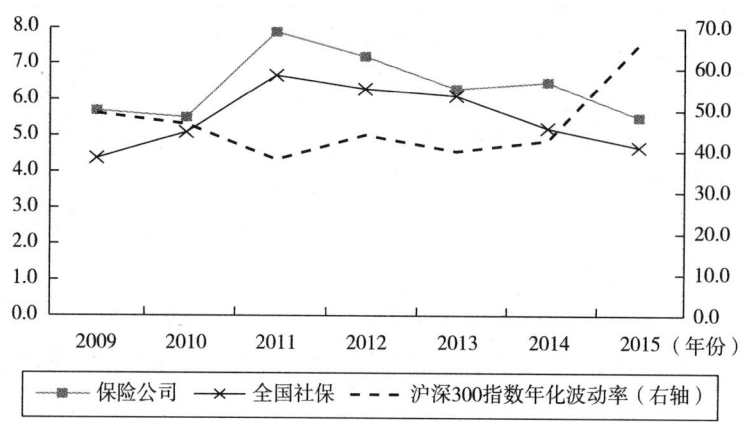

图6-14 保险公司和全国社保平均持股季度数

从图6-14中的结果可以看到，在我国二级股票市场上，保险公司的平均持股期限在4.4~7.9个季度，全国社保的平均持股期限在4.4~6.7个季度。根据我们的分类标准，保险公司和全国社保均属于长期投资者。

与市场波动率相结合可以看到，在市场整体波动较剧烈、沪深300指数年化波动率较高的年份，保险公司和全国社保的平均持股期限相对较短，而在市场波动率较低的年份，保险公司和全国社保的平均持股期限相对较长。

第六章 中国多层次资本市场投资者结构问题分析

根据前文分析，作为长期投资者的保险公司和全国社保，其持股期限根据市场的波动率存在一定的变化，我们对其内在原因进行分析。对于保险公司和全国社保而言，由于他们获取投资收益的方式是通过长期持有估值较低的股票，等待股票价格上涨带动估值回归正常水平，进而获取投资收益，因此，当股票价格剧烈波动时，若股票价格短期内快速上涨到合理的估值水平甚至远高于合理估值水平，保险公司和全国社保有提前卖出该股票锁定投资收益的动机。相反地，当股票价格快速下跌，跌至正常股指水平之下时，保险公司和全国社保可能会择机买入该股票，当估值回复正常水平时再卖出获得投资收益。

因此，虽然作为长期投资者的保险公司和全国社保的平均持股期限在市场波动加剧时有缩短的趋势，但是其内在逻辑并不是出于投机套利的目的，长期投资者与短期投机者相反的操作能够抵消或部分消除短期投机行为对股价的冲击，进而实现稳定二级股票市场价格波动的作用。

与成熟的美国市场进行比较可以看到，对应于中国的全国社保，美国的401（k）计划和个人养老计划两大养老资金持有股票占美国股票市场总市值比例远高于中国，养老保险资金是美国股票市场上最重要的长期投资者之一。美国的养老保险资金体系主要由三部分构成：政府设立的社保基金、雇主协助员工储蓄的退休金以及个人的养老金账户。其中，政府设立的社保基金由联邦政府和各州政府共同制定，资金由企业和员工按照工资的一定比例共同缴纳，类似国内"五险一金"中的"五险"；雇主协助员工储蓄的退休金根据雇主类型主要包括401（k）、401（a）、403（b）和457计划等，其本质是可以抵税的企业年金计划，由专业的投资机构代为管理，企业和员工可以自主选择缴纳比例，投资机构会提供一系列投资组合方案，供企业和员工自主选择年金的投资风格投资以及具体资产组合（并非具体到个股，而是在股票、债券、货币等大类资产间的不同配置方案）；个人养老金账户主要包括个人退休账户（IRA）以及其他DB（固定回报）及年金计划，由个人通过商业养老保险等保险机构设立。

美国在"二战"之后的婴儿潮对社会未来几十年后的养老体系形成巨大压力，单纯依靠政府统筹养老不可能满足人口老龄化进程带来的巨大的养老压力。因此，美国政府在"二战"之后就很有远见地开始通过发动雇主和员工自身资源建设养老保险体系，通过一系列税收减免和抵扣政策，促进养老保险的快速发展。《1974年职工退休所得保障法》和《国内税收法》等法律建立了雇主养老金制度的法律基础。越来越多的雇主帮助员工设立了缴费确定型计划（Defined Contributions Plans，DC），目前，缴费确定型计划是美国雇主养老金制度的主要形式，401（k）计划就是缴费确定型计划的典型代表。

为促进雇主和员工积极进行养老金储蓄，美国的税法规定对于缴纳401（k）计划的金额，可以进行税前抵扣，进而降低企业和个人应缴的所得税。另外，针对非营利组织（宗教、教育等机构）以及政府部分雇员，由于这些机构本来就是免税的，因而有相适应的403（b）和457计划适用于这些机构的雇员。这两个计划的模式和401（k）基本相同，只是不涉及税收抵减。由于政府的大力推进，美国的养老资产规模增长非常迅速，2015年美国各类养老资产规模总计超过25万亿美元，在股票资产上的配置规模超过4万亿美元（如图6-15所示）。

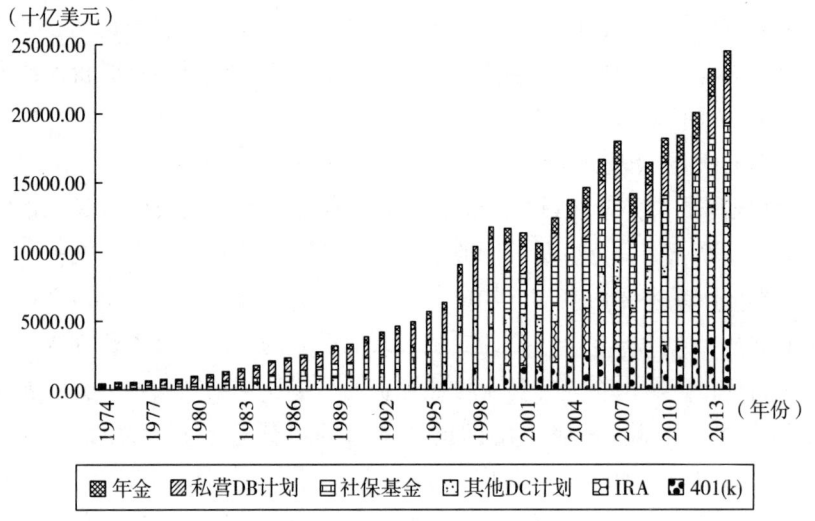

图6-15 美国各类养老资金总资产

在401（k）计划以及403（b）、457等养老储蓄计划中，企业和雇员自主决定支付多少比例的月工资，企业的支付类似于对员工的养老补贴。雇主需要委托专业机构对个雇员的个人账户进行托管，并向雇员提供5~10种投资选择，雇员自行承担投资风险。因此，保险公司、共同基金等专业养老资金管理机构获得了大量来自全社会的养老储蓄资产，加上政府设立的社保基金，美国三大养老保险支柱拥有庞大的资金规模，在全世界范围内进行大规模的资产配置，截至2015年底，美国保险公司资金运用余额超过9万亿美元，在股票资产上的配置比例超过2万亿美元，美国保险公司和养老基金合计持有超过30%的股票市场总市值，再加上共同基金，美国的主要长期机构投资者合计持有约60%总股票市值。因此，美国的股票市场呈现较长期的投资风格和理性的投资理念，投机活动相对较弱，市场稳定性相对较高。

相比之下，中国的保险公司和养老基金持有二级市场股票总市值的比例远低于美国，2015年，保险公司持有的二级市场股票总市值占A股总市值比例仅为2.2%，养老基金持股比例更低。由于中国的养老基金采用社会统筹账户和个人账户相结合的方式，社会统筹账户和个人账户可以互济，在实际操作中，由于大量为缴纳养老保险或缴纳年数较少的退休者需要大量养老金支出，因此，为弥补社会统筹账户的亏空，资金长期从个人账户划入社会统筹账户，导致个人账户存在严重的空账问题，各级地方政府账上的养老保险结余很少，基本处于现收现付的状态，遑论归集全国企业和个人缴纳的养老保险进行统一投资管理。目前，全国社保理事会具有代替各级地方政府管理养老保险结余的权限，但在实际操作中，仅有极少数地区委托全国社保理事会代为管理养老保险，导致中国二级股票市场上，作为重要的长期投资者之一的养老保险持有的市值比例极低，并不能起到通过长期投资稳定市场波动、树立长期投资典范、推动全市场形成长期投资理念的重要作用。

（2）公募基金的投资期限及与美国的发展比较。按照基金发行时指定的风格类型，可将公募基金分为价值型、成长型和平衡型基金。我们采用Wind数据库中的基金相关数据，由于从2009年开始才有完整地披露基金持股风格分类，我们统计了2009~2015年历年正在交易的不同风格公募基金的持股季度数作为基础数据。首先，我们统计了2009~2015年每年正在交易的三类基金各自的持股明细，按照之前提出的计算投资者持股期限的方法，分别计算出三类基金在2009~2015年各年中对每只个股的持股季度数；其次，求得三类基金在2009~2015年各年的持股季度数的算术平均数。为计算简便起见，我们没有考虑不同基金的规模权重，直接采用了算数平均作为各类基金各年平均持股季度数的计算方法，参考施东辉（2001）、孙培源等（2002）的研究，中国的公募基金具有显著的羊群行为，投资理念趋同、投资风格模糊，因此，忽略不同公募基金风格差异的算术平均的计算方法并不会造成结果的显著偏差。

为进一步说明公募基金投资期限的变化趋势，我们计算出沪深300指数的年化波动率作为市场整体波动性的参考指标，将沪深300指数2009~2015年历年的年化波动率与三类公募基金的平均持股季度数叠加到一起进行比较，研究公募基金投资行为与市场整体波动性之间的关系。我们采用Wind数据库的沪深300指数日收盘点位作为原始数据，沪深300指数的年化波动率具体计算方法阐述如下：

1）计算沪深300指数各周的周收益率：

$$r_t = \frac{(p_t - p_{t-1})}{p_t}$$

2）计算沪深300指数平均周收益率：

$$\bar{r} = \frac{\sum_{t=1}^{52} r_t}{52}$$

3）计算沪深300指数周收益率标准差：

$$\sigma = \sqrt{\frac{\sum_{t=1}^{52}(r_t - \bar{r})^2}{52}}$$

4）计算沪深300指数年化波动率：

$$\sum = \sigma \times \sqrt{52}$$

按照上述处理方法和计算方法得到的各年度公募基金平均持股期限与相应年度沪深300指数波动率的相互关系如图6-16所示：

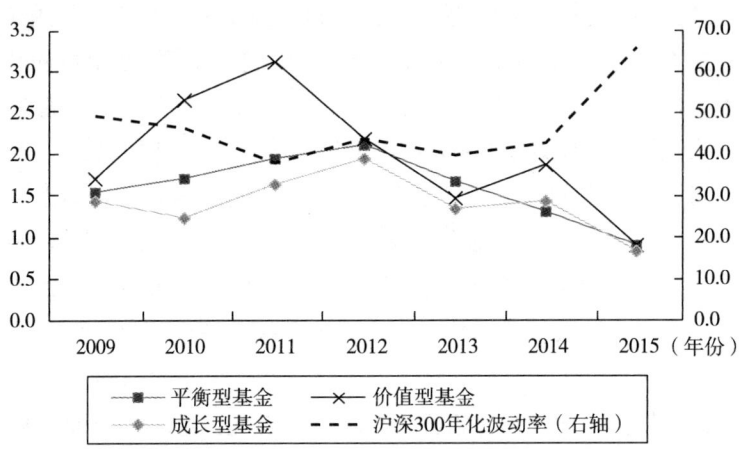

图6-16　不同风格公募基金平均持股季度数

从图6-16的结果来看，我国二级股票市场上的公募基金其平均持股期限在1.1~3.2个季度之间，根据我们的分类标准，属于典型的短期投资者。且价值型公募基金的平均持股期限相对较长，成长性公募基金的平均持股期限相对较短,平衡型公募基金的平均持股期限介于两者之间。

进一步地将三类公募基金平均持股期限与市场波动率相结合进行分析可以看到,在市场整体波动较剧烈、沪深300指数年化波动率较高的年份,三类公募基金的平均持股期限都相对较短,而在市场波动率较低的年份,三类公募基金的平均持股期限相对较长。

从换手率的角度来看,我国证券投资基金换手率长期高于150%,最高时换手率超过400%。对比成熟美国时长可以发现,美国股票型基金平均年换手率为60%~80%,约为我国2007~2015年证券投资基金换手率平均水平的1/3。由此可见,我国证券投资基金的换手率较高,投资期限较短。

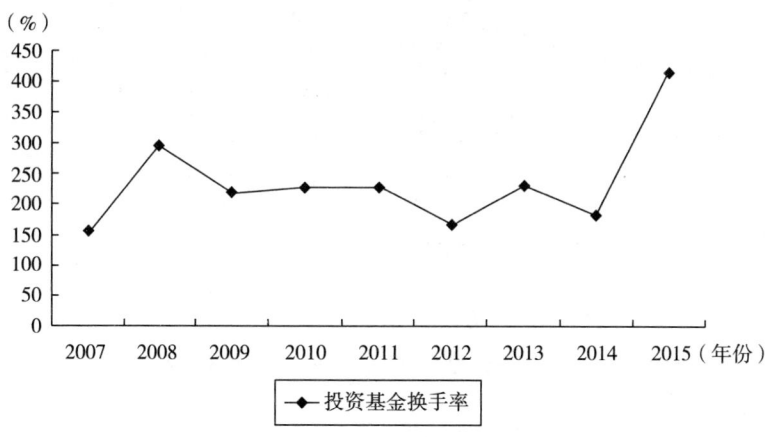

图6-17　2007~2015年证券投资基金换手率走势

(3)对市场波动性对公募基金持股期限的影响进行初步的分析。首先,公募基金是面向广大投资者公开发行的基金产品,投资者通过购买基金份额将自有资金委托给公募基金管理人进行投资管理。由于我国基金都采用契约制形式建立,因此,投资者对基金管理人的具体投资管理操作没有投票权,对基金表现不满意的情况下只有赎回基金份额这一种应对方式。

其次,虽然基金管理人具有一定的专业能力,但是由于其基础标的是二级市场股票,其交易对手也有很多是专业基金管理人,因此,基金管理人的投资表现不可能脱离市场运行的整体趋势(或不可能长期脱离市场运行的整体趋势)。为说明这一点,我们按照投资标的的不同,将涉及股票投资的相关公募基金产品(股票型基金、指数型基金以及混合型基金)2006~2015年的历年平均年化收益率与沪深300指数进行比较，同时我们计算了涉及股票的各类公募基金以及沪深300指数的年复合收益率以及收益率标准差，进而得到两者的商——夏普比率。具体比较结果如表6-10所示：

表6-10 股票相关公募基金与沪深300指数表现比较

	时间	沪深300	股票相关	股票型	混合型	指数型
年平均收益率（%）	2015-12-31	5.58	31.45	20.10	44.35	15.66
	2014-12-31	51.66	29.38	33.82	24.12	36.05
	2013-12-31	-7.65	10.27	3.03	16.76	1.89
	2012-12-31	7.55	5.75	6.58	5.29	6.19
	2011-12-31	-25.01	-21.78	-21.09	-22.08	-21.32
	2010-12-31	-12.51	1.11	-9.11	4.59	-11.25
	2009-12-31	96.71	65.95	78.23	63.69	79.93
年复合增长率R（%）		10.82	14.64	12.32	16.65	11.47
年收益率标准差σ		39.67	25.87	30.40	26.06	31.43
夏普比率（%）		0.21	0.47	0.32	0.54	0.29

其中，各项指标的具体计算方法如下：

1）年平均收益率。对每种类型的公募基金，每年将该类型内所有产品的收益率求取算术平均得到。

2）年复合增长率。通过每种类型公募基金以及沪深300指数的年收益率X_t求七年间公募基金净值的年复合增长率：

$$R = \sqrt[7]{(1+X_1)(1+X_2)\cdots(1+X_7)} - 1$$

3）年化波动率。对4类公募基金以及沪深300指数分别计算月收益率并求得月收益率标准差，再将月收益率标准差乘以$12^{1/2}$进行年化处理。

4）夏普比率：无风险利率R_f取2009年1月1日至2015年12月31日的1年期国债的平均利率2.49%（中债统计），夏普比率 = $(R - R_f)/\sigma$。

从表6-10可以看到，股票相关公募基金复合年均增长率略高于沪深300指数，波动率则略低于沪深300指数，股票相关公募基金夏普比率高于沪深300指数。这表明，公募基金管理人具有较强的管理能力与风控能力，能够一定程度上打败市场。

进一步我们根据实际数据画出2006~2015年沪深300指数和股票相关公募基金的收益率走势对比图，结果如图6-18所示。

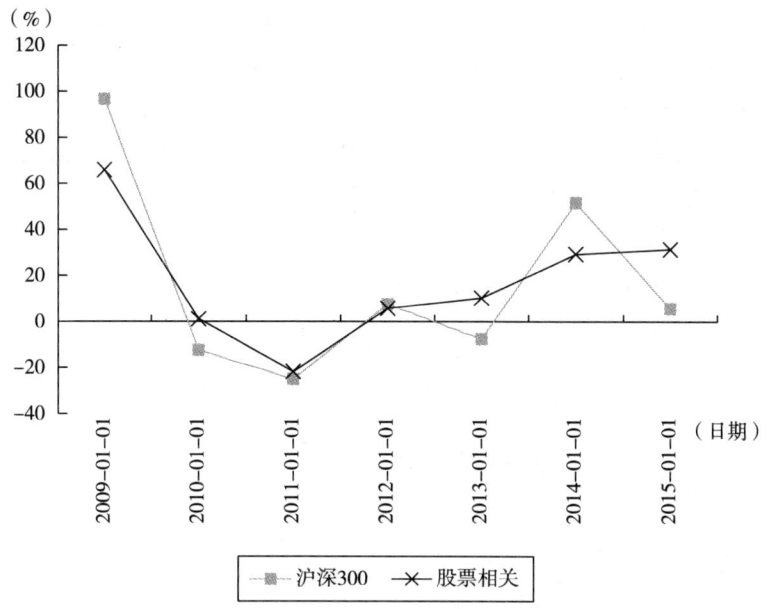

图 6-18 股票型公募基金与沪深 300 指数年收益率比较

从图 6-18 中可以看到，股票相关公募证券投资基金的收益率走势与大盘指数非常相似，股票相关公募基金年度收益率通常在沪深 300 指数年收益率较高的年份低于指数收益率，而在指数年收益率较低的年份高于指数收益率，换言之，股票相关公募基金的收益率波动性相较沪深 300 指数更小，但投资收益率仍与大盘整体表现高度相关，并不能长期稳定地战胜指数。

综上所述，虽然公募证券投资基金管理人具备较强的投资管理能力，但无法长期大幅背离市场整体的运行状况，公募基金的投资表现极大地受到基础标的资产市场整体收益率情况的影响。

最后，认购基金的投资者面对多种类型的基金产品，投资者在进行投资决策时，会倾向于选择认购波动性较小、收益率较高的产品，也即投资者倾向于认购夏普比率较高的基金产品。我们按照前述方式计算其他类型的公募基金产品的年复合收益率、收益率标准差以及夏普比率，具体结果如表 6-11 所示。

从表 6-11 可以看到，一方面，涉及股票投资的相关公募基金产品（股票型基金、指数型基金以及混合型基金）的夏普比率远低于债券、货币和保本型公募基金产品。综上所述，在市场波动较大的年份，尽管股票相关公募基金产品的基金管理人具备一定的战胜市场的能力，但仍无法大幅脱离市场运行趋势，相比于配置其他大类资产的公募基金产品而言，其收益率相对较低，波动性相对较高，对投资者的吸引力大幅下降。因此，在股票市场波动较为剧烈的年份，涉及股票投资的相关公募基金产品的投资者有赎回基金份额、投资其他类型公募基金产品的动力，股票相关公募基金将面临较大的赎回压力，不得不频繁根据投资者的赎回要求调整股票仓位，进而降低了平均持股周期。

表6-11 股票相关公募基金与其他公募基金表现比较

	日期	股票相关	债券型	货币型	保本型
年平均收益率（%）	2015-12-31	31.45	11.06	3.65	19.06
	2014-12-31	29.38	19.37	4.72	17.47
	2013-12-31	10.27	0.47	4.10	2.81
	2012-12-31	5.75	7.07	3.95	4.49
	2011-12-31	-21.78	-2.71	3.59	0.38
	2010-12-31	1.11	7.42	1.83	2.85
	2009-12-31	65.95	4.93	1.44	16.98
复合年增长率R（%）		14.64	6.60	3.32	8.88
年化波动率σ（%）		25.87	6.66	1.13	7.63
夏普比率（%）		0.47	0.62	0.74	0.84

另一方面，股票相关公募基金的管理人为降低基金收益率的波动性，有缩短持股期限的动机，随着持股期限的缩短，股票收益率的波动性会相应减小。以2009~2015年的沪深300指数月度数据为例进行说明，我们计算从2009年1月31日起，持有沪深300指数（相当于按照市值权重买入并持有300只成分股股票）1个月，2个月，3个月，…，12个月的不同持股期限下的收益率标准差（以5个月持股期限为例，分别计算2009-01-31~2009-06-30，2009-02-28~2009-07-31，…，2015-07-31~2015-12-31的区间收益率，之后对上述一系列持股期限5个月的投资收益率计算标准差）。具体结果如图6-19所示：

从图6-19中可以看到，缩短持股期限能够大幅降低投资收益率的波动率，在市场整体波动性较大的年份，为维持基金产品收益率的相对稳定，股票相关公募基金管理人有缩短持股期限，尽快止盈、止损锁定收益的动机。因此，在市场整体波动较剧烈、沪深300指数年化波动率较高的年份，三类公募基金的平均持股期限都相对较短。

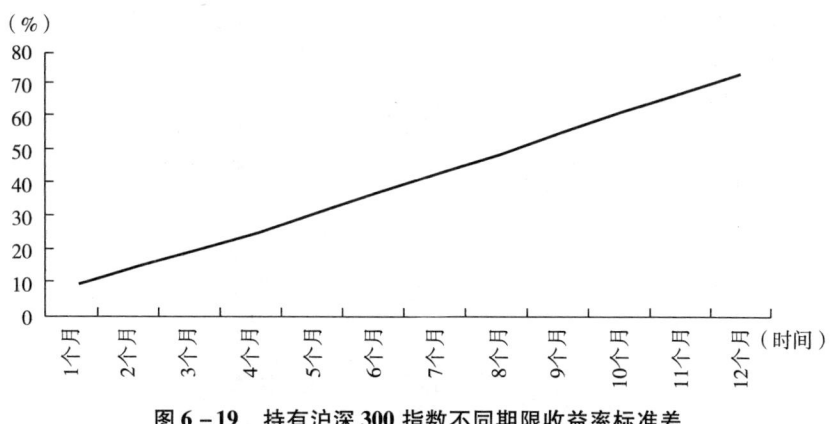

图 6-19 持有沪深 300 指数不同期限收益率标准差

综上所述,我国二级股票市场上最主要的机构投资者之一的公募基金按照针对持股期限的划分标准,属于典型的短期投资者。

与成熟的美国市场进行比较可以发现,美国资本市场上的共同基金(类似我国公募基金)是长期投资者,而非我国公募基金一样的短期投资者。美国资本市场经过长时间的发展,经历了数次市场的大幅波动,大量投机性投资者经过历次市场淘汰过程,基本退出市场,市场上整体投资规范性较强,树立了稳健的投资理念。在这样的市场土壤上成长起来的美国共同基金管理人倾向于较长的持股期限,通过长期投资的方式获取投资收益。

相比中国的公募基金 1.1~3.2 个季度的平均持股期限,美国的共同基金持股期限明显较长,根据 ICI 数据显示,美国共同基金的平均持股期限在 6 个季度以上。美国的共同基金平均持股期限也与市场波动率有一定的负相关性,市场波动较大的年份,共同基金平均持股期限相对较短,而市场波动率较小的年份,共同基金平均持股期限相对较长(如图 6-20 所示)。

从资金规模的角度来看,美国共同基金净值约为中国公募基金净值的 13 倍。但由于中美经济体量差异较大,直接比较两国共同基金(公募基金)的净值不具有明显意义,因此,我们计算共同基金(公募基金)持有的股票资产占两国股票市场总市值的比例进行比较,结果如图 6-21 所示。

可以看到,美国的共同基金持有股票资产占市场总市值的比例呈现相对稳定、略有增长的发展状态,而中国的公募基金持有股票资产占中国股票市场总市值的比例则一直下降,2014 年一度下降到 5% 的历史低位,2015 年进入一波反弹行情,带动公募基金持股份额出现小幅上涨,但从长期来看,整体的份额缩减趋势较为明显。

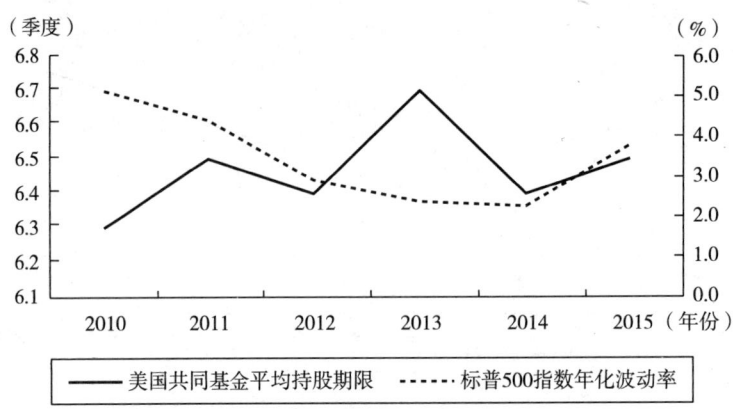

图 6-20　美国共同基金平均持股季度数

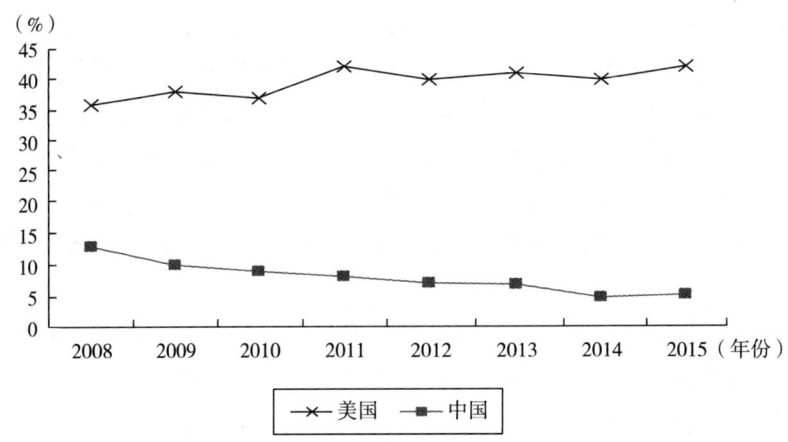

图 6-21　中美共同基金持股占总股票市场总市值比例比较

从共同基金（国内的公募基金）持股比例的发展趋势也能看出，中国的公募基金面临更强的赎回压力，投资表现也不具有吸引力，公募基金的投资表现并不能显著战胜个人投资者，导致个人投资者直接投资股市的比例仍然很高，进一步加剧了市场波动，制约了在股票市场内长期投资理念的培育和发展。

我们发现，如前文所述，美国的企业和个人储蓄的养老资金需要委托给专业的养老金管理机构代为投资管理，共同基金就是重要的专业养老资金投资管理人。根据 ICI 各年度的统计年报，我们计算出美国的企业年金和个人养老计划所持有的共同基金资产占共同基金总净值的比例，具体结果如图 6-22 所示：

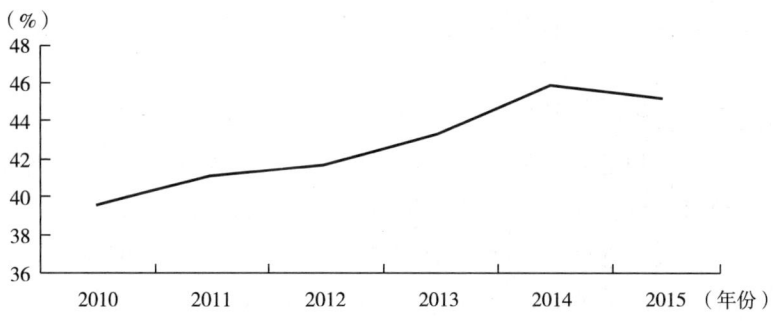

图 6–22　美国 401（k）及个人养老计划资产占共同基金净资产比例

从图 6–22 中我们可以看到，由于美国的企业年金［401（k）、401（b）等计划］以及个人养老计划（IRA）在税收优惠、政府引导、市场规范等方面的大力建设，近年来呈现快速增长的趋势，美国的企业年金和个人养老计划积累的总资产规模快速膨胀，委托共同基金代为管理的资金规模也增长迅速，美国的企业年金和个人养老计划所认购的共同基金份额占共同基金总净值的比例快速提升，2014 年达到超过 46% 的历史高点，2015 年略有回落，但仍保持 45% 以上的净值份额。

相比较而言，中国的社保基金规模尚小，由企业和员工共同缴纳的"五险一金"仍未能落实个人账户，基本处于现收现付的状态，归集到个人账户之下进行保值增值的投资管理的制度基础仍然欠缺，养老保险仍不能成为公募基金主要的投资人。另外，国内个人商业养老保险的发展速度也远落后与美国，类似 IRA 的资产规模相对较小，也无法对公募基金的发展提供支撑。

养老保险资金具有明显的时间特性，即年轻时有持续的资金流入，经过几十年的时间跨度后，在很远的未来需要提供稳定的现金偿付。这种很长期限跨度的资产、负债预期加上极为庞大的资金规模，使养老资金的投资管理人不可能进行频繁的短期投资行为。一方面，几十年的时间跨度下较短期限的投资策略面临很大的不确定性，与时间跨度相匹配的投资策略持股期限能够降低不确定性风险；另一方面，数万亿规模的资产配置在股票市场上，已经占据相当高的总市值比例，频繁的交易带来的冲击成本非常高昂，市场流动性也难以支撑如此大量的资金频繁进出股市。

养老保险资金的投资管理人在资金体量和资产、负债预期的约束下，必然选择较长的投资期限进行资金投资管理。由于美国的共同基金总净值中有近一半的资金来源于养老保险资金，因此，美国的共同基金管理机构形成了较长投资期限的投资风格，成为美国股票市场上一个重要的长期投资者，起到了稳定市场的重要作用。

相比之下，由于中国的养老保险结余很少，委托全国社保或者公募基金代为投资管理的资金规模非常有限，养老保险资金在公募基金投资者中所占份额很低，不能对公募基金管理人形成有效的监督促进作用，因此，其较小的资金体量不足以引导公募基金管理人进行更加理性的长期投资，使中国的公募基金与成熟的美国市场上的共同基金形成截然不同的投资期限风格，没有成为能够起到平抑二级股票市场波动的长期投资者，反而成为加剧二级股票市场价格波动的短期投资者的典型代表。

2. 投资者投资期限的内在决定因素

（1）投资者的投资期限与自身流动性需求紧密相连。有较大短期偿付压力的投资者倾向于采用更短的投资期限，持有大量高流动性资产应对预期兑付需求，频繁发生的兑付需求导致投资者频繁进行短期交易，因此，面临大量短期兑付请求的投资者倾向于采用与其资金结构相匹配的短期投资策略。虽然这类投资者采用长期投资策略能够在长期中获得投资收益，但需要承担一定的短期亏损风险，面临频繁短期兑付请求时在未实现盈利的阶段就可能为应对赎回请求出售标的资产，因而无法实现长期投资收益。因此，这类投资者的资金提供方的特点决定了其无法采用长期投资的策略。相反地，短期偿付压力较小的投资者则可以有更灵活的投资期限选择空间，可以采用较长的投资期限，买入并持有被低估的股票，对短期亏损有一定的承受能力，在较长的持股期限内，通过股票价格回归内在价值，实现长期投资收益。

（2）投资者的投资期限也与管理的资金规模密切相关，资金规模较小的投资者可以有更灵活的投资期限选择空间，由于资金量较小，交易的冲击成本较低，可以选择较短的投资期限。相应地，资金规模较大的投资者只能采用相对较长的投资期限，由于其资产规模过于庞大，市场无法对其资金量提供充足的流动性，短期内频繁交易带来的冲击成本很高，吞噬了大量投资收益，因此，这些大型投资机构一般会采用较长的投资期限，短期交易的比例较低。

（3）投资者面临的预计负债现金流结构对其投资期限的选择有直接影响。以养老保险、企业年金等为代表的投资机构先经历较长时间的资金净流入，之后在十几年乃至几十年的时间跨度之后面临稳定的预期资金流出。这样的较长时间跨度的预计负债结构决定了这类投资机构不可能采用短期投资策略，在如此长的时间跨度内,投资者需要进行大量的短期交易,策略失败的概率极高,大量短期交易的管理难度和运作成本也很高。因此,有较长期限的预计负债现金流的投资机构一般倾向于采用较长的投资期限。

(4) 不同类型的机构投资者有取决于其出资人特点、资金规模、预计负债结构等的内生投资期限选择偏好。并且,通过从以上分析可以看到,中国二级股票市场长期资金规模不足,主要原因是以保险公司、全国社保和个人养老保险为代表的长期保险资金在二级股票市场的配置不足。公募基金规模不足和投资期限短期化也可以归因为长期保险资金在二级股票市场配置比例不足,公募基金缺乏长期稳定且规模庞大的保险资金作为认购人,面临更多短期赎回的压力,导致中国的公募基金无法形成与美国共同基金类似的长期投资理念。

二、培育长期投资者的重要意义和政策建议

1. 长期投资者能够支持实体经济转型升级

在中国经济结构升级和产业转型的关键时点,资本市场需要承担更多为实体经济提供融资支持的作用。实体经济的转型升级必然需要较长的时间来实现,高新技术的研发、创新商业模式的探索,都需要长期的资本投入才可能实现。因此,资本市场上长期投资者所提供的长期资金对资本市场发挥对经济转型和产业升级的融资支撑作用具有至关重要的意义,长期投资者承担着为经济重拾增长动力、实现持续增长提供充足长期融资的重担。

长期投资者实现对实体经济可持续的长期融资支撑需要满足两个重要条件:

(1) 长期投资者应当具备将家庭和企业部门的储蓄转化为长期资金以支撑实体经济转型升级和持续发展中不断扩张的长期融资需求。单纯依靠自有资金难以满足整个经济体的转型升级,长期投资者必然需要通过向家庭和企业部门通过契约认购、委托投资等多元化的融资方式归集社会零散资金,将家庭和企业部门的储蓄转化为长期投资者可以在一定程度上自由支配的投资资金,进而通过长期投资的方式为实体经济提供融资支持,并与家庭和企业部门分享投资收益。具有上述资金归集功能的机构主要包括发行基金产品的公/私募基金、通过信托计划获取社会零散资金的信托公司、针对高净值客户提供委托投资服务的券商专户和集合理财、吸收保费转化为浮存金的保险公司、强制性缴费的社会保险(五险一金中)、财政划转和国有资产出售所得构成的全国社会保障基金等。

(2) 长期投资者还应当具备充分的资产定价能力、风险控制能力、长期管理能力,能够对长期融资标的进行合理的定价、成熟的投后管理、长期的风险管控,以实现可持续的长期投资。长期投资的投资收益需要在3~5年乃至更长的时间跨度内兑现,对于如此长时间跨度内投资标的的价值判断(具体来说就是判断研发高新技术、探索创新商业模式的企业在3~5年时间跨度内的企业内在价值)需要专业的研究团队进行资产定价。同时,很长的投资时间跨度内必然需要承担短期内的市场波动,对于长期投资者的风险控制能力提出了很高的要求。另外,长期投资者在为企业或具体项目提供长期融资时一般持有股权比例较高,对企业或具体项目具有较强的影响能力,应当起到充分的投后管理和监督功能,保证被投资企业或项目按照合理的发展路径实现可持续增长,降低代理人风险,控制长期投资标的偏离预计转型升级发展路线的风险。实现长时间跨度内合理定价、持续可靠的风险管理以及长期有效的投后监督管理,长期投资者才能通过长期投资分享经济转型升级带来的企业内生增长,进而获取与其资金成本以及长期投资风险相匹配的投资收益,长期投资者的资金供给方(家庭和企业部门)能够获得合理投资收益才能持续为长期投资者提供零散的储蓄资金,维持长期投资者的资金规模和对实体经济提供长期支撑的融资能力。长期投资者必须在合理定价、风险可控的基础上才能实现对实体经济转型升级的可持续的融资支持。

可持续的长期投资资金能够实现对实体经济转型升级的融资支持,同时能够通过对公司管理层的长期监督,避免管理层短视行为,实现公司的持续性经营和长期高效发展,达到与长期投资者对公司长期发展预期相符合的发展程度。长期稳定的融资保障使公司管理团队将更多精力投入到企业经营、技术研发和市场模式开拓上,避免过多短期撤资等套现行为对公司技术研发和模式升级带来频繁掣肘,对企业转型升级提供最大程度的支持。长期投资者在提供稳定的长期资金帮助企业实现可持续长期增长的同时,能够分享企业成长的价值,实现稳定的长期投资收益,进而与资金实际供给方分享投资回报,维持家庭和企业部门对长期投资者投资理念和成果的认同、吸引更多家庭和企业部门成员配置长期投资资产,进一步扩大长期资金规模,为实体经济转型升级提供更强的融资支持,实现不断自我强化的良性循环。

2. 长期投资者能够平抑二级股票市场价格波动

关于机构投资者的投资期限,国外研究者一般采用类似换手率的指标进行描述。Gaspar等(2005)构建了机构投资者股票流失率(CR)的指标,计算每一期机构投资者持有股数的变动比例作为投资者投资期限的度量指标,通过与全市场机构投资者股票流失率的均值进行比较,将股票流失率较高的机构投资者视为短期投资者,而将股票流失率较低的机构投资者视为长期投资者,进而实现对机构投资者投资期限结构的划分。Bushee（2001）则计算每一期机构投资者卖出的总金额占期初持有总市值的比例,构建了机构投资者换手率的指标,通过类似的与均值比较的方法区分长期投资者和短期投资者。

但是在前文的分析中我们指出,长期投资者也不是完全不进行短期交易,其对股票价格波动平抑的一个重要方面就是在股票价格异常波动时进行适量的反向交易,具体来说,当股票价格明显低估时,长期投资者会择机买入股票,进而稳定该股票的价格或推动股票价格提升,当股票价格明显高估时,长期投资者会考虑卖出股票,进而抑制股票价格大幅偏离合理估值水平。由于长期投资者一般拥有较大的资金规模这些交易活动会在短期内体现为较高的换手率,因而采用前人通常使用的类似换手率的指标并不能有效区分不同机构投资者的投资特性,这些指标会把平抑波动的长期投资者交易和加剧波动的短期投资者交易混为一谈,在某些时刻将长期投资者定性为短期投资者。

为避免换手率型指标带来的误差,我们计算机构投资者持有每一家上市公司股票在两年的时间窗口内的连续持股季度数。如图6-23所示,我们要计算A机构在t_1季度持有股票X的投资期限,则构建未来2年（8个季度）的时间窗口,计算从t_1开始A机构连续持有股票X共多少季度,记为A机构t_1时刻持有股票X的投资期限。计算t_2季度A机构持有股票X的投资期限时,将时间窗口向后滚动一个季度,以图6-23为例,第2季度A机构持有股票X的投资期限变为3个季度。

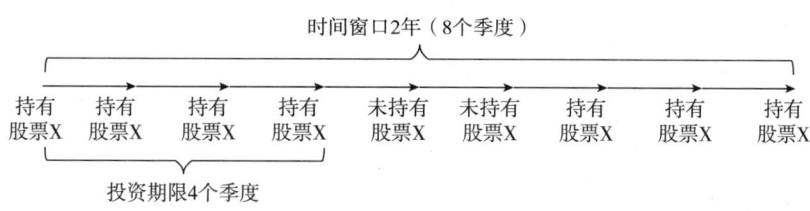

图6-23 投资期限计算方法

我们的基础数据是来自Wind数据库的2005~2015年A股全部上市公司剔除2015年才上市以及中途退市的公司的每一季度的前十大机构投资者,总计44个季度、2110家上市公司、21100个机构投资者的文本数据。根据我们对投资期限的定义,筛选出各家上市公司前十大机构投资者中的长期投资者和短期投资者并输出各个投资者的持股期限数据。

计算出机构投资者持有每只股票的投资期限后,我们采用固定的阈值来判断机构投资者的投资期限。结合前人的研究成果,我们采用1年(4个季度)作为划分标准,将投资期限高于1年的机构划分为长期投资者,投资期限不足1年的机构划分为短期投资者。采用上述方法对A股市场整体和三个板块的投资者投资期限进行分析,我们得到结果如表6-12所示:

表6-12 二级股票市场长/短期投资者平均投资期限

类别	年份	2005	2006	2007	2008	2009	2010	2011	2012	2013
整体	短期投资者	1.72	1.61	1.63	1.81	1.69	1.72	1.77	1.80	1.74
	长期投资者	5.75	5.98	6.50	6.65	6.80	6.79	6.79	6.72	6.69
主板	短期投资者	1.74	1.61	1.64	1.81	1.71	1.76	1.80	1.82	1.77
	长期投资者	5.72	5.90	6.53	6.68	6.85	6.85	6.91	6.87	6.78
中小板	短期投资者	1.49	1.60	1.60	1.78	1.68	1.67	1.74	1.79	1.72
	长期投资者	5.99	6.23	6.26	6.52	6.63	6.56	6.60	6.53	6.57
创业板	短期投资者	—	—	—	—	1.26	1.56	1.71	1.75	1.68
	长期投资者	—	—	—	—	4.75	6.01	6.13	6.03	6.31

由于我们采用2年的时间窗口来判断2005~2015年投资者的投资期限,因而最后一个时间窗口是在2013年4季度至2015年4季度,故我们的描述性统计结果截止到2013年。

从表6-12中的结果来看,A股整体的短期投资者的平均投资期限在1.6~1.8个季度,长期投资者的平均投资期限则在5.7~6.8个季度,描述性统计结果与前人的研究基本一致。

从分板块来看,在绝大多数阶段中,主板投资者的投资期限都高于中小板,中小板投资者的投资期限又高于创业板。这反映出各层次市场上投机气氛的强烈程度的差别,也与各层次市场的平均估值水平密切相关,在估值相对较低的主板市场上,投资者还有可能挖掘价值低估的股票进行长期投资,而在估值相对较高的中小板和创业板市场上,具有长期投资价值的股票数量较少,这些市场上的交易者更多的是进行短期投机性操作。

3. 发展二级市场长期投资者的政策建议

长期投资者持股比例提升有助于维持二级股票市场价格的稳定，而短期投资者持股比例增加则会显著提升二级股票市场价格的波动性。当前中国二级股票市场上，长期机构投资者提供的长期资金规模显著不足。相比成熟的美国市场，在中国主要的机构投资者中，保险资金和全国社保资金的绝对规模和相对GDP的规模都明显偏低，公募基金相比美国的共同基金的绝对规模和相对GDP的规模也都明显偏低。同时，中国的公募基金的投资期限明显偏短，属于典型的短期投资者，而美国的共同基金是典型的长期投资者，导致中国二级股票市场上的长期资金规模进一步不足。

从机构投资者内在联系来看，美国的养老保险资金为二级股票市场提供了庞大的长期资金来源，同时，养老保险资金是美国共同基金最重要的投资人之一，其庞大的资金规模和极长的投资回报期限促使美国的共同基金采用更长的投资期限，形成长期投资的理念，促进全市场降低投机行为的氛围，提升二级股票市场的稳定性。

针对中国二级股票市场上主要的机构投资者，我们发现，作为典型长期投资者的保险公司和全国社保，一方面，在当前的制度环境下无法实现养老保险的大规模入市；另一方面，在当下的资产收益—风险关系水平下，保险公司根据资产组合理论，在做出的资产最优化配置中，对收益率相对较低、风险相对较高的股票资产的合理配置比例较低，限制了长期投资者在二级股票市场上的资金规模，长期投资的理念难以得到普及，也难以发挥平抑二级股票市场价格短期波动的重要作用，进一步导致股票资产相对其他大类资产缺乏吸引力，长期投资者进一步低配二级市场股票资产，形成自我强化的恶性循环。

而本应成为重要的长期投资者的公募基金，一方面，由于缺少大规模的长期保险资金的支撑，在绝对规模和相对规模上都明显偏低，同时难以形成长期投资的理念，在短期的赎回压力和密集的业绩考核周期的压力下反而成为典型的短期投资者；另一方面，中国二级股票市场相对其他大类资产，其收益率相对较低、波动性相对较高，公募基金份额的认购人在市场风险较大时有赎回股票型公募基金份额、认购以其他大类资产为标的的投资产品的动机，导致公募基金管理人经常面对较大的赎回压力，进一步限制了公募基金管理人进行长期投资的可能性。

因此，当前我国二级股票市场仍处于短期投机风气极为浓厚的氛围当中，长期投资者面临种种不利因素,难以成为市场的主力,长期投资的理念也难以在当前的二级股票市场中普及,长期投资者资金规模不足将无法有效平抑市场波动,对二级股票市场的健康发展乃至多层次资本市场的稳定运行带来不利影响。为稳定二级股票市场、提升多层次资本市场运作效率、为实体经济转型升级提供更扎实的融资支持,必须大力促进长期投资者进入二级股票市场,提升长期投资者在二级股票市场中的资金比例,促进长期投资的理念在二级股票市场中的普及,具体政策手段有如下三个方面:

(1) 完善养老金个人账户制度建设,提升可投资股票市场的养老保险资金规模。目前我国的企业和个人缴纳的养老保险(通过"五险一金"缴纳)并不是像美国的社会保障基金一样归集到个人账户,通过专业机构进行投资管理实现保值增值,并在退休后以年金的形式按期支付给退休员工。而我国的养老保险采取的是社会统筹账户和个人账户相结合的模式,社会统筹账户和个人账户之间可以进行互济。在实际操作中,由于存在制度落实之前并未缴纳个人账户养老金的退休职工或缴纳的时间较短,个人账户的积累金额有限。为了保障这部分退休人员的养老问题,在职职工的个人账户中有大量资金被通过"互济"的形式挪用到社会统筹账户中,用来向个人账户不足的退休和将退休人群发放养老金。由于退休职工数量越来越大,随着计划生育政策带来的人口老龄化快速加剧,在职职工养老金个人账户"空账"问题严重,各级地方政府养老保险账户内结余很少,基本完全按照"现收现付"的形式支付完毕。

由于没有个人账户的结余积累,本应作为重要的长期资金来源的养老保险资金在中国资本市场内无法发挥其重要作用。因此,必须从制度上清理个人账户和社会统筹账户的历史欠账,通过其他资金来源弥补已退休职工养老金的缺口,将在职职工缴纳的养老保险全部或者大部分留存于个人账户中并交由专业投资机构代为管理。一方面,实现职工养老保险的可持续发展;另一方面,形成养老保险这一重要的长期投资资金池,为二级股票市场提供充足的长期资金来源,促进二级股票市场形成长期投资的风气,降低市场价格波动性,提升多层次资本市场整体运作效率。

(2) 通过税收抵扣等优惠政策鼓励个人养老保险发展。参考美国的成功经验,通过税收抵扣的方式鼓励雇主和员工个人设立个人养老年金账户能够激发个人养老储蓄的热情,逐渐汇聚成一笔规模庞大的养老保险资金,进而作为长期投资的重要资金来源投入二级股票市场。

目前企业年金不超过个人工资4%的部分可以抵扣所得税,在提取年金时需要缴纳个人所得税。未来可以通过提高抵税比例、给予提取年金时一定税收优惠等政策来鼓励企业和个人设立企业年金计划。在养老保障问题上，企业和个人拥有很强的自主能动性，从美国的经验可以看到，美国企业和个人缴纳的年金规模年增速高达 8%~9%，远高于美国 GDP 的增长速度。

企业年金作为个人账户有力的补充，是重要的长期投资资金来源，鼓励企业年金的发展对促进长期资金进入二级股票市场具有重要意义。

（3）延长公募基金业绩考核期限，对不同类型的基金产品规定相应的最低绩效考核年限，按年度或者更长期限的业绩确定绩效奖金。目前我国的公募基金每个月、每个季度根据基金产品的业绩表现都会对基金管理人和研究团队确定相应的绩效奖金，这种很短期限的业绩考核模式加剧了基金管理人的短期投资动机，不利于长期投资理念的培育，使机构投资者作为理性投资的标杆作用难以发挥。

为提升公募基金管理人的长期投资意识，应当逐步建设全行业的长期业绩基准。针对各类主动、被动股票型基金，推动构建与其特征相适应的三年期、五年期业绩评价基准。根据股票市场指数和基金产品发展情况，为各类基金提供行业平均业绩基准和指数业绩基准两个参照体系。同时，随着养老金逐步入市，应当研究推出养老金配置指数基准，作为公募基金管理养老金的业绩考核指标。针对公募基金管理机构，推动构建与其长期信用、长期业绩表现相适应的五年期以上评价标准。推动资产管理行业实施长期业绩与信用评价，激励市场机构制定差异化长期战略，发展专业化工具型产品。

第三节　新三板市场流动性风险与投资者结构问题

一、新三板流动性分析

近年来，新三板市场规模快速扩张，市值规模从 2013 年 1 月 1 日的 236 亿元上升到 2016 年 12 月底的 26970 亿元，融资规模从 2013 年的 10 亿元增至 2016 年的 1442 亿元。截至 2016 年 12 月 31 日，新三板挂牌企业已达 10163 家，挂牌数量已经实现破万。然而，尽管新三板的快速发展在很大程度上为中小企业发展带来了生机与活力，但是目前处于初级发展阶段，还存在诸多问题需要解决，而流动性问题一直首当其冲最受关注。中国证监会及相关部门拟定了众多方法，例如，设立新三板分层制度，引入做市商制度，虽然在一定程度上缓解了流动性问题，但是并没有带来实质性的改善。2016年9月国务院常务会议指出"要完善全国中小企业股份转让系统交易机制"，《关于促进创业投资持续健康发展的若干意见》强调"完善新三板交易机制，改善市场流动性"。所谓纲举目张，改善流动性已成为保障我国新三板市场健康有序发展的关键，决策层的高频表态显示破局的时点有望加快来临。

在多层次资本市场中，新三板是连接上市交易市场（主板/二板）和股权市场（区域股权市场）的中间层次，因此，市场参与者对新三板定位和发展前景的理解分歧很大，有的认为是以纳斯达克为蓝本的可以公开发行的集中交易市场，有的认为是股权市场，只是增加企业的透明度，便于企业进行私募融资。可见新三板的定位应该进一步进行明确，以形成市场共识，推动相关政策快速出台。自新三板设立以来，国务院和证监会发布的多个文件都提及新三板的定位和功能问题，总体归结为以下三点：一是新三板是全国性证券交易场所，是独立的市场，主要为创新型、创业型、成长型中小企业发展服务；二是新三板投融资体制是小额、快速、灵活、多元的，适合为中小企业服务；三是新三板是多层次资本市场的组成部分，条件成熟时挂牌公司可以向沪深交易所转板。

从以上三点分析可以看出，设立新三板的初衷就是为创新型、创业型、成长型中小企业发展服务，同时区别于创业板和股权市场。新三板的定位应该围绕更好地服务中小企业的大前提，充分发挥新三板市场的融资、投资功能。新三板市场挂牌企业已过万家，已成为世界挂牌企业最多的交易场所，不管认可与否，新三板市场已成为我国产业转型升级的主战场，它的成败事关中国多层次资本市场建设与经济创新增长的成功关键。

1. 我国新三板目前流动性现状

在分析融资、投资功能时，流动性是非常重要的指标，因为流动性的好与坏直接影响融资和投资的效率（如图6-24所示）。在流动性指标的选择上，综合可比性实用等因素，选择换手率指标。在已经公布的数据中，对比主板、创业板、新三板的换手率，创业板表现最好，主板流动性稍低，新三板流动性表现最差。根据Wind数据库上查询的周换手率（整体法）数据，2016年创业板周换手率保持在10%~25%，而主板保持在5%，新三板则保持1%以下。如果按照Wind提供的2016年交易数据，创业板、主板以及新三板的年换手率估算为

415.1%、234.9%以及20.62%。

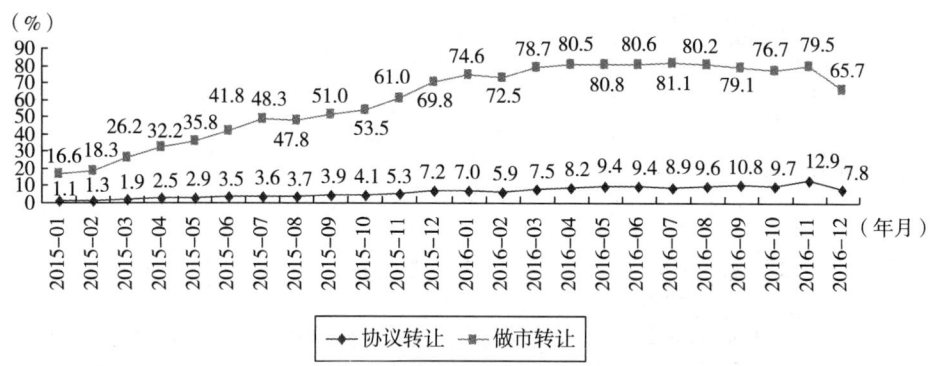

图6-24 新三板市场有交易公司占比

从结构上来看，进入到2016年，采用做市转让方式平均每个月大约有80%左右的企业有交易额，采用协议转让方式平均每个月只有10%以下的企业有交易额。可见还有很多的企业在当月没有发生交易。衡量交易结构的另外一种更加直观的方法是，以成交量之和达到总成交量80%的企业数占比作为反映市场成交量结构性的指标。该指标计算方法为：首先，计算每月市场总成交量的80%；其次，将企业当月成交量由高到低进行排序，由上而下加总，得到成交量之和达到总成交量80%的企业数；最后，将这一企业数与当月有交易的企业总数作比，得到的比例即要采用的指标。这一比例越低，说明成交量居前的小部分企业构成了整个市场成交量的绝大部分，即成交量集中度较高。成交额的结构性分析也是如此。

分析结果如下，2014年至2015年初新三板市场的成交量与成交额集中度呈稳中有降态势（如图6-25所示），2015年初基本符合"二八"定律，即约20%的企业的成交量（成交额）占了总成交量（总成交额）的80%。2015年5月附近企业数占比出现小V形，即集中度在5月有所上升后6月又回落。2015年下半年成交量与成交额的集中度呈大幅上升趋势，一度达到6.28%的企业的成交量占了总成交量的80%，年底集中度才有所下降。2016年成交量与成交额集中度较为稳定且处于较高水平，基本保持在约10%的企业的成交量（成交额）占了总成交量（总成交额）的80%。

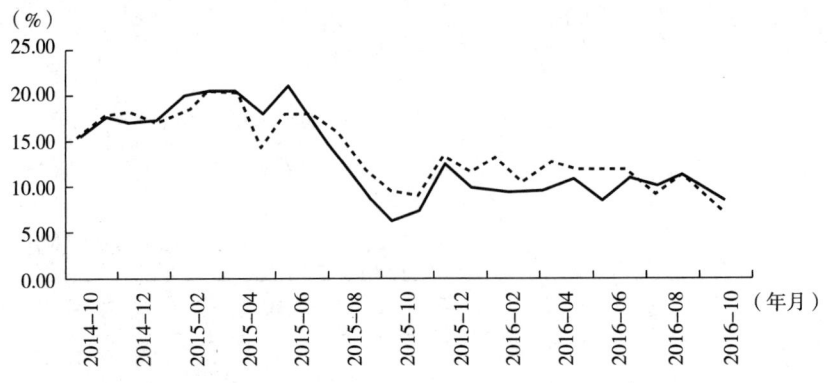

图6-25 2015年以来新三板市场成交量与成交额的结构性趋势

2. 其他国家及地区可比市场的流动性现状

在考虑新三板的可比市场方面，我们主要从三个方面进行考虑，分别是服务对象的生命周期、公司规模以及时市场风险大小。经过一系列筛选，我们选择美国纳斯达克资本市场、日本 JASDAQ 市场、韩国 KOSDAQ 市场、中国台湾兴柜市场以及中国香港创业板市场为我国新三板的可比市场。

纳斯达克资本市场的市场定位是为中小企业提供融资途径，解决了那些处于初创阶段、市值较低的企业的挂牌需求，针对企业规模小、经营风险高的特点，纳斯达克资本市场设置了三套挂牌标准，满足其中一个标准即可，分别是偏重股东权益、市值和净利润等主要指标。以偏重市值的标准为例，纳斯达克资本市场要求企业的股东权益最少为400万美元，市值最低5000万美元，公众持股数量不少于100万股，有3个以上的做市商，公众持股市值最低1500万美元，且经营历史在2年以上。

日本 JASDAQ 市场又分为标准板块（Standard）和增长板块（Growth），是日本历史最悠久的新兴企业服务市场。JASDAQ 标准板块（Standard）主要面向已经具有一定市场规模，需要进一步发展扩大的企业，即拥有一定资产及利润的企业。增长板块（Growth）主要面向已经具有一定的技术和经营模式的成长性公司，即在将来有很大成长潜力的企业。标准板块对企业的财务状况要求较高，净资产需要在2亿日元以上，税前净利润要求在1亿日元以上，增长板块基本无财务要求。但是两个板块都要求股东人数300个以上，并且上市当天流通市值要在

5亿日元以上，另外标准板块要求上市发行股份市值大于50亿日元，而增长市场没有此类要求。

中国台湾证券柜台买卖中心（OTC）成立于1994年，旨在为中小企业融资，其中又分为三个层次，即上柜市场、兴柜市场和创柜市场。兴柜市场的主要作用是为发行公司在上柜（市）前熟悉证券市场相关法规及提升公司知名度，提供上柜（市）前股票的流动性及价格发现功能提供便利。创柜市场的主要作用是为具有创新、创意的非公开发行微型企业提供创业辅导筹资机制和股权筹资功能。上柜市场在企业规模、盈利能力、股权分散度和发行比例等方面对挂牌企业有要求，而兴柜市场对这些则没有强制要求。企业要想在上柜市场挂牌，必须要在兴柜市场交易满六个月。从挂牌标准来看，兴柜市场相当于中国大陆的新三板市场，而上柜市场则相当于中国大陆的二板市场（即中小板、创业板市场）。

由于中国香港不存在三板市场，因此，不能找到完全与新三板相对应的市场（如图6-26所示），但是中国香港创业板跟中国内地的创业板在公司市值等方面还是存在一定的差距，虽被称为创业板，但与中国内地的新三板市场相比较更加准确，中国香港创业板要求发行人的最低市值不能低于港币4600万元，但是不要求公司盈利记录，因此，其发展历程对于中国内地新三板的未来发展仍然具有可借鉴性。

图6-26　我国大陆资本市场和其他地区资本市场对应关系

表6-13呈现了其他几个可比市场与我国大陆新三板市场流动性的比较结果。从中可以看到，新三板的流动性不仅与我国大陆的主板、二板市场相比存在差距，也与其他地区的可比市场之间在流动性方面存在很大的差距。

具体从表6-13来看，美国纳斯达克市场在市场规模和流动性方面的建设都是非常成功的。在纳斯达克市场的各个层级中，与我国新三板相对应的纳斯达克资本市场的流动性水平是最高的,纳斯达克资本市场的年换手率在2011年达到637.13%,但是从2012年开始换手率出现明显下滑并且在近几年保持相对稳定,一直维持在近200%,只有在2015年流动性出现低谷,换手率只有148.44%。从流动性变化趋势上来看,从2012年开始,纳斯达克精选市场和纳斯达克资本市场的换手率都大致保持逐年稳定,其中纳斯达克精选市场年换手率在145%,纳斯达克资本市场年换手率为200%,而纳斯达克全球市场的年换手率有较大波动,从2014年开始逐年下降,2016年年换手率为122.54%。

表6-13 各市场年换手率对比

年份\类别	NASDAQ精选市场(%)	NASDAQ全球市场(%)	NASDAQ资本市场(%)	JASDAQ标准市场(%)	JASDAQ增长市场(%)	台湾兴柜市场(%)	香港创业板(%)	中国新三板(%)
2011	193.41	459.56	637.13			26.10	75.42	9.58
2012	141.74	103.72	191.69			27.11	61.25	7.52
2013	136.32	138.12	205.53	224.40	563.52	43.96	89.27	7.65
2014	151.75	182.61	229.22	236.95	698.69	56.72	112.75	15.97
2015	144.04	147.77	148.44	205.54	564.97	35.84	131.50	35.82
2016	144.42	122.54	191.84	162.18	851.61	33.44	85.84	20.63

资料来源:Wind,WFE。

日本JASDAQ标准市场和增长市场的换手率差别较大。JASDAQ标准市场除了2016年年化换手率为162.18%之外,其他年份都高于200%。增长市场2016年年化换手率高达851.61%,其他年份也在500%以上。可见,日本JASDAQ市场换手率很高,流动性非常好。

截至2016年底,中国台湾兴柜市场共有271家公司,2010~2015年的年换手率在25%~60%,2014年成交金额最高,达到4195亿台币,截至2016年底的总市值逾8863亿台币。

中国香港创业板上市公司有230多家,成交额最高的是2015年5月,共成交470多亿港元,2014年年换手率大幅上升达到112.75%,2015年达到历年最高值,为131.5%,但2016年的年换手率又出现明显下滑,至85.84%,回到2013年水平。从整体来看,中国香港创业板市场的年换手率从2013年开始一直保持80%以上,流动性也较好。

3. 流动性低迷的风险

按照目前新三板的发展来看，虽然挂牌企业数量呈现爆发式的增长，企业规模越来越大，但是仍没有有效地改善流动性问题，未来流动性的低迷会进一步引发流动性风险，影响新三板功能的发挥。

（1）流动性问题会增加企业的融资难度，主要原因体现在以下两个方面：其一，如上文所说，流动性问题引发的高风险会阻碍投资者进入市场，企业在搜寻投资者过程中会投入更高的成本，花费更多的时间，融资效率受到很大程度的负面影响；其二，由于投资者担心未来退出困难，影响未来自身收益，投资者不愿意长期持有股份，当股价震荡时会加速资金外逃，影响企业的融资质量，甚至导致企业无法进行足够的融资需求。这是流动性问题对新三板运行功能影响最大的方面，如果企业很难在新三板市场进行有效的融资活动，新三板市场便失去了其实际意义。

（2）流动性问题导致的流动性风险会使非风险偏好的投资者和创投望而却步，很多有实力的投资者因为担心风险问题，不敢进入市场，很可能引发资金荒问题的产生，投资者和投资资金的稀缺会进一步加剧流动性问题，形成恶性循环。

（3）主板或二板面临退市的企业由于担心新三板上严重的流动性问题，退市意愿会严重降低，影响退市机制的有效运转，因为企业一旦退市到新三板，很可能会面临股份无人购买或股份只能大幅降价甩卖的风险，同时新三板市场存在通过炒作增加交易量的混乱情况，不利于退市企业在新三板市场的健康持续发展，因此，很多面临退市的企业宁愿在主板或二板市场上"苟延残喘"，也不愿意退到新三板市场。

4. 投资者结构不合理是新三板流动性低迷的重要原因

新三板的流动性低迷问题可能产生非常严重的后果，并且亟待解决，关系到新三板的持续生存问题，如果新三板流动性问题的进一步加剧使越来越多的投资资金无法进入，企业无法得到足够融资，新三板将会失去存在意义。新三板的流动性问题成因有很多，归纳总结之后可以从以下几个方面进行解释：

（1）新三板投资者数量过少。新三板的机构投资者和个人投资者逐年上升，截至 2015 年末，个人投资者有 198625 户，机构投资者有 22717 户。2013～2015 年的个人投资者增长率分别为 72.41%、491.45%、351.63%，机构投资者的增长率分别为 16.12%、331.53%、383.86%。虽然投资者数量增长率比较高，但是无论从相对数量和绝对数量来看，都存在明显不足。

1）从相对数量来看，一方面，我国的 A 股市场截至 2016 年 12 月个人投资者数量已经达到接近 4930.79 万户，是新三板个人投资者数量的 200 倍以上；另一方面，2015 年新三板机构投资者数量为 2.27 万户，而 2015 年 A 股市场的机构投资者数量为 76.08 万户，是新三板机构投资者数量的 34 倍左右。可见，新三板中机构投资者和个人投资者数量均较少。

2）从绝对数量来看，新三板挂牌公司的股东人数较少。2014 年、2015 年、2016 年新三板挂牌公司股东人数在 50 人以下的占比分别为 89.76%、81.77%、86.43%，而股东人数在 100 人以上则分别为 4.0%、9.40%、6.43%。可见，新三板股东人数相对较少，80% 以上的挂牌公司股东人数少于 50 人，而有 100 人以上股东人数的挂牌公司不足 10%。

同时，市场中为数不多的个人投资者并非全都是真正意义上的合格投资者，个人投资者中绝大部分为企业的原始股东或者股权激励的核心员工，或是通过继承、司法裁决获得股份的股东，他们只能买卖自身所持有的企业的股票，不能买卖其他挂牌企业的股票，而且还有通过垫资进入市场的投资者，2016 年 4 月，股转公司正式全面清查新三板的非合格投资者。据媒体公布数据来看，新三板现有的 20 万人左右的投资者中有 20% 存在垫资开户的情况。也就是说，剔除 20% 的垫资开户，现今新三板的投资者数量为 17.71 万人，个人投资者只有 15.89 万人。真正意义上的合格投资者实际上很少。截至 12 月底，新三板的挂牌企业数量已经达 10163 家，如果按照 5 万人合格投资者计算，平均每家企业仅仅不足 5 个投资者。

从历史数据来看，换手率和投资者数量呈现出一致的走势，说明投资者数量和流动性具有相关性。新三板投资者数量少，制约着挂牌公司股票的流动性。而造成市场中投资者数量这么少的最主要原因，便是市场过高的投资者准入门槛，唯有适当降低门槛，引入更多的个人投资者和机构投资者，才能够有效地提升市场的流动性水平（如图 6-27 所示）。

（2）新三板个人投资者投资交易金额占比过小。目前对于投资者结构对市场流动性影响作用已经有了深度的研究，例如，《投资者结构、行为与市场流动性——基于中国证券市场的经验数据分析》《投资者结构模式变迁与市场流动性风险》等文章。研究指出，对个人投资者而言，他们的买卖力量相对平衡，看多和看空大致相当，由于他们缺少内幕信息，对股市未来走势的看法是存在分歧的,因此,也就成为市场流动性的主要提供者。而机构投资者则具有信息优势,他们一般对股市走向具有比较一致的看法,或看多或看空,而且买卖力量比较悬殊,会因此消耗市场的流动性。因此,机构投资者的比例越高,市场的流动性将会越低。

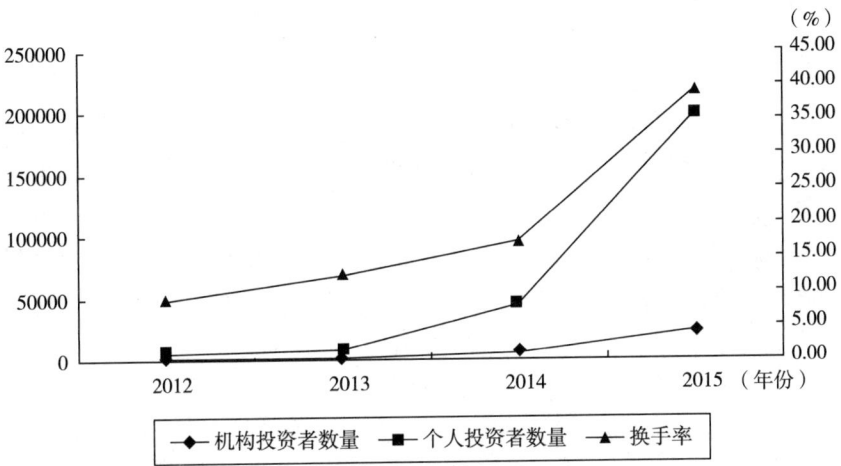

图6-27 新三板市场投资者数量跟换手率之间关系

二、新三板投资者结构分析

1. 我国新三板投资者结构现状

正如之前所提到的,机构投资者占比通常跟市场流动性成反比关系,机构投资者数目占比越高,流动性越差。而目前我国新三板市场正面临机构投资者占比较高局面。近三年来,新三板市场中有近90%是个人投资者,但是正如上文所说,新三板市场的个人投资者并非全都是真正意义上的合格投资者,个人投资者中绝大部分为企业的原始股东或者股权激励的核心员工,或是通过继承、司法裁决获得股份的股东,他们只能买卖自身所持有的企业的股票,不能买卖其他挂牌企业的股票,因此,他们对市场流动性影响微乎其微,同时个人投资者中也有一定比例是通过垫资进入市场,投资者本身的资金水平并不高,对流动性的贡献力度也较小。

因此,在分析个人投资者和机构投资者占比时,从交易金额方面占比进行分析显得更加准确。我们根据股转系统官网和东方财富网相关数据计算发现,我国新三板市场2015年机构投资者贡献了1133.53亿元的成交额,交易额占比41%,远超数量占比,个人投资者成交金额为1631.18亿元,交易额占比为59%,小于数量占比。

2. 可比其他国家和地区三板市场投资者结构

根据中国台湾柜台买卖中心数据,由于中国台湾柜买中心不分开提供上柜、兴柜和创柜市场投资者结构数据,因此,我们将柜买中心整体的投资者结构作为近似参考。和其他地区场外市场主要以机构投资者为主不同,中国台湾柜买市场个人投资者占比较高,根据中国台湾柜台买卖中心数据统计,截至2016年底,中国台湾柜买市场的本地自然人投资者交易金额占比高达78.9%,而本地机构投资者和外地机构投资者交易金额占比均为10.4%。从2006年至今,本地自然人投资者成交金额占比略有下降,但基本保持在80%左右,充足的个人投资者数量和金额保障了市场较好的流动性。

从日本JASDAQ投资者交易概况可见,日本JASDAQ市场同样是以个人投资者为主的市场。基于交易额来看,2014年法人、个人、海外投资者和证券公司交易占比分别为3%、70.7%、21.4%、4.9%,2015年分别为3.2%、68.7%、24.6%、3.5%。从交易量来看,2014年法人、个人、海外投资者和证券公司交易占比分别为2.5%、76.2%、15.7%、5.6%,2015年分别为2.2%、75.2%、17.7%、4.9%。个人投资者交易占比在68.7~76.2%,剩余交易比例为机构投资者。

根据KRX(韩国交易所)最新一期的KRXFactbook(2014)显示,目前韩国科斯达克(KOSDAQ)市场中个人投资者的交易金额占比达到87.41%,说明KOSDAQ市场同样也是由个人投资者作为最主要投资人群的市场,这也是该市场更加活跃的主要原因。

3. 新三板中机构投资者投资交易额比例过高

由于个人投资者买卖力量相对平衡,是市场流动性的主要提供者,而机构投资者由于具有信息优势,对股市走向具有比较一致的看法,因此,会消耗市场的流动性。我国新三板市场的个人投资者和机构投资者投资金额占比分别为59%和41%,但是与其他成熟的三板市场相比较,其他三板市场的个人投资者投资金额占比都在70%以上,韩国KOSDAQ市场的个人投资者占比达到了85%以上,而和我国新三板市场最为相似的台湾兴柜市场，本地个人投资者投资金额占比也达到了 78.91%。可见，我国新三板市场是一个个人投资者投资金额占比较小的市场，是一个机构投资者主导的市场。因此，为了改善新三板的流动性，除增加全部投资者的数量之外，还需要提高个人投资者的投资占比。

4. 新三板投资者结构不合理的原因分析

我国新三板市场过大的投资风险也是阻碍个人投资者进入进而影响流动性的一大原因。目前新三板市场上投资风险主要来自于两个方面因素，一个是新三板的挂牌门槛过低，挂牌企业参差不齐，投资价值存在很大的差异，加大了投资者的筛选成本和选择风险；另一个是新三板的信息披露制度仍不是非常健全，存在企业违规披露等风险，投资者自身利益受到威胁，因此，阻碍投资者进入，流动性也相应较差。

（1）与我国主板和创业板相比，无论是从业务、资产、人员、营收和盈利等方面来看，新三板企业的上市标准均较低，主要要求就是：依法设立且存续满两年，业务明确，具有持续经营能力；公司治理机制健全，合法规范经营；股权明晰，股票发行和转让行为合法合规；主办券商推荐并持续督导。对财务标准没有做出硬性要求，股东人数也仅仅要求 2 人以上。在准入门槛中，对于盈利的要求是非常重要的一个条件，通过与国外的可比市场相比较我们发现，只有我国的新三板和台湾的兴柜市场对于挂牌企业没有盈利能力方面的要求，而向纳斯达克资本市场、韩国 KOSDAQ 市场以及日本 JASDAQ 市场都对企业的盈利能力有各自要求。可见，我国新三板市场的挂牌标准确实相对较低。

低门槛吸引了一些质量不高，投资价值较低的企业挂牌新三板；另外，政府积极推动，并提供一定的扶持与补贴。政府的扶持与补贴，极大地降低了企业挂牌新三板的成本。在这种情况下，难免有一些质量不高的企业也来新三板挂牌，新三板企业的投资价值也将会大打折扣。这些因素导致的较高筛选成本和选择风险，已经成为影响投资者尤其是中小个人投资者进入市场的非常大的因素。

较低的挂牌门槛使得企业进入新三板市场相对容易，挂牌总数从 2015 年 1 月的 1864 家上升到 2017 年 3 月的 10951 家，可以说新三板中挂牌企业在 2016 年迎来爆发式增长，2015 年底总数为 5129 家，而到了 2016 年底已经增长到 10163 家，增加了 98.15%。但是从公布 2016 年半年报的 9162 家企业的盈利能力方面来看，有 2449 家企业上半年净利润率为负，占比 26.73%，而且其中有 417 家的亏损总额超过营业总收入。由此可见，新三板市场中企业质量参差不齐，加大了投资者的投资风险，减少了投资者活跃程度，流动性也就相应降低。

由于新三板市场中的上市公司差异很大，因此，在此基础上，再次对新三板进行分层，分为创新层和基础层，创新层企业的经营、资产、收益等方面较基础层有着很大的优势。截止到2017年3月，共有949家创新层企业，约占整个市场挂牌企业总数的1/10。

从创新层的准入标准来看，一些准入指标已经超过了创业板，例如，新三板创新层对企业的财务指标有着严格的要求："企业最近两年连续盈利，且年平均净利润不少于2000万元；最近两年加权平均净资产收益率平均不低于10%。"而与之对应的创业板标准为"最近两年连续盈利且两年净利累计不少于1000万元人民币"。可见在对企业的财务状况方面，新三板创新层的要求要高于创业板。

虽然新三板创新层对企业财务状况的要求更高，能够筛选出优质企业，吸引投资者对其投资，因此，明显创新层企业在融资方便较基础层的企业更加容易。但是也有不利因素：一是创新层企业数目较少，只占全部挂牌企业总数的1/10左右，投资范围较小；二是流动性集中在创新层使得其他企业在融资方面难度更大，一些无法达到创新层标准但是正在高速发展急需资金支持的企业在融资方面压力更大。

（2）信息披露标准在一定程度上影响着企业的透明度，企业透明度越高，投资者的个人投资风险也越小。现有的研究文献已经表明，公司的信息披露能够吸引更多的投资者，使得市场的投资者数量增加，进而提高市场的交易流动性。

比较主板、创业板企业和新三板企业的信息披露制度，我们发现新三板企业在披露原则、定期报告、临时报告等诸多方面规定标准较低，虽然新三板作为场外市场在信息披露制度的严格程度上不能完全参考主板以及创业板，但是在未来新三板的信息披露制度应该逐渐向主板以及创业板的要求前进，逐渐提高标准。

较高的信息披露标准能够有效地提高企业透明度，有利于提高投资者的投资信心，减小投资风险，吸引更多潜在的投资者进入市场。而目前新三板市场的信息披露标准较其他市场还有一定的差距，在一定程度上增加了投资风险，投资者在风险面前必然会考虑再三，阻断了一些想要投资但是担心风险的投资者进入。

三、尽快解决新三板流动性问题政策建议

现在新三板的流动性问题已经非常严重，而2017年也迎来基金到期潮，面对基金到期之后的大量抛售，如果只有抛盘没有接盘，新三板市场必然会崩溃。

即使机构投资者愿意延期抛售，但如果流动性问题不能短期内解决，最后市场也难免崩盘。一旦市场崩溃，想要重新建设，困难将会更大。因此，有关部门需要对新三板的流动性问题给予充分重视，并且尽量在较短的时间内，有效完善新三板的各项制度，解决流动性问题。

对目前呼声很高的新三板再次分出"精选层"的看法，我们不予肯定。前面已经提到，对于目前我国多层次资本市场可以这样打比方：主板相当于研究生学历，各方面条件都很优秀；中小板和创业板相当于大学本科学历；新三板创新层相当于高中学历，基础层相当于初中学历；区域股权交易中心相当于小学学历；股权众筹市场相当于幼儿园阶段。考虑到目前新三板在资本市场中的定位，新三板中较为优秀的中小企业集中在创新层，业绩突出企业可以考虑进入创业板市场，享受更好的融资便捷性；而位于区域股权交易中心中的企业，由于都是微型企业，信息不对称问题极其严重，经营不稳定，不适于在全国性的交易中心进行交易，仅适合省级股权交易中心。因此，我们认为，目前新三板的分层制度已经足以满足差异化要求，不需继续分层。

从上文中，我们发现新三板目前的流动性问题主要来自于投资者数量过少、个人投资者占比过小以及市场投资风险过高等几个因素，为此在未来体系构建方面，我们主要提出如下六个方面建议（按照操作层面时间紧急顺序排序）（如图6-28所示）：一是适当提高新三板的挂牌标准并且强化退出机制，在2017年第2季度全面实施；二是加强创新层企业信息披露，完善投资者保护机制，在2017年第2季度全面实施；三是降低投资者准入门槛，在2017年第3季度全面实施；四是创新层引入竞价交易制度，在2017年第3季度全面实施；五是做市交易的基础上引入大宗交易制度，在2017年第3季度全面实施；六是推出新三板转板制度，在2017年第4季度全面实施。

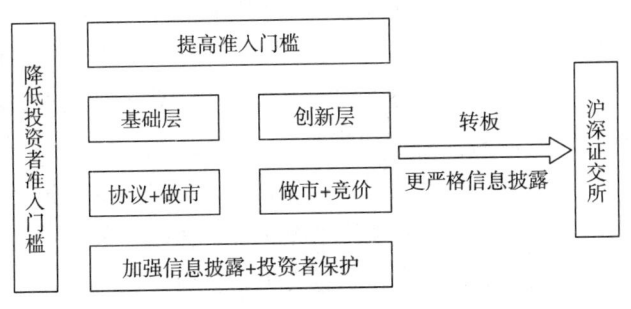

图6-28 新三板未来建设意见

1. 适当提高新三板挂牌标准并强化退出制度

通过比较国际上类似我国新三板市场的挂牌标准不难发现，我国新三板市场挂牌标准相对较低，使挂牌公司良莠不齐，增加了投资者信息收集成本。同时，也容易产生劣币驱逐良币的不良效应，一些质地较差公司对市场产生不良影响会使投资者对新三板市场产生畏惧和不信任感，使投资者可能错过那些质地优良的公司。新三板成立初衷是服务中小企业，但并不是为每个中小企业都提供服务，而是对那些优质的中小企业提供优质服务，对任何公司都来者不拒只能降低市场质量和吸引力，反而不能实现其应有的投融资功能。

新三板市场要提高挂牌标准，特别是在财务指标、股东人数和股权分散度等方面设置适当的挂牌门槛，对那些不能满足新三板挂牌标准的公司鼓励他们去区域股权中心挂牌。这样既能提高新三板市场挂牌公司质量，又能降低投资者信息收集成本，还能活跃二级市场交易，合理挂牌公司估值，有利于发挥市场的投融资功能。

从新三板退出制度角度来看，我们建议新三板退市制度应尽快得到完善和落实，这样做既是对投资者的保护，也有助于企业主动摘牌程序的规范化。对于准注册制的新三板市场，退出和进入同样重要，成熟的退市制度能够迫使这个市场中不合格的企业出场，避免无限制地膨胀扩大，使市场在维持一定规模的同时保证内部成分的流动性，充分实现市场资源配置的功能。

2016年10月1日股转系统公布《全国中小企业股份转让系统挂牌公司股票终止挂牌实施细则（征求意见稿）》，虽然退市制度的提出在短期内不会给市场整体流动性带来迅速的提升，但从中长期来看摘牌制度的完善有助于进一步完善挂牌公司信息披露及公司治理，帮助市场实现优胜劣汰，降低投资者筛选信息难度，市场效率进而逐步提升，最终吸引增量资金进入市场，提升市场流动性。

《终止挂牌细则（征求意见稿）》中退市要求集中于非定量指标，强调信息披露与公司治理，对挂牌公司财务数据没有过多硬性要求，重点关注其可持续经营能力。但从长期来看，结合新三板当前实际，我们给出以下两点建议：第一，逐步制定出一套适合新三板特点的退市定量指标，首先，定量指标能够合理引导挂牌公司提高自身经营要求，通过明细的指标能够为挂牌公司划清监管红线，使在退市过程中更具透明性，其次定量指标有助于投资者实时监控挂牌公司退市风险，为接下来的投资行为做出指引，合理规避退市风险；第二，应该加速落实退市制度的实施，参考2016年经营业绩以及公司未来发展能力，筛选并且淘汰不达标企业,争取在 2017 年第二季度全面实施并且提供至少两家试点企业。

2. 加强创新层企业信息披露要求,完善投资者保护机制

资本市场是典型的信息不对称市场,小型资本市场尤其严重,因此,这就对新三板市场的信息披露提出了更高的要求。通常资本市场中信息披露常会有违规现象发生,比如披露造假、误导、迟缓和不充分等,因此市场需要通过制度建设和监管来减少这类现象的发生,从而引导减少市场的投资者风险,而市场风险的下降会提高投资者的投资意愿,促进更多的投资者和投资资金进入市场,市场的流动性也就相应得到提升。

但是由于信息披露也给公司造成了一定的成本压力,面对提高的信息披露要求,并不是所有企业都能够承担此信息披露成本,因此,我们建议,只针对创新层企业加强其信息披露要求,因为创新层企业的整体财务状况和经营状况都较基础层企业有很大的优势。同时,为创新层企业推出两种信息披露标准:一是所有的创新层企业都必须统一达到的披露要求,例如,提高定期报告、重大资产重组事项报告以及收购事项报告等的要求;二是对信息披露要求更高,主要对象是准备申请转板的新三板企业(其余创新层企业可自愿选择是否遵守),这些企业除了需满足标准一的要求以外,对临时事项等也需要进行信息披露,市场透明度更高。

一般信息披露涉及三个层面的内容,分别是责任人的确认、企业信息披露制度的合理性以及事后严惩机制的执行。首先,发行人作为第一责任人,只对信息披露的真实性承担责任必须保证企业自身的建设行为以及经营状况和信息披露内容相一致;而主板券商作为第二责任人,不仅担任企业的中介机构,也需承担发行人信息披露的事前监督和日常监督。此外,由于新三板挂牌公司整体规模都较小,公司治理未完善,强制的信息披露很可能给企业带来过于沉重的成本压力和执行难度,因此,有关部门需要针对新三板市场的特点,遵循重要性和便利性原则,为市场制定最为合适的信息披露制度。其次,为了避免企业在信息披露过程中出现"不报、少报、瞒报"等行为,监管部门应该加大对信息披露为贵公司的事后惩罚力度,例如,建立及时的违规者公布机制,进而提高企业的违规成本,遏制其利用信息披露漏洞进行不正当行为。最后,还可以加强对券商以及企业的辅导,加强信息披露的实质性和有效性。

另外,新三板市场需要逐渐完善投资者保护机制。投资者保护涉及事前防范与事后救济两个方面。在事前防范方面,完善信息披露制度是保障投资者利益不

受侵害的重要前提，但是能否发挥出信息披露制度的效果，重点还是在于能否降低投资者的投资者风险，引入更多的投资者和投资资金。这就要对信息发布的源头即挂牌企业，到中间环节即督导券商、注册会计师等进行全程监管。在事后救济方面，对因信息披露违规导致投资者损失的应建立更加便捷可行的赔偿渠道。从各国经验来看，尽管相关的投资者赔偿基金规模不大，但在投资者保护体系中发挥着重要的补充作用。关于投资者保护，美国的投资者（股东）集体诉讼制度值得借鉴。所谓股东集体诉讼，是指股东集体利益受到损害时，多数股东为全体股东的利益向侵害人提起的民事诉讼。其特点是诉讼结果适用于全体股东，具有广泛的影响力，索赔额巨大，具有很强的威慑力。除此之外，美国法律还降低了集体诉讼的条件以及成本，进一步加强对于小投资者的保护。中国资本市场发展二十多年以来，政府对投资者的保护一直处于疏忽的状态，投资者相对于融资者一直处于弱势的地位。目前在我国各层次资本市场中，融资者违法行为的成本较低，集体诉讼制度将会大幅提高融资者不良行为的法律后果，强化这种法律后果，提高犯罪或违规成本，这样会使融资者在做虚假信息披露等不良行为欺诈投资者时，能够有所约束。

3. 降低投资者门槛

新三板目前的流动性问题与市场中过少的合格投资者以及过大的机构投资者占比有关，而造成这两种现状的原因之一，就是目前新三板对投资者的准入门槛过高。

从《全国中小企业股份转让系统投资者适当性管理细则（试行）》的相关规定来看，已经参与沪深交易所交易的个人投资者和机构投资者是新三板市场的主要或最重要的投资者来源。新三板对于合格个人投资者的证券类账户资产市值要求为500万元人民币以上，而目前A股市场市值在500万元以上的账户数量只有16.15万户，占总开户数比例仅为0.33%。可见如此高的门槛限制了很大一部分的投资者进入市场，造成了市场中投资者数目严重不足以及机构投资者占比较多的局面。与此同时，一方面，高门槛所导致的低投资者数量不仅限制了新三板市场的流动性；另一方面，也有违背个人投资者在资本市场中进行投资获得收益的权利。

在投资者准入门槛方面，除了我国新三板有较高的要求以外，其他市场并未做出相关规定。例如，与新三板最接近的台湾兴柜市场对投资者未设进入门槛，投资者与券商签订开户契约、兴柜股票风险预告书，完成相关开户手续即可买卖

第六章 中国多层次资本市场投资者结构问题分析

兴柜市场股票。

根据中证登发布的2016年12月A股证券类账户市值统计,持有期末已上市A股流通市值在500万元以上的投资者仅有19.03万户,其中个人投资者16.15万户,机构投资者2.88万户。持有市值大于50万元的投资者共有319.68万户,其中个人投资者314.85万户,机构投资者4.83万户。值得注意的是,由于新三板市场的投资风险更高,并非所有满足准入门槛的A股投资人都愿意进入新三板市场,如果按照50%比例A股投资人愿意进入新三板计算,那么将投资门槛降低到50万元,将会有159.69万户投资者。所以,降低投资者准入门槛是增加投资者数量的重要方式,而且对个人投资者数量的增加效果要远远好于对机构投资者数量的增加效果,原因是拥有500万市值证券类账户的机构投资者并不在少数。可见,将个人投资者开户门槛降至50万元,可以大幅度地改善投资者数量不足以及个人投资者过少这一现状,对于活跃新三板市场交易,提高流动性具有重要意义。

4. 创新层引入竞价交易制度

国际上主流的交易制度主要有三种,分别是竞价交易制度、做市交易制度以及混合交易制度,三者之间在各个方面有着很大的差别,具体的差别可见表6-14。

相对来说,在风险较高、流动性较差的证券市场上,做市商制度更能发挥它的相对优势。这是因为,竞价市场是按拍卖原则设计的,通常假设市场参与者是风险规避者,为了保证交易者的利益,市场组织者规定了较严格的进入标准,使上市公司的信息可信度更高,所以能够在证券交易所上市交易的证券都是质量较高、风险较低的证券;而场外柜台市场的设计则考虑到不同投资者的要求,在柜台市场上,做市商负责对上市的证券进行评价,并被要求作为交易主方进行交易,以自身资金来承担风险,而投资者自己决定是否承担风险。因此,柜台市场在风险要素上的限制比竞价市场小得多,在这个市场上,做市商对风险的分担,无疑是对风险投资者的有力支持。从这个角度出发,就很容易理解为什么美国高科技产业成长主要得益于采用做市商制度的NASDAQ市场,而不是作为竞价市场的NYSE。所以,在选择交易制度时,必须确保交易制度与市场目标相适应。两种制度在其各自的发展过程中,正在不断吸取对方的优点而逐步走向融合,例如,美国的NYSE作为一个竞价市场而引入专家经纪人制度,而NASDAQ作为典型的做市商制度在1997年引入ECNs(Electronic Communication Networks)系统,价格决定已经由单纯的报价驱动转向"报价+指令"的联合驱动。

Viswanathan 和 Wang（2002）通过模型从理论上证明了如下结论：当投资者委托规模较小时，竞价市场的收益大于做市商市场；若投资者是风险中性的，竞价市场在任何时候都优于做市商市场；若投资者是风险厌恶型，而且提交委托的规模波动较大，同时做市商数量较多，那么做市商市场的收益大于竞价市场；如果做市商市场和竞价市场在处理不同规模的投资者委托时有合理的分工设置，这种混合市场将优于单纯地做市商市场或竞价市场。正是在上述理论研究和实践探索的基础上，目前各国资本市场大多形成了混合型交易制度，特别是在场外交易市场中，混合型做市商制度几乎成为了通用制度。

混合型交易制度的发展路径有两种（如图6-29所示）：一是在做市商制度的基础上引入竞价交易制度，二是在竞价交易制度的基础上引入做市商制度。前者的典型代表是1997年以后的NASDAQ市场，后者为伦敦证券交易所等。在竞价交易机制的基础上引入做市商制度，更多的是解决市场流动性不足的问题。1986年伦敦证券交易所引入做市商制度，同时推出"证券交易自动报价系统"（SEAQ），报价信息的及时性、准确性得到大幅提高，市场流动性大幅提高。2003年10月，伦敦证券交易所启用了SETSmm交易系统，根据不同股票的流动性实行不同的交易制度：流动性较好的股票采用竞价交易制度SETS系统，流动性居中的股票采用混合交易制度SETSmm系统，而流动性较差的股票则采用纯粹做市商制度的SEAQ系统。

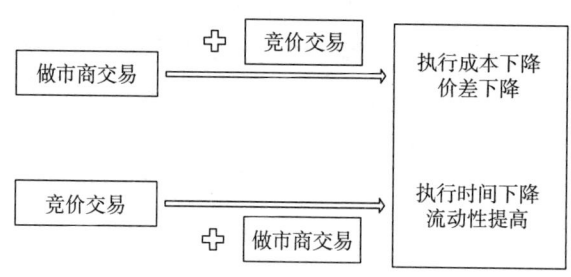

图6-29 混合交易制度优势

一般理论认为，混合交易制度兼具做市商制度、竞价制度的双重优点，一方面，提高市场流动性；另一方面，有效遏制垄断，提高市场公平。然而这一优势也可能成为混合交易制度的弊端：在集中竞价过程中，做市商作为普通投资者的一员，不再享有优势地位，但是按照规定仍需履行做市义务，因此，存在做市商权利与义务不对等的情况,从而降低做市商积极性。然而,在某些流动性相对较差的股票,仍然需要依靠做市商提供必要的流动性。

以日本 JASDAQ 市场为例,1991 年,日本 JASDAQ 市场正式成立,采用竞价交易机制(如表 6 – 14 所示)。随着市场的发展,JASDAQ 单纯竞价机制的弊端逐步显现出来,部分股票流动性性差,交易不活跃,对投资者缺乏吸引力,新进公司家数持续下降,一些业绩较好的公司开始转移到东京证券交易所上市,JAS-DAQ 市场面临企业外流的危机。1998 年,JASDAQ 市场开始尝试引入做市商制度,对部分股票实行报价驱动。做市商制度的引入,标志着 JASDAQ 市场做市商制度和指令驱动竞价制度并存的混合交易制度的形成。在引入做市商制度后,市场交易确实更加活跃,交易量有了很大的提高。

表 6 – 14   不同市场交易制度对比

市场类型	交易机制
美国 NASDAQ 市场	混合交易机制
美国粉单市场	做市商制度
美国 OTCBB 市场	做市商制度
日本 JASDAQ	竞价交易 + LP 制度(流动性提供商制度)
日本绿单市场	以做市商为中间人进行的协商交易
韩国 KOSDAQ 市场	竞价交易 + 特殊情况下主办券商提供做市责任
中国创业板市场	竞价交易
中国台湾上柜市场	竞价交易
中国台湾兴柜市场	做市交易
中国新三板	做市交易

根据国外新三板可比市场的发展经验,例如,美国纳斯达克市场和日本 JAS-DAQ 市场,新三板在未来再分层的基础上引入竞价交易形成混合交易制度是必然选择。目前新三板上市公司良莠不齐现状已成定局,因此,不适合用一个统一的标准去限制和要求全部的挂牌公司,需要针对不同质量的公司采用差异化制度。

目前创新层企业的整体经营水平和财务状况都较基础层有很大的优势,截至 2017 年 3 月,新三板股东户数在 200 户以上的企业有 276 家,市值在 30 亿元以上的有 125 家,2016 年上半年营业收入超过 1 亿元的企业有 1587 家,净利润在 3000 万元以上的有 312 家,有很多公司已经达到了在中小板和创业板上市的条件，可见新三板创新层中并不缺少好公司，这些公司理应获得更好的资金支持。因此，我们建议，对于创新层企业可以采取混合交易制度，既可以竞价交易又可以做市交易，这样既不丧失做市商制度对流动性的促进作用，又能够发挥竞价交易制度的高效性以及对市场透明度的改善作用。

5. 做市交易下引入大宗交易制度

从上文的分析中我们已经知道，进入 2017 年新三板市场流动性压力持续加大，不仅有来自新老股东的解禁压力，而且 2015 年成立的最早一批新三板私募投资基金也陆续到了清盘期。如果采取协议转让方式进行交接，只要进行一次"互报成交确认申报成交"环节即可以实现大额股份转让，而且只要不在下午两点半之后交易，也不会影响当日收盘价，因为协议转让的收盘价为收盘前半小时成交量加权平均价。但是如果企业采取的是做市转让，便很难按照既定价位一次性出货，如果通过做市商来做，对二级市场影响就会很大。

为了防止如此大量的基金无法通过协议转让，而只能通过做市转让抛售到二级市场，可以引进大宗交易机制，直接转移给意向买家。买卖双方能够以市场为基准，在允许的幅度内选择溢价、折价或平价成交，从而可以避免新三板股票价格的大幅波动，同时也能为投资新三板的资金提供较好退出渠道。

目前在各个市场中，使用大宗交易平台最多的是机构投资者，包括基金、券商自营、保险资管以及 QFII 等。机构投资者青睐使用大宗交易平台主要有四个核心原因：流动性、匿名性、减少市场冲击、实现最佳订单需求，其中最主要的原因是大宗交易平台能够很好地满足机构投资者对流动性的需求，因此，对于新三板这种流动性极度匮乏的市场，大宗交易能够很好地解决大额资金到期抛售对流动性的需求。例如，如果把流动性比作一座冰山，那么水平线以上的部分是活跃、透明的订单，即交易可见。而水平线以下的则是不活跃订单、投资者的核心组合或风险头寸。普通交易平台只关注水平线以上的流动性需求，对水平线以下的"冰山"则难以挖掘。大宗交易由于其匿名性、对大额订单的良好执行力等原因，能够有效解决水平线以下的流动性需求。

当前市场对新三板大宗交易制度最为关注四个方面的问题，分别是大宗交易的界定标准、交易模式、定价机制和信息披露制度。参考深圳证券交易所的大宗交易制度，针对这四个问题我们对新三板未来大宗交易制度的建设给出以下三点建议：一是由于新三板的单笔交易数额不大，因此，对于大宗交易的界定标准可以相对宽松，可以参考深交所大宗交易制度中 B 股的标准；二是在交易模式方面可以参考深交所的盘后交易模式；三是在意向报价渠道方面，可以参考深交所规定，做市商参与到意向报价中，参与者采用意向报价的方式寻找对手方进行议价协商，在协商达成一致后再通过成交申报进行交易。

6. 建立我国新三板转板制度

国外成熟的资本市场现在都已经建立了三板市场企业转板上市的制度，但是我国新三板市场创设至今仍然没有建立转板机制。在立法层面上，我国现行的《证券法》已经实现了发行与上市的分离，发行需要证监会核准，上市则由交易所把关。而在我国新三板市场挂牌的公司已经成为公众公司，当其符合交易所的上市条件，又不存在股票发行行为，允许其直接向交易所申请转板上市，并不存在理论上的障碍或者制度上的颠覆。

从目前市场流动性方面来看，虽然新三板市场已经开始做市商制度来提高流动性，并且分了两个层级，但是流动性问题并没有得到解决，正如上文所说，流动性问题主要由于投资者数量太少以及市场投资者风险太大。一方面，投资风险太大是由于现在新三板市场的挂牌企业良莠不齐。从目前现状来看，很多优质的企业对于挂牌新三板持观望的态度。优质企业挂牌新三板意愿较低的其中一个重要的原因就是新三板尚未建立转板制度。

主板市场具有更高的股价和市盈率，转板制度的建立会给企业带来将来直接上市的预期，增加企业到新三板挂牌的积极性，这样能够吸引更多优质企业挂牌新三板，减少市场投资风险，并且转板制度也给投资者创造了通过主板上市进行套利的机会，较好的投资前景和高回报也能够激发投资者进入"新三板"市场的热情，吸引更多的投资者进入市场，提高新三板的活跃度，流动性问题也就相应得到改善。

（1）其他国家及地区的转板制度。1990年，为解决小企业在发展初期需要资本市场支持的需求，美国场外柜台交易系统（即OTCBB）正式以试点形式出现，在转板制度方面，OTCBB市场上进行交易的公司，在满足以下要求的情况下，即可申请转板进入纳斯达克资本市场：①流通股达到或超过100万股；②公众股东人数达到或超过4美元/股；③股价达到或超过4美元/股；④有3家以上的做市商；⑤公司净资产达到400万美元；⑥公司连续经营达到或超过2年，流通市场达到1500万美元；⑦公司总市值达到5000万美元，流通市值达到1500万美元；⑧公司年净收入达到75万美元，流通市值达到500万美元。按照《纳斯达克规则》，公司只要满足上述第1项至5项，及第6项、7项或8项其中之一，即视为达到转板要求，即可递交转板申请。

以 JASDAQ 市场与东京证券交易所主板市场间的转板制度为例，JASDAQ 市场自身的上市条件为：①拟上市企业净资产达到 2 亿日元以上；②拟上市企业最近 1 年税后净利润或经常性利润达到 5 亿日元以上（但如拟上市企业股票发行总额超过 50 亿日元，则对该企业无盈利要求）；③拟上市企业股东人数达到 300 人以上；④拟上市企业市价总值达到 10 亿日元以上；⑤拟上市企业财务报告最近 2 年无虚假记载，最近 1 年的财务审计报告为"无保留意见"。而已在 JASDAQ 市场上市的中小企业，如果成长达到一定程度，并符合东京证券交易所的上市条件，即股本总额达到 10 亿日元以上；企业设立满三年；企业第一年和第二年税前利润达到 1 亿日元以上，且最近一年税前利润达到 4 亿日元以上，则可申请转板至东京证券交易所。

对于中国台湾地区资本市场，在中国台湾兴柜市场建立之后，中国台湾地区逐步对转板制度进行了完善，规定上柜公司在兴柜挂牌一段时间以后，其中优质的股票可以转板上柜股票和上市股票。自 2006 年起，这种规定更加严格，中国台湾地区规定，所有股票必须先在兴柜挂牌且交易满 6 个月后才能上市上柜。而在程序方面，对于符合上述要求的兴柜市场挂牌企业，一般需经过申请、书面审核、实地考察等步骤后，再上报监管机构审核、备案。

中国香港地区资本市场也存在转板制度。中国香港创业板市场很早便已经设置了原则上的转板许可，但最终审核标准十分严格，虽然监管机构规定创业板上市企业在满足主板上市要求且在创业板上市满 1 年后即具备转板资格，但在 2008 年的新规出台以前，中国香港实际并不存在上市企业可由创业板转板至主板的自动机制，假如一家创业板上市企业希望申请转板至主板上市，则中国香港联合交易所有限公司（联交所）将视同该公司为一个新的主板上市申请人，并会要求其全面遵守《主板上市规则》。经过多年的探索，联交所不断降低、简化转板的程序要求，在提升创业板上市标准的同时，对于已在创业板上市，符合转板条件，并存在转板要求的企业，不用先行在创业板除牌，而是可直接由创业板转板至主板上市，同时转板申请人的主板首次上市发行费用将减免 50%，还可以在转板时以公告取代以往的招股章程，并且不需要重新聘请保荐人或财务顾问。

（2）对我国新三板转板制度的启示。虽然目前已经有很多新三板挂牌企业在沪深证交所申请上市的案例，但是这些企业申请上市的路径仍旧是类似香港联交所最初使用的方法，即对该企业完全按照在沪深证交所首次上市的要求对企业进行审核，如果审核通过，则在新三板撤牌，再在沪深证交所上市。企业在新三板挂牌已经承受了很大的时间成本和经济成本,而如果未来仍旧需要按照一般上市流程进行申报的话,对于企业来说既损失了效率,又没有得到转板上市的福利。因此,我国需要对新三板转板路径进行简化和调整,发挥转板制度的真正价值和意义。

由于考虑到国外对三板企业的转板条件主要集中在财务及业绩层面,因此,可考虑将新三板的转板标准设置为:①已在新三板挂牌满 12 个月;②申请方最近一期期末净资产不少于 2000 万元,且不存在未弥补亏损;③申请方最近两年持续盈利且两年净利累计不少于 1000 万元,或是最近一年盈利且年营收不少于 5000 万元;④股本总额不低于 3000 万元。

同时在实际审核监管时,为降低监管难度,提高监管效率,可考虑逐步加大中介机构在其中的核查及责任成分,由中介机构完成对申请企业的实体尽职调查及核查,对此出具报告、发表意见并承担法律责任,而监管机构仅做形式审查。

第四节 四板、五板市场投资者准入制度问题分析

四板市场发展 7 年以来,截至 2016 年底,全国"四板"挂牌企业总数已超过 58000 家,约 40% 的企业是挂在了"零门槛"或极低门槛的展示板、孵化板、初创板上,被关注或能够获得融资的概率极低。同时在四板成立以来,全国各类已公布的融资总额只有 4000 亿元,平均每家企业的获得的融资额不足 70 万元,挂牌企业融资的成功率依然很低,这也在一定程度上体现了四板市场目前成交量以及流动性不足的现状。流动性不足的直接原因是投资者数量以及结构的不合理,在各地的股权交易中心,一般有融资板和交易板两类,均存在流动性问题,也就是参与者有限,导致交易不活跃。以天津股权交易中心为例,截至 2016 年 11 月,天交所投资人总数为 43015 户,其中自然人投资人 42055 户,机构投资人 960 户,占比 2.23%,其结构与主板以及新三板类似。但在总量上,根据中证 2016 年 12 月底登的数据,A 股共 1.17 亿的总户数,而新三板为 22 万户,相比之下区域股权市场的投资者数量是很小的数目。所以四板的流动性问题主要是来自于投资者数量总数,而不是投资者结构的问题。

通过分析四板和五板市场的市场概况可以发现,四板、五板市场流动性问题较大,而导致流动性问题最重要的原因在于投资者数量不足。在此基础上,通过

对各层次市场的投资者准入制度以及市场风险进行了分析,发现投资者数量不足的更深层次原因在于投资者准入制度以及市场风险两方面。

一、四板区域股权交易市场的投资者准入制度

1. 国内区域股权交易市场概况

2008年9月,天津股权交易所开始运营,成为首家正式运营的区域股权交易所。四板市场发展7年以来,截至2016年底,全国"四板"挂牌企业总数已超过58000家,约40%的企业是挂在了"零门槛"或极低门槛的展示板、孵化板、初创板上,被关注或能够获得融资的概率极低。同时在四板成立以来,全国各类已公布的融资总额只有4000亿元左右,平均每家企业的获得的融资额不足70万元,挂牌企业融资的成功率依然很低,这也在一定程度上体现了四板市场成交量以及流动性不足的现状。

流动性不足的直接原因是投资者数量以及结构的不合理,在各地的股权交易中心,一般有融资板和交易板两类,均存在流动性问题,也就是参与者有限,导致交易不活跃。以天津股权交易中心为例,截至2016年11月,天交所投资人总数为43015户,其中自然人投资人为42055户,机构投资人为960户,占比2.23%,其结构与主板以及新三板类似。但在总量上,根据中证2016年12月底登的数据,A股共1.17亿的总户数,而新三板为22万户,相比之下区域股权市场的投资者数量是很小的数目。所以四板的流动性问题主要是来自于投资者数量总数,而不是投资者结构的问题。

根据以上分析,四板融资效率不高主要因为投资者数量不足。而投资者数量不足主要源于以下两个原因:一是准入门槛较主板、创业板更高;二是由于四板市场时常出现融资骗局或类似事件,投资者保护制度尚不完善,风险较大,其根源是信息披露制度也不完善以及监管制度的不足,使低风险偏好的投资者不敢轻易进入。接下来我们将逐一分析。

2017年2月28日,国务院办公厅印发了《关于规范发展区域性股权市场的通知》,其中对于合格投资者有明确的界定:合格投资者应是依法设立且具备一定条件的法人机构、合伙企业,金融机构依法管理的投资性计划,以及具备较强风险承受能力且金融资产不低于50万元人民币的自然人。对于个人投资者,除北京股权交易中心超过百万的限制之外,其他交易中心的投资准入大约在几十万元的范围;对于机构投资者,一般则是要求拥有上百万元的注册资本。综合下来，相对于主板、创业板的投资准入，四板市场门槛稍高，但相对于新三板的门槛则低很多。

另外，四板市场的投资风险也非常之高。在信息披露方面，区域股权市场目前没有规范统一的信息披露制度，不强制挂牌公司公开信息披露，信息披露渠道有限等等，导致信息不对称的情况更为严重。四板市场究竟要不要统一的信息披露制度、交易制度、上市门槛、会员条件、做市商制度等，这个基本上还没有一个统一的结论，这无疑加大了投资风险。

以天津股权交易中心以及武汉股权交易中心为例，天津股权交易中心积极建立挂牌企业诚信档案，督促服务机构完成现场检查报告，规定挂牌企业应该披露定期报告（半年以及年度报告），武汉股权交易中心披露了相关企业的挂牌报告，内含公司的财务数据，这两家交易中心披露得较为完善。除此之外，虽然其他交易中心也都提出了类似的信息披露规定，但是无法在官网上查询到具体企业的具体报告，信息披露仍不完善；在监管方面，四板市场经常出现投资者被骗事件，如2015年上海股权交易中心瀚雅公司诈骗事件，部分投资者聚集上股交投诉无果，瀚雅仍拒不归还投资款，投资者维权之路异常艰辛。总的来说，四板市场的信息披露以及监管制度仍有很大的完善空间。

对于以上两个造成四板市场流动性不足、融资功能低下的原因，我们认为，风险因素是更加主要的原因。因为相对于新三板500万的开户门槛，区域股权市场的门槛只能算是稍高，不足以对投资者造成很大的影响。在很大程度上，区域股权市场相对于新三板市场风险更高，收益与新三板相差不远，投资四板的投资者不如进入新三板进行投资。而四板制度的不规范，导致投资风险增加，是阻碍投资者进入的罪魁祸首。

2. 美国区域股权市场概况

美国区域股权市场的历史，要远远长于全国性的股权交易市场。早在1790年，美国第一家区域性股权交易所——费城股票交易所，即在当时美国的首都费城成立，最初的投入资金只有300多英镑。1792年，"梧桐树协议"的签订标志着纽约交易所的雏形初步形成，但直到1934年10月1日，纽约股票交易所才将美国证券交易委员会注册为一家全国性证券交易所。在美国，与上述两家交易所类似的区域性股权交易所还有很多。在成立之初，这些交易所的定位首先是为区域内广大非上市的中小企业提供以非营利为目的的股权、债券转让服务，成为培育和扶持区域内中小企业的温床；其次这些中小企业最初普遍无法达到美国证监会规定的全国上市最低标准，但在区域股权交易所内获得融资并不断发展壮大，具有了一定的资本和声誉后，就很有希望进入全国性的纽约股票交易所。

20世纪中叶后，随着资本的全球化程度加深，资本的流动速度不断加快。美国区域股权市场在竞争中，往往不敌全国性股权市场，各区域的股权交易所纷纷关闭或被收购，如1953年华盛顿股票交易所同费城股票交易所合并，1949年克利夫兰交易所同芝加哥交易所合并，1977年檀香山交易所关闭等。这是由于股权市场本质上具有规模效应属性，即市场参与者数量越多、挂牌资源越大，市场配置资源的效率就会越高，因而在市场优胜劣汰、自由选择的情况下，强者越强，弱者越弱。为数不多的区域股权市场，如芝加哥股票交易所、辛辛那提股票交易所等也纷纷转型，加入全国市场体系，可以交易其他交易所的股票，单纯为区域服务的初衷已完全改变。

为对比美国四板市场，我们根据市场定位选择了美国粉单市场作为对比。粉单市场（Pinksheet），原名为全国行情局（National Quotation Bureau，NQB），于1913年成立。美国场外交易市场最早普遍采用非电子化交易，NQB公司通过向全国各地发放封面颜色为粉色的小册子来提供场外交易市场每天的交易信息，粉单市场这个名字便由此而来。20世纪90年代末，粉单市场开始采用电子化报价系统，通过先进的电子系统实时发布和收集报价和成交信息。目前，粉单市场挂牌企业已经超过15000家，大约也是前海股权交易中心的挂牌企业数量。

在现今美国场外交易市场中，粉单市场是唯一一家对申请挂牌交易的企业不设财务要求，不强制要求企业披露信息的场外交易平台机构。入门门槛低、信息披露要求低的特点恰恰是美国场外交易市场蓬勃发展的秘诀之一。

首先，粉单市场为数量更为庞大的中小企业群提供了挂牌交易的平台，使企业可以获得扩张生产的资金支持；其次，因选择在这一市场挂牌的企业质量不一，其股票投资的风险较大，但也蕴藏着更大的增值空间，即在面对较大的投资风险时可能会获得极大的投资收益，这一特点吸引着风险投资人对这些企业进行资金支持。这样一来，粉单市场在给风险投资人带来超高回报的同时，也有机会孕育出伟大的企业，例如，著名的Facebook公司，其在发展初期就是通过场外交易市场获得了风险投资人的资金支持才逐渐发展壮大的。因此，粉单市场上主要是那些喜欢冒险的激进投资者及风险投资人。

3. 中美区域股权市场投资者准入问题比较与分析

从以上分析来看，区域股权市场的投资者数量严重不足，成交量也相较于主板、创业板以及新三板有着很大的距离。而导致投资者数量不足的主要原因是投资者进入门槛较高以及市场风险远超于投资者可获得的收益。

在将四板投资者进入门槛与市场风险进行比较之后，作者发现，目前投资者准入门槛问题不是四板的主要问题，主要问题是投资风险太高。我国区域股权市场的总体现状为投资门槛相比于新三板等市场来说不高，但信息披露极不完善，风险大收益低，违约事件时有发生，使投资者不敢进入，导致市场流动性不强，也让投资者失去了分享企业发展成果的权利。具体来说，一般的股权交易中心的投资者准入，只要求投资人些许投资经验，总资产需要达到数十万元，相对于主板二板稍高，相对于新三板更低，但其中的投资者数量却远远小于新三板，主要是由于市场风险披露不完善，投资风险大收益却不高。一句话概括，我国四板市场融资效率差，主要是由于市场收益与风险的不匹配所导致的，投资收益不高，而风险过大。投资者准入制度在其中并不是主要的祸因。

经过以上分析，作者对区域股权市场的发展提出一些合理的建议。在未来，要进一步发展四板市场，首先，要将四板市场的监管制度进一步健全，规范市场风险，将投资风险充分地反映出来；其次，再将区域股权市场的投资准入门槛进一步放低，发展成为类似美国的粉单市场，吸引冒险的激进投资者及风险投资人。

二、互联网股权众筹市场（新五板）准入制度

2015年6月，央行金融所所长姚余栋在"互联网金融千人会"发言称，2015年是股权众筹元年，并提出了央行金融所的研究成果"股权众筹54321方案"。其中"5"是指将股权众筹打造成为中国资本市场的新五板；"4"是指按照公募、小公募、大私募、私募四个层次来划分股权众筹的投资者；"3"是指根据融资规模，可以将众筹平台分为种子众筹、天使众筹和成长众筹三个层次，不同层次信息披露要求不同，以降低融资者信息披露成本和入市门槛。成长众筹应该是中国主要推广的模式；"2"是指两条股权众筹平台应当遵守的底线，即不设资金池和不提供担保；"1"就是指一条红线，即股权众筹平台不要突破目前《公司法》和《证券法》所规定的200人的众筹人数上限。

参考以上的说法，互联网众筹市场可以分为种子众筹、天使众筹和成长众筹三个层次，互联网股权众筹，定位于初创企业种子期融资，种子期一般处于概念验证阶段，可能还没有相关产品开发出来，风险高，退出期限较长。综上，互联网股权众筹市场的定位是服务于初创企业种子期融资。目前各大平台投资者准入门槛较高,对投资者的要求也更高,相对来说信息披露要求相对较低。

1. 国内互联网股权众筹平台概况

总体来说,在我国互联网股权众筹市场还未成形,政府尚未出台具体的政策规定。各大股权众筹平台的融资尚属于自身的商业行为,相比于主板、创业板、新三板市场来说,互联网股权众筹平台的规模尚且不足,成交量也较小。与其他层次的资本市场进行比较,新三板每月交易额能达到几百亿元,股权众筹市场的成交量每月则保持在几亿元左右。

根据众筹之家 2017 年 1 月数据(如图 6-30 所示),1 月成功众筹项目融资金额为 12257.2 万元,环比 2016 年 12 月小幅下降,颓势继续,这也是近 6 个月来融资额新低。其中,收益权众筹融资金额为 4979 万元,环比 12 月下降约 18%;股权众筹融资金额为 7278.2 万元,占比 60%,环比 12 月下滑约 14%。

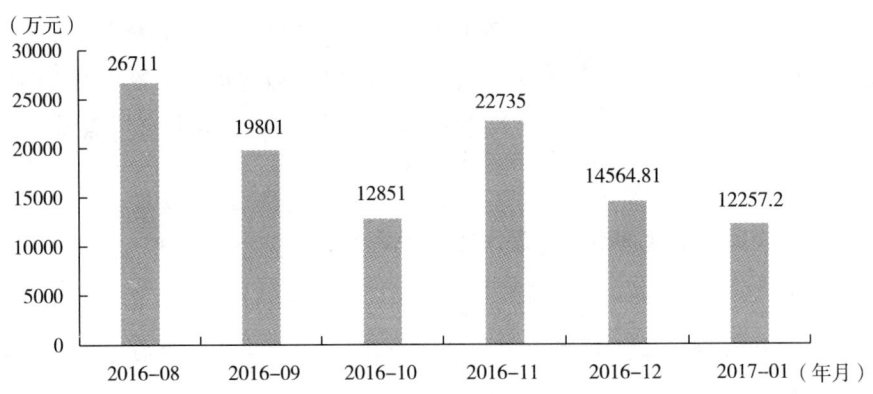

图 6-30 互联网权益类众筹月金额变化趋势

据众筹之家统计,截至 2017 年 1 月,股权类/收益权类众筹平台,网站能打开的约在 203 家左右(网站能打开不代表平台仍在运营状态),网站失效的平台约为 7 家。2017 年 1 月,互联网非公开股权融资平台中,众投邦以 2266 万的融资金额位居首位,紧随其后的百度百众和爱创业分别为 1828 万元和 1100 万元,其后的智金汇则为 655 万元。

总的来说,通过以上数据分析,互联网众筹平台融资情况仍不容乐观。相比于主板、创业板、新三板以及四板,互联网融资平台几亿的月融资额还有不小的差距,主要问题还是来自投资者数量不足的情况。造成互联网股权众筹平台投资者不足的原因主要是因为投资者的准入门槛过高。

2. 国内互联网股权众筹市场的投资者准入制度现状

(1) 国内互联网股权众筹市场准入制度分析。目前在国内，由于政府尚未确立明确的互联网股权众筹市场的投资者准入制度，各大平台的准入限制是根据自身的管理成本以及《公司法》200人股东人数的规定来进行准入限制的，属于商业化的行为。成熟的纯种子天使类众筹，即互联网股权众筹，诸如众投邦、百度百众、蚂蚁天使、京东众筹、天使客等众筹平台，要求的门槛都较高，对于年收入或者金融资产都有较高的要求，但是信息披露制度尚不清晰。

以私募股权市场为代表的互联网股权众筹市场的门槛是较高的，个人投资者年收入要在数十万元以上，机构投资者金融资产要达到百万元。根据众投邦上的情况，一次项目的最低融资基本在几十万元左右，甚至有的领投人达到了千万元。这样的门槛是明显高于四板，接近新三板的要求的。

(2) 我国互联网股权众筹市场投资风险分析。在设立投资者门槛的同时，关注市场风险也是必要的，下面从信息披露的角度来研究各大平台的投资风险。总体来说，各大互联网股权众筹平台信息披露方面相比四板表现也更加良好，在投资风险上显著小于四板，虽然股权众筹市场风险以及市场规范问题不足，但并不是造成投资者不进入市场的主要因素。例如，在互联网众筹平台上，关于融资项目披露内容分为项目介绍、项目问答、跟投人三大块。其中项目介绍包括公司介绍、投资亮点、产品介绍、投资方案、市场前景、项目团队和退出渠道。跟投人板块披露跟投人及跟投金额，其中跟投金额随起投金额不同而变动，基本在起投金额（几十万元）到几百万元，以几十万元居多；关于领投基金的信息披露包括详情介绍、投资人问答、跟投人。其中详情介绍包括基金介绍、市场前景、基金团队及退出渠道介绍等信息。投资人能够通过信息披露得到关于项目较好的了解的，风险得到了较为充分的展示。

3. 美国互联网众筹市场的投资者准入制度现状

"众筹"一词起源于美国，2012年颁布的"JOBS"法案促进了股权众筹行业在整个北美洲大范围开展，从公开发行的角度对投资人、筹资人、中介平台资质、平台禁止行为、信息披露等方面做出要求，构建起完备的股权众筹监管框架。之后，美国众筹行业的发展水平可以说代表了世界众筹行业的发展水平。2016年美国股权众筹平台的发展迅速，相较于2015年，美国超过一半的平台在

2016年的累计融资额同比翻了一番。

在市场的投资门槛方面，与我国不同的是，美国颁布的JOBS法案对于投资者准入进行了明确的上限规定，对于下限则没有具体的要求。其中，JOBS法案明确规定了个体投资者在连续12个月内对全部发行人的累计投资上限：

（1）如果个体投资者年收入或者资产净值不超过10万美元，则投资上限为2000美元，或该投资者年收入或资产净值的5%，两项中的较大值。

（2）如果个体投资者年收入或者资产净值达到或者超过10万美元，则投资上限为该投资者年收入或资产净值的10%，最多不超过10万美元。

另外，JOBS法案规定股权众筹融资投资者不仅局限于经认证的合格投资者（Accredited Investors），也扩大至非认证合格投资者（Non-Accredited Investors）。这样，经过JOBS法案美国也就明确了股权众筹平台公开、小额且大众的定位。

根据前文对于互联网股权众筹市场的界定，在欧美服务于天使种子轮的微型企业的平台主要有Seedrs、Angellist以及Wefunder等公司。其中Wefunder的投资者门槛是最低的，最低投资额可以达到100美元。在投资者结构方面，主要出资额来自机构投资者，机构投资者数量的比例为27.20%；在信息披露方面，众筹平台只会核实众筹报告的真实性，不对项目进行质量筛选，完全依靠投资者自行判断，对投资者要求较高。

4. 中美互联网股权众筹市场的准入问题比较与分析

根据以上的分析，我国互联网众筹市场方兴未艾，在许多方面都存在不够完善的地方，各大平台的准入门槛尚属于自身的商业化行为，互联网股权众筹市场的准入制度该如何制定还需要一段时间进行观察，所以本书的论述是针对互联网众筹平台的分析。

目前我国互联网众筹平台的融资效率仍存在不小的问题，在股权资本市场中成交量是最小的。在比较了股权众筹市场的风险以及准入制度之后，本书认为，导致股权众筹平台投资者数量不足的原因主要是投资者准入门槛过高。

在海外，美国推出的JOBS法案，不同于我国的情况，已经明确了互联网股权众筹市场的投资者准入，进一步明确了美国互联网股权众筹大众、小额、公开的地位。相比来说，我国互联网股权众筹平台目前投资者门槛过高，一方面，虽然存在着自身商业经营的目的，但其实是降低了微型企业的融资效率；另一方面，也阻碍了个人投资者进入，使得他们的投资权利受到了进一步的损害，失去了分享经济发展的成果的权利。

三、关于场外股权资本市场投资者准入问题的建议

经过对我国各层次资本市场的投资者准入问题的分析,本书认为,投资者准入制度不应该是政府用来避免风险的"一刀切"的举措,这样既不利于我国各层次资本市场的融资能力,同时对于我国广大的投资者也是不公平的行为,使仅有的小部分人参与到市场,阻碍了其他投资者分享经济成果的权利,使得贫富差距进一步加大。在区域股权市场以及互联网股权平台目前流动性不足,融资效率不高的背景下,本书认为,投资者准入问题亟待解决。对此,根据前面提出的研究思路过程,提出以下两个建议:

1. 降低投资者准入门槛,允许建立专于各层次的公募投资基金

(1) 四板以及股权众筹市场应该降低投资者准入门槛,吸引更多的投资者进入市场。目前四板市场、股权众筹市场数十万元的门槛让许多投资者望而却步,市场的融资能力也没有真正地发挥出来。建议对于区域股权交易市场,按照国务院对于四板合格投资者的界定,投资者准入门槛在 50 万元。对于互联网股权众筹市场,建议政府应当积极行动,统一市场的投资者准入制度,明确市场"小额大众"的定位,对于市场的活跃有着很大的促进作用;以美国 Wefunder 平台为例,自 2016 年 5 月 JOBS 法案 Title3 法案生效,众筹平台投资门槛进一步降低,仅在之后的一周时间内,经 Wefunder 平台认证的投资者比过去 4 年的总和还要多。而在一个月后,5 月 16 日至 6 月 16 日,Wefunder 平台融资总额飙升为 196.84 万美元,平台有超过 2000 个投资者注册,并在过去 30 天内做出投资。所以,建议降低股权众筹投资者准入门槛,通过引入足够多的股东来降低单个股东的投资金额,为普通投资者投资多个项目以分散风险提供了可能性,并能有效降低风险损失率,还进一步提供了市场的流动性。

(2) 政府应当允许建立专于各层次的公募投资基金。首先,公募基金的存在对于个人投资者来说大有裨益。以四板与互联网股权众筹平台为例,由于市场主要服务的是盈利模式尚未成熟的小微型企业,投资风险较高,投资期限长,投资者需要一定的投资经验以及专业水平,这是机构投资者的优势,公募投资基金的设立能吸引缺乏专业知识的普通投资者进入市场,降低投资者投资失误的风险。其次,公募基金还可以通过多样化的投资组合分散风险,个人投资者的投资范围也将更加多样化。再次,公募投资基金的设立能进一步降低投资者进入的门槛(如表 6-15 所示)。如果将我国四板的门槛限制在 50 万元,那么没有达到这

一要求的投资者则无法进入市场,而公募投资基金可以满足这部分投资者的需求,将申购门槛放至1万元的水平,进一步放低市场的准入门槛,对于市场的活跃程度是极大的提升,同时也使得一部分中下收入个人投资者能间接参与四板投资、享受国家经济增长的补偿。最后,设置投资专于各领域的公募基金有利于投资者了解自己投资项目的具体风险,使得市场参与者分工更加明确,市场效率也进一步得到提高。2014年12月,武汉股权交易中心推出全国首只"四板股权投资基金",首期金额为5亿元,由楚商资本股权投资基金管理有限公司与武汉股权托管交易中心共同发起,基金将以股权投资的形式,投资于已经或即将在湖北四板挂牌的企业,双方将共同为湖北四板挂牌企业提供挂牌辅导、信贷融资、股权融资、贷投联动、私募债发行与承销等综合金融服务。

综上所述,对于我国四板投资者准入制度的建议是进一步降低门槛,让更多的中小投资者进入市场。经过对国内外各层次股权资本市场的深入研究,本书提出关于我国各层次股权资本市场的投资者准入制度的参考意见。希望监管层能够进一步降低新三板、四板的投资者准入门槛,同时对于互联网股权众筹市场积极关注、明晰定位。

表6-15 我国各层次股权资本市场投资者准入的参考标准

市场类型	市场投资准入标准	专于各层次的公募基金申购门槛
新三板市场	证券类资产不低于50万元	申购公募基金的门槛1万元
区域股权市场	金融资产总额不低于50万元	申购公募基金的门槛1万元
互联网股权众筹市场	金融资产不低于30万元,投资单个融资项目最低为1万元	申购公募基金的门槛1万元

2. 加强对投资者的保护,建立投资者集体诉讼制度

在投资准入门槛降低之后,投资者面对的风险同样也值得关注。以前文分析的四板为例,经过前面的分析可以发现,四板的投资者准入制度并不算太高,它不是阻止投资者进入的最主要原因,市场规范性不够、投资风险过高才是挡住投资者的罪魁祸首。如果单单将投资者准入门槛降低,而不是将规范市场结合起来,那么这样做从根本上没有解决市场流动性问题。所以,在此本书呼吁政府应该采取措施,认清自己监管者的角色,借鉴发达国家市场的信息披露制度,让每一个投资者了解市场风险,加强投资者保护。

关于投资者保护，美国的投资者（股东）集体诉讼制度值得借鉴。所谓股东集体诉讼，是指股东集体利益受到损害时，多数股东为全体股东的利益向侵害人提起的民事诉讼。其特点是诉讼结果适用于全体股东，具有广泛的影响力，索赔额巨大，具有很强的威慑力。除此之外，美国法律还降低了集体诉讼的条件以及成本，进一步加强对于小投资者的保护。中国资本市场发展二十多年以来，政府对投资者的保护一直处于疏忽的状态，投资者相对于融资者一直处于弱势的地位。目前在我国各层次资本市场中，融资者违法行为的成本较低，集体诉讼制度将会大幅提高融资者不良行为的法律后果，如果强化这种法律后果会提高犯罪或违规成本，这样会使融资者做虚假信息披露等不良行为欺诈投资者时能够有所约束。

例如，在 2016 年 7 月，中证中小投资者服务中心有限责任公司接受 9 名因一家 P2P 金融信息服务（上海）股份有限公司虚假陈述行为受损的投资者委托，将原实际控制人作为第一被告、其他 7 名负责任高管以及 P2P 公司作为共同被告，正式向上海市一中院递交诉状，要求连带赔偿投资者经济损失合计 215 万元，此次投服中心受中小投资者委托提起证券支持诉讼，是全国法院系统受理的第一例证券支持诉讼，标志着我国证券市场支持诉讼制度建设"破冰"。我们呼吁我国应积极建立投资者集体诉讼制度，加强投资者保护，降低投资者维权成本。

当然，不仅是对融资者，政府也应当积极加强对投资者的管理，以及加强对投资者的教育。例如，规定新用户注册时签署风险提示表格、内容包括对潜在资金损失、流动性风险等的提示，确保投资者理解市场流动性、具有高风险等特征，明确要求投资者自行承担市场风险。

第七章 中国全社会资产结构

第一节 全社会资产结构优化

在公司金融理论中,资产结构是指各种资产占企业总资产的比重,主要是指固定资产投资和证券投资及流动资金投放的比例。这里,我们将此概念扩展至全社会,用全社会各类资产存量的相对比重来反映全社会的资产结构情况。在此基础上,我们提出全社会资产结构优化,即指通过对全社会各类资产的构成比例进行调整,使整个社会资产结构能够满足我国经济转型发展和产业结构升级的需要。

通常提到的资产配置,一般是指针对某个或某类投资者,根据其投资需求将投资资金在不同资产类别之间进行分配,是一个动态平衡的过程。而这里我们提出全社会资产配置,其本质上不再是一个动态资产组合的概念,也并不针对微观主体,而是全社会所有投资者总体资产配置情况的一种宏观反映,但这种宏观反映也是由微观主体的资产配置行为引起的,全社会所有可以选择的资产都是全社会投资者的资产配置对象,资产的持有者即全社会资产配置中的投资者,这样,每一类资产的存量反映的就是全社会投资者配置该资产的实际状况,全社会资产结构也就反映了全社会投资者的资产配置结构。因此,所谓全社会资产配置,即指从全社会的视角研究全体投资者的总体资产配置行为,即是研究全社会的资产结构,全社会资产结构优化的过程也就是全社会资产配置的优化。

第二节　产业升级与全社会资产结构优化

当前我国正处经济转型升级的关键时期，而我国的金融市场特别是资本市场发展仍然处在初级阶段，我国的金融体系也一直以银行为主导。在未来我国主要增长点将转变为高新技术企业和中小企业的背景下，以资本市场为核心的直接融资渠道将发挥至关重要的作用，我国目前的社会资产结构则显现出了一定的滞后性和局限性。近些年来，中央政府密集的政策调整显示出对于大力发展我国资本市场、优化全社会资产结构这一问题的高度重视，我们在研究中也不断论证了资本市场发展和资产结构调整对于产业结构升级的重要作用在公司金融理论中，资产结构是指各种资产占企业总资产的比重，主要是指固定资产投资和证券投资及流动资金投放的比例。这里将此概念扩展至全社会，用全社会各类资产存量的相对比重来反映全社会的资产结构情况。在此基础上，我们提出全社会资产结构优化，即指通过对全社会各类资产的构成比例进行调整，使整个社会资产结构能够满足我国经济转型发展和产业结构升级的需要。

第三节　我国社会资产结构现状与国际比较

一、中国社会资产结构现状

无论是国内还是国外，全社会的资产结构大致都可划分为非金融资产和金融资产（如表7-1所示）。非金融资产主要以房地产为主，而金融资产则主要包括通货及存款类资产、股权类资产、债权类资产等，由于保险及退休金类资产最终也将投向上述三类资产，因此，我们在考察全社会总体资产结构的时候先不予以考虑。首先，我们从Wind数据库获取企业债、国债、股票、货币类资产（如通货、存款）规模，房地产资产的存量规模无法直接获取。由于房地产作为一项投资标的主要由居民部门所持有，因此，我们选用国家资产负债表（李扬等，2015）中统计的家庭部门配置房地产的规模数据。国家资产负债表的数据存在一定程度的滞后，目前仅有截至2014年的房地产存量数据。因此我们对2015~2016年的数据进行了填充。填充方法如下：首先获取2015~2016年的房地产销售面积以及销售平均价格数据，进而得到2015~2016年房地产销售的流量数据，随后将之前的存量数据通过2015~2016年的房价增速进行调整，并先后累加2015~2016年的流量数据，最终得到2015~2016年的房地产存量数据。表7-1显示了2007~2016年我国全社会资产结构的情况。

表7-1 我国全社会资产结构

年份\类别	企业债（%）	国债（%）	股票（%）	房地产（%）	货币类（%）
2007	0.81	7.90	22.73	39.40	29.16
2008	1.32	10.04	8.97	42.71	36.97
2009	1.77	8.21	13.56	41.10	35.36
2010	2.15	8.00	12.98	39.56	37.31
2011	2.64	7.31	9.49	42.55	38.01
2012	3.21	6.87	9.16	42.08	38.68
2013	3.49	6.66	8.27	42.14	39.45
2014	3.68	6.34	11.41	41.83	36.73
2015	3.63	6.76	13.61	39.62	36.38
2016	3.47	8.02	11.80	40.17	36.54

由此可见，在我国全社会资产结构中，首先是房地产市场规模占比最高，其次是货币类资产，两者之和接近80%，股票和债券市场规模占比相对较小。从变化趋势来看，我国企业债规模在最近十年逐渐增长，但目前占比仍然不高，国债规模占比相对比较稳定，债券总规模占比在10%上下徘徊。股票市场的规模波动较大，2007年牛市后期一度高达22.73%，但之后一直在10%上下徘徊，2015年牛市行情促进了股票市场的规模增长，出现了13.61%的小高点。房地产市场规模占比相对稳定，一直处于40%上下的高位，货币类资产也长期处于35%~40%的高位水平。

二、全社会资产结构国际比较

在了解了我国全社会资产结构的大致情况后，我们也统计了美国、日本的全社会资产结构（全社会资产配置情况）。其中，美国市场的房地产市场2000~

2013年数据来自美联储统计的家庭部门资产负债表，2014~2016年的房地产存量的规模通过房地产市场销售数据和房价涨幅（流量）计算得出，计算方式与我国房地产市场存量数据的补全方式相同，日本房地产数据则来自日本内阁网。由于全社会资产存量规模较大，一国的全社会资产结构相对稳定，每年的资产结构（全社会资产配置权重）仅存在细微变化。因此，为了对三国进行更直观的比较，图7-1呈现了我国与美国、日本2016年的全社会资产结构情况。从图7-1中可以看到，美国拥有发达的资本市场，体现为占比高达35%的股票市场存量规模和占比高达25%的债券市场产存量规模，货币类资产的规模相对较小，而较高的股票资产市场存量对于一国经济发展尤其是产业转型升级有积极的促进效果，美国之所以能够走在全球产业升级的前列，与美国相对均衡的资产结构不无关系。与此形成差异的是，虽然日本具有较为发达的债券市场，但股票市场的发展却相对欠发达，货币类资产占比极高，不利于新型产业的发展和传统产业的转型升级，同时也在某些方面解释了日本近几年的经济增长停滞。我国目前资产结构的整体情况有两方面与日本极为类似，一是我国资本市场，尤其是股票市场欠发达，在一国资产结构中占比与日本类似；二是我国货币类资产的规模占比极高，与日本类似。此外，我国债券规模远小于日本，而房地产规模远高于日本，使我国目前的资产结构比日本有所不及。值得注意的是，我国资本市场发展时间较日本短，为避免走日本的老路，我国应该学习美国的经验，汲取日本的教训，积极改善我国的全社会资产结构，使之更好地服务于产业升级和经济发展。

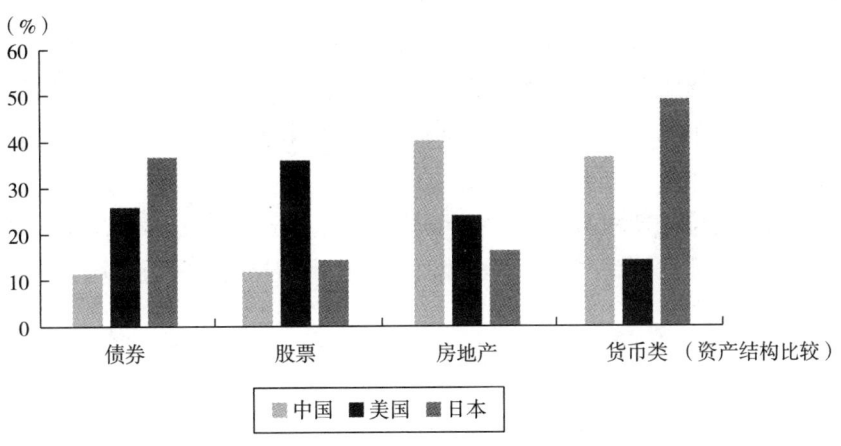

图7-1 2016年中美日三国资产结构比较

第四节　我国全社会理性资产结构分析

一、模拟全社会理性资产结构

自美国经济学家马克维茨（Harry M. Markowitz, 1927）于 1952 年开创现代资产组合理论以来，资产配置的过程往往以收益和风险作为最重要的参考指标。因此，基于各类资产的收益风险特征得到的资产配置权重反映了较理性的资产配置结构。为考察全社会的资产结构即资产配置情况是否理性，我们将全社会投资者视为一个整体，从投资者的一般性出发，基于 Markowitz 均值方差模型，构建一般化的资产配置模型，得到我国资产配置基于现有资产收益率和风险水平的最佳配置比例。

在现代资产组合理论框架中，根据共同基金法则，最优风险资产组合的权重是固定的，不同投资者的投资决策只是在风险资产和无风险资产之间进行配置。而该决策过程在很大程度上取决于不同投资者风险偏好系数。由于我们在研究全社会最理性的资产配置情况，不考察各类投资者风险偏好系数的不同，因此，这里将所有资产均列为风险资产进行考察，以在 Markowitz 的框架中得到"固定"的最优风险资产组合，从而排除风险偏好系数的影响。事实上，真正意义上的无风险资产并不存在。这里把无风险资产看成一项风险资产——"低风险资产"进行配置，从而得到忽略不同投资者风险偏好系数的抽象的最优"风险"资产配置。需要注意的是，此时的最优仅仅是基于风险收益特征的最优，也即前面提到的理性配置水平。

由于将无风险资产视为一项"低风险资产"，无法求得夏普比率，因此，我们通过选取类似夏普比率的指标——收益风险比来指导资产配置过程，构建的模型如式（7-1）：

$$\max \frac{E_p(r)}{\sigma_p(r)} \qquad (7-1)$$

s.t $E_p(r) = WR$

$\sigma_p^2(r) = W^T \Sigma W$

其中 $W = [w_1, w_2, w_3, \cdots, w_n]$ 为有效边界资产组合中各类资产的权重向

第七章 中国全社会资产结构

量，$R=[r_1, r_2, r_3, \cdots, r_n]$ 为收益率向量，Σ 为各类资产的协方差矩阵。为了求得上式，需要先得到有效边界上的资产组合，有效边界的求解过程如下：

$$\min \sigma_p(r) \tag{7-2}$$

s. t $\quad E_p(r) = WR$

$\sigma_p^2(r) = W^T \Sigma W$

$W^T 1 = 1$

W 为所有可能资产组合的权重向量，W^T 为权重矩阵的转置，$R=[r_1, r_2, r_3, \cdots, r_n]$ 为收益率向量，Σ 为各类资产的协方差矩阵，1 为单位向量。由于最终要优化的式（7-1）非线性，用常见的最优化方法无法求得解析解，因此，采用蒙特卡洛模拟的方法得到最优资产配置权重的数值解。

计算方法如下：

（1）确定 $E_p(r)$ 的取值范围：

$$E_p(r) \in [r_{imin}, r_{imax}] \tag{7-3}$$

其中，r_{imin} 为一段时间内资产收益率平均值的最小值，r_{imax} 为一段时间内资产收益率平均值的最大值。

（2）将 $E_p(r)$ 的取值空间分为 10000 等分，对于每个 $E_p(r)$，通过二次规划方法得到每个有效边界上的资产组合 W。

（3）对于每一个有效资产组合 W 代入上述式（7-1），得到收益风险比最大的资产组合，即所求全社会最理性的资产配置组合。

由于资产配置决策是一个长期的过程，因此，以过去三年的数据作为决策的依据，对三年滚动周期的数据进行分析，得到滚动的最优资产配置权重。最后，选取 2009~2016 年数据，将数据代入上述模型进行实证检验，得到结果如表 7-2 所示。

表 7-2 理性资产结构

年份\类别	企业债（%）	国债（%）	股票（%）	房地产（%）	货币类（%）
2009	1.61	3.04	0.23	14.53	80.59
2010	2.11	5.61	0.49	14.92	76.87
2011	5.13	6.45	0.77	17.25	70.40
2012	2.34	4.14	0.23	13.39	79.90
2013	2.46	5.11	0.27	6.72	85.44

续表

类别 年份	企业债（%）	国债（%）	股票（%）	房地产（%）	货币类（%）
2014	5.78	8.16	0.49	6.32	79.25
2015	6.89	7.78	0.20	6.05	79.08
2016	4.87	3.45	0.17	15.14	76.37

二、实际资产结构与理性资产结构

从表7-1和表7-2的比较可见，实际资产结构与理性资产结构的变化趋势是比较接近的。表明我国全社会的资产配置结构在一定程度上是理性的。类似地，为了方便比较，进行横截面分析，此处以2016年为例，实际资产配置与理性资产配置的比较（见图7-2所示）。由此可见，我国债券市场，尤其是企业债的资产配置现状是比较理性的，最优资产配置规模占比与实际资产配置规模占比在数值上接近；股票市场通过模型计算出的理性配置比例较低。这主要是因为投资者偏好夏普比率较高的资产。换言之，股票市场的赚钱效应较差是投资者低配股票的重要原因之一。实际股票资产配置比例略高于最优股票资产配置比例，但仍然较低。原因在于，一方面，我国投资者有其理性的一面；另一方面，长期以来我国股票市场大多数时估值偏高，存在一定泡沫且价格波动较大。房地产市场的理性配置比例最高，实际资产配置却比理性资产配置比例更高，这也反映了我

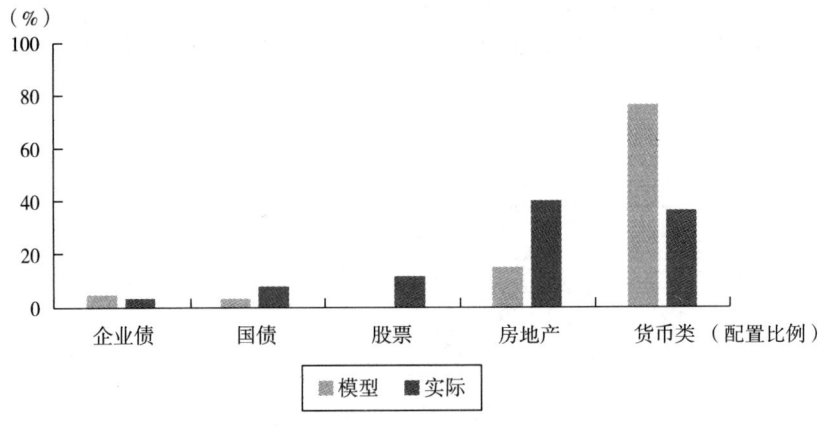

图7-2 基于横截面的理性资产配置比例与实际资产配置比例

第七章　中国全社会资产结构

国房地产市场不仅存在收益高、风险低的问题，还存在一定的非理性泡沫。低风险资产，包括通货、存款等货币类资产的理性配置比例极高，可以说明此类资产风险极低而收益不低，夏普比率高，其实际配置比例低于理性配置比例，主要因为理财产品和货币基金由于不是最终的资产，并没有纳入"低风险资产"实际配置规模的统计范畴，这里统计的"低风险资产"仅包括通货和存款，而存款中收益率能达到4%的仅有期限较长的定期存款。然而，现阶段我国有许多以银行信用背书的理财产品和货币基金产品，年化收益可达到4%，风险基本为已经成为代替存款的重要货币类资产。

第五节　中国社会资产结构存在的问题

一、股票资产配置比例理性而非最优

相比于美日等发达国家，我国的股票资产配置比例非常低。从各国股票指数的夏普比率来看，沪深300的夏普比率只有0.5，低于其余三个发达国家，这表明虽然我国股票市场的整体收益率较高，但其风险报酬尚不足以弥补因为不完善的市场制度，匮乏的市场对冲机制等因素造成的我国股票市场整体的高风险性，由此说明我国股票资产的风险收益比相较其他国家缺乏吸引力，投资者低配股票是理性的。同时，在我国的社会融资结构中，以银行为主的间接融资也仍然占据很大的比重。然而，相比处于成熟发展阶段的传统产业，新兴产业大多处于初创或成长期，意味着这些产业在蕴含着巨大市场机遇的同时也伴随着市场风险，并且初期需要大量的资本投入来支持这些产业的发展。银行固有的低风险偏好、对抵押品的较高要求以及对于公司财务过于严苛的格式化审核使其向新兴产业提供融资的能力和意愿均十分薄弱。再加上我国商业银行大部分仍为国有性质，以国有企业为主体的大量传统产业仍然占据着银行业优质的金融资源，导致其产能过剩的现状迟迟得不到改变。从长远来看，这非但不利于我国金融资源配置效率的提升，也不利于经济转型战略任务的顺利完成。资本市场作为一国金融资源配置的另一渠道，其灵活的制度安排，投资者较高的风险偏好决定了其适合成为具有高风险高成长特性的新兴产业的融资来源。并且，作为风险管理和交换的场所，资本市场能够通过合理公平的金融契约设计来满足不同风险偏好的投资者对于不

同风险收益特征金融产品的需求,大大降低了投融资主体双方的交易成本,有助于提升金融资源的配置效率。此外,资本市场还可以通过企业间的兼并重组,淘汰产能过剩和落后的企业来重新整合经济资源,从而有利于真正高成长的行业和企业迅速发展和壮大,率先实现并推动经济结构向高级化发展。因此,虽然我国目前较低的股票资产配置比例是理性的,但对于我国的产业升级和经济改革来说则是非常不利的。

二、住宅资产比重过高

从全社会资产结构中房地产资产规模和金融资产总量的发展关系来看,目前美国的金融资产总量超过房地产资产总量的3倍,其增长速度也远大于房地产市场规模扩大的速度,且金融资产总量由于受到金融资产价格较高波动性的影响波动的幅度较大,而房地产市场规模则只有在2007~2008年次贷危机时发生了明显的缩减,其他时间基本保持了平缓的增长。同样的,由于日本的房地产市场在20世纪80年代末到90年代初期遭遇地产泡沫破裂后,市场规模大幅缩减,之后日本房地产市场规模始终在1兆日元(约合人民币587万亿元)以下,而日本的金融资产总量远远大于房地产资产规模,并且从2012年开始至今金融资产总量的增长速度明显加快,到2015年时已经接近房地产资产规模的8倍之多。

相比而言,我国的金融资产总量与房地产资产增长水平间还存在很大的不平衡。从绝对数量上来看,我国的住宅资产总量不断上涨,绝对量已经非常高,已非常接近美国的住宅资产水平。与此同时,我国的金融资产总量却只有美国的1/4。再从房地产资产与金融资产在全社会资产结构中的相对占比来看,即使只计算居民住宅资产,我国的金融资产总量也只有房地产资产总量约2倍的规模,如果加上非住宅地产,这个比例则会更低。对比金融市场比较发达的美日,我国的房地产资产在全社会资产结构中的占比且主要是住宅资产的占比明显过高而金融资产的比重则偏低。又因为房地产市场的流动性远低于金融市场,超高的住宅资产占比时使我国全社会资产结构的流动性严重失衡。另外,由于房地产的开发与投资需要较大体量的资金,大量的资金在住宅资产上集中使我国全社会资本配置结构严重失衡。然而,我国正处在面临经济转型和产业升级的关键时期,一方面,金融市场良好的流动性对实体经济的发展具有积极的传导作用,全社会资产结构的流动性失衡则会影响金融市场的传导效率,不利于转型时期我国实体经济的发展;另一方面,全社会资本配置严重向房地产倾斜会使全社会资本配置效率严重依赖房地产市场,既不符合产业升级对大量社会资本投入的需要又使资金风险过于集中，房地产市场牵一发而动全身，更容易引发系统风险。因此，住宅资产在全社会资产结构中的占比过高非常不利于我国经济的长远稳定发展，解决全社会资产结构的失衡问题正是我国当前转型经济背景下产业升级的需要。

三、货币类资产占比偏高

我国全社会资产结构中货币资产的占比与日本相近，但远高于美国，这也与中日两国以银行为主导的金融体系以及较高的储蓄率相关。然而，通过模拟计算得到的理性货币资产配置比例比实际比例更高。近年来，由于我国银行表外业务和非银金融以及互联网金融的迅速发展，银行理财、基金、信托、互联网理财等产品规模迅速扩大，整个资产管理市场规模从2012年的27万亿元快速上升到2016年的116万亿元，年均复合增长速度达44%。其中，银行理财产品规模5年里增长了两倍，截至2017年末银行理财产品存续余额达29.54万亿元。虽然从2017年起受到监管趋严、流动性趋紧的影响，银行理财规模增速开始有所放缓，但已接近同期64万亿元储蓄存款余额的一半。除此之外，信托和货币基金也从无到有出现了爆发式的增长，到2017年第三季度信托资产余额也超过了24万亿元。从中国社会科学院统计的2004~2014年居民部门资产负债表中数据也可以看到，从2010~2014年居民持有金融资产中存款占比由63.79%下降到49.13%，而持有金融机构理财产品和资金信托计划的比例则从几乎为零增长到2014年的13.37%和12.40%。无论从规模上还是占比上，银行理财产品和信托计划正成为居民和企业储存货币的重要方式。同时，这类货币类资产的收益也都高于银行定期存款的收益率，高于发达国家同类产品的收益率，我国货币类资产的风险收益较高，相对于其他风险资产具有更强的吸引力，因而其在社会资产结构中的占比也居高不下。

第八章　全社会资产结构中金融资产结构非优化原因分析

第一节　高无风险收益率与高货币资产占比

一、无风险收益率含义

无风险收益率是指在理想状态下，将资金于一定期限内投资于某"无风险"的投资对象所能得到的收益率。理论上，无风险收益率是投资者进行投资所期望的最低回报，如果要求投资者接受额外的风险就必须给予其大于无风险利率的收益率。一般而言，无风险收益率应该具备四个特征：

1. 市场参与程度高、有较强的市场性和流动性

此处的流动性是指资产在短时间内以较低的成本转变成现金的能力。无风险标的资产的特征之一就是具有很强的流动性，即投资者能将无风险标的资产以确定的价格迅速、大量变现，且不会蒙受损失，无交易成本或交易成本极低。对于金融产品所在二级市场，往往是越发达金融产品流动性越好，因此，无风险标的资产必须有较强的市场参与性，要具有市场深度和包容性，使各类机构投资者能够广泛参与，进而以市场供需为基础形成无风险收益率，并且无风险收益率应当接近市场参与者的融资成本。

2. 收益稳定，安全性强，无风险收益率形成机制相对透明，没有或只有极低的违约风险

首先投资者持有无风险标的资产必然能够获得一定的收益，同时无风险标的

资产的收益率应保持相对的稳定性,即指持有人在无违约风险的前提下所取得的收益相对固定,不随发行者经营收益的变动而变动,无风险利率应是反映市场不确定因素最小的金融工具的利率,其他风险资产的收益率为无风险利率加上一定的风险补偿。无风险标的资产收益的稳定性主要是由无风险标的资产的"无风险"特性决定的,此处的"无风险"特性指无风险收益率在市场中的形成机制透明,无违约风险或只有极低的违约风险。同时无风险收益率还要能代表市场上的真实无风险收益率,应当是完全竞争的结果,不能遭受人为的扭曲。

3. 较好的可控性,具有基础性、与其他资产关联性强

无风险收益率中除了包含资金的时间价值外还包含对通货膨胀的补偿,因此,无风险收益率易受通货膨胀率等宏观经济因素的影响,能在一定程度上反映出市场融资成本和经济状况,要能为货币当局所控制。同时无风险收益率一般可以作为本国资本市场的基准利率,并具有作为其他金融产品定价基础的作用,因此,其应与其他金融子市场保持高度的关联,可以发作为引导有效资源配置信号的作用。

4. 期限结构合理性强,容易构建相对完整的零息收益率曲线

期限结构合理性是指某种证券期限结构丰富,市场上有各种不同期限的证券及其对应的收益率,可以合理满足各种不同期限偏好的投资者的特性。只有期限种类丰富,证券期限结构合理,进而才会形成合理的利率期限结构,从而构建出一条平滑、完整的零息收益率曲线。

二、无风险收益率选择

1. 我国无风险收益率的理论分析

在美国等金融市场机制完善和债券市场发达的国家,由于其迅速完成了利率市场化的进程,市场化程度高,因此,对无风险收益率的争议较少,实践中常采用短期国库券利率作为无风险利率。目前美国投资者都习惯把美国财政部发行的三个月国库券作为无风险收益证券,相应的利率作为无风险收益率。

从1996年起,我国开始正式利率市场化改革,经过二十几年的推进,逐步放开了银行间同业拆借利率、银行间债券回购利率和现券交易价格、存贷款利率,并运行了贷款基础利率集中报价和发布机制,而且央行政策利率体系先后建

立、存款保险制度也得到确立，至今我国利率管制已基本放开，利率市场化也进入新阶段。但由于我国尚未完全形成利率市场化，关于我国无风险收益率的选择问题还存在着许多争议。目前国内对无风险利率的选取主要有以下五个观点：

（1）选择相应期限国债利率作为无风险收益率。理由是国债安全性高、收益性好，国债市场具有一定的市场参与度，同时国债利率简单易得，符合国际上通行的做法，例如，美国就是选择以三个月国库券的利率作为无风险利率，这也使得国内的国外投资者更容易接受。如李光明（2009）提出，应该以10年期国债的到期收益率作为无风险收益率。但是选择国债利率作为无风险收益率也存在以下两个缺点：一是由于我国债券市场上的各期限国债的类型有限，因此，难以构建一条相对完整的零息收益率曲线；二是我国国债利率尚缺乏高度的市场化，在我国部分国债（例如，凭证式国债）的发行利率就是由财政部和中国人民银行综合各因素而确定的，市场化水平明显不足。

（2）选择国债回购利率作为无风险收益率。由于国债回购交易实际是一种以国债为抵押品拆借资金的信用行为，违约风险较小，安全性较好，因此，较符合无风险收益率的特征，例如，英国就是以两周国债的回购利率作为无风险利率。雇文秀、韩仁德、卢妮（2005）提出，因为银行间债券回购市场交易活跃流动性较好，回购利率也相对稳定，与其他金融资产收益的同步和相关性较强，而且国债信用风险低，同时他们通过实证分析发现银行间债券回购利率比同期限的同业拆借率一般要低几个百分点，所以他们认为应该从银行间债券回购市场中选择无风险资产。而由于3~7天的回购交易参与者较多，不易被机构操纵，因此，以银行间回购期限为3~7天的债券回购加权平均利率来估算无风险利率较好。但是选择国债回购利率作为无风险收益率也存在流动性上的不足。从流动性来看，由于我国银行间债券市场和交易所债券市场分割，在一定程度上分散了市场交易，同时两个市场的参与主体、资金性质、资金量和交易机制等因素差别较大，使两个市场的规模失衡，而且两个市场的回购利率也常不一致，还较混乱。

（3）选择银行存款利率作为无风险收益率。宋健（2004）提出，应该采用银行的三个月整存整取的年利率来代替无风险利率，他认为，国债利率、银行间拆借利率和债券回购利率缺乏无风险特征，又由于我国是一个高储蓄率的国家，同时银行存款利率无风险特征明显，因此，应该选取银行的三个月整存整取的年利率来代替无风险利率。但是，根据前文分析可知银行存款利率较缺乏市场性，存在利率期限结构不合理等问题。

（4）选择银行间拆借利率作为无风险收益率。理由是这一利率的可交易性

第八章 全社会资产结构中金融资产结构非优化原因分析

较强,市场参与者较多,更接近市场参与者的融资成本,并且容易据此构建零息债券利率曲线。例如,在国际金融市场上就经常采用 Libor(伦敦同业拆借率)作为无风险利率,但是由于 Libor 是由少数一流的银行指定报价得出的,而参与制定的银行也往往在市场上持有头寸,银行就可能产生操纵 Libor 的动机。在 2008 年的金融危机中出现 Libor 操纵案就揭示了这一利率的缺陷。同时银行间拆借利率的形成机制不透明,且仍存在对手方风险,因此,选择银行间拆借利率作为无风险收益率也存在一些不足之处。

(5)选择央行票据利率作为无风险收益率。马军、余芳(2006)提出,由于央行票据是由中央银行发行,基于其特殊地位保证了央行票据有较高的安全性、信用风险低;而且央行票据的年发行量和年交易量都明显大于国债,流动性较好;同时央行票据市场化程度高,其发行和回购都是向全部公开市场业务一级交易商进行利率招标,为此,应该选择央行票据利率作为无风险收益率。但是由于央票是央行进行公开市场操作的主要工具,央行可通过调整央票利率来影响宏观经济,因此,央票利率在形成机制上具有一定的政治色彩,其市场性水平必然受到一定的限制。

2. 银行理财产品收益率作为我国无风险收益率指标合理性分析

在资产配置问题的实证研究中,无风险收益率通常是指投资者持有无风险标的资产所获得的收益,投资者的资产配置行为受到其所获得的无风险收益率的影响。然而,由于我国在转型经济中存在着二元金融结构,货币市场、资本市场和保险市场仍然存在相互分割的问题,投资者所能参与的市场也存在差异,各个市场真实的无风险收益率也难以用同一个基准利率来衡量。因此,我们将对标投资者所能参与的不同的金融市场来衡量投资者进行投资所期望的最低回报。

首先,对于我国的普通个人和非金融企业投资者来说,由于个人投资者无法进入银行间市场交易,在理论研究中我们通常用 3 个月定期存款利率或 3 个月的国债发行利率作为无风险收益率的衡量指标。然而,近年来银行表外业务和非银金融以及互联网金融的迅速发展,银行理财、基金、信托、互联网理财等产品规模迅速扩大,整个资产管理市场规模从 2012 年的 27 万亿元快速上升到 2016 年的 116 万亿元,年均复合增长速度达 44%。其中,银行理财产品规模 5 年里增长了两倍,截至 2017 年末,银行理财产品存续余额达 29.54 万亿元。虽然从 2017 年起受到监管趋严、流动性趋紧的影响,银行理财规模增速开始有所放缓,但已接近同期 64 万亿元储蓄存款余额的一半。除此之外,信托和货币基金也从无到有出现了爆发式的增长，到 2017 年第三季度信托资产余额也超过了 24 万亿元。从中国社会科学院统计的 2004～2014 年居民部门资产负债表中数据也可以看到从 2010～2014 年居民持有金融资产中存款占比由 63.79% 下降到 49.13%，而持有金融机构理财产品和资金信托计划的比例则从几乎为零增长到 2014 年的 13.37% 和 12.40%。无论从规模还是占比上，银行理财产品和信托计划正成为居民和企业储存货币的重要方式。

一方面，通常情况下，由于大多数理财产品是非保本浮动型收益，其风险高于银行存款，预期收益率一般高于银行同期存款利率，但由于依托银行等金融机构发行，其收益权往往有银行等金融机构的"隐性担保"。截至 2016 年底我国银行亏损产品兑付数量占比仅为 0.05%，亏损产品的本金偿还率也超过 90%，广义的刚性兑付现象在理财产品中仍然普遍存在。长期而来，我国的主流公众意识也将银行理财产品视为"无风险"资产，普通个人和非金融企业投资者在投资过程中所期望的最低回报往往不能低于理财产品的预期收益率。从实际收益率看，3 个月理财产品的预期收益率始终高于 3 个月定期存款利率和 3 个月国债发行利率，说明在实际投资中，个人投资者所能获得的无风险收益率是远高于理论值的。在实证分析中，至少应该以理财产品的收益率作为个人投资者的无风险收益率并以此为基准研究其资产选择行为。

另一方面，信托资产在居民部门金融资产中的占比不断提升，在实证分析中也不能忽略信托市场对个人投资者的无风险收益率的影响。由于信托产品的投资门槛和封闭期比较长，其风险和收益率一般高于其他金融理财产品。然而，在信托发展初期，由于各级监管层为了守住不发生系统性或区域性风险的底线，要求各类信托必须保持刚性兑付，并在违约事件发生时采取各种措施弥补，向市场传导信托产品高收益而无风险的信号。因此，符合投资信托条件的个人投资者则可在实际投资活动中获得更高的无风险收益率。从图 8-1 中可以看到，2010～2015 年 1 年及 1 年期以下的债权投资和贷款类信托产品的平均年收益率均超过 7%，而 1 年期和 10 年期国债的年收益率平均在 2%～4%。虽然从 2016 年开始信托产品的平均年收益率跌落到 6%，国债收益率受到通货膨胀上升影响逐渐向上，但两者间仍然有超过 2% 的"无风险"溢价。

其次，从金融机构的角度来看，随着我国利率市场化改革的不断推进，银行间市场利率市场化程度已经很高，三个利率指标的走势基本一致，在实证分析中可以用 3 个月 Shibor 来衡量银行间市场的无风险收益率，对比普通投资者的无风险收益率（同期限理财产品收益率），发现银行间市场的无风险收益率中枢更高，说明金融机构可以在银行间市场获得更高的无风险收益。由于普通个人和非金融企业无法之间进入银行间市场，金融机构因而获取了一定的无风险套利的空间，从而促使其向市场提供更多具有"隐性担保"性质的无风险资产，再进一步推高公开市场的无风险收益率，这也就从侧面一定程度解释了近年来理财产品规模飞速增长且收益率一直维持高位。

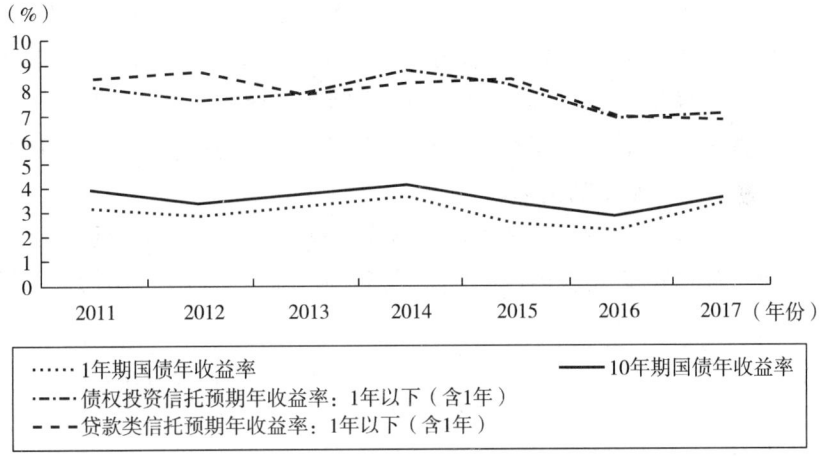

图 8-1　信托产品收益率与国债收益率

一方面，由于我国利率还没有完全实现市场化，银行间债券市场和交易所债券市场，货币市场、资本市场和保险市场之间都存在相互分割的问题，从而缺少一个统一的无风险收益率指标。简单以国债利率、国债回购利率、银行存款利率、银行间拆借利率或者央行票据利率这五种利率任何之一作为无风险收益率都存在一定的不足：国债利率存在各期限类型有限，难以构建一条相对完整的零息收益率曲线，缺乏高度的市场化水平的问题；国债回购利率则由于我国银行间债券市场和交易所债券市场分割，使其在流动性存在一定的不足；银行存款利率也由于其往往滞后于经济的发展趋势，不能准确及时反映货币市场的资金供求状况，较缺乏市场性；银行间拆借利率则存在形成机制不透明，可能形成操纵的问题；而央票利率由于是央行公开市场操作的主要工具，也在市场性上有所欠缺。

另一方面，由于我国部分金融产品存在刚性兑付等现象，例如，信托、银行理财产品和货币市场基金等，使得它们不仅风险低同时还能提供给投资者以较高的收益率，因此在实际的社会资产配置中理论研究提出的这五种利率明显低估了我国的无风险收益率。

除此之外，近年来在互联网金融"井喷式"发展的背景下，货币市场基金也得到了迅猛的发展，其通过"集腋成裘"的原理将原本小额投资者所只能获得的普通银行存款利率至少提高到了大企业才能获得的更高的存款利率水平。不仅如此，相较银行定期存款货币市场基金更兼顾了收益性、流动性和安全性，特别是借助互联网渠道使得货币市场基金不仅申赎方便，投资门槛低，而且还在一定额度内支持T+0实时取现。因此，货币市场基金也在一定程度上代表着全社会的无风险收益率水平。因此，相较而言在投资者实际进行投资的过程中银行理财产品收益率、信托产品收益率和货币市场基金收益率可能更适合作为我国的无风险收益率。其中银行理财产品收益率由于其规模占比较大、安全性、流动性更高且投资门槛低，符合无风险收益率指标的基础特性，更适合作为实证研究中衡量我国无风险收益率水平的指标。

从图8-2可以看出银行理财产品收益率、信托产品收益率和货币市场基金收益率长期而言明显高于定期存款利率、银行间同业拆借利率和国债发行利率。

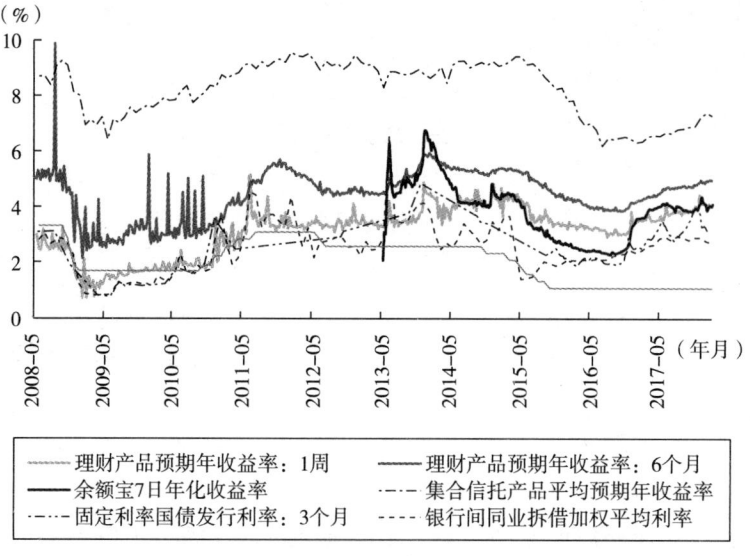

图8-2 理论基础利率和主要资产管理产品收益率走势

（1）银行理财产品规模最大。随着银行表外业务和非银金融以及互联网金融的迅速发展，我国资产管理市场规模逐年上升，截至2017年6月底累计达118.58万亿元，其中，银行理财、信托和公募基金规模分别达28.38万亿元、23.14万亿元和10.07万亿元，占比分别为23.9%、19.5%和8.5%。从绝对规模来看，银行理财仍是我国资管市场的中坚力量，而信托规模则紧随其后。其中自 2014 年银行理财规模超越信托规模后一直占据最高份额，并且银行理财规模与信托规模之间的差距有一定程度的拉大，截至 2017 年末，银行理财规模已达到同期 64.38 万亿储蓄存款余额的 45.89%。相比而言公募基金规模则较小，虽然近年来货币市场基金迅猛发展，截至 2017 年 6 月货币市场基金规模达 5.11 万亿元，占公募基金总规模超 50%，但相较于银行理财和信托的规模，货币市场基金的规模还是太小只有银行理财规模的 1/5 左右。因此，从规模上来看，银行理财产品和信托产品的收益率将会对市场产生更大的影响力，进而也更适合作为我国的无风险收益率。

（2）银行理财产品安全性更高。虽然银行理财产品与信托产品都是较稳妥的固定收益类产品，但从其募得资金的配置情况来看，银行理财产品安全性更高。银行理财产品资金主要投向债券等标准化的资产，截至 2017 年底，理财产品配置于债券、银行存款、拆放同业及买入返售等标准化资产的金额共占理财产品投资余额的 67.56%，其中债券是其最主要的投资对象，配置比例达 42.19%。而多数信托产品的投资对象是单一项目，风险较集中，且多数是投向工商企业等信用度略低的项目。我国信托财产主要投资于工商企业、基础产业、证券投资、金融机构和房地产五大领域，截至 2016 年四季度末，信托资产投向工商企业、基础产业、证券投资、金融机构、房地产的占比分别为 24.82%、15.64%、16.2%、20.71%、8.19%。显然从资产配置角度来看，银行理财产品投资对象更标准化、风险度更低，因此根据无风险收益率的"无风险"要求而言，银行理财产品收益率符合无风险收益率安全性的特性。

（3）银行理财产品具有更好的流动性。就投资期限而言，大部分银行理财产品投资期限都较短，为 30～180 天，通常不超过 180 天，更很少有超过一年的。而信托产品的投资期限则较长，通常都在一年以上，且其存在较长的封闭期大多数信托产品无法中途赎回，因此，从投资期限上来看，信托产品流动性更差。由于信托产品存续期一般为 1～3 年，并且大多数不能赎回，因此，投资者只能选择转让来提现。但是由于目前在全国范围内还没有建立起统一有效的流通平台，信托产品只有通过信托公司、第三方理财公司、第三方交易平台这三类平台才能进行流通转让，但目前这三类信托流通转让平台的成交量仍十分有限，网上转让、银行质押贷款等流通转让方式根本难以满足信托投资者的流动性需求，而且多数流通转让交易平台仅发挥了信息传递的作用，在实际成交上并没有提供较大的帮助。尽管为了解决流动性问题有一些信托公司尝试提供"做市商"模式或允许定期赎回，但因此所额外收取的手续费却又在一定程度上弱化了信托产品高收益的优势。同时除了外部缺乏统一有效的产品流通平台这一弊端以外，信托产品内部标准化程度低、难以定价的特点，也使信托产品在二级市场上进行交易的成本极高，如果信托投资者想要提前变现就只能折价转让。

虽然银行理财产品也存在不能提前赎回的痛点，但是一方面银行理财产品投资期限本来就较短赎回需求更小，另一方面近年来部分商业银行也开始尝试理财转让业务，银行理财产品转让市场不断完善发展且根据目前情况来看，该转让市场活跃程度也较高，同时部分理财产品可以进行质押贷款，投资者可通过受益权质押获得贷款，以缓解流动性需求，而信托产品则无法质押。因而从流动性角度来看，银行理财产品收益率可以衡量作为我国无风险收益率的指标。

（4）银行理财产品投资门槛较低。相比于信托产品，银行理财产品投资门槛较低，通常的认购起点不会超过10万元，其面向对象更广，是一种大众化的理财方式，因此，不少有小额短期闲置资金的家庭都会选择银行理财产品来进行投资。而信托则是一种主要针对高净值人士的金融产品，它有着较高的进入门槛，并要求投资者具备一定的风险识别和承受能力。在2007年3月1日起实施的《信托公司集合资金信托计划管理办法》中明确要求一个合格的信托投资者必须符合下列三个条件之一：①投资一个信托计划的最低金额不少于100万元人民币；②个人或家庭金融资产总计在其认购时超过100万元人民币且能提供相关财产证明；③个人收入在最近三年内每年收入超过20万元人民币或者夫妻双方合计收入在最近三年内每年收入超过30万元人民币，且能提供相关收入证明。无论是100万元的投资门槛或是对个人财富、收入的要求，无疑直接将大部分投资者拒之门外。据统计2017年我国居民人均可支配收入25974元，前20%高收入组人均可支配收入也仅为64934元，距离每年个人收入20万元人民币的要求还有相当大的差距，而且毋庸置疑能以100万元现金做投资，或家庭金融资产超过100万元的个人必然少之又少。同时2009年修订的《信托公司集合资金信托计划管理办法》中还规定单个信托计划中300万元以下额度的投资人数不得超过50人，这种情况，对大规模的信托产品来说，其实际进入门槛往往会更高。因此，相较于信托产品，银行理财产品的投资限制更小、投资对象更广、数量多，也更适合作为我国的无风险收益率。

（5）银行理财产品的收益率具有基础性。相较信托产品收益率，银行理财产品收益率更具基础性。由于信托产品有着"更高收益、更高认购门槛、更低流动性"的特征，而银行理财产品则具有"较低收益、较低认购门槛、较高流动性"的特征,显然客户在进行投资时会在流动性和收益性之间进行权衡取舍,两产品之间存在一定的替代性。同时由于信托产品投资门槛更高,针对的客户群体相对较小,因此信托公司对金融市场上包括银行理财产品在内的各类投资替代品的收益率变化应该更为敏感。由于存在流动性硬伤,信托公司为了吸引并留住高净值客户,其新发行的信托产品收益率应该会因银行理财产品收益率变动而受到一定的影响。下文将通过实证检验来进一步论证银行理财产品收益率相对更具基础性。

我们选取2008年5月至2018年2月的1周和6个月期理财产品预期年收益率,及国内集合信托产品平均预期年收益率三个数据来研究信托产品收益率和银行理财产品收益率之间的影响关系。由于理财产品预期年收益率数据频率为周,而国内集合信托产品平均预期年收益率为月,所以我们简单用日期就近原则将理财产品预期年收益率周数据处理为月度数据与国内集合信托产品平均预期年收益率频率进行匹配。

对1周期理财产品预期年收益率(r_week)、6个月期理财产品预期年收益率(r_halfyear)和信托产品平均预期年收益率(r_trust)序列进行单位根检验,检验结果如表8-1所示:

表8-1 ADF检验结果

变量	检验类型 (C, T, N)	ADF 统计值	临界值			P值	检验 结论
			1%	5%	10%		
信托产品平均预期年收益率(r_trust)	(0, 0, 0)	-0.680	-2.585	-1.944	-1.615	0.420	不平稳
1周期理财产品预期年收益率(r_week)	(0, 0, 6)	0.275	-2.586	-1.944	-1.615	0.764	不平稳
6个月期理财产品预期年收益率(r_halfyear)	(0, 0, 0)	-0.330	-2.585	-1.944	-1.615	0.565	不平稳
信托产品平均预期年收益率D(r_trust)	(0, 0, 0)	-13.089	-2.585	-1.944	-1.615	0.000	平稳
1周期理财产品预期年收益率D(r_week)	(0, 0, 5)	-4.160	-2.586	-1.944	-1.615	0.000	平稳
6个月期理财产品预期年收益率D(r_halfyear)	(0, 0, 0)	-9.065	-2.585	-1.944	-1.615	0.000	平稳

注:C表示截距项,T表示趋势项,N代表滞后阶数。
资料来源于Wind和Choice数据库。

通过表8-1中的ADF检验结果可以看到1周期理财产品预期年收益率（r_week）、6个月期理财产品预期年收益率（r_halfyear）和信托产品平均预期年收益率（r_trust）原序列在1%、5%和10%的显著水平上均未通过平稳性检验，进行一阶差分后所有序列均不存在单位根，即r_week、r_halfyear和r_trust为一阶单整序列。

由于三个数据序列均服从I（1）过程满足协整前提，接下来进一步检验序列是否存在协整关系。我们采用Johansen方法来检验上述序列之间是否存在协整关系。从表8-2可以看出r_week、r_halfyear和r_trust序列之间存在一个协整关系。

表8-2 协整关系检验结果

零假设	特征根	迹检验		最大特征值检验	
		统计量	5%临界值	统计量	5%临界值
0个协整关系*	0.227	36.505	35.193	29.417	22.300
至少一个协整关系	0.045	7.088	20.262	15.892	15.892
至少两个协整关系	0.016	1.785	9.165	9.165	9.165

注：*表示在5%置信水平下拒绝零假设。

因为r_week、r_halfyear和r_trust存在协整关系，因此，可以对其进行格兰杰因果检验，以探寻信托产品收益率与银行理财产品收益率之间是否存在统计意义上的因果关系。表8-3的检验结果表明，在1%的显著性水平上，6个月期理财产品预期年收益率是信托产品平均预期年收益率变化的格兰杰因果原因，虽然1周期理财产品收益率不是信托产品收益率的格兰杰原因，但1周期理财产品预期年收益率在1%的显著性水平下又是6个月期理财产品预期年收益率的格兰杰因果原因。因此，在统计意义上可以看出银行理财产品收益率具有一定的基础性，会影响对其他资产收益率的变动。

三、我国无风险收益率水平高企

首先，如果以理论无风险收益率即1年期国债收益率曲线为比较对象，由图8-3所示，我国1年期国债的收益率一直远高于美国，目前两者之间仍有超过1%的收益率差；其次，如果以银行理财收益率作为衡量我国实际无风险收益率的指标，其值大于同期限的国债收益率，则更加高于美国的无风险收益率水平。因而，从无风险收益率的绝对水平来看，我国的无风险收益率明显偏高。

表8-3 滞后2,3,4,5期的格兰杰因果关系检验结果

原假设 H_0	F 值				结论
	k = 2	k = 3	k = 4	k = 5	
r_halfyear 不是 r_trust 变化的格兰杰因果原因	4.808**	4.685**	4.707**	3.559**	拒绝
r_trust 不是 r_halfyear 变化的格兰杰因果原因	3.412*	1.755	1.022	0.992	接受
r_week 不是 r_trust 变化的格兰杰因果原因	0.533	0.418	1.064	0.437	接受
r_trust 不是 r_week 变化的格兰杰因果原因	1.868	2.989*	3.052*	2.707*	接受
r_week 不是 r_halfyear 变化的格兰杰因果原因	5.325**	5.486**	3.795**	4.434**	拒绝
r_halfyear 不是 r_week 变化的格兰杰因果原因	1.181	2.548	2.442	1.843	接受

注：结论中拒绝和接受的标准为1%置信水平。* 表示在5%显著水平下拒绝原假设，** 表示在1%显著水平下拒绝原假设。

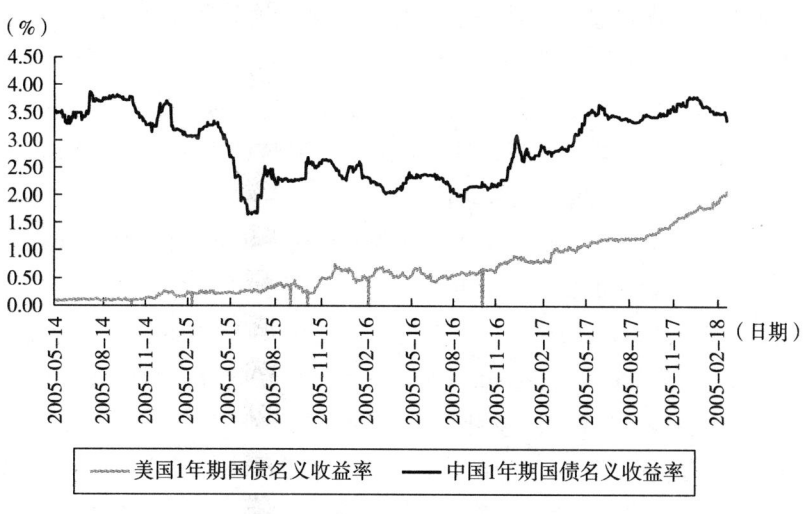

图8-3 中美国债收益率

单纯地看无风险收益率的绝对值并不能完全说明我国的无风险收益率水平过高，下面我们将通过对比不同金融产品收益率与无风险收益率之间的相对关系来分析我国的无风险收益率水平是否偏高。这里，我们将从匹配流动性的角度分三组进行比较。

1. 场内货币基金、国债逆回购与股票收益率

场内货币基金是指可以在二级市场上交易流通的货币基金，投资者可以使用证券交易所账户，进行货币基金的买卖交易和申购赎回。通常场内货币基金可以分为申赎型、交易型和交易兼申赎型三类。其中，申赎型场内货币基金可在场内进行实时申赎而无法进行交易。投资者可以在上交所规定的交易时间提交符合规范的货币基金申购申报，上交所系统实时确认申购申报是否有效，确认有效申购的基金份额当日享受基金收益，下一交易日可赎回。同样的，投资者可以在交易时间提交符合规范的赎回申报，上交所实时确认赎回申报是否有效，确认有效赎回的基金份额对应的资金款项当日可用于购买股票，下一交易日可提取现金。因此，相比于投资普通的货币基金，投资场内申赎型货币基金的资金使用效率更高，既可以获得闲置资金的收益也不会影响投资者场内进行股票投资的流动性。国债逆回购则相当于一种短期贷款，投资者可以通过国债回购市场自己的资金借出去，获得固定的利息收益，而回购方，即借款人用自己的国债作为抵押获得这笔借款，到期后还本付息。目前，上交所和深交所均有包括1~4天、7天、14天以及28天等国债回购品种，投资者可以委托证券公司做回购交易，到期后资金自动到账，即可用于做股票和其他理财产品。因此，对于在二级市场中进行交易的投资者来说，场内申赎型货币基金与国债逆回购产品可以提供流动性和安全性几乎等同于货币，收益率高于同期银行活期存款的资金管理工具。表8-4中的数据显示出场内申赎型货币基金比场外普通活期货币基金的收益率略低，但国债逆回购的年化收益率更高，三者近几年的收益率水平基本在3%~4%。因此，我们可以基本判断，在二级市场进行交易的投资者可以获得的无风险收益率水平也在3%~4%。反观美国，其货币基金年化收益率在此阶段多数低于1%，大部分在0.5%以下，如果分别以3%和0.5%分别作为中美金融市场2013~2017年的平均无风险收益率，那么中美主要股指的风险溢价率如表8-5所示，显然我国股票市场的收益率波动更大而平均风险溢价率更低，风险与收益严重不匹配。在这样的情况之下，对于投资者而言，投资二级市场的风险大而收益低，3%~4%的无风险收益率就显得更具吸引力，那么全社会金融资产结构中货币资产的

占比自然也会越来越高。

表8-4 货币基金、国债逆回购与股票收益率

年份 类别	2017	2016	2015	2014	2013
场内申赎（T+0）货币基金（%）	3.61	2.47	3.34	4.56	4.09
余额宝（%）	3.98	2.52	3.74	4.93	—
GC0001（%）	4.32	3.50	—	—	—

表8-5 中美主要股指风险溢价率

年份	类别	上证综指（%）	深证成指（%）	创业板指（%）	道琼斯工业指数（%）	S&P 500（%）	纳斯达克指数（%）
2013		-9.75	-13.91	79.73	26.00	29.10	37.82
2014		49.87	32.62	9.83	7.02	10.89	12.90
2015		6.41	11.98	81.41	-2.73	-1.23	5.23
2016		-15.31	-22.64	-30.71	12.92	9.04	7.00
2017		3.56	5.48	-13.67	24.58	18.92	27.74

2. 国债、地方政府债、企业债与公司债

我国债券按照发行主体不同主要可以分为以下几类：政府发行的有国债、地方政府债券；央行发行的有央票；金融机构发行的有金融债券、同业存单与政府机构支持债券；非金融企业中国有企业发行的为企业债，非国有企业发行的则包括公司债、定向工具、中期票据与短期融资券。国内债券交易主要是在银行间市场与交易所市场，从成交规模来看，银行间市场的占比在90%以上，部分债券包括国债、地方政府债、企业债等均在两个市场均可交易，而央票、中期票据、短期融资券、同业存单与定向工具等品种只可在银行间市场交易，公司债、可转债等只在交易所交易。考虑流动性和发行主体的违约风险，国债、地方政府债券、企业债和公司债的预期收益率应逐次升高，对应的发行利率也应越来越大。

---

① 货币基金收益及国债逆回购收益率以每日滚动复利计算年化收益率，且不考虑交易手续费等。

从图8-4各类债券的到期收益率对比中可以看到,城投债的到期收益率与公司债的到期收益率间存在一种负相关性,尽管企业发行的融资工具收益率一般高于政府发行的债券,但地方政府发行的债券收益率与国债相近,溢价率较低。从平均来看,我国债券市场中城投债的到期收益率最高,一度高过相同期限的公司债。城投债以地方投融资平台作为发行主体,多为公开发行的企业债和中期票据,其主业多为地方基础设施建设或公益性项目,由于其背后有政府信用兜底,从承销商到投资者,参与债券发行环节的人,都将其视为是当地政府发债,具有低风险性质的债券,所以又被称"准市政债",而其收益率却远远却高于地方政府债券。那么,对于投资者来说,债券市场中实际可获得的无风险收益率将远远高于国债或者地方政府债券收益率。同时,相对于拥有政府信用背书和如此高收益的城投债,其他较高风险的债券,特别是存在较高违约风险的公司债则必须给予投资者更高的收益率预期,否则逐利资金将会涌入风险溢价更高的城投债,公司债受到抛售,价格趋势则必然也受挫向下,因而整个债券市场的利率水平都维持在高位。

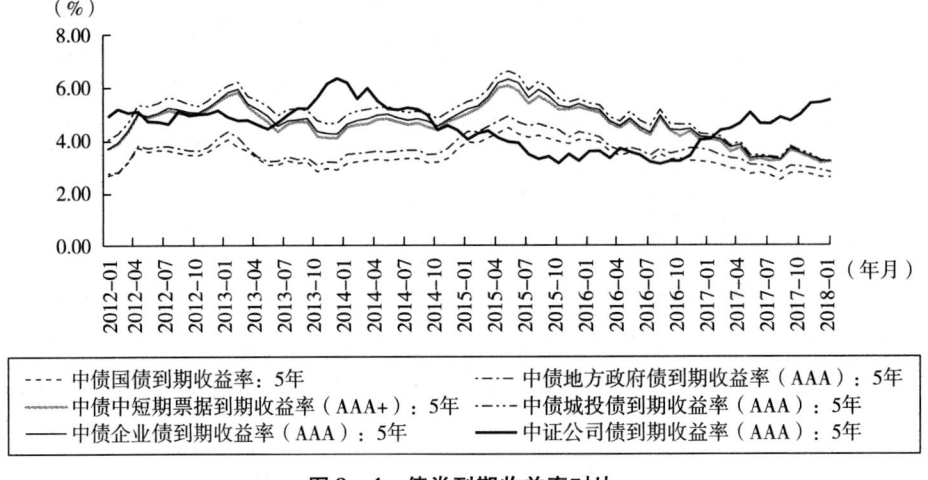

图8-4 债券到期收益率对比

3. 股权信托与私募股权基金

股权信托是指委托人将其持有的公司股权转移给受托人,或委托人将其合法所有的资金交给受托人,由受托人以自己的名义,按照委托人的意愿将该资金投资于公司股权,资金管理人为信托公司;私募股权基金是指基金管理人通过从投资者处募得资金从事非上市公司股权投资的基金。从本质上来看，股权信托和私募股权基金都是将投资人的钱用于公司的股权投资，且流动性较差，一般有3~5年的封闭期。然而，由于资金管理机构不同，由于信托公司其违约成本较高，受监管更严格，背后多有隐性刚兑支持，因而其投资风险低于同类私募股权基金。如图8-5所示，虽然近十年来封闭期为3~5年的股权投资信托计划的平均预期年收益率从2017年的18%逐渐跌落至2016年的7%，但仍然远高于其他信托产品收益率，且产品近十年平均年化收益率也超过10%，而根据投中网统计的数据，所有私募股权基金近十年的年化收益率约为20%。按常理，我们一般会以资本市场的综合收益率为基准评估股权投资的业绩，例如，表8-6中长期来看美国PE基金比股票指数存在很高的溢价，同时其收益率的波动也更大。然而，由于我国的信托计划大多存在刚性兑付，风险几乎为零，如果以股权信托计划的收益率作为我国股权投资市场的基准收益率，那么我国私募股权基金真实的风险溢价则会降低。但是，信托计划和私募基金的投资门槛比较高，因而只有高净值客户才能获得股权投资市场的"无风险收益率"，而这个收益率水平明显其他市场的无风险收益。因此，对于高净值人群来说，其能获得的金融市场的无风险收益率将高于市场平均水平。此外，通常而言高净值投资者的风险偏好和风险承受能力应该越高，配置风险资产比例也应更大。然而，通过股权投资信托高净值投资者可以获得更高的无风险收益，使其在组合投资选择时对风险资产有更高的收益要求，相对而言，其风险偏好则会下降，整个社会的风险偏好也难以提高，全社会股权资产的占比在这样的风险偏好环境中也难以得到提升。

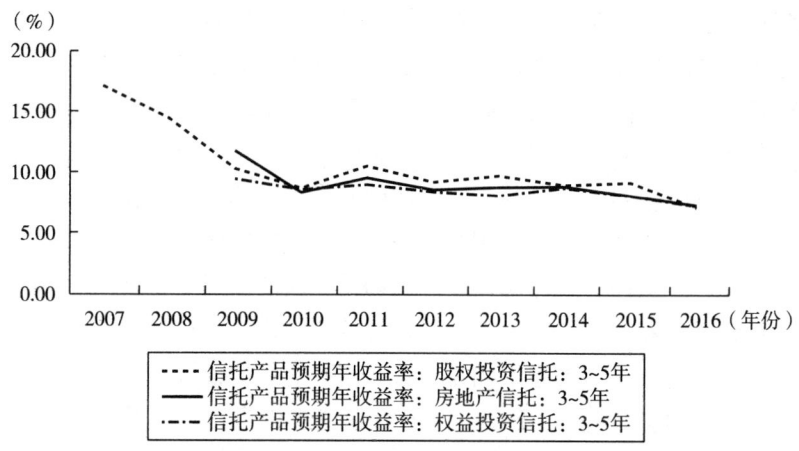

图8-5 信托产品预期年收益率

表8-6 美国PE基金年化收益率 单位:%

内部回报率（IRR %）		3年	5年	10年	15年	20年
股票指数	纳斯达克	12.4	-1.1	7.3	9.3	9.3
	标准普尔500	8.7	-0.1	7.7	9.8	10.2
	道琼斯指数	18.2	-2.2	7.7	12.6	10
PE基金	成长并购基金	16.1	4.8	9.8	11.4	12.9
	风投基金	5.5	-8.3	27.5	23.2	16.7
优秀 PE基金	前25%成长并购基金	27	18.9	28.7	27.1	35
	前25%风投基金	18.8	0.7	89.5	49.5	32.5

资料来源：投中网。

通过以上对我国实际无风险收益率绝对和相对水平的分析，可以看到我国的无风险收益率水平依然高企。除此之外，我国的利率市场化改革仍然处于初级阶段，分割的金融市场间无风险收益率水平存在很大差异，跨市场的无风险套利空间仍然较大，因而各个市场间的发展规模也存在极大的不平衡，最终导致了我国金融资产结构的非优化。

四、高无风险收益率导致高货币资产占比

1. 无风险收益率过高降低了风险资产配置比例

从资产配置的角度来看，无风险收益率过高使无风险资产的夏普比率将非常高，高于风险资产的夏普比率，使投资者在效用相等的条件下要求风险资产给予更高的收益，如果风险资产的预期收益率不随无风险收益率的提高而提高，投资者则会降低风险资产在资产组合中的配置比例，而全社会投资者的资产组合选择反映到宏观层面就会对全社会的金融资产结构产生影响，那么在金融资产结构中风险资产的占比则无法提升。如图8-6所示，根据两基金分离定理，假设市场仅存在一种无风险资产，且在无风险借贷利率相同的情况下，将风险资产的有效前沿与无风险资产相结合就可以得到投资者的有效边界，投资者的有效资产组合都落在这条直线上，并且考虑不同投资者效用下的最优证券资产组合也都落在这条直线上，无风险借贷利率RF决定了所有投资者的资本配置线，对投资者的资产组合选择产生影响。

第八章 全社会资产结构中金融资产结构非优化原因分析

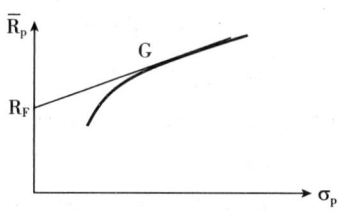

图 8-6 有效前沿与资本配置线

图 8-7 可以直观地说明这种影响关系：当无风险利率升高到 R_F 时，投资者的有效边界由 $R'_F GM$ 变为 $R_F HM$，投资者选择的风险资产组合也由 G 变为 H。对于同一个投资者而言，其等效用曲线与有效边界的切点从 A 点变为 B 点。从图 8-7 中可以看到，当市场中的无风险利率升高，即无风险资产的收益率提高时，资本配置线会变得更平坦，投资者选择的风险资产组合从 G 变为 H，该组合的风险和收益率同时提高。另外，同一投资者的最优投资组合由 A 变为 B，其中风险资产组合的比重下降而无风险资产的比重上升。因此，当市场无风险利率上升，如果风险资产组合的有效前沿保持不变时，投资者的最优风险资产组合对应更高的收益率和风险，因而在相同偏好的假设下投资者配置风险资产的比例将下降，那么反映到全社会的金融资产结构中，股票、债券等风险资产的比例将减少而货币类等无风险资产的比例则将增加。因此，高无风险收益率的存在会使全社会金融资产结构中风险资产的比重受到无风险资产的挤压，造成结构的不平衡和非优化。

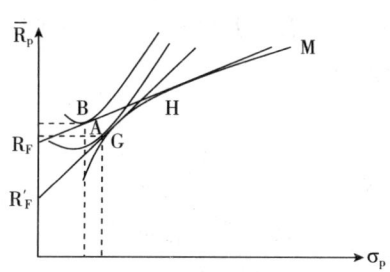

图 8-7 高无风险资产收益率使最优风险资产占比降低

2. 高无风险收益率压缩了风险资产估值空间

从资产定价的角度来看，无风险利率可以说是金融资产定价的原点。无论是股票红利折现模型（DDM）、资本资产定价模型（CAPM）还是 Black – Scholes 期权定价模型都涉及到基准折现率即无风险利率的问题。实际上，无风险收益率主要通过两个方面对风险资产价格产生影响。一方面，无风险收益率会影响全社会融资成本，影响企业的财务费用。通常来说，金融市场的无风险收益率反映了融资者的最低融资成本，无风险收益率越高意味着企业的融资成本越大，对企业的净利润产生负面影响，在估值水平不变的情况下也将不利于其资产价格；另一方面，无风险收益率越高意味着资金的时间成本越大，资产定价模型中的折现率越高，因而影响企业的内在价值，利空其股价或债券价格。因此，理论上当无风险收益率升高时，风险资产的价格将下降。但风险资产价格下降对投资者的资产配置结构会产生怎样的影响还是取决于投资者的风险资产组合的有效边界会如何变化。如果资产价格下跌使其预期收益率上升，那么随着无风险收益率从升高到，不考虑无风险资产时的投资者的有效前沿也由 AFG 变为 BHI，如图 8 – 8 所示。此时，风险资产组合的有效前沿和无风险资产收益率同时变化，而投资者的最优资产组合由 M 变为 N，风险资产组合和无风险资产的配置比例可能不会产生变化。同样的，如果投资者风险资产组合的有效边界发生很大的变化也可能会使风险资产的配置比例变大。然而，如果无风险收益率在不断升高而风险资产的预期收益率不变，则等同于图 8 – 8 反映的情形，投资者则会越来越多的配置无风险资产而降低风险资产的配置比例，全社会资产结构也会向几乎无风险的货币类资产倾斜。因此，理论上当无风险收益率升高时，风险资产的估值水平下降，对其资产价格形成向下的压力，股权类等以市值来衡量的风险资产的规模也会随之缩水，风险资产在全社会资产结构中的占比则会降低，而无风险收益率始终保持高位，风险资产的估值得不到提升，其价格和规模也难以提升，最终造成金融资产结构进一步向无风险资产倾斜。

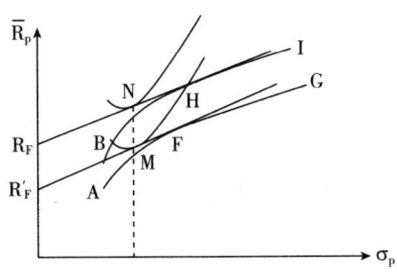

图 8 – 8　最优资产占比可能保持不变

3. 高无风险收益率对货币资产占比的实际影响

首先，回顾我国股票市场二十几年的发展历程可以发现，我国股票市场变动情况具有价格波动呈现大起大落，市场长期增长趋势较小，整个股票市场的波动率远高于欧美等发达国家市场，且波动呈现牛短熊长的特征。从 1990 年至今上证综指经历了四次暴涨暴跌：第一次是 1990 年开市后，从 100 点涨到 1993 年的 1500 点，随后一路下跌至 500 点，指数在三年中跌去 2/3；第二轮暴涨从 1999~2001 年上证综指从最低点 1064 点上涨到 2245 点，不到两年时间涨逾一倍，但随后又很快回落到 1000 点之下；第三次暴涨则从 2005 年的 998 点开始，一路上扬至 2007 年的 6124 点，涨幅超过 5 倍，随后由于受到世界金融危机的影响指数又在一年之间暴跌超过 70%；同样，最近一次从 2013 年的 1849 点开始的一轮上涨，上证综指在两年时间快速上涨到 5178 点后又迅速回落，跌幅超过 50%。而从大致的牛熊周期统计来看，上市 28 年来 A 股经历了约 7 次牛市和 8 次熊市，牛市持续的平均时间为 12 个月，而熊市则平均持续 28 个月，是牛市时长的 2.3 倍。

其次，观察 2010 年以来 A 股的整体估值变化情况后发现：A 股整体的平均估值水平并不高且波动较小，目前整体市盈率在 20 倍，在 2014~2015 年的上涨周期中曾达到 25 倍。而同时期的道琼斯指数市场整体市盈率约为 25 倍，纳斯达克指数则有 33 倍。然而，由于我国 A 股中，金融地产等公司的市值占比较大，而这类公司由于其特殊性市盈率一般低于 15 倍，因而以整体法计算的全市场平均市盈率将会低估市场真实的市盈率，不能准确地反映出整个市场的估值水平。因此，我们将选取全部 A 股动态市盈率的中值作为衡量 A 股市场整体估值水平的指标。从 2010 年至今，我国 A 股市场动态市盈率的中值均在 30 倍以上，最高时甚至达到 60 倍以上，从中可以看出我国股票市场的整体估值始终保持在较高水平，长期呈现出存在泡沫的状态。另外，再结合无风险收益率的变化情况来看，股票市场的估值水平与无风险收益率之间存在非常明显的反向作用关系，当无风险收益率上升时，A 股的整体估值水平则会向下，而当无风险收益率有所回落时，股票市场的整体市盈率水平也会随之回升，且估值修复存在一定的滞后性，在无风险收益率发生趋势性变化 6 个月左右股市整体的估值水平也会产生异动。

这里，我们将应用 VAR 模型以及脉冲响应函数来分析无风险收益率对股票估值的影响，由此来检验我国无风险收益率高企对我国资本市场，特别是股票市场带来的影响。通过一定的检验分析，我们最终构建了一个滞后4期的VAR模型：

$$Y_t = A Y_{t-1} + B Y_{t-2} + C Y_{t-3} + D Y_{t-4} + \varepsilon_t$$

其中，$Y_t = [\text{dln\_pe drf\_week rf\_halfyear}]'$，$\varepsilon_t$为扰动矩阵，A、B、C、D为系数矩阵。

通过该模型的估计结果和脉冲响应图我们发现：首先，我国股票市场估值水平的短期波动受到短期的无风险收益率波动的影响较大，而且由于我国的无风险收益率水平较高，短期的无风险收益率波动将对股票估值产生较强的向下冲击，从而反映的股票价格上就会出现下挫；其次，由于我国的无风险收益率水平较高，股票估值对无风险收益率变化往往反映过度，股票价格会经历多期的向下调整后才逐渐实现估值修复，从短期来看，我国股票市场的价格容易受到无风险收益率的影响而波动较大，夏普比率较低，投资价值不突出，对投资者来说缺乏吸引力，在其资产组合中的配置比例不高，而全社会金融资产结构中股权资产的占比也难以提高。因此，在高企的无风险收益率下，我国的资本市场发展受到了阻碍，其对我国经济发展和产业升级的推动作用也难以得到有效发挥。

第二节　居民稳健型金融资产配置与货币资产比重

从发达国家的经验来看，全社会资产结构与居民家庭的资产配置息息相关，而居民家庭的资产配置优化过程同时也随着全社会资产结构变化的过程。一般来说，在国家经济发展水平较低的时期，居民家庭金融资产的配置比较单一化，一般偏向保守的稳健型现金存款类金融资产。在经济发展水平达到发达水平后，投资将趋于多元化，偏好也会向风险型金融资产转变。从中美日三国居民家庭金融资产中现金存款类资产类配置对比来看，我国的现金存款类金融资产的占比远高于美国，在三国中处于较高水平。美国的现金存款类资产在金融资产中的占比从20世纪60年代以来就在10%~20%波动，70年代初由于石油危机和全球干旱导致的农作物歉收等原因，美国经济同时遭受高失业率和高通货膨胀率的影响，进入滞胀时期。居民家庭持有的现金资产类资产在金融资产中的占比开始上升，这也与美林时钟在滞胀时期现金是最佳的资产选择的理论相符。随着美国经济的复苏和通货膨胀率的下降，美国居民家庭在现金存款类资产的配置也开始逐渐下降。近二十年日本居民家庭配置的现金存款类资产占比较为平稳,始终在50%附近波动。我国的现金存款类资产占比近十几年处于快速下降趋势,目前已经与日本较为接近。因此,我国金融资产结构中货币资产比重始终居高不下也与我国居民的资产配置行为之间具有重要的联系。那么,又有哪些因素使得我国居民配置了如此高比例的现金类资产呢?

一、居民家庭资产净值影响现金存款类资产占比

居民家庭对资产结构的配置是建立在总财富的基础之上,随着居民家庭财富的不断累计,居民家庭资产配置逐渐趋于合理化。从家庭居民的净财富来看,如果一国居民家庭部门的资产净值越高,其预防性储蓄动机会减轻,储蓄水平会显著地下降。图8-9选取了部分OECD国家1995~2015年现金存款类资产在金融资产占比变动的情况。从中可以发现,一国居民家庭部门的资产净值与可支配收入的比值越高,该国居民家庭部门在现金存款类资产的占比会越低,但日本例外。1995~2000年,随着各国居民家庭部门资产净值/可支配收入指标普遍上升,现金存款类资产开始普遍下降。以变动频繁的芬兰为例,20世纪90年代到2000年间,随着居民家庭部门资产净值与可支配收入的比值的上升,芬兰的现金存款类资产占比开始下降;进入21世纪初,居民家庭部门资产净值与可支配收入比值的略微下降使得现金存款类资产占比又开始上升,两者一直处于反向变动关系,直到2011年居民家庭部门资产净值与可支配收入比值上升以后,现金存

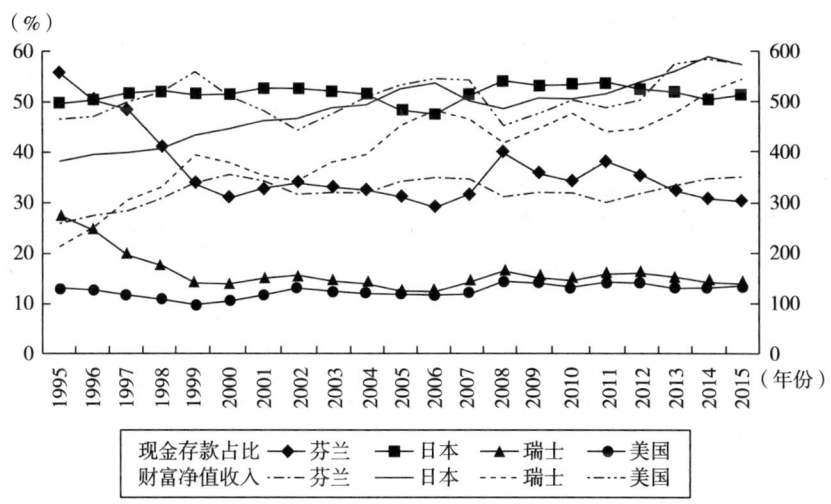

图8-9 OECD部分国家家庭现金存款占比和资产净值/收入指标变动趋势

款类资产占比开始下降。日本作为居民家庭部门中资产净值/可支配收入比值较高的国家，其现金存款类资产占比仍处于较高水平，这与日本居民家庭部门传统的资产配置理念有关。日本居民家庭部门受到家族制度等传统文化的影响，在资产配置时更倾向于接受家族式管理的银行体系，而不太愿意接受市场化特征的资本市场。但是日本居民家庭部门现金存款类资产和资产净值/家庭可支配收入比值的反向变动趋势与其他国家相同，说明财富水平的提高会降低家庭在现金存款类资产的配置。

进一步地，从美国不同资产净值的居民家庭来看，随着资产净值的不断提高，现金和存款的占比不断下降，居民家庭会更倾向于选择具有风险型金融资产，资产净值越高（如图8-10、图8-11所示），股票和债券的配置占比也会越高。对我国居民资产配置的状况，我们进行了入户调研，获得1024户居民家庭资产配置状况的问卷调查数据，本次调研区域主要涵盖了中国12个省份及直辖市。通过问卷调查数据，我们将家庭资产净值分为五类，发现现金存款类资产随着资产净值的提高而降低，风险类金融资产的占比随着资产净值的提高而上升，与美国基本相同。因此，居民家庭的资产净值会影响居民对风险型金融资产和稳健型金融资产的配置行为。

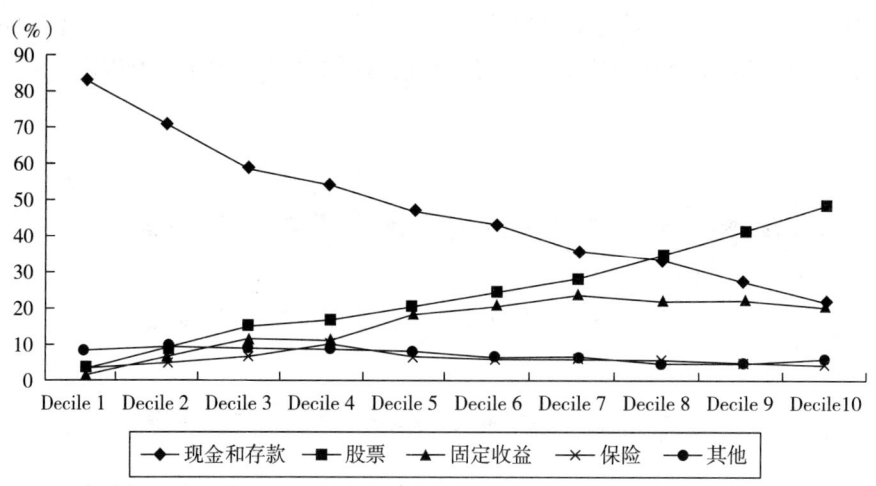

图8-10　美国不同资产净值的居民家庭中各类金融资产占比

资料来源：美国消费者金融调查报告。

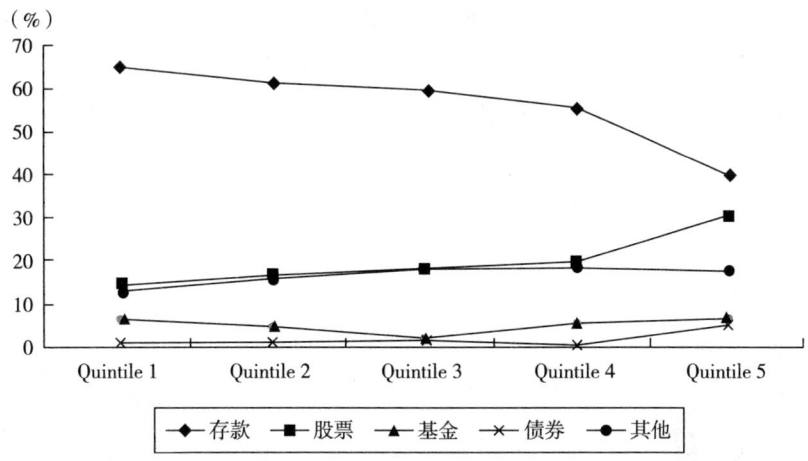

图 8-11 中国不同资产净值的居民家庭中各类金融资产占比

资料来源：课题组调查问卷整理。

二、社会保障水平影响现金存款类资产占比

社会保障转移支付水平是反映社会保障水平的一个典型指标，社会保障转移支付水平不仅可以通过社会保障支出占国家 GDP 的比重表示，也可以通过社会保障支出占财政支出的比重表示。根据卫生经济学的理论，社会保障计划为居民家庭退休后提供了生活保障，降低了居民家庭的预防性储蓄的意愿。一般来说，一国的社会保障程度越高，现金存款类资产配置也会越低。

图 8-12 显示了部分国家的社会保障水平与现金存款类资产占比情况，其中社会保障水平用社会保障支出占国家 GDP 的比重来表示。由此发现，社会保障水平越高的国家其现金存款类资产占比越低，但日本除外。瑞典等传统福利型国家为本国居民建立了较为完善的社会保障体系，使居民家庭部门在住房、医疗、养老等方面自行承担的支出部分较少，完善的社会保障体系使居民家庭部门不需要持有较大比例的流动资产来抵御未知的风险和满足预防性动机。美国的社会保障体系自 20 世纪经济大萧条时期就开始建立，除了基本社会保障体系之外，美国在教育和医疗保障等方面也较为完善，因此，美国居民家庭部门较低的现金存款类资产占比与美国健全的福利制度息息相关。而日本现代意义上全方位、多层次的社会保障体系建设开始于 20 世纪"二战"结束以后，在经历了快速发展和扩充阶段以后，日本经济开始衰退，依靠经济高速发展建立起来的社会保障制度

因财政赤字压力而举步维艰,尤其是自20世纪90年代以来,经济不景气和老龄化进一步加重了社会保障制度的压力,日本政府不得不对社会保障制度体系做出重大变革,未来具有较大的不确定性,会影响居民家庭部门的配置行为,因此,其现金存款类资产始终处于较高水平。

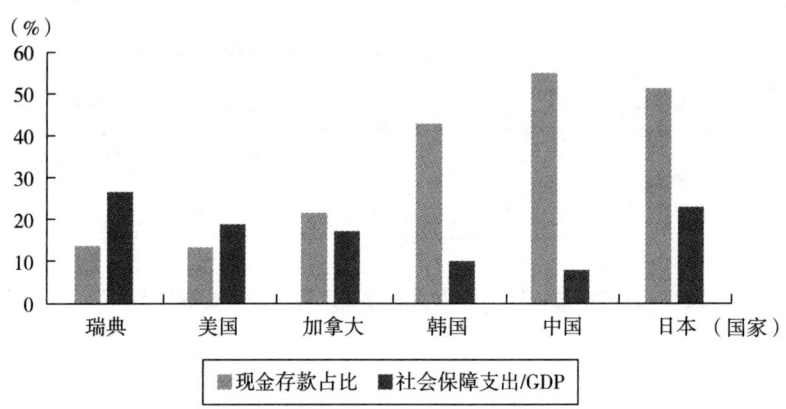

图8-12 OECD部分国家现金存款类资产占比与社会保障支出/GDP比值
资料来源：OECD数据库,中国居民部门资产负债表（社科院版）。

三、基于背景风险理论的实证分析

社会保障体系作为维护居民家庭切身利益的"托底机制",对居民的金融行为会产生一定影响。然而,由于社会保险的保障范围很广,描述居民金融行为的传统理论模型中并没有将社会保险的影响考虑在内。在背景风险的理论出现后,社会保障逐渐被作为一个重要变量出现在描述资产配置行为的模型中。不同结构、范围和保障程度的社会保障对背景风险的影响程度不同,从而影响了居民家庭的预防性储蓄动机,使居民家庭资产配置中的现金存款类资产占比也不同。为进一步论证社会保障水平对居民家庭现金存款类资产占比的影响,我们以OECD国家的家庭金融资产配置1995~2015年的数据为样本,对影响家庭资产配置的因素做实证分析。其中,国家金融资产中现金存款类占比作为被解释变量,OECD社会支出数据库中关于社会保障支出（SOCX）占GDP的比重来衡量一国的社会保障水平。另外,考虑到私人强制性支出和私人自愿性支出形成的资产会在家庭资产中列报,会影响居民家庭的资产配置。我们又加入潜在减寿年数这一工具变量来解决内生性问题。潜在减寿年数是指某年龄组人群因某病死亡者的期望寿命与实际死亡年龄之差的总和,即死亡所造成的寿命损失,潜在减寿年数可消除死亡者年龄构成的不同对预期寿命损失的影响,是评价人群健康水平的一个重要指标。同时,我们单独选取公共支出(Gov)占GDP的比重作为解释变量进行稳健性检验。

表8-7中的实证结果显示,社会保障水平的高低会影响居民家庭在现金存款类资产的配置占比,社会保障水平越低,背景风险相对越大,居民家庭的预防性储蓄动机越强,那么居民家庭在现金存款类资产的配置占比就会越高。虽然世界各国的社会保障体系千差万别,但较为完整的社会保险一般都包括医疗健康保险、失业保险和养老保险。其中失业保险和养老保险主要影响背景风险中的劳动收入风险,它们弥补因失业或退休而带来的劳动收入的缺失,其保险的保障水平越高,保险金给付的不确定性越小,家庭所面临的背景风险也就较小,预防性储蓄动机也会减轻。而医疗健康保险则可能对背景风险中的健康风险和劳动收入风险同时产生影响。首先,医疗健康保险对居民遭受健康损害后提供补偿性的支付,这就使居民可以比较低的成本实现有效的治疗,减少因患病而给家庭带来负担的可能性,甚至一些国家的医疗健康保险承担部分保健项目的费用,这使居民罹患疾病的概率降低,保持较好的健康状态。这些都降低了背景风险中的健康风险。其次,医疗健康保险的存在,使原本一些家庭无法承担的疾病治疗费变得可以承担,这有利于患者及时恢复健康,不至于丧失工作能力,在一定程度上减轻了背景风险中的劳动收入风险。因此,社会保障水平的高低会通过影响背景风险,进而影响居民家庭在现金存款类资产的配置占比。然而,我国的社会保障体系发展远远滞后于经济增长速度,近年来,尽管我国逐步建立起了以城镇职工基本养老保险、基本医疗保险、失业保险和城市居民最低生活保险四项内容为重点的社会保障制度,但是由于资金筹集方式等多方面原因,我国社会保障资金实际需求仍高于积累规模,社会保障体系仍有待进一步发展完善。这些都导致居民家庭部门对社会保障的心理预期减弱,储蓄动机仍较为强烈,从而我国的居民家庭部门至今仍配置较高的现金存款类金融资产。

表8-7 社会保障水平和居民家庭现金存款类资产占比的实证结果

解释变量	IV - Socx	IV - Gov
社会保障水平	-0.138*** (-2.02)	-0.094** (-1.77)
样本数量	505	429

续表

解释变量	IV – Socx	IV – Gov
Wald 检验	14400.68 ***	13497.45 ***
内生性检验	156.17 ***	158.98 ***

注：***、**、* 分别代表1%、5%、10%的显著水平；括号中的数值为 Z 值。

第三节　居民配置风险金融资产与股权资产占比

一、居民家庭直接持有风险型金融资产分析

1. 居民家庭直接持股占比和财富水平

2016年美国居民家庭部门金融资产中以直接方式持有的股票占比约为20%，日本约为10%，中国（2014年）约为7%，美国居民家庭部门金融资产中直接持有股票占比远高于中国和日本。各国居民家庭部门通过共同基金间接持有股票的占比逐年呈上升趋势，美国居民家庭部门金融资产中间接持股占比已达到10%，日本也已达到6%，我国间接持股占比则较低，2014年仅为1%左右。通过图8－13的对比可以看出，中美日三国居民家庭直接持股占比并没有随着人均GDP的增加而出现显著变化，虽然日本的人均GDP远高于我国，但是居民家庭直接持股比例却与我国相似，说明人均GDP的增长对居民家庭直接持股占比并没有显著影响，两者之间并不存在明显的相关关系。而从居民家庭中成人人均财富与直接持股占比之间的关系来看，三国居民家庭直接持股占比并没有随着居民家庭中成人人均财富的增加而出现显著变化，日本居民家庭的成人人均财富远高于我国，但是居民家庭直接持股比例却与我国相似，因此，居民家庭直接持股比重不一定会随着财富水平的上升而上升。

首先，为进一步探究居民家庭财富对直接持有股票占比的影响，我们又加入人均GDP和居民家庭成人人均财富进行对比。通过对比可以看出（如图8－14、图8－15所示），中、美、日三国居民家庭直接持股占比并没有随着人均GDP的增加而出现显著变化，日本的人均GDP远高于我国，但是居民家庭直接持股比

例却与我国相似,说明人均 GDP 的增长对居民家庭直接持股占比并没有显著影响,两者之间并不存在明显的相关关系。从居民家庭中成人人均财富与直接持股占比之间的关系来看,三国居民家庭直接持股占比并没有随着居民家庭中成人人均财富的增加而出现显著变化,日本居民家庭的成人人均财富远高于我国,但是居民家庭直接持股比例却与我国相似,因此,居民家庭直接持股比重不一定会随着财富水平的上升而上升。

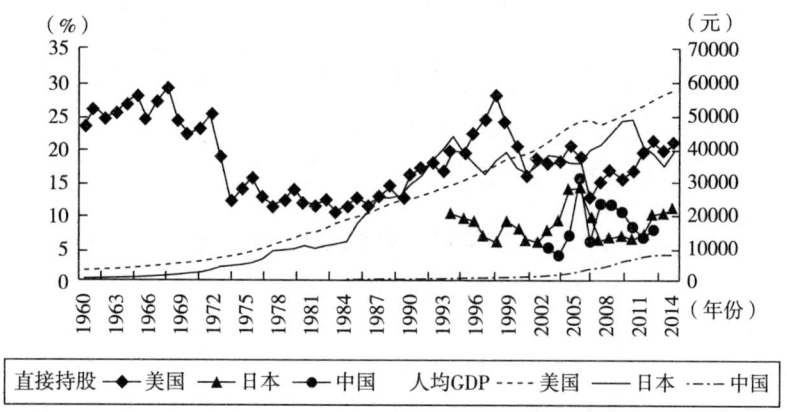

图 8-13 居民家庭直接持股与人均 GDP

资料来源:OECD 数据库,中国居民部门资产负债表(社科院版)。

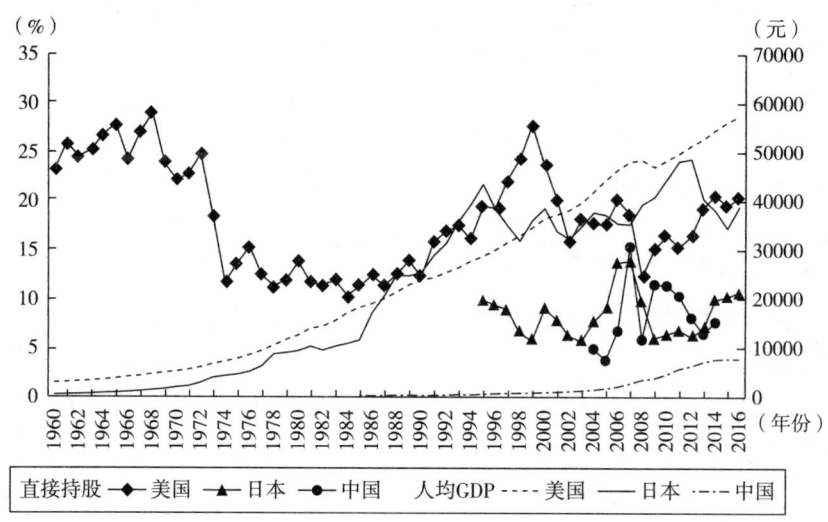

图 8-14 中、美、日三国居民家庭金融资产中直接持有股票占比

资料来源:OECD 数据库,中国居民部门资产负债表(中国社会科学院版)及 Wind 数据。

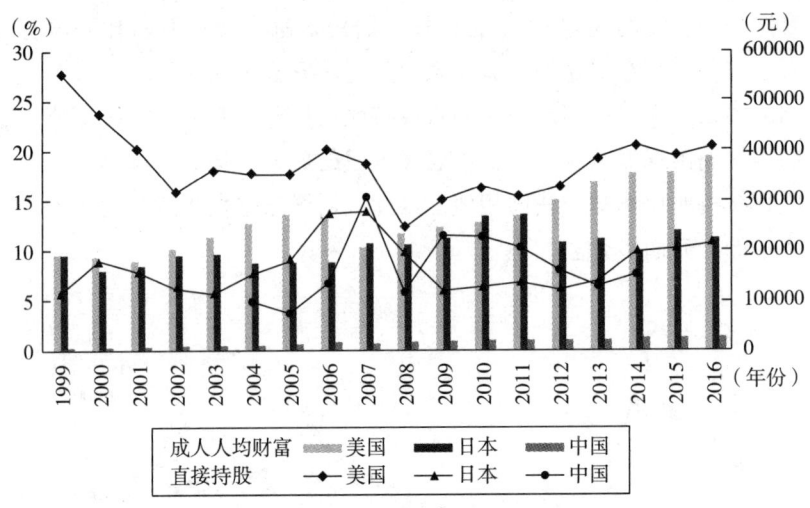

图 8-15　中、美、日三国居民家庭金融资产中直接持有股票占比

资料来源：OECD 数据库，中国居民部门资产负债表（中国社会科学院版）及瑞信全球财富报告。

其次，图 8-16 显示了中国和美国不同财富水平的居民家庭直接持有股票资产的比重。从中可以看到，不同财富水平的居民家庭直接持有股票资产的比重也与财富水平并不存在绝对的正相关。财富水平较低的居民家庭直接持有股票资产的比重处于较低水平，随着财富水平的不断上升，居民家庭直接持有股票资产的比重开始不断上升；当达到一定水平后，Decile 10 的居民家庭，即财富处于最高水平的居民家庭，其直接持有股票资产的比重开始下降。因此，随着居民家庭财富水平的提高，居民家庭直接持有股票资产的比重可能上升，也可能会走平或者下降，这与居民家庭的风险厌恶程度的变化有关。基于这种现象，我们提出了财富—风险偏好效应这一理论发现，下面将进一步严谨地证明和分析。

2. 财富—风险偏好效应理论模型

根据研究的需要，我们提出居民家庭资产配置的财富—风险偏好效应模型。该模型的假设如下：

（1）期望齐次性。该假设认为市场上的各个投资者对证券的期望收益、方差及相关系数的关心是一样的，并不因人而异。当这些因素相同时，投资者的决策结果也相同。这一假设使得对市场投资者群体的行为能做出较确切的描述。

（2）居民家庭为风险厌恶型投资者，其效用函数基于投资期望收益与风险回报。这一假设实际上是指投资者只有在综合考虑各类证券资产的预期收益率和风险后才能决定投资策略,即在给定风险情况下追求期望收益率最大,在给定收益情况下追求风险最小。

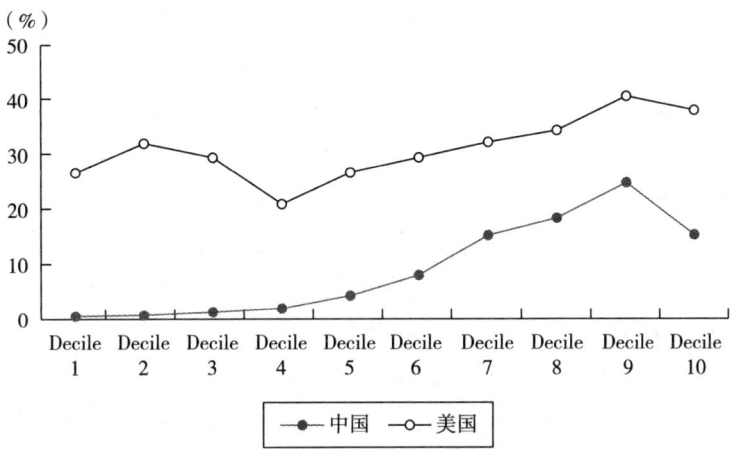

图 8-16 中国和美国不同财富水平居民家庭直接持有股票资产的比重①

资料来源:中国家庭金融调查数据和美国消费者金融调查报告。

(3) 居民家庭投资者不存在卖空和借贷行为,仅使用自有资金进行投资。这一假设将居民家庭投资者在风险型金融资产上的配置比例控制在 [0,1] 的区间,简化了模型推导过程。

(4) 资本资产可以无限分割。这一假定意味着资本资产的交易量可以任意小,从而使理论获得很大的便利。实际证券市场中并非如此,证券交易均有最低限额。但是相对整个市场的交易数量而言,交易量无限分割对投资组合的影响较小。

(5) 个人投资者的行为不影响证券的市场价格。这一假设实际上相当于微观经济学完全竞争的假设,即市场上每一个参与者都是市场价格的接受者,没有能力去影响价格。

(6) 市场上的资本资产的买卖不需要费用。这一假定包含两个方面:资本市场上的交易成本为零,同时投资者在决定买卖前获取信息的时间成本也为零。这是对现实资本市场的一个高度简化。在现实的资本市场中,投资者需要付出时

---

① 不同财富水平的居民家庭按照 Decile 1~10 的序号排列,序号数值越大代表居民家庭财富水平越高。

间成本来获取相关信息,决定是否买卖证券;如果投资者想要买卖证券,则还需要为此支付佣金等交易成本。但相对交易金额而言实际交易成本较小,并不会由于假设其为零而影响到正确深刻地反映证券市场的内在规律性。

根据假设(1),投资者期望是齐次的,即每个投资者对市场上任意证券的期望收益率、风险以及两个证券之间的协方差估计相同,即投资者的有效边界都相同。由于市场上仅存在一种无风险资产,过 R_f 的直线和有效边界的相切点为市场风险资产组合,因此,任一居民家庭投资者持有的风险资产组合中各类风险资产的相对比例相同,只需要根据自身的风险厌恶程度选择配置的比例。

根据假设(2),居民家庭作为风险厌恶型投资者,其效用函数为凹函数,并且该效用函数基于投资期望收益与风险回报,我们构建以下效用函数形式:

$$maxU = \alpha \times E(R_m) + (1-\alpha) \times R_f - 0.5 \times A(W) \times \sigma_p^2$$

$$\sigma_p^2 = \alpha^2 \times \sigma_m^2 + (1-\alpha)^2 \times \sigma_f^2 + 2 \times \alpha \times (1-\alpha) \times \sigma_{m,f}$$

其中,U 为居民家庭投资者的效用;$E(R_m)$ 和 R_f 分别为市场风险资产组合 m 和无风险资产的预期收益;α 和 (1-α) 分别为居民家庭投资者持有市场风险资产组合 m 和无风险资产的比重;σ_p、σ_m 和 σ_f 分别为资产组合 p、市场风险资产组合 m 和无风险资产的标准差;$\sigma_{m,f}$ 为市场风险资产组合 m 和无风险资产的协方差;A(W) 为居民家庭投资者的风险厌恶系数。

根据无风险资产的特性,$\sigma_f = 0$ 且 $\sigma_{m,f} = 0$。求解效用函数 U 最大化:

$$FOC. \ \alpha. \quad \alpha = \frac{E(R_m) - R_f}{A(W) * \sigma_m^2}$$

根据假设(1),理性的居民家庭投资者会选择过无风险资产利率的切线与有效边界的切点处的市场风险资产组合,即 $\frac{E(R_m) - R_f}{\sigma_m^2}$ 为固定值,居民家庭投资者只需要根据风险厌恶系数 A(W) 选择无风险资产和市场风险资产组合之间的最优比例:居民家庭投资者的风险厌恶程度越低,A(W) 越小,投资在市场风险资产组合的比例 α 越高;居民家庭投资者的风险厌恶程度越高,A(W) 越大,投资在市场风险资产组合的比例 α 越低。

因此,根据财富—风险偏好效应理论,我们认为,居民家庭投资者的风险偏好不一定随着投资者自身财富水平的上升而上升,当财富水平达到一定程度后,居民家庭投资者的风险偏好开始逐渐下降。对单个居民家庭来说,其财富积累过程与风险偏好态度大致分为以下五个时期:第一阶段,居民家庭财富只能满足居民当期的衣食住行等基本消费,没有多余的资金进行储蓄,居民家庭风险厌恶程度最高;第二阶段,居民家庭当期财富出现盈余,开始考虑在当期与未来消费之间实现平滑消费做到居民家庭效用最大化,居民家庭投资者进行无风险的储蓄存款;第三阶段,居民家庭财富增多,居民家庭风险厌恶程度降低,开始考虑理财产品等低风险的固定收益产品;第四阶段,居民家庭财富进一步增多,居民家庭的风险厌恶程度进一步下降,开始配置高风险的股票基金等产品,进入投资阶段;第五阶段,居民家庭财富达到一定水平后,居民家庭的风险厌恶程度开始上升,居民家庭倾向于通过资产配置或者投资实业来实现财富的保值增值。

如图8-17所示,A′(W)<0,随着财富的增加,居民家庭的风险厌恶程度开始减轻,风险厌恶系数开始降低,居民家庭开始配置高风险的股票基金等产品;A′(W)>0,随着财富的增加,居民家庭的风险厌恶程度开始上升,风险厌恶系数开始上升,居民家庭倾向于通过资产配置或者投资实业来实现财富的保值增值。我们将此发现命名为财富—风险偏好效应。

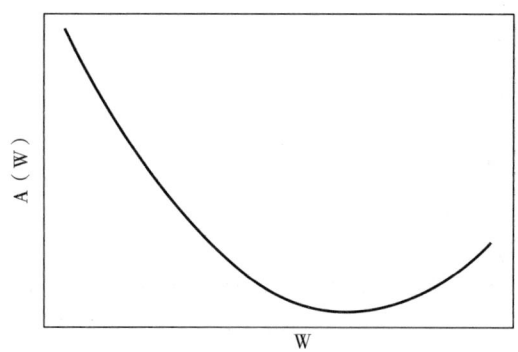

图8-17 居民家庭投资者风险厌恶系数和财富水平的关系

3. 财富—风险偏好效应实证检验

为了证明财富—风险偏好效应的存在,我们采用2011年中国家庭金融调查与研究中心(CHFS)发起的家庭金融入户调研项目的数据,以问卷调查中户主的风险态度来代表风险偏好为被解释变量,按照问卷设计,取值为1~5,居民家庭风险厌恶程度越高,对应的序数会越高。其他解释变量包括家庭财富、受教育水平、年龄等变量,相关变量情况如下:家庭财富采用问卷中包括各类金融资产与非金融资产的总和来表示。一般来说,财富越高的家庭风险承受能力更强,风险厌恶系数也会越低,我们加入家庭财富和家庭财富的平方项这两个变量;受教育水平采用居民家庭中户主的文化程度来代表,按照问卷设计,分为没上过学、小学、初中、高中、中专/职高、大专/高职、大学本科、硕士研究生、博士研究生等九类,取值为1~9,户主的文化程度越高,对应的序数也越高;选择户主的年龄来表示居民家庭在生命周期的不同阶段。一般来说,在生命周期不同阶段的居民家庭,积累的财富不同,风险厌恶程度往往也会不同,根据 Gusio 和 Jappelli(2000)、Kullmann 和 Siegel(2005)、Faig 和 Shum(2006)等的研究,年龄与居民家庭风险偏好之间存在非线性关系,我们加入年龄和年龄的平方项这两个变量。

(1)直接验证。我们首先采用 OLS 和 ordered probit 模型来估计居民家庭的财富水平对于风险厌恶程度的影响。之所以采用 ordered probit 模型,原因在于中国家庭金融调查中关于风险厌恶程度是离散型被解释变量,且取值在1~5,数值越大表明居民的风险厌恶程度越高。具体而言,该模型可表示如下:

$$y_i^* = const + \beta_1 wealth_i + \beta_2 wealth_i^2 + \gamma X_i + \varepsilon_i$$

$$y_i^* = \begin{cases} 1 & y_i^* \leq r_0 \\ 2 & y_i^* \leq r_1 \\ 3 & y_i^* \leq r_2 \\ 4 & y_i^* \leq r_3 \\ 5 & y_i^* \leq r_4 \end{cases}$$

其中,$r_0 < r_1 < r_2 < r_3 < r_4$,被称为 ordered probit 估计的切点,代表y_i^*在不同取值范围内的临界值。X_i表示影响居民家庭是否持有股票资产的其他控制变量;ε_i表示独立同分布的扰动项,代表不可观测的影响因素,服从于正态分布。根据对扰动项的正态分布假设,可以得到y_i^*在不同取值区间的概率密度函数,从而可以用 MLE 来估计 ordered probit 模型。

从表8-8中呈现的实证结果中可以看出,居民家庭的风险厌恶程度与财富呈现非线性关系,在一定财富范围内,资产总量的增加会使居民家庭的风险厌恶程度下降,但是超过此财富范围,资产总量的增加会使居民家庭的风险厌恶程度上升,这一结果验证了前文的想法。在其他控制变量方面,受教育水平的提高会使居民家庭的风险厌恶程度降低;年龄的增加会增加居民家庭的风险厌恶程度,这也与生命周期理论相符,老年人需要面临收入下降和健康消费等大额支出,储蓄性动机较为强烈,风险厌恶程度会上升。

第八章 全社会资产结构中金融资产结构非优化原因分析

表8–8 财富—风险偏好效应的OLS和Ordered Probit模型

解释变量	OLS		Ordered Probit	
	(1)	(2)	(3)	(4)
资产总量	-0.003*** (-9.61)	-0.001*** (-4.80)	-0.002*** (-9.81)	-0.001*** (-4.88)
资产总量平方	0.000*** (-5.20)	0.000*** (-2.59)	0.000*** (-5.44)	0.000*** (-2.75)
受教育水平		-0.103*** (-10.71)		-0.090*** (-10.87)
户主年龄		0.037*** (-5.65)		0.023*** (-3.98)
户主年龄平方		-0.000 (-1.38)		0.000 (-0.61)
样本数量	7042	6994	7042	6994
R^2	0.018	0.151		
准R^2			0.006	0.061

注：***、**、*分别表示1%、5%、10%的显著水平。

(2) 间接验证。考虑到居民家庭投资者的风险厌恶系数可能存在计量偏差，我们又通过间接方式进一步验证财富—风险偏好效应。根据马莉莉和李泉(2011)的方法，假设居民的风险投资组合完全体现了其风险偏好的假设，以居民家庭风险型金融资产的占比作为替代变量研究中国居民家庭投资者的风险偏好，从居民家庭投资者对风险型金融资产需求的视角间接推断财富—风险偏好效应。根据之前所述，居民家庭投资者的风险厌恶系数与财富水平呈现先下降后上升的关系，假定风险厌恶系数与财富水平呈二次函数关系，在此基础上构建了居民家庭投资者在风险型金融资产上的配置比重和财富水平的关系图。如图8–18所示，居民家庭投资者在风险型金融资产上的配置刚开始处于较低水平，随着财富的上升不断上升，在达到一定财富水平后居民家庭投资者的风险厌恶程度开始增加，配置在风险型金融资产上的比重随着财富水平的上升开始降低。

首先，使用Probit模型研究居民家庭资产总量是否会影响其参与股票投资，Probit模型如下所示：

$$\text{stock\_ratio}_i^* = \text{const} + \beta_1 \text{wealth}_i + \beta_2 \text{wealth}_i^2 + \gamma X_i + \varepsilon_i$$

其中，stock_ratio_i^* 表示潜变量，通过用虚拟变量 stock_ratio_i 来表示居民家庭 i 是否持有股票资产，即：

$$\text{stock\_ratio}_i = \begin{cases} 1 & \text{stock\_ratio}_i^* > 0 \\ 0 & \text{others} \end{cases}$$

X_i 表示影响居民家庭是否持有股票资产的其他控制变量；ε_i 表示独立同分布的扰动项，代表不可观测的影响因素，服从于正态分布。

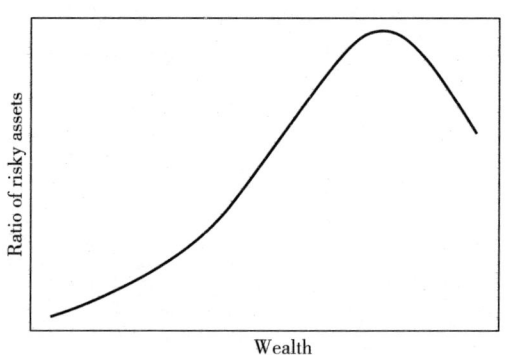

图 8-18　居民家庭投资者配置在风险型金融资产上的比重和财富水平的关系

在研究居民家庭资产总量等因素对于其股票资产占比的影响程度时，考虑到只能观察到持有股票资产占比大于等于 0 的居民家庭，样本数据呈现强烈的"左截尾"特性，为此又选用 Tobit 模型进行分析：

$$\text{stock\_ratio}_i^* = \text{const} + \beta_1 \text{wealth}_i + \beta_2 \text{wealth}_i^2 + \gamma X_i + \varepsilon_i$$

其中，stock_ratio_i^* 表示潜变量，stock_ratio_i 表示居民家庭 i 持有股票资产的比例，即：$\text{stock\_ratio}_i = \max(0, \text{stock\_ratio}_i^*)$。

从表 8-9 中呈现的实证结果中可以看出，居民家庭持有的股票占比与财富呈现非线性关系，在一定财富范围内，居民家庭资产总量的增加会使股票占比上升，说明居民家庭的风险厌恶程度降低；但是超过此财富范围，居民家庭资产总量的增加会使股票占比下降，说明居民家庭的风险厌恶程度上升，这一结果从侧面间接验证了财富—风险偏好效应。在其他控制变量方面，受教育水平的提高会使居民家庭持有的股票占比上升，说明受教育水平降低了居民家庭的风险厌恶程度。

在一定范围内年龄的增加会使股票占比增加，超过这个范围，年龄的增加会使股票占比开始下降。这也与生命周期理论相符:年轻家庭自身积累的财富过少,风险厌恶程度较高,因此,他们会更倾向于选择投资稳健型资产而非股票等风险型金融资产;而中年家庭一般已偿还大部分住房负债,家庭资产组合风险相对减轻,同时自身家庭财富也已经积累到较高水平,风险厌恶程度开始降低,在股票等风险型金融资产的配置比例相对也较高;老年家庭考虑到自身健康等因素,预防性储蓄动机较为强烈,风险厌恶程度也较高,因此持有的股票等风险型金融资产比重相对较低。

表8-9 间接证明财富—风险偏好效应的 PROBIT 和 TOBIT 模型

解释变量	Probit		Tobit	
	(1)	(2)	(3)	(4)
资产总量	0.112***	0.083***	0.054***	0.041***
	(18.76)	(14.66)	(19.78)	(16.12)
资产总量平方	-0.000***	-0.000***	-0.000***	-0.000***
	(-10.06)	(-8.39)	(-14.02)	(-11.46)
受教育水平		0.027***		0.013***
		(14.21)		(13.12)
户主年龄		0.007***		0.004***
		(4.34)		(4.80)
户主年龄平方		-0.000***		-0.000***
		(-4.65)		(-5.04)
样本数量	7042	6994	7042	6994
LR | Wald 检验	749.44***	913.19***	715.48***	982.01***
准 R^2	0.173	0.240	0.151	0.209

注:表中汇报的是平均边际效应计算结果;***、**、*分别表示1%、5%、10%的显著水平;括号中的数值为 Z 值。

二、居民家庭间接持有风险型金融资产分析

1. 参与成本效应下的间接持股

参与成本和金融中介。根据资产组合理论,居民家庭应该进行分散化投资。

对居民家庭来说，分散化投资的交易成本过高，而通过基金和养老保险等金融中介能够以较低的交易成本达到分散化投资的效果。Chordia（1996）提出和检验了单只基金以最低费用给投资者提供流动性服务的模型，结果发现共同基金可以节省交易成本。

Allen 和 Santomero（1998）提出了"参与成本"的概念，即投资者通过市场自我管理风险、实现资产保值增值而进行学习、搜集信息和实施监管所产生的成本。所谓参与成本有两方面的含义：一是指投资者需要为买卖资产支付相关费用佣金等有形交易成本；二是指投资者花费在参与风险管理和投资决策上的时间和精力。投资者直接参与金融市场除了需要花费时间和精力去了解特定金融产品或者金融市场的固定成本之外，还要承担对各种金融产品进行监控调整的时间和精力成本。由于近几十年金融市场不断创新，金融工具越来越复杂，非金融从业人员了解金融风险交易和风险管理的难度大大增加。同时人力资本的普遍提升使得投资者的时间价值在不断上升，投资者通过直接参与方式花费在风险管理和决策上的时间的机会成本大大增加。Allen 和 Santomero（1998）认为，金融中介作为市场参与者，拥有充分的金融市场信息，能够积极参与到金融资产组合的动态管理。过高的直接参与成本迫使投资者往往通过金融中介间接参与金融市场。金融中介为居民家庭投资者搭建了进入市场的桥梁，代表居民家庭投资者进行投资。Allen 和 Gale（1998，2002）也认为：居民家庭投资者不直接参与市场的一个最重要的因素是金融市场的参与成本增加。特别当新市场出现、新的避险套利的机会出现时，会要求更多的专业技能。所以尽管有形交易成本（如费用、佣金等）下降了，但某些类型的信息成本却上升了。参与成本可以解释居民家庭为什么要间接参与股票投资。要评估复杂的证券、复杂的投资组合或复杂的策略所需要的知识不仅是上市公司的资产负债表那样简单，还需要一般居民家庭投资者不具备的金融专业技能。而此刻中介就可以承担顾问的角色，成为连接缺乏知识的居民家庭投资者和被要求最有效利用成熟市场的专家之间的桥梁，代理人们进行风险交易和管理，从而大大减少参与成本。Paiella（2001）和 Jorgensen（2002）等研究也证实，虽然交易成本已经大为下降，但由于伴随着上述时间成本，居民家庭投资者在风险管理和决策上的时间的机会成本始终处于较高水平，居民家庭投资者的最佳选择仍然是选择通过金融中介持有风险型金融资产。

这里，我们根据 Allen 和 Santomero（1998）的理论，加入居民家庭投资者的参与成本对模型进行进一步扩展，将居民家庭投资者进行资产配置存在参与成本分为交易成本和学习成本。其中，交易成本是指居民家庭投资者买卖投资组合所需支付的费用等成本,学习成本是指居民家庭投资者学习相关金融知识和构建投资组合等活动投入的时间和精力。

$$\max U = \alpha * E(R_m) + (1-\alpha) * R_f - 0.5 * A(W) * \sigma_p^2 - C(\alpha)$$

$$\sigma_p^2 = \alpha^2 * \sigma_m^2 + (1-\alpha)^2 * \sigma_f^2 + 2 * \alpha * (1-\alpha) * \sigma_{m,f}$$

$$C(\alpha) = f(\alpha) + t(\alpha)$$

$$f(\alpha) = C_p * \alpha$$

$$t(\alpha) = tc + C_t * \alpha$$

$$FOC. \ \alpha. \quad \alpha = \frac{E(R_m) - R_f - C_p - C_t}{A(W) * \sigma_m^2}$$

U 为居民家庭投资者的效用;$E(R_m)$ 和 R_f 分别为风险资产组合 m 和无风险资产的预期收益;α 和 $(1-\alpha)$ 分别为居民家庭投资者持有风险组合 m 和无风险资产的比重;σ_p、σ_m 和 σ_f 分别为资产组合 p、风险资产组合 m 和无风险资产的标准差;$\sigma_{m,f}$ 为风险资产组合 m 和无风险资产的协方差;$A(W)$ 为居民家庭投资者的风险厌恶系数;$C(\alpha)$ 为居民家庭投资者资产配置的参与成本;$f(\alpha)$ 为居民家庭投资者资产配置的交易成本,C_p 是指居民家庭投资者持有一单位风险资产组合的交易成本率;$t(\alpha)$ 为居民家庭投资者资产配置的学习成本,C_t 是指居民家庭投资者持有一单位风险资产组合需要监控调整的时间和精力成本率,tc 是指居民家庭投资者直接参与金融市场需要时间去了解特定金融产品或者金融市场的固定时间和精力成本。

理性的居民家庭投资者和金融中介都会选择过无风险资产利率的切线与有效边界的切点处的市场风险资产组合。相较于前文的模型,此处居民家庭投资者在选择无风险资产和风险资产之间的配置比例时,不仅需要考虑风险厌恶系数 $A(W)$,还需要考虑参与成本中的交易成本和学习成本。在居民家庭投资者最优配置的情况下,市场风险资产组合中包含的证券的数目很大,若投资每个证券都有固定成本,那么居民家庭投资者就不可能完全复制市场组合。而共同基金存在规模经济,所以可以在参与成本较低的情况下提供复制市场组合的基金。因此,在居民家庭风险厌恶系数不变的情况下,其可以通过基金和养老保险等金融中介降低自身的参与成本,提高在风险资产的配置比例。

为进一步说明基金和养老保险等金融中介促进居民家庭在风险资产上配置,我们通过构建图例进行说明。如图 8-19 所示,横轴和纵轴分别代表组合的标准差(风险)和期望收益,其中 M 为有效边界,U_i 和 U_d 为居民家庭投资者的效用函数,tc_d 和 tc_i 分别为居民家庭投资者直接或者间接参与金融市场所需要的固定时间和精力成本（$tc_d > tc_i$）；C_{pd}和C_{pi}分别为居民家庭投资者直接和通过基金等间接持有一单位风险资产组合的交易成本率（$C_{pd} > C_{pi}$）；C_{td}和C_{ti}分别为居民家庭投资者直接和通过基金等间接持有一单位风险资产组合需要监控调整的时间和精力成本率（$C_{td} > C_{ti}$）。

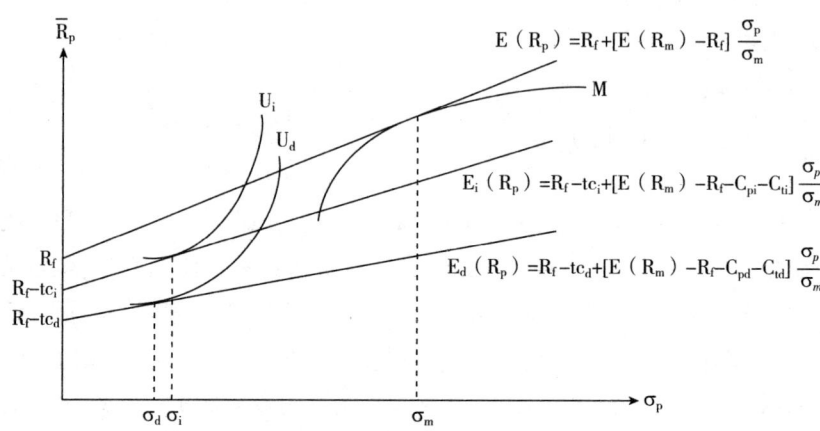

图 8-19　直接与间接参与成本对居民家庭配置风险型金融资产的影响

从图 8-19 中可以看到，在不存在参与成本的情况下，过R_f的直线 $E(R_p) = R_f + [E(R_m) - R_f]\frac{\sigma_p}{\sigma_m}$ 和有效边界的相切点为市场风险资产组合，其标准差为σ_m。由于存在参与成本，居民家庭投资者很难达到最优配置。居民家庭一旦直接参与风险资产的配置，就需要花费 tc_d 的固定时间和精力成本，同时随着风险资产配置比例 α 的不断增加，交易成本$C_{pd}*α$ 和学习成本$C_{td}*α$ 开始不断增加，其收益如直线$E_d(R_p) = R_f - tc_d + [E(R_m) - R_f - C_{pd} - C_{td}]\frac{\sigma_p}{\sigma_m}$所示。效用函数$U_d$与直线$E_d(R_p)$的切点$\sigma_d$就是单个居民家庭投资者通过直接方式配置风险资产的情况。同理，居民家庭间接参与风险资产的配置亦是如此。但由于交易成本$C_{pd} > C_{pi}$和学习成本$C_{td} > C_{ti}$及$tc_d > tc_i$，居民家庭通过金融中介间接参与风险资产配置的收益要高于直接参与方式，其收益如直线$E_i(R_p) = R_f - tc_i + [E(R_m) - R_f - C_{pi} - C_{ti}]\frac{\sigma_p}{\sigma_m}$所示。效用函数$U_i$和直线$E_i(R_p)$的切点$\sigma_i$就是单个居民家庭投资者通过金融中介等间接方式配置风险资产的情况，其中$\sigma_i > \sigma_d$，可见通过金融中介等间接方式配置风险资产的比例要高于直接方式。

2. 居民家庭间接持股参与情况

从图8-20来看，美国居民家庭通过基金和养老金间接持有股票类风险型金融资产的参与度越来越高。2001年之前以基金方式间接持有股票的居民家庭比例呈上升趋势，受到世纪之初的互联网泡沫和2008年全球金融危机的影响；2001年之后开始以基金方式间接持有股票的居民家庭比例呈下降趋势，与直接持有股票居民家庭的比例相差不大；以养老金方式间接持有股票的居民家庭比例不断上升，已经远高于直接持有股票居民家庭的比例。目前约有50%的居民家庭通过养老金参与到股票市场中，约有10%的居民家庭通过基金参与到股票市场，直接持有股票的居民家庭近20年呈现波动趋势，目前约为14%。

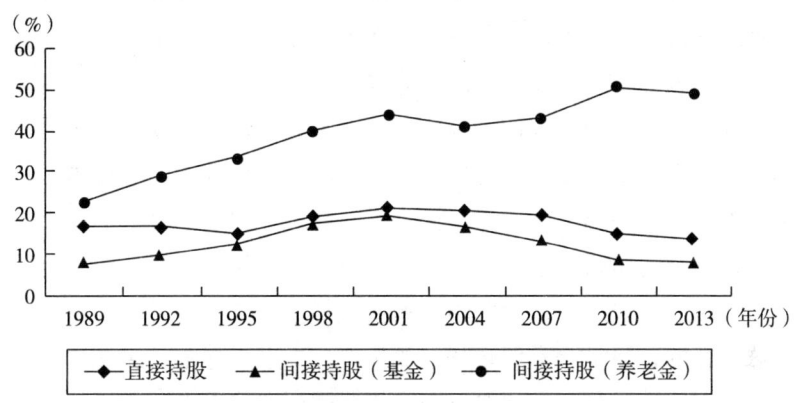

图8-20 美国居民家庭在股票市场参与度情况

资料来源：美国消费者金融调查报告。

由于缺乏中国和日本的相关数据，无法做进一步对比分析，但是从中美居民家庭在金融市场参与率可以看出，中国居民家庭在股票和基金的参与度仍低于美国。其中2011年我国居民家庭直接持有股票的比例为8.84%，以基金方式间接持有股票的居民家庭比例为4.24%，与美国相比仍存在较大差距。因此，从居民家庭股票持有股票方式和参与率来看，中美两国居民家庭仍存在很大的差异。目前来看，以股票资产为代表的风险型金融资产在我国居民家庭资产配置中占比过低，不利于我国多层次资本市场的建设和发展，进而不利于我国产业升级转型目标的顺利实现。因此，如何引导我国居民家庭提高股票等高风险型金融资产的占比是当前需要考虑的问题。

第四节 养老基金投资管理与资本市场

一、养老基金投资管理对资本市场发展的影响

自20世纪90年代初美国波士顿大学教授Bodie首次明确提出养老基金的积累及其投资资本市场的行为可以显著促进资本市场扩张以来，国内外众多专家学者分别从理论和实证的角度对养老金与资本市场间的关系进行了大量的研究与论证。大多数的研究结果发现，养老基金与资本市场间存在着明显的互动效应：一方面，养老基金进入资本市场，可以为资本市场注入长期稳定的资金，扩大资本市场规模，增加资本市场流动性，同时养老基金作为机构投资者，具有很强的低风险偏好并且追求长期稳定收益，因而可以大大减少资本市场的投机行为，降低市场波动率，增强资本市场的稳定性，推动资产价格提升，促进资本市场健康发展；另一方面，发达的资本市场通过促进经济增长，加上其自身的投资收益效应也能提高养老基金的运营效率，促进养老基金的保值和增值，从而也可以缓解财政支付压力。然而，研究结果也同时反映养老基金与资本市场间的良性互动效应并不是必然存在的，而是会受到某些一般条件的约束。其中，实现两者良性互动的最关键之处在于养老基金必须要以一定的规模有效地进入资本市场，特别是进入股票市场，才能对资本市场的发展产生影响。李涛和李红（2004）通过对OECD国家的实证研究考察发现，养老金投资规模对股票市场发展水平有着显著的推动作用，印证了Davis（1996，2000）和Vittas（1998）关于养老金可以扩大股票市场的融资规模，提高股票市场效率的论证。从实践层面上来看，在发达国家，养老金入市已经是非常普遍的现象，许多国家养老基金机构投资者都已成为资本市场的主力，例如，美国的资本市场中养老基金的实际占比就高达60%。而且，多数国家的养老金在进入资本市场后，都形成了与资本市场的良好互动，推动了资本市场特别是股票市场的发展，养老基金自身也通过实现市场化运作获得了不错的收益。其中，美国股票市场在1990~2000年，就受益于养老金个人账户（IRAs）大量增持共同基金并获得了快速发展，而日本则是于2014年10月底宣布退休基金投资股市的比重从12%提高到25%后，日经指数从14500点狂涨近6500点，一年左右的时间即冲到20950点高点，波段涨幅高达44%。因此，

为了完善我国的资本市场建设，推动资本市场的快速发展，应该加快推动养老基金入市，增加养老基金的入市规模，使养老基金能有效地作用于资本市场，助力资本市场的发展。

二、我国养老基金投资管理发展及现状

我国自1951年颁布《中华人民共和国劳动保险条例》初步创建养老保险制度以来，对养老基金的投资管理也经历了从无到有不断改革创新的过程。对于基本养老保险基金的投资，在计划经济时期，由于实行现收现付的养老保险制度，账户没有结余无法进行投资，经过很长一段时期内，由于1997年国务院颁发的第26号文件《国务院关于建立统一的企业职工基本养老保险制度的决定》中明确规定，社会养老保险基金的结余只能用于购买国债，不得购买其他金融产品，加之当时资本市场正处于初级发展阶段，可以选择的投资产品不多，因此，养老基金大多都用于购买国债或存入银行；2001年后国家逐渐放宽了社保基金的投资渠道，允许社保基金进入股票、基金、信用等风险资本市场，随后我国对企业年金也不断扩大其投资范围、逐步放松风险资产投资比例的约束。现阶段，我国开始探索基本养老保险基金入市的具体方式；2006年，全国社会保障基金理事会正式试点运营做实个人账户中央补助资金；2012年3月19日，国务院又批准了广东省政府委托"全国社保基金理事会"① 投资运营广东省城镇职工养老金，开启了养老基金委托投资管理的新篇章；2015年8月23日国务院印发了《基本养老保险基金投资管理办法》（以下简称《办法》），指出省、自治区、直辖市人民政府为养老基金委托投资的委托人，可以与受托机构签订养老基金委托投资合同，将一定额度的养老基金委托给国务院授权的机构进行投资运营。职业年金由于起步较晚，我国尚未正式颁布职业年金基金管理的具体办法，但2016年6月21日由人力资源社会保障部、财政部共同研究起草的《职业年金基金管理暂行办法》也已向社会公开征求意见，很快正式办法也将落地，我国也即将形成完整的养老基金管理体系。另外，新"国九条"明确指出了要支持全国社会保险基金、企业年金、职业年金等参与资本市场的建设，基本养老保险基金入市在即，我国的养老基金基本形成了政府主导和统筹管理下逐渐向市场化方式发展的趋势，风险资产的投资比例也一步步提高。根据最新的政策要求，基本养老保险基金和企业年金投资股票、股票基金、混合基金、股票型养老金产品的比例，合计

---

① 国务院直属机构，负责管理运营全国社会保障基金。

不得高于基金资产净值的30%，社保基金则不高于40%。

三、国外养老基金投资管理演变及现状

由于各国（地区）的国情以及金融市场的发展状况不同，其养老基金的投资管理方式也存在差异。从养老保险制度推出至今，大致可以把国外对养老基金的资产配置管理分为三个阶段：第一阶段是20世纪80年代以前，这段时期养老基金主要采用"国债＋银行存款"的配置模式；第二阶段是20世纪80年代到20世纪90年代初，随着发达国家金融市场的不断成熟和投资经营观念的增强，股票、企业债券、共同基金等风险资产开始加入到养老基金的资产配置中，且比重逐渐增加，代替银行存款成为养老基金的主要配置资产；第三阶段是自20世纪90年代至今，随着全球经济一体化和资本全球化的推进，越来越多的国家开始慢慢放宽养老基金投资海外资产的限制，养老基金的投资管理开始呈现国际化的趋势。从OECD统计的2014年部分国家养老基金的资产配置比例来看，虽然各国养老基金的资产配置比例呈现差异化，但从整体上来看，权益类资产（包括直接投资和通过持有共同基金投资的股票资产）的比重普遍比较大，平均达到24.7%，大多数国家包括发达国家和发展中国家，养老基金股票资产的配置比例都超过20%，其中10年平均实际收益率排名较高的十个国家的养老基金中，权益资产的配置比例平均超过33%。同时，除韩国之外，其他各国养老基金的资产配置中银行存款比例都很低，很多国家都在10%以内。

四、对我国养老基金投资管理启示

从我国养老金管理办法的发展历程来看，我国对养老基金投资管理办法的政策调整思路是在保障资金安全的前提下，逐渐扩大养老基金的投资范围，放松风险资产的投资比例限制，引导养老基金逐步进入资本市场。虽然随着投资限制的逐渐减少，风险资产的配置比例不断提高，但我国养老基金的资产配置仍处于初级阶段，投资品种单一、权益资产占比少，投资策略相对比较保守，很大比重的资产仍然配置在无风险资产上。从2013年的社保基金入市经验来看，社保基金历年股票资产占全部资产的比例平均只有20%左右，距离《全国社保基金投资管理暂行办法》中规定的股票投资比例的上限40%还有很大的距离，入市规模受到了某些约束，养老基金投资于资本市场的过程中还存在一些问题，因此，未来基本养老保险金入市之后能给资本市场带来的影响可能会不及预期。这其中一部分是因为我国股票市场本身存在的市盈率较高，存在资产泡沫，投资价值相对

不高,再加上我国资本市场发展还不成熟,投机行为违规操作仍然存在,市场波动较大、风险难以控制等问题,但我们认为,更重要的是由于养老基金自身的特殊属性对资金安全和流动性的要求很高,而在现有的模式下,养老基金自身的风险偏好比较低,对风险资产的配置需求不足。根据"木桶"原理,基金的投资管理者只能选择以风险偏好最低的参保人群作为参考依据来决定风险资产的配置需求,而这个风险偏好实际代表的是基金的最低风险偏好水平,那么以这样一个最低的风险偏好标准来进行资产配置,风险资产在养老基金中的配置比例必然不高。如果不改革养老基金的管理模式,那么即使放开投资限制,减少外在约束,养老基金内在的风险偏好也难以提升,没有内在动力推升风险资产的配置需求,就无法实现养老基金的大规模入市。所以,要引导养老金积极入市,参与资本市场建设,提升养老基金的风险偏好才是关键因素。

国外的养老金投资管理则发展的相对成熟,除韩国以外,其他各国养老基金的资产配置中银行存款比例都很低,很多国家都在10%以内,大多数国家养老基金在资本市场也都获得了比较好的投资回报,实现了养老基金的保值和增值。因此,也给我国完善养老基金投资管理产生了诸多启示:

1. 放宽投资限制才能有效促进养老保险资产快速增长

许多发达国家,他们对养老基金,尤其是企业和私人养老基金的资产配置没有太多限制,例如,美国对企业年金的投资管理就没有强调对投资组合的约束,而只是要求按照"谨慎人"的规则来选择投资工具,市场化的程度很高。同时,一些以智利为代表的发展中国家也逐渐放宽了养老基金的投资限制甚至放开了个人选择权,其风险资产的配置比例因而逐渐上升,并且也在实践中获得了收益。现在国外大部分国家特别是经济发达、金融市场相对成熟的国家,其养老基金选择投资风险资产的比例比较高,在现金和银行存款上,除了维持稳定的现金流之外,主动配置的比例很低,而这些实现积极管理的国家其养老基金的实际平均年投资回报率均大于零,较好地实现了养老基金的保值增值。而且,相比较而言,市场化、分散化程度越高的养老基金表现则更为出色而相对保守的资产组合则表现一般。例如,海外投资比例最高的荷兰和股票投资比例达到50%的澳大利亚在养老基金投资收益方面名列前茅,而在养老基金资产配置中风险资产比例较小的日本和韩国其收益率也相对较低。同时我们看到2004~2014年,排除2008年世界金融危机的影响,世界主要的股票市场指数均呈现了向上波动的趋势,股票市场的发展与养老基金的投资表现相吻合。因此,这对我国的养老基金资产配置产生重要的启示:适当地提高权益类资产的配置比例不仅能够有效地提升基金投资回报率,提高基金的运营效率,还能促进养老基金与股票市场间的良性互动关系。

2. 对养老金账户进行差异化管理可以提高资金入市需求

根据其他国家的成功经验,为了推动养老基金能够真正进入资本市场进行市场化运作,除了需要政府的正确引导、减少政府对养老基金资产配置的干预、消除养老基金和资本市场的良性互动中存在的外在约束之外,更重要的还是要通过养老基金管理制度的改革,提升养老基金的平均风险偏好,使养老基金本身配置风险资产的需求加大,如此才能真正实现养老基金规模性地进入资本市场,与资本市场形成良好的互动,推动资本市场的发展。

第九章 全社会资产结构中住宅资产占比过高原因分析

在全社会资产结构中，实物资产也是其中的组成部分。由于我国的大宗商品市场规模还十分有限，房地产仍然是全社会投资者主要配置的实物资产，全社会资产结构也主要由房地产和金融资产组成。大量的理论和实证研究证明房地产具有消费和投资双重属性。首先，房地产作为一种重要的实物资产，为居民提供住宅和办公服务，具有一般商品最基本的消费属性，满足的是居民衣食住行中对住的需求。西方经济学认为，商品的价格是由商品的供求关系决定的。因此，房地产的消费属性决定了其价格会受到市场供给和需求的变动而发生变化。另外，房地产作为一种典型的异质性商品，其价格还受到所在位置、房型、内部装修以及附带权益等因素的直接影响。除此之外，由于土地资源的稀缺性导致了房地产不同于一般商品而具有一定的金融属性并且随着经济的发展，在房地产价格上涨预期增强下，房地产会成为居民保值增值的投资工具。从投资属性的角度来看，金融资产的价格本质是围绕其内在价值而波动，那么房屋租金的折现将体现房屋的基本价值，因而利率和信贷规模将对房地产的价格形成影响。房地产的双重属性决定了影响房地产价格的因素既包含了影响商品供给和需求的因素，也包含了影响金融资产价格波动的各项因素，其在全社会资产结构中的占比也将会受到这些因素的影响。

第一节 房地产在家庭资产中占比

一、中国的住宅资产占比

由于中国对居民家庭资产配置的研究相对国外滞后，并且缺乏权威的调查数据，国内知名的中国家庭金融调查与研究中心（CHFS）于2010年才成立，数据跨度时间较短。为了更好地反映我国居民家庭资产配置的变化趋势，我们对国家资产负债表（中国社科院版）中的数据进行处理，得到金融资产与非金融资产的相关数据，其中非金融资产主要为房地产、汽车和农村生产性固定资产。如图9-1和表9-1所示，目前我国居民家庭总资产约为250万亿元，从各类资产占比情况来看，我国居民家庭的非金融资产在总资产中占有较大比重，约为60%。其中，房地产的双重属性使其成为居民家庭资产组合中的一类重要资产，在全社会资产配置中有重要的地位，是全社会资产结构中的重要组成部分。从居民家庭资产配置的角度来看，随着全社会人均可支配收入水平的提高，居民家庭往往不再满足于住房资产的消费属性，更多地转向投资需求，以期获得更高的资本收益，房地产资产的投资属性不断增强，从而影响居民家庭的资产配置选择并最终导致居民资产结构发生变化。自1998年住房制度改革以来，我国住房商品化的进程不断推进，住房价格不断攀升，我国居民部门总资产中房地产的占比不断上升，只有在2012~2014年由于房地产价格的低迷而出现小幅下滑，而2015年以来在房地产市场的火热和股市的低迷的背景下，中国家庭总资产中房地产占比又再次快速上升，已经从2013年的62.3%上升到2016年的68.8%。

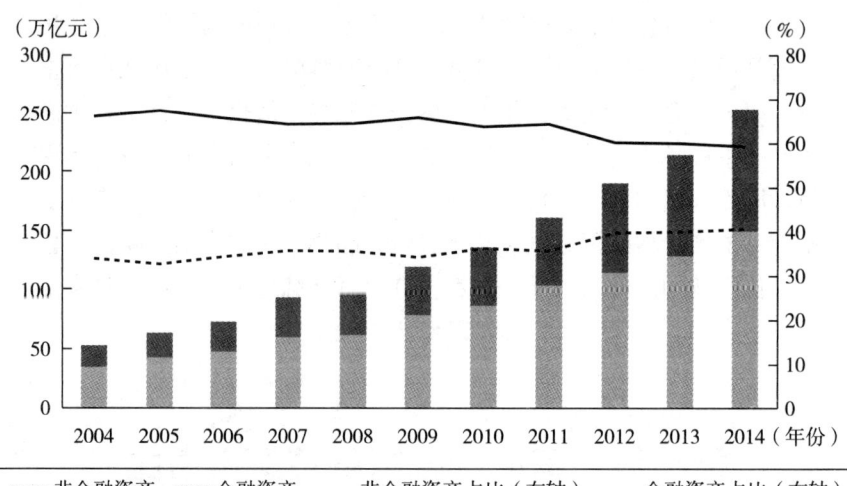

图9-1 中国居民家庭部门资产配置情况

资料来源：中国居民部门资产负债表（中国社会科学院版）。

第九章 全社会资产结构中住宅资产占比过高原因分析

表9-1 中国居民家庭部门资产配置各类资产占比

类别 年份	非金融资产	金融资产					
	房地产、汽车等（%）	现金和存款（%）	债券（%）	股权和基金（%）	保险和养老金（%）	理财产品（%）	其他（%）
2004	66.1	27.7	1.2	2.0	2.7	0.0	0.0
2005	67.4	26.6	1.0	1.6	2.9	0.0	0.0
2006	65.7	26.5	0.9	3.1	3.1	0.0	0.0
2007	64.3	22.0	0.7	8.6	2.9	0.0	0.0
2008	64.5	26.6	0.5	3.9	3.9	0.0	0.0
2009	65.8	25.0	0.2	4.6	3.8	0.0	0.0
2010	63.8	25.9	0.2	4.7	3.9	1.3	0.2
2011	64.4	25.0	0.1	4.2	3.6	2.5	0.0
2012	60.2	24.5	0.2	3.8	3.8	3.5	3.9
2013	60.0	23.1	0.2	3.0	4.1	4.4	5.1
2014	59.4	22.3	0.2	3.5	4.2	5.4	5.0

资料来源：中国居民部门资产负债表（中国社会科学院版）。

二、美日发达国家居民住宅资产配置

在了解我国居民家庭房地产配置的情况后，我们选取了美日发达国家的居民家庭对房地产资产的配置情况进行比较，美国经济分析局编制的国家资产负债表中的居民家庭部门显示在美国居民家庭部门资产配置中，金融资产一直占据重要地位。如图9-2所示，2016年美国居民家庭部门总资产已经达到100万亿美元，金融资产占居民家庭部门总资产的比例自20世纪60年代起一直在70%左右，且近年来保持上升趋势。从各类资产占比情况来看，美国居民家庭部门非金融资产中房地产占较大比重（如表9-2所示），约为24%；随着居民家庭收入的不断增加，同时技术进步使生产成本降低，居民家庭部门在耐用消费品方面自20世纪80年代以来呈现下降趋势。金融资产中的股权和基金、保险和养老金等占有较大比重，近年来随着人口结构老龄化和养老保障制度的改革，居民家庭越来越重视养老问题，保险和养老金占比一直呈现上升趋势。

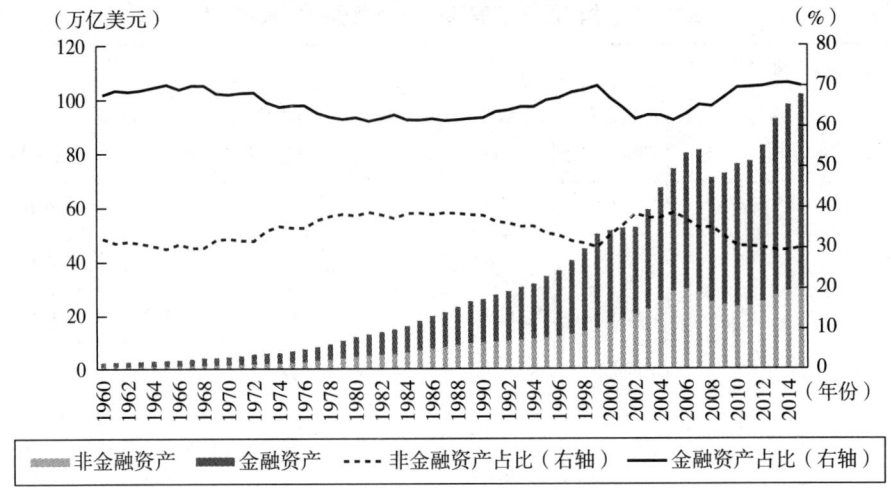

图 9-2 美国居民家庭部门资产配置情况

资料来源:美国经济分析局《国家资产负债表》。

表 9-2 美国居民家庭部门资产配置各类资产占比

类别 年份	非金融资产			金融资产				
	房地产 (%)	耐用消费 品(%)	其他 (%)	现金和存 款(%)	债券 (%)	股权和基 金(%)	保险和养 老金(%)	其他 (%)
1960	23.9	8.1	0.2	10.6	5.1	33.9	16.7	1.5
1961	23.3	7.6	0.2	10.5	4.8	35.6	16.5	1.5
1962	23.6	7.6	0.2	11.2	4.7	34.6	16.6	1.5
1963	23.3	7.6	0.2	11.8	4.4	34.5	16.8	1.5
1964	22.8	7.4	0.2	11.9	4.3	35.4	16.7	1.4
1965	22.2	7.3	0.2	12.1	4.1	36.2	16.6	1.3
1966	23.0	7.7	0.2	12.3	4.5	33.8	17.3	1.4
1967	22.1	7.6	0.2	12.4	4.1	35.3	16.9	1.4
1968	22.2	7.5	0.2	12.1	3.9	36.2	16.6	1.3
1969	23.6	8.0	0.2	12.0	4.7	32.5	17.6	1.3
1970	23.7	8.2	0.3	12.5	4.4	31.2	18.5	1.2
1971	23.6	7.9	0.3	13.0	3.9	31.8	18.5	1.1
1972	23.8	7.6	0.3	13.1	3.4	32.9	18.1	0.9
1973	25.9	8.0	0.3	13.6	3.6	29.4	18.3	0.9

续表

年份 \ 类别	非金融资产			金融资产				
	房地产（%）	耐用消费品（%）	其他（%）	现金和存款（%）	债券（%）	股权和基金（%）	保险和养老金（%）	其他（%）
1974	25.9	9.0	0.4	14.3	4.2	26.1	19.2	0.9
1975	25.7	8.8	0.4	14.0	4.1	27.1	19.1	0.8
1976	25.7	8.7	0.4	14.0	3.8	28.1	18.4	0.8
1977	27.5	8.8	0.4	14.2	3.8	26.4	18.2	0.8
1978	28.5	8.8	0.4	13.8	3.8	26.2	17.7	0.8
1979	29.2	8.6	0.4	12.9	4.1	27.0	17.0	0.8
1980	29.0	8.4	0.4	12.5	3.8	28.2	16.8	0.9
1981	29.9	8.4	0.4	12.5	3.6	27.2	17.0	0.9
1982	29.5	8.1	0.4	12.8	3.8	26.6	17.7	1.0
1983	28.7	8.1	0.4	13.4	4.1	26.0	18.4	0.9
1984	30.0	8.0	0.4	13.8	4.4	23.8	18.7	0.8
1985	30.3	7.8	0.4	13.9	4.7	23.5	18.5	0.9
1986	29.9	7.8	0.4	13.8	4.5	24.3	18.4	0.9
1987	30.3	7.9	0.4	13.5	5.0	23.4	18.7	0.8
1988	30.1	7.9	0.4	13.2	5.6	23.4	18.6	0.7
1989	29.9	7.7	0.4	12.5	5.5	24.2	19.1	0.8
1990	29.6	7.9	0.4	12.2	6.3	23.0	19.8	0.8
1991	28.2	7.7	0.4	11.4	6.1	25.0	20.2	0.9
1992	27.9	7.7	0.4	10.5	6.1	25.4	21.3	0.8
1993	27.2	7.6	0.4	9.7	6.1	26.6	21.7	0.8
1994	27.1	7.7	0.4	9.1	7.2	25.7	22.0	0.8
1995	25.8	7.4	0.4	8.6	6.6	28.2	22.2	0.8
1996	25.4	7.2	0.4	8.4	6.6	28.6	22.5	0.8
1997	24.5	6.8	0.4	7.9	5.9	31.3	22.6	0.8
1998	24.3	6.4	0.4	7.4	5.4	33.0	22.4	0.9
1999	23.7	6.0	0.3	6.7	5.0	35.6	21.8	0.9
2000	26.4	6.3	0.4	6.9	4.6	32.4	21.9	1.1
2001	28.6	6.5	0.4	7.4	4.1	29.8	22.0	1.2
2002	31.1	6.7	0.4	8.0	4.1	26.3	22.3	1.1

续表

类别 年份	非金融资产			金融资产				
	房地产（%）	耐用消费品（%）	其他（%）	现金和存款（%）	债券（%）	股权和基金（%）	保险和养老金（%）	其他（%）
2003	30.6	6.3	0.4	7.7	3.9	28.1	22.0	1.1
2004	31.1	5.8	0.4	7.4	4.7	28.2	21.2	1.2
2005	32.6	5.6	0.4	7.2	4.5	28.3	20.5	1.0
2006	31.2	5.4	0.4	7.3	4.1	30.3	20.5	1.1
2007	28.8	5.5	0.4	7.7	4.7	30.5	21.0	1.4
2008	27.6	6.5	0.5	9.3	7.2	24.6	22.5	1.4
2009	25.6	6.4	0.5	9.4	6.8	25.9	23.9	1.3
2010	23.9	6.1	0.5	9.2	6.3	27.8	24.9	1.3
2011	23.6	6.2	0.5	9.9	5.5	27.5	25.3	1.2
2012	23.7	5.9	0.5	9.8	4.9	29.1	24.7	1.2
2013	23.5	5.3	0.5	9.1	4.7	31.7	23.8	1.1
2014	23.5	5.2	0.5	9.2	3.9	33.1	23.3	1.1
2015	24.3	5.2	0.5	9.4	4.4	32.0	23.0	1.0
2016	24.4	5.0	0.4	9.5	4.1	32.8	22.6	0.9

资料来源：美国经济分析局《国家资产负债表》。

日本作为典型的发达国家，居民家庭资产配置却与美国存在较大差异。我们选取了日本内阁府编制的国家资产负债表中的有关居民部门的数据进行研究，其中非金融资产主要为固定资产、土地、非耕地生物资源等，而土地则可以视为居民家庭持有的房地产。如图9-3所示，日本居民家庭总资产已经达到2580万亿日元，约为25万亿美元，是美国居民家庭总资产的1/4左右。其中金融资产占比近几年呈现上升趋势，已经达到总资产的60%左右。从各类资产占比情况来看，日本居民家庭非金融资产中房地产占有较大比重，约为24%；生产性资产占比较为稳定，约为13%。金融资产中的现金与存款、保险和养老金等占有较大比重，股权和投资基金的占比较小。随着日本社会老龄化的加重，居民家庭、政府和社会越来越重视养老问题，保险和养老金占比上升到18%左右；股权和投资基金的占比近年来约为10%，伴随着股票市场的行情波动而相应变化（如表9-3所示）。

第九章 全社会资产结构中住宅资产占比过高原因分析

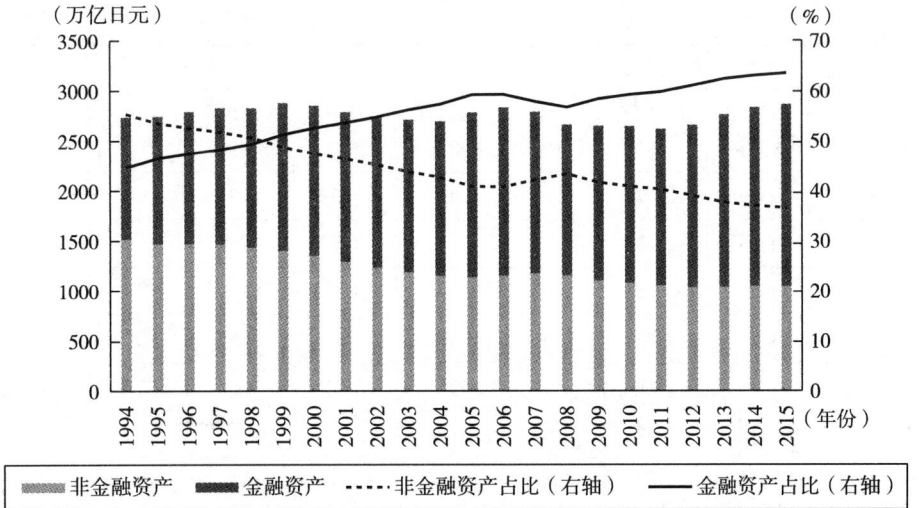

图9-3 日本居民家庭部门资产配置中金融资产与非金融资产

资料来源：日本内阁府《国家资产负债表》。

表9-3 日本居民家庭部门资产配置各类资产占比

类别 年份	非金融资产			金融资产				
	生产性资产（%）	房地产①（%）	其他（%）	现金和存款（%）	债券（%）	股权和基金（%）	保险和养老金（%）	其他（%）
1994	13.2	42.1	0.03	22.1	2.9	5.6	12.6	1.4
1995	13.3	40.2	0.02	23.2	2.8	5.6	13.7	1.3
1996	13.7	38.9	0.02	23.7	2.5	5.5	14.4	1.3
1997	13.7	38.1	0.03	25.1	2.3	4.3	15.1	1.5
1998	13.5	37.1	0.02	26.2	2.0	4.0	15.7	1.4
1999	13.2	35.5	0.02	26.6	1.8	5.9	15.7	1.2
2000	13.4	34.1	0.03	27.2	1.7	5.6	16.8	1.4
2001	13.5	32.9	0.03	28.3	1.6	4.7	17.7	1.3
2002	13.6	31.5	0.03	29.1	1.3	4.4	18.7	1.2
2003	13.8	30.0	0.03	29.5	1.2	5.8	18.1	1.6

① 日本内阁府编制的《国家资产负债表》中土地分为底层建筑物与结构物，土地基础耕种，其他，其中底层建筑物与结构物占比超过80%，因此，我们将土地视为房地产进行处理。

续表

类别 年份	非金融资产			金融资产				
	生产性资产（%）	房地产（%）	其他（%）	现金和存款（%）	债券（%）	股权和基金（%）	保险和养老金（%）	其他（%）
2004	13.9	28.7	0.03	29.8	1.3	6.8	17.9	1.5
2005	13.5	27.3	0.02	28.8	1.5	10.0	17.4	1.6
2006	13.5	27.2	0.02	28.1	1.5	10.7	17.1	1.8
2007	13.8	28.3	0.02	28.8	1.6	8.5	17.2	1.8
2008	14.5	28.8	0.01	30.5	1.7	5.5	17.6	1.4
2009	13.9	27.7	0.01	31.1	1.6	6.2	17.8	1.7
2010	13.8	27.0	0.01	31.6	1.5	6.7	17.8	1.6
2011	13.7	26.6	0.01	32.6	1.4	6.1	18.1	1.7
2012	13.2	25.7	0.01	32.7	1.2	6.9	18.4	1.7
2013	13.1	24.6	0.01	32.2	1.1	9.3	18.1	1.6
2014	13.0	24.0	0.01	32.0	1.0	10.0	18.2	1.9
2015	12.7	23.8	0.01	32.1	0.9	10.4	18.2	1.8

资料来源：日本内阁府《国家资产负债表》。

三、中美日居民家庭资产配置与住宅资产占比对比

通过对美国、日本等主要发达国家和我国居民家庭实际的资产配置行为进行比较（如表9-4所示），我们发现美国和日本的居民家庭资产配置中的非金融资产配置比例为29.30%和37%，远低于中国的59.40%，其中美国和日本居民家庭的房地产资产占总资产比例分别为23.60%和24%，而我国则为53.8%左右；在金融资产配置方面，美国和日本居民家庭配置的金融资产占总资产的比例分别为70.70%和63%，远高于中国的40.60%，其中我国居民家庭配置的现金和存款在金融资产中的占比远高于美国，与日本较为接近，但是股权类资产在金融资产中的占比低于美国和日本。由此可见，居民家庭资产结构与全社会资产结构相似，居民家庭资产配置行为将直接影响全社会资产结构。其中，由于居民是住宅资产的主要投资者，房地产投资对居民家庭资产结构的影响也会直接影响全社会资产结构。

第九章 全社会资产结构中住宅资产占比过高原因分析

表9-4 2014年中美日居民家庭部门资产的规模与配置情况①

类别＼国家	美国	日本	中国
居民家庭总资产规模（万亿美元）	98	23.8	40.9
非金融资产规模（万亿美元）	28.6	8.8	24.3
非金融资产/总资产（%）	29.3	37	59.4
房地产/总资产（%）	23.6	24	53.8
金融资产规模（万亿美元）	69.4	15	16.6
金融资产/总资产（%）	70.7	63	40.6
金融资产中各类资产占比②（%）：			
现金和存款/金融资产	13	50.8	54.9
债券/金融资产	5.8	1.6	0.5
股权和基金/金融资产	46.8	15.9	8.6
保险和养老金/金融资产	33	28.9	10.3
其他金融资产/金融资产	1.4	3	25.6

资料来源：美国经济分析局《国家资产负债表》，日本内阁府《国家资产负债表》以及中国社科院版《国家资产负债表》。

从全社会资产结构中房地产资产规模和金融资产总量的发展关系来看（如图9-4所示），美国目前的金融资产总量超过房地产资产总量的3倍，其增长速度也远大于房地产市场规模扩大的速度，由于金融资产总量受到金融资产价格较高波动性的影响波动的幅度较大，房地产市场规模则只有在2007~2008年次贷危机时发生了明显的缩减，其他时间基本保持了平缓的增长。相较之下，由于日本的房地产市场在20世纪80年代末到90年代初期遭遇地产泡沫破裂后，市场规模大幅缩减，之后日本房地产市场规模始终在1兆日元（约合人民币587万亿元）以下，而日本的金融资产总量远远大于房地产资产规模，并且从2012年开始至今金融资产总量的增长速度明显加快，到2015年时已经接近房地产资产规模的8倍之多。

---

① 考虑到部分数据缺失，本表选取了2014年中国、美国、日本居民家庭资产规模与配置情况，采用2014年末的即期汇率进行折算。
② 此处占比为各类资产在金融资产中的占比情况。

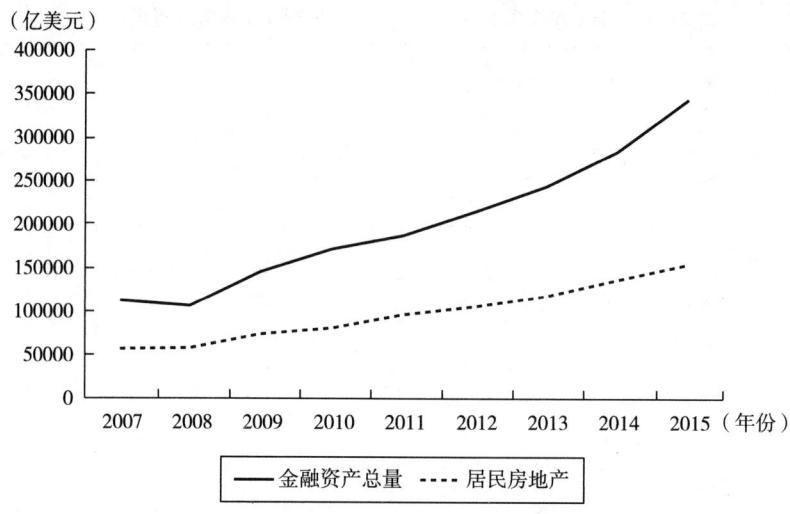

图9-4 中国金融资产与居民房地产

相比而言，我国的金融资产总量与房地产资产增长水平间还存在很大的不平衡（如图9-5所示）。从绝对数量上来看，我国的住宅资产总量不断上涨，绝对量已经非常高，目前已非常接近美国的住宅资产水平。与此同时，我国的金融资产总量却只有美国的四分之一。再从房地产资产与金融资产在全社会资产结构中的相对占比来看，即使只计算居民住宅资产，我国的金融资产总量也只有房地产资产总量约2倍左右的规模，如果加上非住宅地产，这个比例则会更低。对比金融市场比较发达的美日，我国的房地产资产在全社会资产结构中的占比且主要是住宅资产的占比明显过高而金融资产的比重则偏低。又因为房地产市场的流动性远低于金融市场，超高的住宅资产占比时使得我国全社会资产结构的流动性严重失衡。另外，由于房地产的开发与投资需要较大体量的资金，大量的资金在住宅资产上集中使得我国全社会资本配置结构严重失衡。然而，我国正处在面临经济转型和产业升级的关键时期，一方面，金融市场良好的流动性对实体经济的发展具有积极的传导作用，全社会资产结构的流动性失衡则会影响金融市场的传导效率，不利于转型时期我国实体经济的发展；另一方面，全社会资本配置严重向房地产倾斜会使全社会资本配置效率严重依赖房地产市场，既不符合产业升级对大量社会资本投入的需要，又使资金风险过于集中，房地产市场牵一发而动全身，更容易引发系统风险。因此，住宅资产在全社会资产结构中的占比过高非常不利于我国经济的长远稳定发展，解决全社会资产结构的失衡问题正是我国当前转型经济背景下产业升级的需要。

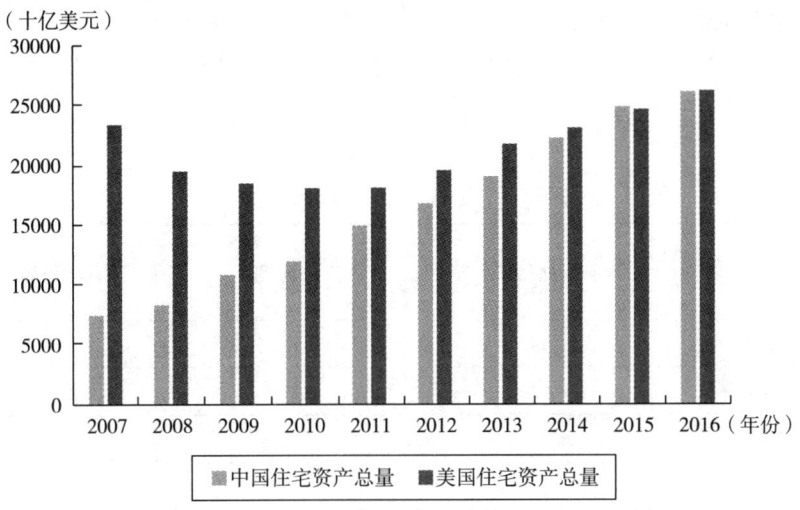

图9-5 中美住宅资产总量[1]

第二节 居民资产选择行为影响全社会资产结构

作为社会资金的盈余部门，居民部门是社会融资体系的主要资金供给者，表9-5显示，从2000~2011年，在社会各部门的可支配收入结构中，虽然居民部门可支配收入占社会可支配总收入的比例从67.5%缓慢下降到60.8%，但是在社会三大部门中仍然占据着主导地位，表明我国居民部门是社会资本供给者中不可或缺的一部分。因此，作为全社会投资者重要组成部分的居民部门，其对于各类资产的投资决策所带来的对一国金融体系的影响便显得更加重要。例如，若银行存款在居民资产结构中的占比较高，则表明居民通过银行体系的潜在资金供给较为充裕，有助于降低企业通过银行贷款进行外源融资的成本，使得企业对于银行贷款的融资需求上升，从而进一步推动银行体系的繁荣和发展；相反，如果股

---

[1] 中国住宅资产总量按照美元兑人民币汇率中间价的年平均值折算为美元。

票债券等证券类资产在居民资产结构中占据较大比重,那么意味着企业较易通过发行股票或债券等直接融资渠道获得外部融资,因此,企业可能会增加股票融资或债券融资在资本结构中的比重,使得资本市场在社会融资体系中的地位得到提升。因此,考察居民金融资产选择行为对于一国全社会资产结构调整具有非常重要的意义。

表9-5　各部门可支配收入结构①　　　　　单位:%

年份\类别	政府部门	企业部门	居民部门
2000	14.5	17.9	67.5
2001	15	18.9	66.1
2002	16.2	19.3	64.4
2003	16.1	19.9	64
2004	16.4	22.5	61.1
2005	17.6	21.6	60.8
2006	18.2	21.5	60.2
2007	19	22.1	58.9
2008	19	22.7	58.3
2009	18.3	21.2	60.5
2010	18.4	21.2	60.4
2011	19.2	20	60.8

资料来源:Wind 数据。

一、居民资产选择行为与全社会金融结构

美国、中国和日本作为世界上经济规模排名前三的国家,虽然各自的居民资产结构与金融资产结构不尽相同,但是居民资产结构与金融资产结构变化之间的互动关系却较为相似。图9-6、图9-7分别显示了2004~2014年居民部门资产结构和我国社会融资结构的变化状况。

---

① 魏众.2000—2011 年中国宏观分配格局中的问题分析——基于资金流量表的分析[J].经济学动态,2014(11):8-14.

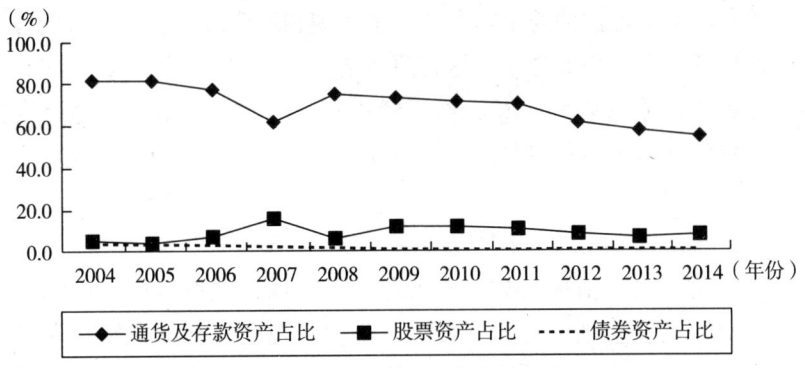

图 9-6 2004~2014年中国居民部门资产结构变化[1]

资料来源：中国社会科学院。

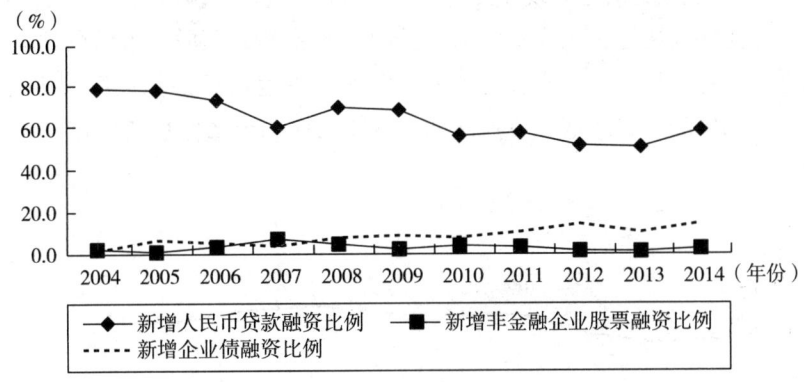

图 9-7 2004~2014年中国人民币贷款、股票以及债券融资比例变化

资料来源：中国人民银行。

对比可见，我国居民的资产结构变化与我国社会融资结构的变化呈现一定的相关性。首先，长期以来，通货及存款类资产在居民金融资产结构中的比例逐渐降低与人民币贷款在社会融资体系中的比重逐渐降低较为相似，表明以居民部门为代表的社会盈余资金正从银行体系向外转移，导致企业通过银行贷款获得的融资比例下降，人民币贷款在社会融资体系中的比重降低；其次，居民在股票、债

---

[1] 该图显示通货及存款类资产、股票类资产以及债券类资产占居民金融资产的相对比例。金融资产包括通货、存款、债券、股票、证券投资基金、证券客户保证金、保险准备金、金融机构理财产品、结算资金以及其他金融资产。

券等证券类资产上配置比例的小幅上升与企业债和股票融资在社会融资体系中比重的上升也具有一定的相似之处，尽管两者结构并不完全相同。进一步计算后我们发现，前者的相关系数为0.82，而后者为0.13。因此，长期以来，我国居民的资产结构变化与间接融资和直接融资在我国金融体系中比重的变化存在着一定的相关性。

　　类似地，图9-8和图9-9分别显示了2005～2014年日本居民的资产结构和日本金融结构的变化情况。对比两张图可以发现，日本居民资产结构与其金融结构的历史变化也呈现一定的相关性。首先，现金与存款类资产在居民资产结构中的占比长期较为稳定，这与银行体系在日本金融体系中长期稳定处于主导地位的特征基本是一致的，反映了日本居民通过银行体系对于全社会的资金供给较为稳定；其次，居民对于股票类资产配置比例的变化与股票市场在日本金融体系中地位的变化也呈现出一定的相关性。2005～2014年，居民在股票资产上的投资比例经历了一个先下降后上升的U形走势，而股票市场在日本金融体系中的地位变化同样也呈现出一定的U形特征，并且两者的相关系数达到0.91。因此，从长期来看，日本居民资产结构的变化与该国金融体系变化存在着一定的相关性。

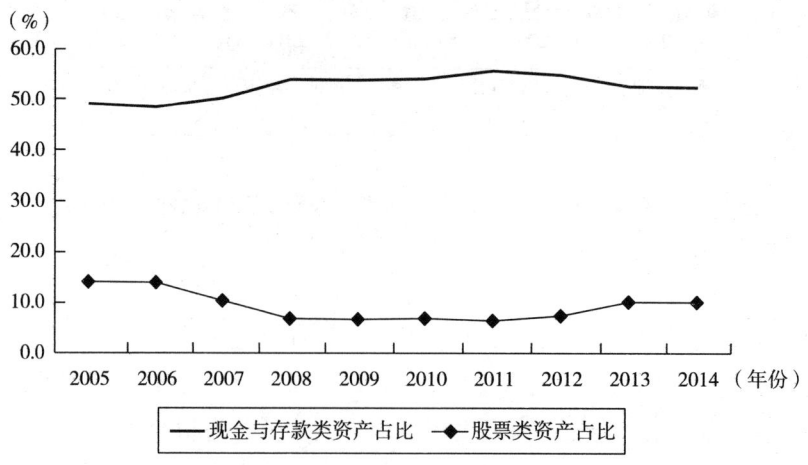

图9-8　2005～2014年日本居民部门资产结构变化①

资料来源：日本内阁府。

---

① 这里统计的现金与存款类资产占比与股票类资产占比分别指的是两类资产占日本居民持有金融资产的比例。

第九章 全社会资产结构中住宅资产占比过高原因分析

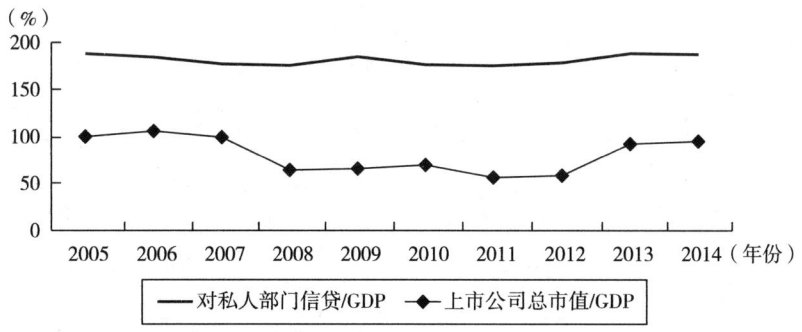

图9-9 2005~2014年日本金融结构变化

资料来源：世界银行。

另外，美国金融结构以及居民资产结构的历史变化情况也呈现非常高的相关性。从图9-10和图9-11中可以看出，随着时间的推移，债券余额在20世纪80年代首次超过银行等存款性金融机构对私人部门债权占GDP的比例，成为经济发展中资金的最大来源。之后，股票市场总市值/GDP逐渐接近于银行信贷市场对私人部门债权/GDP，美国的金融资产结构逐渐从以间接融资体系为主向以直接融资体系为主转变。与此同时，居民部门从90年代开始将金融资产从银行

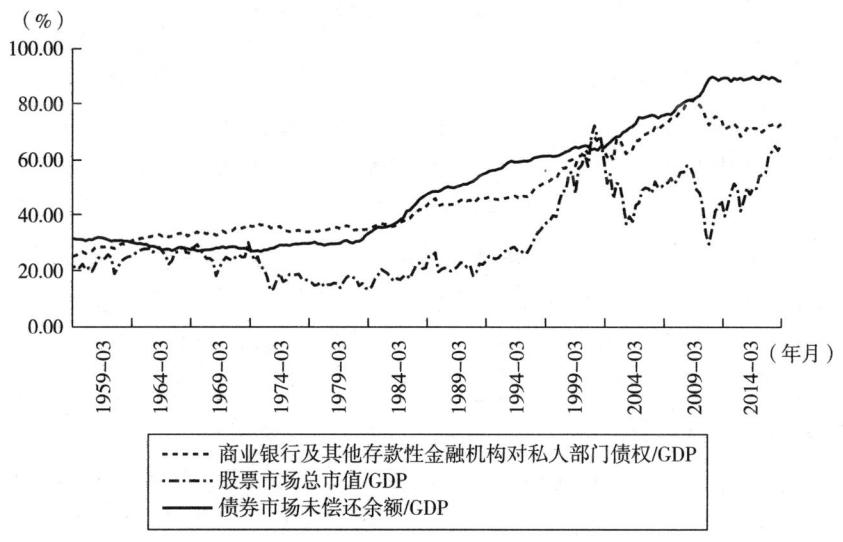

图9-10 1959~2014年美国金融体系发展变化

资料来源：美联储，CRSP。

· 325 ·

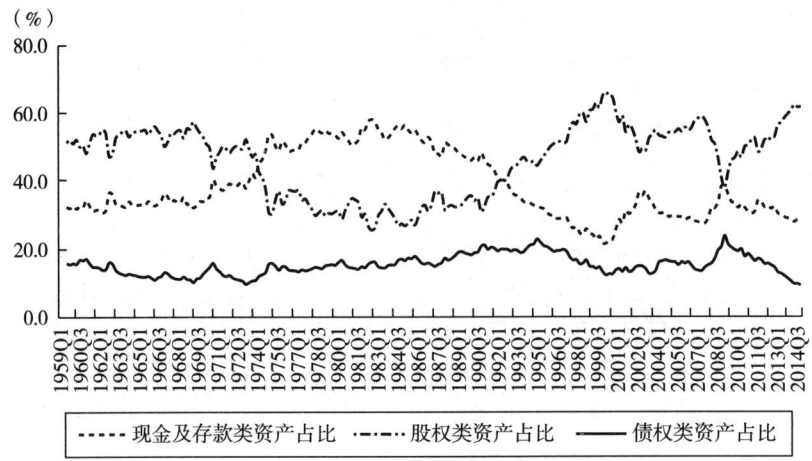

图 9–11　1959~2014 年美国居民资产结构变化

资料来源：美联储。

体系向股票市场转移，居民持有的股权类资产比例呈上升趋势，而现金及存款类资产比例呈下降趋势，这与以股票为代表的直接融资体系在美国金融体系中的地位上相一致。

二、居民资产选择影响全社会资产结构实证检验

进一步地，我们基于美国 1959~2014 年全社会资产结构指标以及居民资产结构变化的季度数据，运用联立方程模型，实证研究美国居民资产选择行为与美国社会资产结构变化之间的长期互动影响（如表 9–6 所示）。这里用商业银行以及其他存款性金融机构对于私人部门的债权/GDP、M2/GDP、股票市值/GDP 以及债券市场余额/GDP 来衡量美国银行体系和资本市场发展水平。而在构建美国居民资产选择指标方面，我们将居民持有的金融资产分为三大类，分别是现金及存款类资产、股权类资产以及债权类资产①。并分别以居民持有各大类资产存量/居民所持金融资产存量来表示居民的资产结构状况。此外，我们在子方程的解释变量中还加入各大类资产的收益率、方差和协方差。

首先，一方面，在其他条件不变的前提下，美国的银行体系越发达，居民持

---

① 现金及存款类资产包括通货和支票存款、定期存款、货币市场基金以及私有国外存款；股权类资产包括上市公司股权以及共同基金；债权类资产包括商业票据、国库券、市政债券、企业债和外国债券以及政府或政府发起机构支持债券（Agency and GSE Backed Securities）

有现金存款类资产的比例越高;相反,若债券市场越发达,则居民持有该类资产的比例越低,这表明美国债券市场相对于银行体系,对于居民资产选择的影响上存在着"替代效应"。另一方面,居民持有现金存款类资产比例对于国银行体系发展的影响并不显著,而居民持有股权类资产的比例对于美国银行业的发展却有显著的负向效应,这可能是由于随着居民持有股权类资产比例的上升,企业通过资本市场进行股权融资的成本低于通过银行等金融中介进行债权融资的成本,使他们更愿意进行股权融资,从而限制了银行体系的扩张。

表9-6 居民金融资产选择与社会资产结构相互影响的检验结果

解释变量	类别	方程组1		方程组2		方程组3	
		居民持有现金存款类资产占金融资产比例	商业银行以及其他存款性金融机构对于私人部门的债权/GDP	居民持有股权类资产占金融资产比例	股票市场季末市值/GDP	居民持有债权类资产占金融资产比例	债券市场未偿还债务季末余额/GDP
商业银行以及其他存款性金融机构对于私人部门的债权/GDP		0.229** (0.071)		0.0201** (0.0066)		-0.0374*** (0.0095)	
股票市场季末市值/GDP		-0.0139 (0.0165)		0.413*** (0.016)		-0.0955*** (0.0052)	
债券市场未偿还债务季末余额/GDP		-0.243*** (0.0418)		-0.168*** (0.0117)		0.0872*** (0.006)	
居民持有现金存款类资产占金融资产比例			0.454 (0.873)		-1.703*** (0.222)		
居民持有股权类资产占金融资产比例			-2.308** (0.726)		1.060*** (0.255)		0.653*** (0.05)
居民持有债权类资产占金融资产比例							2.192*** (0.218)
R^2		0.242		0.762		0.879	

注:括号内为系数标准误,*、**、***分别表示在10%、5%、1%水平上显著。

其次,尽管美国金融资产结构对于居民持有股权类资产有着显著影响,但是影响不尽相同。具体而言,银行体系和股票市场越发达,居民持有股权类资产的比例越高,而债券市场越发达,则居民持有股权类资产的比例越低。这表明债券市场相对于其他两个市场对于居民选择持有股权类资产比例的影响存在着较为显著的替代效应。另外,居民持有股权类资产的比例对于股票市场的发展具有显著的推动作用,而持有现金存款类资产对于股票市场的发展却存在较为明显的抑制作用。

最后,美国债券市场的发展对于居民持有债权类资产具有促进作用,而银行体系以及股票市场的发展则会降低居民持有债权类资产的比例。这同样说明债券市场相对于其他两个市场对于居民持有债权类资产比例的影响存在着替代效应的结论。此外,居民持有债权类资产或股权类资产比例的上升也会促进美国债券市场的发展。这些都说明居民对于各大类资产选择的变化对于一国社会资产结构的发展具有重要影响。

第三节　收入差距与住宅资产占比

一、收入差距影响居民家庭资产结构理论分析

1. 收入差距对风险偏好的影响

理论上,一方面,我们认为随着收入水平的升高,居民家庭对自身未来风险承受能力的预期得到提高,风险偏好逐渐提升;另一方面,收入差距的扩大又会使富人更富穷人更穷,少部分富裕家庭的风险偏好上升而大部分中低收入以下家庭的风险偏好在降低,整个社会的风险偏好水平也会随之降低。另外,通过之前的分析我们发现收入水平差距使得我国居民家庭在房地产上的配置比例整体较高。而房地产作为一种特殊的资产,其具有消费和投资双重属性,对居民家庭的风险偏好也有重要的影响。当房价不断上涨时,其增值会带来巨大的财富效应,使得家庭应对未来的不确定性及风险承受能力就越强,风险偏好程度也会提高。然而,房地产作为一种实物资产,同时也具有不可分割、流动性差、交易成本高等特点,资产价值占家庭总资产的比例较大,可能还具有较高的杠杆比,从这个角度来看,房地产资产的风险高度集中,家庭需要用分散投资的方式来减少风险,对资产方式的选择也会因为购买房产后更加保守和谨慎。那么,对于高收入

家庭来说，房地产以投资属性为主导，由于其收入和财富水平较高，负债率较低等原因，配置房地产资产带来的财富效应大于风险效应，而对普通和中低收入的家庭中会因为受到自住需求以及负债买房的影响使其对房地产的风险效应比较敏感，风险偏好会因为较高的住宅资产占比而降低。同时，随着收入差距的扩大，房产增值给富裕家庭带来的财富效应会逐渐饱和，其风险偏好程度达到一定水平后不会再继续上升，而对其他大部分的家庭来说，随着房地产市场的风险效应不断释放，其风险偏好则会越来越低，全社会的风险偏好也会随之降低。综上，收入差距会使居民家庭对自身未来风险偏好承受能力的预期以及房地产带来的财富效应和风险效应产生不同程度的影响，占比较低的富人群体的风险偏好随着收入差距扩大而增加，但更大比例的中低收入家庭的风险偏好则会因收入差距扩大而降低，从而全社会的风险偏好水平受到收入差距扩大的影响而降低。从 2014 年 CHFS 不同收入水平家庭收入结构的数据可以看到，富裕家庭对风险资产的投资比例远高于全国水平，并且从资产前 1% 的富裕家庭其风险资产占比高达 46.1%，大大高于资产前 5% 富裕家庭 38.5% 的占比中也可以看出，收入差距使得极小比例的富裕家庭具有较高的风险偏好而全国居民家庭的风险偏好仍然较低。

2. 收入差距对房地产价格预期影响

房地产在居民家庭净资产中占有相当大的比重，因而在房地产价格的变动会对居民家庭资产结构产生重要的影响。研究发现，居民收入差距通过宏观和微观两条传导机制来影响房地产价格，进而影响居民家庭资产结构。

（1）宏观机制。我们从收入分配差距对社会储蓄率水平影响作为切入点进行分析。社会的储蓄率 S 取决于居民的边际消费倾向，根据凯恩斯边际消费倾向理论和国内外学者的研究，低收入人群的边际消费倾向往往高于高收入人群。我们用 Y_h、Y_l 分别表示高收入人群的和低收入人群的收入，我们假设经济宏观经济不存在衰退，则随着居民收入分配差距的扩大，财富进一步向高收入人群集聚，即：

$$\frac{\partial Y_h}{Y_h} > \frac{\partial Y_l}{Y_l}, \ Y_h、Y_l 皆大于 0 \qquad (9-1)$$

这样，如式（9-1）所示，社会的平均边际消费倾向减小，储蓄率增加。储蓄率的增加会产生两方面影响。首先，储蓄率的提高会降低国内利率，增加信贷资本的可得性；其次，储蓄率的增加促进出口的增加。根据开放条件下的国民收入恒等式，储蓄的增加一部分将转化为出口的增加。出口的增加会增加外汇收入，促使本币升值。在本币升值的预期下，外资流入引起国内资产价格重估。基于以上两种因素，具有实物和金融属性的房地产价格必然上涨。房地产价格的上涨又会刺激高收入人群通过住宅信贷渠道购入不动产，由于房地产的不可移动性和供给缺乏弹性（建房需要时间，同时用地供给有限），进一步推高不动产价格。

（2）微观机制。从收入分配差距对居民的资产配置角度进行研究。在居民的财富中，房地产占有相当大的份额，因而居民的资产配置对房价具有重要影响，同时，收入分配又会影响居民的资产配置选择。我们通过借鉴 Chsitian Gollier（2001）方法（假设收入与风险承受能力成正比）来研究收入差距对房价泡沫的微观传导机制。

假设一个经济体中有 n 个人组成，这些人有着相同的风险偏好和消费习惯，消费者每个阶段的 VMN 效用函数用 u 来表示，u 是消费的递增凹函数。将是 t 分为 0 和 1 两个时点，由于存在不确定性，故在时间 t＝0，经济人不能确定 t＝1 时的状态。我们将 t＝1 的空间状态 s 的集合为（1，2，…，S），对应着每一个状态的概率是 p_s，每个消费的初始分配是 w_{i0}，t＝1 时的或有分配是（w_{i1}，w_{i2}，…，w_{iS}）。

令 $z_s = \sum_{i=1}^{n} \frac{1}{n} w_{is}$，则 z_s 为随机变量。

假设是完全竞争市场，物品在 t＝0 和 t＝1 的情况下价格分别为 π_0 和 π_s，则跨期消费、储蓄模型可以如式(9－2)：

$$\max u(c_{i0}) + \beta \sum_{s=1}^{S} p_s u(c_{is}) \tag{9-2}$$

$$s.t. \ \pi_0(c_{i0} - w_{i0}) + \sum_{s=1}^{S} \pi_s(c_{is} - w_{is}) = 0 \tag{9-3}$$

其中 β 为折现因子。令 $q_0 = 1/\beta$，$q_s = p_s$，则由式(9－2)、式(9－3)可得

$$\max \sum_{s=0}^{S} q_s u(c_{is}) \tag{9-4}$$

$$s.t. \sum_{s=0}^{S} \pi_s(c_{is} - w_{is}) = 0 \tag{9-5}$$

可知，式(9－4)、式(9－5)的竞争均衡解是下述两式的充要条件，

$$q_s u'(c_{is}) = \lambda_i \pi_s, \quad i = 1, 2, \cdots, n, \quad s = 0, \cdots, S \tag{9-6}$$

$$\sum_{i=1}^{n} \frac{1}{n} c_{is} = z_s, \quad s = 0, \cdots, S \tag{9-7}$$

根据帕累托有效边界的相关性原理，可知：如果 zs＝zs′，那么 cis＝cis′，i＝1，…，n. 因而式(9－4)、式(9－5)的解集可以用定价核 $\pi_s/q_s = \pi(z_s)$ 和一组满

足 cis = ci(zs) 的 Ci(.) 方程组来表示。对式(9-6)微分,去掉 λ_i,可得:

$$\frac{dc_i(z)}{dz} = \frac{-\pi'(z)}{\pi(z)} T(c_i(z)) \qquad (9-8)$$

其中 $T(c) = -u'(c)/u''(c)$,$T(c)$ 是 Arrow-Pratt 的绝对风险容忍度,由式(9-7)可得

$$\frac{-\pi'(z)}{\pi(z)} = \left[\sum_{i=1}^{n} T(c_{i(z)}) \right]^{-1} \qquad (9-9)$$

$$\frac{dc_i(z)}{dz} = \frac{T(c_i(z))}{\sum_{j=1}^{n} (1/n) T(c_i(z))} \qquad (9-10)$$

设 $u'(c) = (a + \frac{c}{\gamma})^{-\gamma}$,其中 a 和 γ 为常量,则由式(9-6)可得

$$c_i(z) = -a\gamma + \gamma(\pi(Z))^{-1/\gamma} \gamma_i^{-1/\gamma} \qquad (9-11)$$

由式(9-11)和式(9-7)可得式(9-12):

$$\hat{u}'(z) = \pi(z) = Ku'(z) \qquad (9-12)$$

我们假设市场上存在两种投资品,一种是无风险的债券,一种是房地产,则根据式(9-11)可得房地产和债券的价格比如式(9-13):

$$\Pi = \frac{\sum_{s=1}^{S} p_s z_s \hat{u}'(z_s)}{\sum_{s=1}^{S} p_s z_s \hat{u}'(z_s)} \qquad (9-13)$$

我们假设绝对风险厌恶系数是凹函数,也就是绝对风险厌恶系数随着财富增加而减少,且初始财富等于初始分配,那么,对房地产的需求可表达为式(9-14):

$$\max_{\alpha} Eu(y_0 + \alpha(\tilde{z} - \Pi)) \qquad (9-14)$$

其中 y_0 就是初始收入分配,对 u 求导可得式(9-15):

$$E(\tilde{z} - \Pi) u'(y_0 + \alpha(\tilde{z} - \Pi)) = 0 \qquad (9-15)$$

则在 $\tilde{z} - \Pi = 0$ 处进行泰勒展开可得式(9-16)

$$\alpha(y_0) \cong \frac{E(\tilde{x} - \Pi)}{E(\tilde{x} - \Pi)^2} T(y_0) \qquad (9-16)$$

在式(9-16)即是房地产的需求函数。上式可以看出,由于 $T(y_0)$ 是凹函数,随着收入分配差距的不断增大,对不动产需求会不断增加,房价不断升高。

二、收入差距影响居民家庭资产结构实证检验

通过理论分析我们论证了收入差距会对居民家庭整体风险偏好以及对房价的

预期产生影响，从而影响居民家庭资产结构中房地产资产和金融资产的占比，同时也对全社会的资产结构产生影响。随后，我们将通过实证检验收入差距对房地产价格以及房价泡沫测度指标的影响来进一步说明收入差距对居民家庭配置住宅资产比例的影响。

1. 不考虑收入分配差距的房价泡沫

房价收入比是学术界和业界用来衡量一个国家居民对住宅支付能力的一个通用指标，也是用来衡量一国房地产市场是否存在泡沫的一个重要测度指标，而居民对住宅的支付能力直接影响了家庭资产组合选择中投资房地产的比例。一般来说，居民对住宅的支付能力越强，房价泡沫度越低，居民购买房地产的比例较高，全社会家庭资产结构中房地产的占比就越大。世界银行采用的房价收入比计算公式是一种静态的房价收入比测度指标，但根据永久性收入理论，经济人在购房时，不仅要考虑当前的收入，更要考虑的是将来的预期收入。对此，我们首先通过引入家庭可支配预期收入增长率，构建了家庭对房产的可支付模型，推导出房价收入比的动态泡沫临界值。首先，我们设时间 t 时房屋价格中位数为 H_t，家庭年可支配受收入中位数为 Y_t，那么 0 时刻，房价收入比为：

$$HPI_0 = \frac{H_0}{Y_0} \quad (9-17)$$

如果购房者此后年可支配收入以 g 的速度增长，即使目前房价收入比比较大，但只要以此速度增长，若干年后也会变小，如式（9-18）、式（9-19）：

$$\frac{H_0}{Y_0(1+g)^n} = \frac{H_0}{Y_n} \quad (9-18)$$

$$\frac{H_0}{Y_0} < \frac{H_0}{Y_n} \quad (9-19)$$

通过式（9-17）、式（9-18）的对比，可以清楚地看出，当一国经济处于起飞阶段，居民家庭可支配收入高速增长，则 $\frac{H_0}{Y_0}$ 和 $\frac{H_0}{Y_n}$ 存在很大的差异，HPI_0 会低估家庭对房屋的支付能力。

基于此，我们通过构建模型，分别推导出静态和动态房价收入比泡沫临界区间。首先，需要做出如下假设：

第一，购房存在金融杠杆，即可以按揭，首付比例为 k，按揭利率为 i。

第二，每期按揭额为 X_i。

然后，居民家庭年可支配收入为 Y，年增长率为 g_i

根据以上假设,购房存在金融杠杆,即可以按揭,可得式(9-20):

$$H_0 = K H_0 + \sum_{j=1}^{n} \frac{X_j}{(1+i)^j} \qquad (9-20)$$

设 $X_0 = X_1 = X_2 = \cdots = X_n$,即每期按揭额相等,令 $X_0/Y_0 = a$,则可以将式(9-8)写成:

$$H_0 = K H_0 + \sum_{j=1}^{n} \frac{aY_0}{(1+i)^j} \qquad (9-21)$$

由(9-21)可得:

$$HPI_s = \frac{H_0}{Y_0} = \frac{a}{i(1-k)}\left[1 - \left(\frac{1}{1+i}\right)^n\right] \qquad (9-22)$$

设 b 为居民的边际消费倾向,$X_0/Y_0 = a \leq 1-b$,等号成立表示家庭将收入用于满足日常消费外,全部用来按揭,则可得式(9-23):

$$HPI_s \leq \frac{1-b}{i(1-k)}\left[1 - \left(\frac{1}{1+i}\right)^n\right] = \overline{HPI_s} \qquad (9-23)$$

其中,$\overline{HPI_s}$ 为静态房价收入比临界值。根据(9-23)式,静态房价收入比临界值与首付比例成正比,和边际消费倾向成反比,和按揭利率成反比。也就是说,首付比例越高,初始财富越多,边际储蓄率越高,按揭利率越低,家庭支付能力则越强。而当这些参数一定时,如果 HPI_s 的值大于 $\frac{1-b}{i(1-k)}\left[1 - \left(\frac{1}{1+i}\right)^n\right]$,则住宅不动产价格必然存在泡沫。因为此时的 HPI_s 值已经超越了居民的支付承受能力。

进一步地,若家庭收入不是一成不变,而是存在年增长率,考虑到经济增长具有阶段性的特点,我们假设家庭可支配收入增长率分为两个阶段,第一阶段($0 \leq t \leq m$)增长率为 g_1,第二阶段($m < t \leq n$)增长率为 g_2。

因为 $Y_j = Y_0(1+g)^j$,$j=1, 2, 3, \cdots, n$,可得:

$$X_j = a Y_0 (1+g_1)^j, \quad j=1, 2, 3, \cdots, m \qquad (9-24)$$

$$X_j = a Y_0 (1+g_2)^j, \quad j=m, m+1, \cdots, n \qquad (9-25)$$

将式(9-24)、式(9-25)带入式(9-23)可得式(9-26):

$$HPI_d = \frac{a(1+g_1)\left[1 - \frac{(1+g_1)^m}{(1+i)^m}\right]}{(1-k)(i-g_1)} + \frac{(1+g_1)^m}{(1+i)^m} \times \frac{a(1+g_2)\left[1 - \frac{(1+g_2)^{n-m}}{(1+i)^{n-m}}\right]}{(1-k)(i-g_2)}$$

$$(9-26)$$

同理,b 为居民的边际消费倾向,$X_0/Y_0 = a \leq 1-b$,等号成立表示家庭将收入用于满足日常消费外，全部用来按揭，则有式（9-27）：

$$\mathrm{HPI}_d \leqslant \frac{(1-b)(1+g_1)\left[1-\frac{(1+g_1)^m}{(1+i)^m}\right]}{(1-k)(i-g_1)} + \frac{(1+g_1)^m}{(1+i)^m} \times \frac{(1-b)(1+g_2)\left[1-\frac{(1+g_2)^{n-m}}{(1+i)^{n-m}}\right]}{(1-k)(i-g_2)}$$

(9-27)

这样，我们就推导出了房地产价格存在泡沫的房价收入比动态临界值可得式（9-28）：

$$\overline{\mathrm{HPI}_d} = \frac{(1-b)(1+g_1)\left[1-\frac{(1+g_1)^m}{(1+i)^m}\right]}{(1-k)(i-g_1)} + \frac{(1+g_1)^m}{(1+i)^m} \times \frac{(1-b)(1+g_2)\left[1-\frac{(1+g_2)^{n-m}}{(1+i)^{n-m}}\right]}{(1-k)(i-g_2)}$$

(9-28)

其中，$\overline{\mathrm{HPI}_d}$为不动产价格存在泡沫的动态房价收入比临界值。根据式（9-14），动态房价收入比临界值与首付比例成正比，和边际消费倾向成反比，和按揭利率成反比，和家庭可支配收入增长率成正比。也就是说，首付比例越高，初始财富越多，边际储蓄率越高，按揭利率越低，家庭可支配收入增长率越高，家庭支付能力则越强。而当这些参数一定时，如果动态房价收入比HPI_d大于临界值$\overline{\mathrm{HPI}_d}$，则住宅不动产价格必然存在泡沫，因为此时的$\mathrm{HPI}_s$值已经超越了居民的支付承受能力。

2. 考虑收入分配差距的房价泡沫

除此之外，我们考虑到在房价收入比的计算中，收入是指一个国家或地区的家庭平均收入。西方国家家庭收入呈椭圆形，因而家庭收入中位数和家庭平均收入的差距不是很大，计算出的房价收入比与实际的居民家庭的房价支付能力相近。然而，我国的收入分配差距相当显著，家庭资产分布呈金字塔形，少数的高收入人群拥有绝大部分的财富根据我们对36个城市房价调研微观数据的分析，发现住宅不动产均值与价格中位数值差异不超过5%，完全可以用住宅不动产均值来替代住宅不动产价格中位数。但是，居民可支配收入的平均值和中位数就存在很大差距。根据国家发改委2016年公布的数据，我国居民基尼系数已经达到4.7，远超国际收入差距的基尼系数警戒线。在这种情况下，家庭平均收入就会显著大于家庭收入中位数，用平均收入计算出的房价收入比实际上是高估了居民家庭的房价支付能力（分母被高估），低估了实际的房价泡沫水平。

因此，要真实地反映中国住宅不动产价格泡沫以及居民的真实支付能力，就必须对居民平均可支配收入进行修正。为了便于研究，我们继续假定居民收入服从对数正态分布的假定,根据陈建东、罗涛等(2013)的研究,服从对数正态分布的收入分配函数的平均数和中位数存在一个恒等关系,即式(9-29):

$$\frac{M}{N} = e^{\frac{\sigma^2}{2}} \quad (9-29)$$

式(9-29)中 M 为平均数,N 为中位数。则由式(9-29)可得:

$$N = Me^{-\frac{\sigma^2}{2}} \quad (9-30)$$

由式(9-30)可知,因为 $e^{-\frac{\sigma^2}{2}}$ 小于1,且标准差 σ 越大, $e^{-\frac{\sigma^2}{2}}$ 值越小。服从对数正态分布的收入分配函数,基尼系数只与标准差 σ 相关,且是标准差 σ 的增函数。当 $\sigma=0$ 时,也就是说不存在收入分配差距时,居民可支配收入的中位数和平均数相等;其他情况下,居民可支配收入的平均数大于中位数。我们用 Y 代表代表居民的可支配收入的平均值,用 Y_N 代表居民可支配收入的中位,则得式(9-31):

$$\frac{PH}{Y_N} = \frac{PH}{Y} e^{\frac{\sigma^2}{2}} \quad (9-31)$$

由式(9-31)可知,居民收入分配差距越大,基尼系数也越大,居民可支配收入中位数就越小于居民可支配收入平均数。在居民收入分配差距过大时,采用居民可支配收入平均数计算的房价收入比会严重低估采用居民可支配收入中位数计算的房价收入比,从而给居民投资者带来一种房价泡沫并不高的假象。换句话说,收入差距分化了居民家庭的房价支付能力,高收入家庭的房价支付能力远高于平均水平,且对于其收入而言,房价尚未达到泡沫状态,而对于低收入家庭而言,房地产价格已经远远超过其支付能力,房价泡沫高企。因此,当收入差距再扩大,高收入家庭的房价支付能力将更高,当他们继续增加房地产的配置比例时,将会继续推升房价,使房价泡沫继续扩大。

3. 实证检验

对此,我们利用2002~2016年的数据分别计算了考虑和不考虑收入差距因素下的36个城市房价收入比的动态泡沫临界区间。首先,在不考虑收入分配差距的基础上,我们计算出36个城市房价收入比的动态泡沫临界区间,结果如表9-7所示。由于各个城市的家庭可支配收入增长率不同,因而存在着差异,按照全国的综合数据计算,在不考虑收入分配差距情况下的动态房价收入比泡沫临界值均值区间是6.33~11.62,动态房价收入比临界值上限几乎是静态房价收入比泡沫临界值上限的2倍,居民实际支付临界临界值区间要远高于住宅不动产价

表 9-7　36 个城市房价收入比动态泡沫临界区间　　　　　　　　　　　　　　　　　　　单位:%

年份 城市	2002	2003	2004	2005	2006	2007	2008	2009	2010	2011	2012	2013	2014	2015	2016	$\overline{HI}_s$ 区间	$\overline{HI}_d$ 区间
							HI_0										
北京	9.51	10.07	11.52	13.46	14.51	18.39	17.58	18.06	21.41	23.49	23.42	23.63	24.06	25.32	27.63	4.56~6.89	7.06~13.8
天津	9.32	8.55	9.51	11.23	11.70	12.43	10.84	11.26	11.81	14.32	14.25	13.92	14.17	15.02	16.32	4.56~6.89	6.88~13.23
上海	10.92	12.05	12.28	12.84	12.19	12.39	14.75	15.58	15.83	19.85	19.38	18.72	19.72	22.67	24.96	4.56~6.89	7.13~14.03
深圳	8.14	8.44	8.57	9.26	19.76	14.64	16.58	17.49	20.72	22.42	21.96	20.37	21.22	23.51	25.77	4.56~6.89	7.17~14.15
广州	10.99	9.82	9.41	10.27	11.54	13.51	12.61	11.85	13.61	15.32	15.21	14.76	14.92	15.73	17.25	4.56~6.89	6.57~13.28
杭州	10.48	10.69	10.21	11.85	11.44	12.29	12.21	13.75	16.47	18.22	17.68	17.03	17.56	18.86	21.02	4.56~6.89	7.17~15.15
南京	10.81	10.81	10.61	9.51	8.93	9.14	7.73	9.86	11.82	12.94	12.62	11.93	12.07	14.72	16.67	4.56~6.89	7.21~14.27
三亚	7.69	8.75	9.32	13.97	16.80	21.06	22.73	28.89	28.23	26.00	25.36	24.76	25.23	25.78	26.72	4.56~6.89	6.92~13.34
温州	6.33	6.13	6.87	8.24	9.01	12.63	13.19	20.15	21.29	18.99	17.68	16.72	17.25	18.29	19.78	4.56~6.89	6.99~13.57
宁波	7.05	7.02	7.47	10.11	9.67	9.81	9.99	11.50	13.07	14.67	14.31	13.98	14.17	15.72	17.36	4.66~6.89	7.06~13.80
无锡	7.93	7.61	7.83	7.59	7.09	7.31	7.56	8.88	10.42	11.28	10.93	10.52	11.25	13.42	15.97	4.86~6.89	6.77~12.90
济南	7.28	7.40	8.91	8.07	8.04	7.34	7.03	7.54	8.65	10.38	10.72	10.36	10.76	11.67	13.09	4.86~6.89	6.08~10.85
长春	8.28	9.54	8.89	8.32	7.88	8.88	8.14	9.02	10.11	12.29	11.95	11.62	11.93	12.98	13.46	4.86~6.89	5.99~10.29
大连	8.14	8.23	10.51	10.94	11.86	12.90	11.55	11.50	11.58	15.32	14.71	13.68	13.91	14.62	15.73	4.86~6.89	6.11~10.95
郑州	7.47	8.58	7.85	8.68	8.55	9.13	8.74	8.79	9.18	11.83	11.72	10.98	11.46	13.72	14.98	4.86~6.89	6.15~11.03
南昌	8.41	10.63	9.73	8.79	9.73	9.52	8.02	8.02	8.74	10.27	10.03	9.78	10.36	11.69	13.07	4.86~6.89	6.58~10.77
太原	10.40	13.40	10.01	11.95	10.67	9.83	9.22	10.83	12.60	12.26	12.07	11.56	11.89	12.91	13.73	4.86~6.89	6.17~11.12
石家庄	8.75	7.15	6.28	6.52	6.30	6.50	6.06	7.93	7.43	10.91	10.75	10.03	10.72	11.98	13.62	4.86~6.89	6.08~10.85

续表

城市\年份	2002	2003	2004	2005	2006	2007	2008	2009	2010	2011	2012	2013	2014	2015	2016	$\overline{H}_s$ 区间	$\overline{H}_d$ 区间
长沙	6.99	7.18	6.47	6.51	6.65	7.16	6.43	6.31	6.78	8.21	8.37	8.56	9.71	10.36	11.69	4.86~6.89	6.21~11.21
武汉	8.63	8.51	9.21	9.88	10.45	11.37	10.01	10.14	9.67	13.36	12.97	12.89	13.29	14.78	15.61	4.86~6.89	6.03~10.59
合肥	8.59	9.39	10.37	10.87	9.88	8.62	8.06	8.62	10.85	11.20	11.73	11.26	11.78	12.93	13.62	4.86~6.89	6.05~10.77
赣州	6.35	6.59	6.78	7.95	9.04	8.41	7.86	8.33	11.92	11.42	11.32	10.67	11.07	11.92	12.76	4.86~6.89	5.90~10.34
株洲	5.28	5.52	5.33	5.46	5.80	6.18	6.32	7.49	8.33	8.77	8.96	8.72	9.07	9.72	10.65	4.86~6.89	5.90~10.35
洛阳	4.96	5.32	5.43	5.50	5.74	6.02	5.89	7.81	8.80	8.44	8.57	8.68	9.17	10.37	11.19	4.86~6.89	5.93~10.42
成都	7.70	7.61	8.26	9.93	11.35	10.99	10.91	9.80	10.43	12.86	13.67	13.92	14.21	16.07	16.79	4.86~6.89	6.35~10.56
西安	9.95	9.70	10.75	10.37	10.65	9.34	8.99	7.18	7.01	9.01	10.32	9.79	10.71	10.78	11.25	4.86~6.89	6.02~10.68
重庆	7.52	6.90	6.70	7.29	6.86	6.95	6.21	7.65	8.55	10.23	10.03	10.46	10.89	11.72	12.13	4.86~6.89	6.15~11.03
昆明	10.22	9.80	9.57	9.71	9.44	9.00	9.06	8.08	6.79	10.43	10.38	9.78	10.13	11.65	12.73	4.86~6.89	6.02~10.68
贵阳	7.87	8.54	7.02	7.65	7.40	7.95	7.98	8.75	9.30	11.66	11.39	10.97	11.01	11.98	12.71	4.86~6.89	6.05~10.77
德阳	4.90	4.87	4.98	4.86	5.47	6.69	6.35	7.99	9.77	10.46	10.38	10.05	10.42	11.27	12.36	4.86~6.89	5.93~10.42
宝鸡	5.54	6.33	6.90	7.62	8.51	8.77	7.54	8.06	8.41	8.09	7.96	8.03	8.36	9.52	10.61	4.86~6.89	5.97~10.52
银川	11.28	10.33	9.54	10.25	8.34	6.92	6.85	7.97	8.33	11.04	10.97	10.48	10.78	11.57	12.23	4.86~6.89	5.93~10.42
兰州	8.77	9.17	10.39	10.63	9.72	10.11	9.43	9.94	8.84	13.68	12.70	11.97	12.07	13.72	14.07	4.86~6.89	6.05~10.77
天水	6.28	7.28	7.24	7.76	6.60	9.07	7.93	10.08	11.08	11.00	10.96	10.07	10.65	11.39	12.17	4.86~6.89	5.90~10.34
绵阳	14.00	5.32	5.88	5.73	6.02	6.25	6.53	8.05	9.56	10.00	10.07	11.23	11.79	12.07	13.23	4.86~6.89	6.05~10.77
鄂尔多斯	8.74	9.96	10.22	9.62	11.63	17.09	14.82	22.18	23.12	21.79	19.72	15.65	15.97	16.07	16.27	4.86~6.89	6.17~11.12

表 9-8 36个城市房价收入比动态泡沫临界区间

单位:%

年份 城市	2002	2003	2004	2005	2006	2007	2008	2009	2010	2011	2012	2013	2014	2015	2016	$\overline{HI}_s$ 区间	$\overline{HI}_d$ 区间
								HI_0									
北京	9.51	10.07	11.52	13.46	14.51	18.39	17.58	18.06	21.41	23.49	23.42	23.63	24.06	25.32	27.63	4.06~5.72	6.81~11.98
天津	9.32	8.55	9.51	11.23	11.70	12.43	10.84	11.26	11.81	14.32	14.25	13.92	14.17	15.02	16.32	4.06~5.72	6.07~11.26
上海	10.92	12.05	12.28	12.84	12.19	12.39	14.75	15.58	15.83	19.85	19.38	18.72	19.72	22.67	24.96	4.06~5.72	6.78~12.53
深圳	8.14	8.44	8.57	9.26	19.76	14.64	16.58	17.49	20.72	22.42	21.96	20.37	21.22	23.51	25.77	4.06~5.72	6.59~12.47
广州	10.99	9.82	9.41	10.27	11.54	13.51	12.61	11.85	13.61	15.32	15.21	14.76	14.92	15.73	17.25	4.06~5.72	6.13~12.26
杭州	10.48	10.69	10.21	11.85	11.44	12.29	12.21	13.75	16.47	18.22	17.68	17.03	17.56	18.86	21.02	4.06~5.72	6.25~12.12
南京	11.17	10.81	10.61	9.51	8.93	9.14	7.73	9.86	11.82	12.94	12.62	11.93	12.07	14.72	16.67	4.06~5.72	6.51~11.23
三亚	7.69	8.75	9.32	13.97	16.80	21.06	22.73	28.89	28.23	26.00	25.36	24.76	25.23	25.78	26.72	4.06~5.72	6.32~11.21
温州	6.33	6.13	6.87	8.24	9.01	12.63	13.19	20.15	21.29	18.99	17.68	16.72	17.25	18.29	19.78	4.06~5.72	5.91~10.26
宁波	7.05	7.02	7.47	10.11	9.67	9.81	9.99	11.50	13.07	14.67	14.31	13.98	14.17	15.72	17.36	4.06~5.72	6.35~11.57
无锡	7.93	7.61	7.83	7.59	7.09	7.31	7.56	8.88	10.42	11.28	10.93	10.52	11.25	13.42	15.97	4.06~5.72	6.15~11.62
济南	7.28	7.40	8.91	8.07	8.04	7.34	7.03	7.54	8.65	10.38	10.72	10.36	10.76	11.67	13.09	4.06~5.72	5.76~9.75
长春	8.28	9.54	8.89	8.32	7.88	8.88	8.14	9.02	10.11	12.29	11.95	11.62	11.93	12.98	13.46	4.06~5.72	5.53~9.61
大连	8.14	8.23	10.51	10.94	11.86	12.90	11.55	11.50	11.58	15.32	14.71	13.68	13.91	14.62	15.73	4.06~5.72	5.68~9.67
郑州	7.47	8.58	7.85	8.68	8.55	9.13	8.74	8.79	9.18	11.83	11.72	10.98	11.46	13.72	14.98	4.06~5.72	5.98~10.35
南昌	8.41	10.63	9.73	8.79	9.73	9.52	8.02	8.02	8.74	10.27	10.03	9.78	10.36	11.69	13.07	4.06~5.72	6.01~10.47
太原	10.40	13.40	10.01	11.95	10.67	9.83	9.22	10.83	12.60	12.26	12.07	11.56	11.89	12.91	13.73	4.06~5.72	5.58~9.42
石家庄	8.75	7.15	6.28	6.52	6.30	6.50	6.06	7.93	7.43	10.91	10.75	10.03	10.72	11.98	13.62	4.06~5.72	5.31~9.33

第九章 全社会资产结构中住宅资产占比过高原因分析

续表

城市\年份	2002	2003	2004	2005	2006	2007	2008	2009	2010	2011	2012	2013	2014	2015	2016	$\overline{HI}_s$ 区间	$\overline{HI}_d$ 区间
								HI_0									
长沙	6.99	7.18	6.47	6.51	6.65	7.16	6.43	6.31	6.78	8.21	8.37	8.56	9.71	10.36	11.69	4.06~5.72	5.61~10.73
武汉	8.63	8.51	9.21	9.88	10.45	11.37	10.01	10.14	9.67	13.36	12.97	12.89	13.29	14.78	15.61	4.06~5.72	5.23~9.42
合肥	8.59	9.39	10.37	10.87	9.88	8.62	8.06	8.62	10.85	11.20	11.73	11.26	11.78	12.93	13.62	4.06~5.72	5.75~9.78
赣州	6.35	6.59	6.78	7.95	9.04	8.41	7.86	8.33	11.92	11.42	11.32	10.67	11.07	11.92	12.76	4.06~5.72	5.23~10.02
株洲	5.28	5.52	5.33	5.46	5.80	6.18	6.32	7.49	8.33	8.77	8.96	8.72	9.07	9.72	10.65	4.06~5.72	5.11~9.73
洛阳	4.96	5.32	5.43	5.50	5.74	6.02	5.89	7.81	8.80	8.44	8.57	8.68	9.17	10.37	11.19	4.06~5.72	5.36~9.78
成都	7.70	7.61	8.26	9.93	11.35	10.99	10.91	9.80	10.43	12.86	13.67	13.92	14.21	16.07	16.79	4.06~5.72	5.98~10.23
西安	9.95	9.70	10.75	10.37	10.65	9.34	8.99	7.18	7.01	9.01	10.32	9.79	10.71	10.78	11.25	4.06~5.72	5.61~10.14
重庆	7.52	6.90	6.70	7.29	6.86	6.95	6.21	7.65	8.55	10.23	10.03	10.46	10.89	11.72	12.13	4.06~5.72	5.95~10.78
昆明	10.22	9.80	9.57	9.71	9.44	9.00	9.06	8.08	6.79	10.43	10.38	9.78	10.13	11.65	12.73	4.06~5.72	5.79~10.13
贵阳	7.87	8.54	7.02	7.65	7.40	7.95	7.98	8.75	9.30	11.66	11.39	10.97	11.01	11.98	12.71	4.06~5.72	5.67~10.11
德阳	4.90	4.87	4.98	4.86	5.47	6.69	6.35	7.99	9.77	10.46	10.38	10.05	10.42	11.27	12.36	4.06~5.72	5.32~9.99
宝鸡	5.54	6.33	6.90	7.62	8.51	8.77	7.54	8.06	8.41	8.09	7.96	8.03	8.36	9.52	10.61	4.06~5.72	5.52~10.17
银川	11.28	10.33	9.54	10.25	8.34	6.92	6.85	7.97	8.33	11.04	10.97	10.48	10.78	11.57	12.23	4.06~5.72	5.23~9.32
兰州	8.77	9.17	10.39	10.63	9.72	10.11	9.43	9.94	8.84	13.68	12.70	11.97	12.07	13.72	14.07	4.06~5.72	5.93~10.62
天水	6.28	7.28	7.24	7.76	6.60	9.07	7.93	10.08	11.08	11.00	10.96	10.07	10.65	11.39	12.17	4.06~5.72	5.65~10.07
绵阳	14.00	5.32	5.88	5.73	6.02	6.25	6.53	8.05	9.56	10.00	10.07	11.23	11.79	12.07	13.23	4.06~5.72	5.72~10.13
鄂尔多斯	8.74	9.96	10.22	9.62	11.63	17.09	14.82	22.18	23.12	21.79	19.72	15.65	15.97	16.07	16.27	4.06~5.72	5.67~10.37

· 339 ·

格泡沫临界区间。相比较一线城市,二、三线的房价收入比更加接近泡沫临界值的上限,说明虽然一线城市的房价收入比较高,但从住房购买力来说,一线城市的居民购买力依然强于二、三线城市。以 2016 年为例,36 个城市的平均房价收入比平均居民实际支付能力上限高出 42.9%,而平均泡沫化程度为 125%。可见,居民可支配收入增长率极大地提高了居民的实际支付能力,在一定程度上支撑了价格泡沫的存在,使泡沫大而不破。

接着,我们加入收入分配差距因素后,再次计算了全国 36 个城市的动态房价收入比泡沫临界值区间。对比表 9-7 和表 9-8 可以发现:

(1) 将基尼系数加入临界值的测算后,房价收入比动态泡沫临界值的上界和下界均有下降,说明收入差距使大多数可支配收入低的家庭房价支付能力很弱,远低于平均水平,从而使得全社会实际的房价支付能力低于平均测算标准;

(2) 未来家庭可支配收入的增长率对居民的房价支付能力具有显著的影响,增长率越高,居民的房价支付能力则越强。一般而言,富裕家庭由于财富效应其可支配收入的增长率高于平均水平,那么富裕家庭与平均水平家庭的房价支付能力之间的差距将会越来越大,这也从另一个侧面说明了收入差距会使以平均收入衡量的房价支付能力越来越偏离真实的平均能力水平,最后代表的其实是富裕家庭的房价支付能力。

一般的,当动态房价收入比大于临界值,说明此时的房屋价格已经超越了居民的支付承受能力,住宅价格必然存在泡沫,居民配置房地产资产的比例则难以提高。然而,如果收入差距较大,通常用的房价收入比测算的泡沫临界值提高,动态房价收入比可能不再大于临界值,住宅价格不存在泡沫,居民投资房地产的比例还会增加。因此,收入差距提高了房价收入比的动态泡沫临界值水平,在一定程度上也是间接地推升了房价泡沫。

第四节 通货膨胀与住宅资产配置比例

一、通货膨胀预期促使大量资金进入房地产市场

根据货币幻觉理论,当人们预期通货膨胀上升时,由于预期货币贬值,通常会减少储蓄,并增加投资以求财富的保值甚至增值。以日本为例,日本将通货膨胀的目标水平定为2%，实际是一种预期管理方式。当人们预期到未来通货膨胀会上升时，一方面，会扩大现期消费；另一方面，会在消费之外将更多的钱配置在能够保值增值的资产上。前面已经论证过，产业转型升级需要资本市场的支持。日本与我国类似，银行业在金融体系中占据主导。而如果人们的钱都存在银行中，则资本市场的资金量将远远不够支撑产业转型升级的需要。因此，日本在设置这样的通胀目标的同时，更深层次的目标是改善人们的资产配置结构，促进全社会投资主体的资产配置比例，更好地与全社会最优资产结构的匹配。换言之，通货膨胀预期会改变人们的资产配置水平。

如图9-12所示，自2008年金融危机以来，我国CPI同比增速经历了复苏后企稳的过程，目前稳定在2%左右。然而我国房价增速并未纳入CPI衡量的范畴，因此，我国实际通货膨胀水平要大于CPI。另外，我国房地产价格同比增速在绝大多数时，远高于CPI同比增速。前面已经提到，2015年我国自有住房拥有率为93.6%，远高于63%的世界平均水平，因此，房地产价格对我国居民购买力的影响更为显著。近几年随着房地产价格的迅速攀升，人们对货币的实际估计在迅速贬值。换言之，我国居民投资者对于实际通胀的预期较高。而与此同时，股价的同比增速则在大多数时低于CPI同比增速。正因为如此，投资者在资产配置的过程中不会将过高的比例配置在存款和股票上，而是更多地配置在对通胀较敏感的实物资产——房地产市场。这也在一定程度上解释了我国房地产市场在全社会资产配置中占比最高的原因。

二、大宗商品证券化不完善进一步提振了不动产需求

一般而言，对通货膨胀较为敏感的实物资产，包括房地产和大宗商品。由于美国的住房保有率相对较低，房地产市场的价格波动对人们购买力的直接影响较小，因此，在国际市场，通货膨胀的直接来源是商品市场的价格波动。至于股票、债券等金融资产，则直接暴露于通货膨胀风险中。理论上，商品市场与传统金融市场有较低的相关性，原因主要有两方面：其一，股票和债券的价值衡量方式可以近似地以未来预期现金流的折现值加以衡量，而商品不同。商品期货合约的多头投资收益主要取决于短期的供求关系。价格衡量方式的不同使得商品与金融资产的风险收益特征大相径庭。其二，前面已经提到，商品市场价格波动是刺激通货膨胀产生的根源，而通货膨胀对于股票市场和债券市场等金融资产而言是重要的不确定性因素或说风险来源。例如，20世纪70年代石油价格上涨曾对美国股票市场带来巨大的负面冲击，然而，石油价格上涨对于原油期货市场则是极

大的利好。如果当时已经存在原油 ETF，则同时配置了原油 ETF 的股票市场投资者将极大地降低石油价格上涨带来的负面影响。基于上述两方面原因，历史上的美国商品指数与金融资产收益率多呈现负相关或不相关。

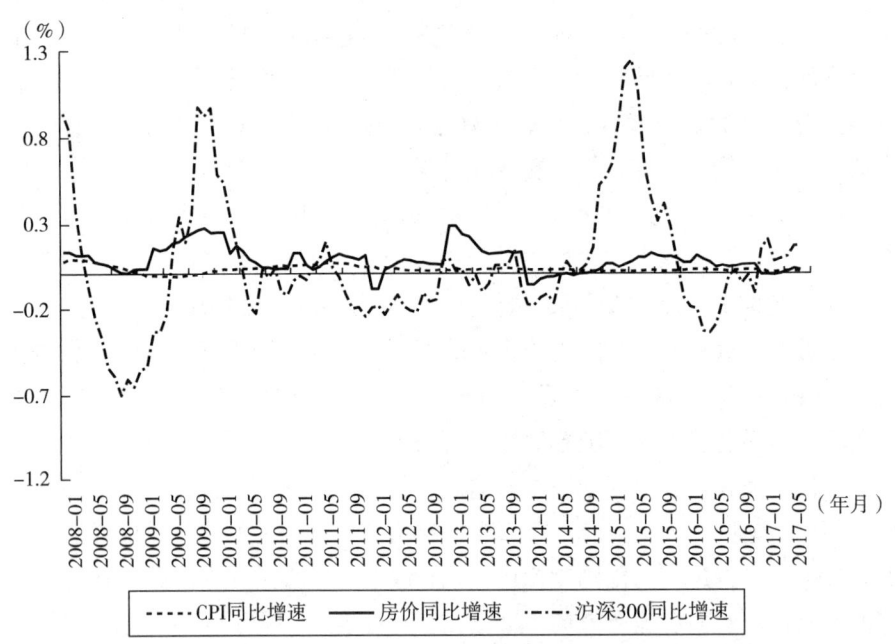

图 9-12　CPI、房价与股价同比增速比较

我国的大宗商品市场证券化尚不完善，商品类资产在资产组合过程中发挥抗通货膨胀的效果，进而降低组合波动性的能力有限。一方面，大宗商品是国际化程度较高的资产，而我国目前没有掌握大宗商品的定价权，因此，商品期货市场在我国风险较大，多充斥着短期投机者，从而使商品价格不能准确反映实际供求关系，在一定程度上抑制了长期投资者的进入；另一方面，我国投资者投资大宗商品的便利性不足，商品期货的投资者类型单一，这又进一步抑制了商品期货定价功能的发挥。因此，大宗商品市场的发展任重而道远。事实上，掌握商品的定价权也是我国经济发展走向国际化过程中重要的战略部署。而作为对冲通货膨胀风险的重要资产，商品类资产在未来的资产配置过程中将发挥重要作用，我国房地产市场与股票相关系数较低。一方面，由于我国房地产市场对于实际通货膨胀，或对于实际购买力风险的敏感性较高；另一方面，我国的房地产市场有着独特的、与股票市场完全不同的风险收益特征。我国过去十年经历了迅速的城镇化

过程，房地产市场的发展为经济增长贡献了重要的作用，因此，人们长期以来形成了房价不断上涨的一致预期。近几年，许多二三线城市的房产已经供过于求，房价已经开始下跌，但一线城市房价依然坚挺，因此，人们的预期并没有出现实质性的转变。在这样的预期下，房地产市场成为抵御通货膨胀、分散投资组合风险最重要的资产类别。

总之，在进行资产配置时，通常考虑较多的是资产的收益和风险。而根据Markowitz的现代投资组合理论，资产组合的精髓在于分散性，也即资产之间的相关性。资产组合的分散性往往不是很直观。从美国的数据来看，美国的商品市场的波动性甚至高于股票市场，但其与股票市场的相关性却很低，从而股票和商品的投资组合有着更高的收益和更低的风险。商品挂钩证券的收益率、波动性和相关性特征使该类资产成为分散化投资的重要资产类别。不动产市场在20世纪90年代以前和美国股票相关性较高，20世纪90年代以后，相关性下降。一方面，由于我国目前的商品市场还远不成熟，投资者类型相对单一（短期对冲者居多），投资者广泛参与存在障碍，商品类资产其实并未进入大多数投资者的资产配置池；另一方面，我国房地产市场由于和传统金融市场不同的风险收益特征，以及其作为实物资产对通货膨胀的敏感性，使房地产成为分散投资者组合风险的主要替代品。

第十章 优化全社会资产结构

第一节 降低市场无风险收益率

至此,我们已经发现高企的无风险收益率是我国货币资产比重过高的重要原因。因此,为了优化我国的社会资产结构,必须使我国扭曲的无风险收益率水平回归常值。那么,究竟是哪些因素导致我国无风险收益率始终居高不下呢?从理论上来说,市场的无风险收益率既反映了投资者的最低确定性收益也反映了市场参与者的最低融资成本,本质上也反映了资金的供需关系。从经济学理论的基本框架出发,利率具有自动调节资金供求的作用,一方面,当利率提高时,经济主体的融资成本上升,社会总体融资需求将下降,货币信贷增长则放缓,利率水平会随之下降,从而形成新的均衡;另一方面,如果货币信贷供给增加使利率水平下降,可以减轻经济主体的融资成本,刺激其融资需求,达到调节资金供求的作用。然而,在我国无风险收益率高企的同时,M2同比仍然保持了较快的增速,并且货币信贷供给增速一直超过名义GDP增速,这也表明我国的货币经济中存在影响利率调节机制,从而影响资金供需平衡的结构性问题,同时这个结构性的问题也是导致在流动性充裕的情况下,我国无风险收益率水平依然高企的原因。因此,我们可以从供给和需求两个方面来分析我国无风险收益率高企的原因。

一、地方财政通过融资平台高成本融资

地方政府投融资平台是我国现行经济和政治体制下的特殊产物,由于实行分税制改革我国地方政府的财政收入少、而建设任务重,又由于《预算法》《贷款

通则》等法律法规限制了地方政府发行债券或向银行直接贷款,其融资缺口较大,因此,逐渐开始通过融资平台进行融资。这些平台公司大多背靠政府,依赖政府项目和财政补贴维持盈利,而地方政府官员由于任期制大多存在短视行为,他们常常为了任内的政绩并不考虑长期支付能力而大规模的举债建设,对融资利率极其不敏感。由于缺乏统计结果,地方融资平台的债务规模有多少至今也没有准确的数字,但可以看到的是,由地方融资平台作为发行主体公开发行的企业债和中期票据,即城投债的发行规模从 2008 年开始实现了跨越式增长,到 2016 年达到发行巅峰,年发行量突破 2.4 万亿元。同时,信政合作信托余额也从 2011 年的 2500 亿元增长到 2016 年的 1.3 万亿元,可见地方融资平台的债务融资规模增长迅速,且已有较大的存量规模。虽然 2017 年以来国务院、财政部出台一系列地方债务监管政策,对地方融资平台也提出了严控增量风险、逐步消化存量风险的监管目标,2017 年开始城投债发行规模有所下降,但到 2017 年第一季度城投债的未兑付余额仍超过 5 万亿元,占总债券余额的 1/10 以上。作为地方融资渠道的创新实践,地方融资平台帮助政府和地方国企融得了大量的资金,推动了城市基础设施和经济建设的发展,但由于平台公司大多背靠政府,依赖政府项目和财政补贴维持营利,融资成本较高。并且,从图 10-1 显示的各类债券收益率来看,城投债的收益明显高于地方政府债券,也高于一般的企业债券,说明通过地方融资平台发行债券的融资成本明显高于市场化水平,债券市场的整体利率水平也因此被抬高,全社会的融资成本被推高,对应的市场的无风险收益率也随之提高。

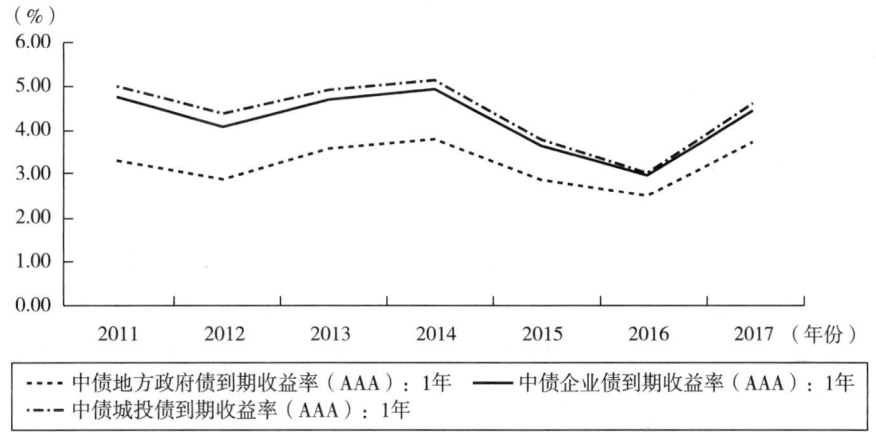

图 10-1 债券到期收益率比较

二、房地产行业的暴利推高了全社会融资成本

过去十几年房地产开发投资成为拉动我国经济增长的重要力量,房地产开发占固定资产投资完成额的比重最高时约为30%,虽然近几年有所下降,但目前也仍有18%左右。在上市公司中房地产行业的整体销售毛利率一直处于较高的水平,且远远高于A股上市公司的整体评价毛利率。特别是2005年之后,上证A股企业的整体毛利率逐渐走低而房地产行业的毛利率一度上升至40%,虽然房地产的黄金时代从2012年开始转变,行业的整体毛利率开始下降,但相对于其他行业,房地产仍然属于暴利行业,自然也获得了大量资本的青睐。同时,房地产融资是除金融行业以外所有行业融资当中融资总金额最大,融资产品最多,创新速率最快的。房地产开发资金来源主要包括金融机构的贷款、自筹资金、预收和应付款等。由于我国房地产企业特别是非上市房企的融资渠道有限,银行贷款又受到政策影响波动较大,许多房地产企业为了获得更多的融资只能通过影子银行或其他渠道自筹资金。虽然房地产开发资金来源中金融机构贷款占比总体在下降,而非银金融机构的贷款占比则在继续上升,这也很好地印证了影子银行规模的增长也与房地产行业的融资需求有所关联。另外,整个行业的高毛利水平加上房地产市场价格的持续上涨使行业内企业对利率有很高的承受力。同时,房地产信托产品的收益率业明显高于其他同类理财产品,为了获得充足的资金大多房地产企业都不惜通过影子银行以高成本进行融资,大量的资金流向房地产行业,对于其他有融资需求的企业来说则面临着融资难、融资贵的局面。由此可见,房地产行业的暴利带来的房地产企业不断增长的融资需求及其高于平均水平的利率承受能力会推高整个社会的融资成本,市场的无风险收益率也因此居高不下。

二、刚性兑付推高了全社会无风险收益水平

地方财政高成本举债的短期行为和房地产行业的暴利从融资的需求端说明了我国的社会融资成本较高,而这对于资金供给方则意味着其可获得的收益也相应较高。由于我国的融资结构以间接融资为主,贷款仍然是企业融资的最主要方式。投资者通过存款或购买银行、信托、保险等金融中介机构发行的有价证券,将其暂时闲置的资金先行提供给这些金融中介机构,然后再由这些金融机构以贷款、贴现等形式,或通过购买需要资金的单位发行的有价证券,把资金提供给融资单位使用。因而,在我国,融资的供给量本质上是与金融中介机构能够获得的闲置资金有关。虽然近年来我国的储蓄率明显降低,但随着金融创新和利率市场

化的不断推进，银行理财产品和信托等建立在"刚性兑付"基础上的高收益率金融产品大量出现以及以余额宝为代表的互联网理财产品迅速发展，目前我国金融市场上充斥着各种类存款性质的金融产品，这些产品主要投资于存款、债券以及货币市场工具等资产，其本质上是一种非标准化的债权。虽然这些产品的收益率波动大于传统的银行存款利率，但刚性兑付的存在使这些非标准化债权的违约风险几乎不高于银行存款，其收益率也接近无风险收益率。对于拥有闲置资金的投资者来说，这些类存款性质的金融产品提供了大量的远高于银行存款利率的无风险资产，而中介机构之间更是为了吸引资金，竞相承诺更高的收益率，最终这些资金又大多流向了一些对利率不敏感、对资金成本具有高承受力的地方融资平台或房地产行业，一定程度上确保了高收益产品能够实现刚性兑付。因此，正是由于地方政府和房企的高成本融资支撑了影子银行的刚性兑付机制，大量资金配置在无风险资产上，推高了全社会的无风险收益率，使我国金融资产结构中货币类资产的占比较高而风险资产的比例不足。

四、引导无风险收益率回归常值的政策建议

针对我国面临的无风险收益率过高，全社会资产结构货币资产占比过高的问题，我们提出了以下四项建议：

1. 对地方融资平台加强监管约束、规范地方政府举债行为

由于地方政府官员为政绩不惜高成本举债，而其举债建设的项目很多并未能形成优质资产，最终导致政府负债累累而无偿还能力，地方债务风险激增，全社会融资成本也被推高。因此，我国政府应加强地方政府债务管理，严控地方政府债务增量，实施终身问责、倒查责任，重点监管和规范地方平台融资行为，发挥好政府规范举债的积极作用，支持补齐民生领域短板，以财政承受能力为底线，坚决打击和制止各类违规举债行为。

2. 加强对房地产企业融资的监管，严禁炒房投机

房价的持续攀升在很大程度上支撑了房地产行业的暴利，使其利率承受能力高于平均水平，逐利资金纷纷流入，挤占了其他行业的资源，推升了全社会的融资成本。因此，我国政府应加强对房企融资的监管，同时，也必须严禁炒房投机，抑制房价快速上涨，有效引导房地产行业的利润率回归到合理水平。

3. 打破银行理财产品、信托产品的隐性担保机制

如果没有刚性兑付，银行理财产品、信托等则从几乎是无风险资产变成真正的风险资产，原本以无风险资产配置在此类资产中的资金会减少，全社会的无风险收益率则会下降，货币类资产的占比也会相应地回归到更加合理的水平。

4. 积极完善直接融资渠道建设，加强建设和发展多层次资本市场，实施股票发行注册制改革

从本质上来看，实现我国金融资产结构的优化必须有效降低全社会的融资成本，提高直接融资占比。因此，一方面，我国需要大力发展多层次资本市场，拓宽企业的融资渠道，丰富投资者的投资选择；另一方面，加快注册制的改革进程，促进直接融资市场的发展，有效缓解中小企业融资难、融资贵的问题，从而提高我国的创新驱动力，满足我国产业结构升级的需要。

第二节　提高居民风险金融资产投资比例

通过之前的研究我们已经发现我国居民风险金融投资比例偏低是我国全社会资产结构风险资产比重难以提升的重要原因，而导致我国居民家庭不愿意配置风险金融资产的原因也是多方面的。而政府部门只有通过提高居民家庭的整体风险偏好，引导居民家庭提高金融资产投资比例才能实现全社会资产结构的优化

一、风险金融资产收益风险比低导致居民对其需求较低

我们从比较各大类资产收益风险比的角度探讨风险金融资产在我国居民资产结构中占比过低的原因所在。根据现代资产组合理论，衡量资产单位风险下的风险报酬水平的一个重要指标便是夏普比率。在其他条件不变的情况下，一个相对理性的居民投资者投资于风险资产的比例与该资产的夏普比率应成正相关关系。因此，风险资产的夏普比率越高，则其在资产结构中的占比也应越高；反之，则该风险资产在居民资产结构中的占比也应越低。考虑到我国居民资产结构的特点，我们主要将房地产、A股以及债券资产作为考察对象，并用2005~2015年商品房价格指数、上证指数、中证全债指数年收益率均值来衡量这三大类风险资

产的年收益率,再根据各类资产的年收益率计算出他们的方差,以据此计算它们的夏普比率。在无风险收益率的选择方面,我们借鉴 Resset 数据库提供的方法,即在 2006 年 10 月以前,将三个月期的中央银行票据的票面利率作为无风险收益率,而在 2006 年 10 月以后,将三个月的 Shibor 利率作为无风险收益率。并将该无风险收益率在 2005~2015 年的均值作为计算资产夏普比率的无风险收益率,由此得到了这三大类资产的夏普比率,如图 10-2 所示。由此可见,房地产的夏普比率最高,达到了 0.78;其次是 A 股,为 0.33;最后是债券,仅为 0.29。由于十几年的中国房地产市场经历了一个长期的牛市,资产收益率很高,再加上其波动性远小于股票资产,这是导致房地产资产夏普比率较高的一个重要原因。通过对比各类风险资产的夏普比率水平可以部分解释了长期以来股票、债券等风险金融资产比重过低的原因所在。对于风险资产而言,其收益风险比类似于商品的"性价比",房地产的收益风险比高于股票和债券意味着其"性价比"高于其余两者。因此,作为一个居民投资者,选择"性价比"更高的房地产而不是股票作为主要投资对象反映了居民投资者一定的理性行为特征。

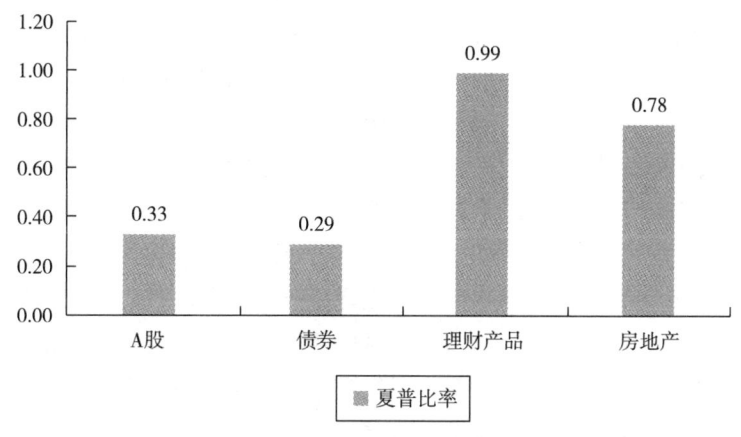

图 10-2 大类风险资产夏普比率

二、居民财富水平、年龄以及房产持有对金融资产有挤出效应

随着我国经济的快速发展,我国家庭呈现出三大特点:一是经济水平的快速发展使得居民收入有了很大的提升,但是城乡间的收入差距仍然较大,居民存量财富水平的差异很大程度上会影响他们对于风险资本市场的参与态度;二是居民

整体处于老龄化进程中，投资者年龄的增长可能会使得投资者的风险态度趋于保守，进而影响他们的投资决策；三是我国家庭自有住房的占有率很高，再加上近些年房产价格的居高不下以及居民对于房地产投资的火热态度，严重制约着居民对于风险资本市场的参与意愿和能力。考虑到我国家庭当前的这些特点，我们主要从居民的财富水平、年龄以及住房所有权的角度考察其对居民风险金融资产选择的影响。

我们基于北京大学中国社会科学调查中心（ISSS）2010年及2012年的中国家庭追踪调查数据（CFPS）实证检验了这一关系。为此，我们构建了居民是否持有风险金融资产以及居民持有风险金融资产的权重两个被解释变量，而在解释变量方面，我们主要关注家庭净资产、家庭理财者年龄以及家庭住房所有权对于以上两个被解释变量的影响，并将理财者性别、理财者婚姻状况、理财者教育水平以及家庭人口规模作为控制变量。我们还分别按2012年不同财富水平、理财者年龄以及家庭住房所有权状况对样本进行了划分，并统计了各个子样本家庭风险金融资产参与和投资比例的均值，以考察家庭财富水平、理财者年龄以及家庭住房拥有状况对于家庭风险金融资产参与和投资比例的交叉影响。从表10-1中可以看出，首先，对于所有年龄组的家庭理财者，平均而言，家庭风险金融资产参与概率随着家庭净资产水平的上升而增加，但是增加的幅度并不一致，大致而言，相对于中老年人家庭，年轻人家庭参与投资风险金融资产的概率升得更慢①。此外，10%最富有的家庭参与风险资本市场的可能性要远远高于其他家庭，这意味着富人阶层仍然是资本市场的主要参与者；其次，家庭投资于风险金融资产的概率随着理财者年龄的上升总体呈下降趋势，但是对处于75%分位点以上财富水平的家庭而言，理财者年龄对于家庭风险金融资产投资比例的影响显示出一定的钟形特征；最后，从表10-1中最后两行数据可以发现，无论家庭住房所有权是否属于自己，一旦家庭财富水平上升，其投资于风险金融资产的概率也会就上升，并且拥有住房家庭的上升速度更快。另外，在财富水平不变的情况下，拥有住房的家庭相对于没有住房所有权的家庭投资于风险金融资产的概率更低。

对于所有年龄组的家庭，家庭财富水平的上升会提升家庭投资于风险金融资产的比例。但是这一比例在中老年人家庭中上升得更快。不过，对位于同档次财富水平的家庭，随着理财者年龄的增大，家庭投资于风险金融资产比例呈递减趋势，但是这种趋势没有年龄对于风险金融资产参与概率的影响那样强烈。此外，

---

① 对于20~35岁年龄段的投资者，最富有10%家庭投资于风险资产的概率比最不富有25%家庭参与风险投投资概率增长了（28.9-1.05）/1.05=26.5倍，而对于中老年家庭，这一数字为54.8倍。

家庭住房拥有状况对于所有财富水平上家庭的风险金融资产投资比例都存在着明显的"挤出效应",但是这种"挤出效应"随着家庭财富水平的上升呈较为明显的下降趋势。

表 10-1 2012 年各子样本家庭风险资产参与状况   单位:%

	家庭净资产分位数					
	0~25 岁	25~50 岁	50~75 岁	75~90 岁	90~100 岁	0~100 岁
20~35 岁年龄组	1.05 (0.102)	2.11 (0.144)	4.42 (0.206)	10.1 (0.302)	28.9 (0.454)	7.73 (0.267)
35~50 岁年龄组	1.07 (0.103)	1.35 (0.116)	3.10 (0.173)	13.39 (0.341)	28.1 (0.449)	6.24 (0.242)
50~65 岁年龄组	0.43 (0.066)	1.43 (0.119)	3.47 (0.183)	7.9 (0.27)	27.74 (0.448)	6.19 (0.241)
65~75 岁年龄组	0.43 (0.065)	0	1.95 (0.138)	11.39 (0.319)	24 (0.429)	4.85 (0.215)
家庭完全拥有住房所有权	0.38 (0.061)	0.72 (0.085)	2.85 (0.166)	10.42 (0.306)	27.47 (0.447)	5.85 (0.235)
家庭未拥有住房所有权	2.03 (0.141)	8.05 (0.273)	8.63 (0.282)	16.67 (0.374)	29.37 (0.457)	8.66 (0.281)

进一步地,我们分别运用面板 Logit 和面板 Tobit 模型实证检验了居民财富水平、年龄以及住房所有权对于居民持有风险金融资产的可能性以及持有风险金融资产比例的影响。为捕捉居民年龄对于居民风险金融资产选择行为的非线性关系以及以上三者因素对于居民投资决策的交叉影响,我们在解释变量中加入了年龄的二次项以及三者因素的交叉项,表 10-2 显示了各因素对于家庭风险金融资产参与可能性以及投资比例影响的估计结果。结果(1)代表基础回归,重点考察家庭财富水平、理财者年龄以及家庭是否完全拥有住房对于家庭风险金融资产参与概率以及投资比例的影响;结果(2)在解释变量中添加了"家庭理财者是否为年轻人"这一虚拟变量,在这里,我们将样本中处于 20~35 岁的家庭理财者定义为年轻理财者,所对应的家庭定义为年轻家庭。此外,结果(2)的解释变量中还添加了年轻家庭与家庭财富水平的交叉项、住房所有权与家庭财富水平的交叉项以及年轻家庭、住房所有权与家庭财富水平三者的交叉项,以考察居民财

富水平、年龄以及住房所有权对于居民风险金融资产参与概率和投资比例影响的交叉效应。

表 10-2　家庭参与资本市场投资概率与投资比例估计结果

解释变量	家庭风险金融资产参与可能性		家庭风险金融资产投资比例	
	(1)	(2)	(1)	(2)
年龄	0.1917***		0.0456***	
	(0.0403)		(0.0098)	
年龄的二次方	-0.0017***		-0.0004***	
	(0.0004)		(0.0001)	
理财者是否为年轻人		5.496***		1.208***
		(1.602)		(0.381)
家庭住房所有权	-1.825***	-0.505***	-0.43***	-2.638***
	(0.173)	(0.133)	(0.042)	(0.317)
家庭净资产(对数)	1.412***	1.017***	0.324***	0.225***
	(0.067)	(0.098)	(0.015)	(0.023)
理财者性别	-0.544***	-0.505***	-0.131***	-0.122***
	(0.134)	(0.133)	(0.033)	(0.032)
理财者婚姻状况	0.384	0.541**	0.08	0.119**
	(0.242)	(0.236)	(0.059)	(0.057)
理财者教育水平	1.269***	1.204***	0.307***	0.29***
	(0.069)	(0.066)	(0.015)	(0.015)
家庭人口规模	-0.312***	-0.314***	-0.079***	-0.079***
	(0.047)	(0.047)	(0.012)	(0.011)
理财者是否为年轻人×家庭净资产(对数)		-0.522***		-0.115***
		(0.134)		(0.032)
家庭住房所有权×家庭净资产(对数)		0.71***		0.175***
		(0.107)		(0.025)
理财者是否为年轻人×家庭住房所有权×家庭净资产(对数)		0.065**		0.015**
		(0.031)		(0.008)
样本量	21853	21853	21853	21853

注：***、**、*分别表示估计系数在1%、5%、10%水平上显著。

首先，从结果（1）中可以发现，家庭理财者年龄无论是对于家庭风险金融资产参与可能性还是投资比例存在较为显著的"倒 U 形"特征，即在其他因素不变的情况下，随着理财者年龄的上升，家庭参与风险金融资产投资可能性以及投资比例呈现先上升后下降的趋势。

其次，家庭对于住房拥有完全所有权无论是对于风险金融资产的参与可能性还是投资比例，均存在较为显著的挤出效应，究其原因，可能是由于近些年来房产价格一直居高不下，过高的房贷支出严重制约了居民的投资消费能力，使他们对于资本市场的参与热情大大降低。

最后，家庭财富水平的上升对于家庭参与风险金融资产的投资可能性以及配置比例均具有较为明显的促进作用。

结果（2）的数据表明，第一，在其他条件不变的情况下，相对于中老年家庭，年轻家庭更愿意参与和投资资本市场；第二，相对于中老年家庭，财富水平的变化对于年轻家庭在风险资产参与可能性和投资比例上的影响更小。具体而言，对于年轻人家庭，财富水平增加 1%，拥有住房的家庭比不完全拥有住房的家庭在风险金融资产比例上多投资 0.19%（0.3% ~ 0.11%）；而对于老年人家庭，对住房完全拥有所有权的家庭比不完全拥有的家庭多投资 0.175%（0.4% ~ 0.225%）。这一点不难理解，现代社会竞争较为激烈，尤其是 30 岁左右的年轻人，大部分面临着家庭和事业的双重压力，与中老年家庭相比，日常消费特别是房贷支出可能会占据他们生活支出的大部分比例，因此，家庭财富水平的变动可能会增加他们日常生活开支，但不会使他们参与资本市场的意愿明显上升；第三，随着家庭存量财富水平的上升，拥有住房的年轻家庭比没有自有住房的年轻家庭更愿意参与和投资于风险金融资产。例如，对于完全拥有住房所有权的家庭，家庭财富每增加 1%，年轻家庭对于风险金融资产配置比例增加 0.3%（0.225% - 0.115% + 0.175% + 0.015%），相比中老年家庭的 0.4%（0.225% + 0.175%）下降了 0.1 个百分点。对于不完全拥有住房所有权的家庭，家庭财富每增加 1%，年轻家庭投资于风险金融资产的比例增加 0.11%（0.225% - 0.115%），而中老年家庭增加 0.225%，两者相差 0.115 个百分点，反映了住房支出严重制约了年轻家庭投资股票等风险金融资产意愿的现实状况。因此，投资者越年轻，家庭对住房越没有所有权，则家庭对于增加的财富在风险金融资产上的投资比例越低。

因此，实证研究结果表明，首先，居民年龄对于居民参与风险金融资产投资可能性以及比例均存在着先上升后下降的"倒 U 形"影响；其次，在财富水平不变的条件下，拥有住房对于家庭风险金融资产参与和投资比例均存在着显著的"挤出效应"，意味着家庭投资者的消费投资可能被高昂的房贷支出所制约，由此降低了他们对于风险资产市场的参与和投资意愿；最后，无论是对于家庭风险金融资产参与还是投资比例，家庭财富水平都具有较为显著的积极影响。另外，通过对以上三个因素对于居民风险金融资产投资决策影响的交叉效应发现，中老年家庭相对于年轻家庭、拥有住房所有权的家庭相对于没有住房所有权的家庭，财富水平的变动对于家庭风险金融资产选择带来的影响更加明显。

三、我国居民整体风险偏好较低

当前在我国居民金融资产结构中以银行存款为代表的无风险金融资产占比过高，而以股票和债券资产为代表的风险金融资产占比过低的特点，表明我国居民整体金融资产组合的风险性和分散性都较低。但是，就个体居民而言，一些居民的资产结构中包含风险金融资产也包含无风险金融资产，另一些居民没有参与资本市场的风险金融活动，表明不同居民个体的金融资产结构的风险性和分散性存在着差异，这在很大程度上是由于不同居民的风险偏好造成的。基于课题组家庭入户访问的一手数据，在问卷调查过程中，我们主要考察了居民六大类金融资产的持有状况，根据资产的风险程度从低到高依次分别是：银行存款、理财产品、债券、基金、股票以及期货期权。考虑到我国的理财产品大多由银行发行，并且基本上处于刚性兑付状态，基本没有违约风险，因而本部门将银行存款以及理财产品定义为无风险金融资产，并将其余四类金融资产定义为风险金融资产。为考察居民风险偏好对于居民金融资产组合风险性和分散性的影响，我们用风险金融资产占居民金融资产的比例度量居民资产结构的风险性；用居民持有金融资产的种类数来衡量居民资产结构的分散性。调查结果显示，首先，持有银行存款的家庭所占的比例最高，约为93.6%；其次，持有股票资产的家庭，所占比例约为49.1%。由于银行存款和股票资产最为广大居民所熟知，因此，持有这两种资产的家庭数量最多不难理解。不过，持有理财产品的家庭的比例超过了持有基金家庭的比例，表明近年来理财产品较受家庭青睐；最后，拥有债券和期货期权的家庭所占的比例最低，分别只有4.2%和2.6%。

此外，对于居民投资者整体风险偏好水平的度量，我们通过让被访家庭完成相关测试题，并通过对选择项计分加总的方式测度居民投资者的风险偏好水平。测试题共分为6题，每题有四个选项，越靠后的选项表示受访者的风险偏好水平越高，并且分值也越高。其中前两个选项为低风险偏好选项（但是第二个选项显示的风险偏好程度仍然高于第一个选项），第三个选项为中等风险偏好选项，最后一个为高风险偏好选项。根据每题选项的分值设置情况，测试题总分的下限为 5 分（若受访者每题的选择都是选项一），上限为 34 分（若受访者每题的选择都是选项四）。我们定义得分在 5~12 分（含 12 分，即若受访者每题的选择都是选项二）范围内的投资者为低风险偏好者，得分在 13~20 分（含 20 分，即若受访者每题的选择都是选项三）范围内的投资者为中等风险偏好者，得分在 21~34 分范围内的投资者则为高风险偏好者。统计结果显示，首先，在 940 户样本家庭中，占据绝大多数的是中等风险偏好投资者，比例为 49.5%；其次，是低风险偏好投资者，占比 35.1%；最后，是高风险偏好投资者，占比仅为 15.4%。这表明中低风险偏好的居民投资者仍占绝大多数，因此，不难理解居民资产结构中主要以银行存款、理财产品以及股票等中低风险的资产为主。

随后又将居民所持资产组合按照风险程度的高低分为三类：只含有无风险资产的资产组合、只含有风险资产的资产组合以及同时含有无风险和风险资产的资产组合，以考察不同风险偏好的投资者对于不同类别资产组合的需求。结果显示，首先是在持有只含有无风险资产的资产组合的投资者中，低风险偏好者所占的比例最大，为 44%；其次是中等风险偏好的投资者，比例为 42.5%，而高风险投资者的比例最低，仅为 13.4%。而对于持有同时含有无风险和风险资产组合的投资者而言，中等风险投资者的人数最多。这表明投资者的风险偏好与所持资产组合的风险程度大体上呈正相关关系。在此基础上，我们又基于 Tobit 和 Order Probit 模型，实证检验了居民风险偏好水平对于居民风险金融资产组合风险性和分散性的影响。从表 10-3 中的估计结果可知，在控制了居民年龄、性别、收入水平等一系列家庭微观因素之后，居民风险偏好水平对于居民所持资产组合风险程度以及分散化程度具有显著影响。随着居民风险偏好水平的上升，居民倾向于增加风险金融资产在金融资产所占的比例，表明居民风险偏好水平越高，居民所持金融资产组合的风险性越大。然而，居民风险偏好水平对于居民所持金融资产种类数目同样呈正相关关系，说明居民风险偏好水平越高，居民所持金融资产组合的分散性越大，这多少有些不符合经济学直觉。为进一步探讨背后的原因所在，我们沿用之前对于居民资产结构的分类方法，即将资产结构分为三类：只含有无风险资产的组合、既含有风险资产又含有无风险资产的组合以及只含有风险资产的组合。显然，既含有风险资产又含有无风险资产值的金融资产组合的分散性要高于其他两类，并且其他两类组合的分散性程度较为接近。

表 10-3 居民风险偏好对于资产组合风险程度以及分散化程度的影响

解释变量	被解释变量	
	风险金融资产占金融资产比例	资产种类数目
风险偏好水平	0.009*** (3.47)	0.025*** (3.84)
年龄	0.003 (0.32)	-0.007 (-0.26)
年龄的平方	0 (0.09)	0 (0.62)
性别	-0.062*** (-2.06)	-0.279*** (-3.73)
婚姻状况	0.082* (1.77)	0.224** (2.02)
教育水平	-0.004 (-0.2)	0.078 (1.56)
健康状况	0.048* (1.70)	-0.008 (-0.11)
医疗保险状况	-0.008 (-0.23)	0.084 (0.92)
对金融知识熟悉程度	0.133*** (7.72)	0.342*** (8.09)
职业状况	-0.013 (-0.63)	-0.148*** (-2.94)
家庭可支配收入水平	0.087*** (6.14)	0.191*** (5.33)
家庭拥有住房套数	-0.024 (-1.25)	0.128*** (2.65)
准 R^2	0.153	0.08

注：*、**、*** 分别表示系数在 10%、5%、1% 水平上显著。

除此之外，我们还估计了居民风险偏好对居民持有只含有无风险资产组合、既含有风险资产又含有无风险资产组合可能性的影响。结果表明，居民风险偏好水平对持有不同类型资产组合可能性的影响不同。具体而言，对于只含有无风险资产的资产组合，居民投资者风险偏好得分每上升1分，持有该类资产组合的概率平均下降1.3个百分点；而对于既含有无风险资产又含有风险资产的资产组合，居民风险偏好平均每上升1分将带来对于持有该类资产1.3个百分点概率的上升。

因此，就资产组合的分散程度而言，只含有无风险资产的资产组合分散程度小于既含有无风险资产又含有风险资产的资产组合的分散程度。随着居民风险偏好水平的上升，居民持有前者的概率下降意味着居民更愿意持有分散化程度高的资产组合。而后者的分散程度要高于其他两类资产组合，其结果同样能说明居民风险偏好水平与居民资产结构分散化组合呈正相关关系的结论。实际上，居民风险偏好水平与居民资产组合分散化程度正相关是由居民风险偏好对于居民持有只含有无风险资产的资产组合的负向效应造成的，大量风险偏好水平不高的居民将资产集中配置在银行存款和理财产品等无风险资产上，造成了居民风险偏好越低，资产结构越集中的现象。

另外，我们特别注意到，在我国，由于居民收入水平差异较大并且医疗保障水平整体仍然较为落后，出于谨慎性储蓄的动机，家庭收入和居民健康状况可能会影响到居民的储蓄状况，进而影响居民的资产配置决策。相对于高收入家庭的低风险偏好者，低收入家庭的低风险偏好者可能更倾向于将资产集中配置于无风险资产；同样，相对于健康状况优秀的低风险偏好家庭，健康状况良好的低风险偏好者可能更多持有银行存款或理财产品，以防范未来可能存在的医疗支出风险。因此，我们又分别估计了处于不同收入水平和健康状况居民的风险偏好水平对于持有只含有无风险资产的资产组合的不同影响。表10－4显示了实证结果，从中可以看到相对高收入水平的低风险偏好者，低收入水平的低风险偏好者更倾向于持有只含有无风险资产的资产组合。首先，平均而言，对于低收入家庭，居民投资者的风险偏好水平每下降一个单位，投资于该资产组合的概率上升6个百分点。而对于高收入家庭，风险偏好水平的下降对于投资该资产组合的影响并不显著；其次，按照类似的方法，我们按照健康状况比较健康状况良好以及健康状况优秀两个居民群体。结果表明，健康状况良好的居民投资者的风险偏好水平每

---

① 由于居民持有只含有风险金融资产组合的投资者所占比例很小，仅为2.2%，样本量太少不足以实证检验居民风险偏好对于居民持有该类资产组合概率的影响，因此这里仅考察居民风险偏好对于居民持有前两类资产组合的影响。

下降1个单位，持有只含有无风险资产的资产组合的概率上升1.6%，这一水平高于健康状况优秀的居民投资者，后者这一数字为0.9%，说明相对于健康状况优秀的低风险偏好投资者，健康状况良好的低风险偏好投资者为防范将来或有的医疗支出风险，更倾向于将家庭资产集中配置于银行存款等无风险资产上。

表10-4 不同收入和健康状况居民风险偏好对于持有只含有无风险资产的资产组合的影响

	居民持有只含有无风险资产的资产组合可能性			
	低收入家庭	高收入家庭	健康状况良好	健康状况优秀
居民风险偏好	-0.06*** (-4.17)	-0.015 (-1.27)	-0.04*** (-3.36)	-0.026* (-1.77)
样本均值处的边际效应	-0.023***	-0.005	-0.016***	-0.009*
准 R^2	0.13	0.11	0.17	0.14

注：*、**、***分别表示系数在10%、5%、1%水平上显著。

综上，居民风险偏好水平与居民所持资产组合的风险性和分散性均成正相关关系，居民风险偏好水平越高，投资于风险金融资产的比例越高，并且更倾向于配置更多类别的资产。之所以出现居民风险偏好水平与居民所持资产组合分散化程度正相关的现象，主要是大量低风险偏好的居民投资者选择只含有银行存款或理财产品的无风险资产的资产组合造成的。另外，家庭收入水平越低，居民健康状况越差，风险偏好越低的居民投资者也越倾向于选择只含有无风险资产的资产组合。

四、提高我国居民风险偏好的政策建议

第一，以股票为代表的风险金融资产的收益风险比长期低于房地产，意味着对于投资者而言，为获得单位股票收益承担了过高的风险，股票市场长期的赚钱效应不高，这是导致我国居民进入资本市场意愿偏低的重要原因。因此，为引导我国居民积极参与资本市场，一方面，应该通过完善市场制度抑制股票市场泡沫，实现股票市场的价值回归，只有激发长期赚钱效应，才能吸引居民资金更多地进入股票市场；另一方面，继续遏制房地产价格过快上涨，有助于资金从房地产市场回流股市。此外，打破理财、信托产品的刚性兑付，降低社会真实的无风险回报率，也是引导居民提高风险金融资产参与热情的重要举措。

第二,随着中国老龄化进程的到来,居民投资者不断下降的风险偏好可能会对其投资风险金融资产的意愿和能力带来负面影响,从而可能会对资本市场的资金供给产生一定的冲击。因此,政府应该继续完善养老保险制度,充分发挥养老基金的保值增值作用,减缓老龄化对于风险资本市场"供血"带来的负面效应。同时,为提高养老基金的运作效率,我们建议对养老金账户实行差异化管理并逐渐放宽养老金的投资限制,提高养老金的投资收益,增强我国养老体系的保障能力。

第三,管理层可以出台一系列针对性的措施来影响居民的风险偏好水平。例如,管理层可以通过减税的方式来提升居民的可支配收入水平,拓宽居民的收入来源,从整体上降低家庭部门的收入风险,从而提升他们的风险偏好水平。此外,进一步推进医疗改革,完善居民医疗保障体系,以降低居民的谨慎性储蓄动机,从而鼓励他们积极参与资本市场,实现居民财富增值与资本市场繁荣的双赢局面。

第四,由于随着财富增加居民的风险偏好上升到一定程度后就不再上升,居民直接投资风险金融资产的比例不再提升,因而为了提高居民间接投资股权等风险金融资产的比例,应当加强我国非银行类金融投资中介的建设,鼓励金融投资中介发展,促进证券市场产品的多元化,完善证券市场监管制度,降低金融市场的交易成本。目前我国金融投资中介的建设远远不能适应居民家庭的风险管理的需求,因此,急需加强金融投资中介的建设,为居民家庭进入资本市场提供桥梁,以更好地适应个人与居民家庭对风险型金融资产的配置需求。同时我国金融市场上金融工具创新在深度和广度上还远远不够,组合产品等金融工具创新还停留在模仿式创新阶段,在组合产品创新方面也才刚刚起步,导致我国金融产品比较单一,远没有满足居民家庭对金融工具的需求。因此,需要拓展金融投资渠道,合理分流储蓄存款,提高基金、债券、保险等金融产品在金融资产中的比例,使居民家庭的金融资产结构向多元化趋势发展。

第三节 差异化管理提高养老保险投资需求

大量的理论研究和国际经验表明,养老金市场和资本市场之间存在一个互相推动、互相促进的关系。养老体系比较成熟的国家和地区,养老金都已成为实体经济最重要的长期资金来源,推动了金融结构变迁和经济结构转型升级。目前我国的养老基金管理还处于初级阶段,尚未形成与资本市场间的有效互动,多层次资本市场的建设和完善迫切需要养老基金的参与和支持。新国九条的指导意见指出要支持社会保险基金、企业年金、职业年金等资金逐步扩大资本市场投资范围和规模,促进资本市场的发展,我国正积极推进养老金改革,推动养老金入市来为资本市场发展注入新活力。

自 1951 年我国颁布《中华人民共和国劳动保险条例》初步创建养老保险制度以来,对养老基金的投资管理也经历了从无到有不断改革创新的过程。对于基本养老保险基金的投资,在计划经济时期,由于实行现收现付的养老保险制度,账户没有结余无法进行投资,接着很长一段时期内,由于1997年国务院颁发的第 26 号文件《国务院关于建立统一的企业职工基本养老保险制度的决定》中明确规定,社会养老保险基金的结余只能用于购买国债,不得购买其他金融产品,加之当时资本市场正处于初级发展阶段,可以选择的投资产品不多,因此,养老基金大多都用于购买国债或存入银行;2001 年后国家逐渐放宽了社保基金的投资渠道,允许社保基金进入股票、基金、信用等风险资本市场,随后我国对企业年金也不断扩大其投资范围、逐步放松风险资产投资比例的约束。现阶段,我国开始探索基本养老保险基金入市的具体方式;2006 年,全国社会保障基金理事会正式试点运营做实个人账户中央补助资金;2012 年 3 月 19 日,国务院又批准了广东省政府委托"全国社保基金理事会"投资运营广东省城镇职工养老金,开启了养老基金委托投资管理的新篇章;2015 年 8 月 23 日国务院印发了《基本养老保险基金投资管理办法》,指出省、自治区、直辖市人民政府为养老基金委托投资的委托人,可以与受托机构签订养老基金委托投资合同,将一定额度的养老基金委托给国务院授权的机构进行投资运营。

由于各国(地区)的国情以及金融市场的发展状况不同,其养老基金的投资管理方式也存在差异。从养老保险制度推出至今,大致可以把国外对养老基金的资产配置管理分为三个阶段:第一阶段是 20 世纪 80 年代以前,这段时期养老基金主要采用"国债+银行存款"的配置模式;第二阶段是 20 世纪 80 年代到 20 世纪 90 年代初,随着发达国家金融市场的不断成熟和投资经营观念的增强,股票、企业债券、共同基金等风险资产开始加入到养老基金的资产配置中,且比重逐渐增加,代替银行存款成为养老基金的主要配置资产;第三阶段是自 20 世纪 90 年代至今,随着全球经济一体化和资本全球化的推进,越来越多的国家开始慢慢放宽养老基金投资海外资产的限制,养老基金的投资管理开始呈现国际化的趋势。然而，从我国养老金管理办法的发展历程来看，我国对养老基金投资管理办法的政策调整思路是在保障资金安全的前提下，逐渐扩大养老基金的投资范围，放松风险资产的投资比例限制，引导养老基金逐步进入资本市场。虽然随着投资限制的逐渐减少，风险资产的配置比例不断提高，但我国养老基金的资产配置仍处于初级阶段，投资品种单一、权益资产占比少，投资策略相对比较保守，很大比重的资产仍然配置在无风险资产上。从2013年社保基金的入市经验来看，社保基金历年股票资产占全部资产的比例平均只有20%左右，距离《全国社保基金投资管理暂行办法》中规定的股票投资比例的上限40%还有很大的距离，入市规模受到了某些约束，养老基金投资于资本市场的过程中还存在一些问题，因此，未来基本养老保险金入市之后能给资本市场带来的影响可能会不及预期。这其中一部分是因为我国股票市场本身存在的市盈率较高，存在资产泡沫，投资价值相对不高，再加上我国资本市场发展还不成熟，投机行为违规操作仍然存在，市场波动较大、风险难以控制等问题，但我们认为更重要的是由于养老基金自身的特殊属性，对资金安全和流动性的要求很高，而在现有的模式下，养老基金自身的风险偏好比较低，对风险资产的配置需求不足。根据木桶原理，基金的投资管理者只能选择以风险偏好最低的参保人群作为参考依据来决定风险资产的配置需求，而这个风险偏好实际代表的是基金的最低风险偏好水平，那么以这样一个最低的风险偏好标准来进行资产配置，风险资产在养老基金中的配置比例必然不高。如果不改革养老基金的管理模式，那么即使放开投资限制，减少外在约束，养老基金内在的风险偏好也难以提升，没有内在动力推升风险资产的配置需求，就无法实现养老基金的大规模入市。所以，要引导养老金积极入市，参与资本市场建设，提升养老基金的风险偏好才是关键因素。

一、国外主要的养老金个人账户管理模式

目前，国际上有三种比较成功的具有代表性的养老金个人账户管理模式，分别为完全私营化的"智利模式"、部分赋予个人选择权的"美国模式"和完全由政府公共部门进行集中管理的"新加坡模式"。虽然这三种管理模式管理方式完全不同，但共同点是都对养老金个人账户进行了差异化的管理。尽管中国养老金从现收现付到部分累积制的时间不长，投资管理模式改革也还刚刚起步，但通过对比分析这三种不同的管理模式可以对我国进行养老金个人账户差异化管理有所启发，得到可以借鉴的经验。

1. 智利模式

智利的个人账户投资管理是由个人基金完全积累、完全私有化并由私营的养老基金管理机构进行投资经营的模式。在该模式下，所有职工在劳动期间必须为退休后的养老进行个人储蓄，该储蓄计入个人账户，参保人可以根据自己的意愿选择基金管理公司管理个人账户，基金管理公司也会提供多种基金产品供投保人选择，而政府一般不干预养老基金管理公司的经营管理活动，只是制定一些监管政策、对最低收益率进行评估，扮演一个市场秩序维护者的角色并在遇到风险时起到托底稳定现金流的作用。因此，每个投保者个人账户的资产配置是根据每个人不同的风险偏好进行选择的，完全具有个体差异性，这是与政府集中管理最大的不同之处。但在实践中，一方面，"智利模式"还是对个人选择权有所限制，特别强调了"一人一公司""一人一账户"，要求个人只可以选择一家养老基金管理公司，开设唯一一个养老金个人账户，从而方便对账户的监管。根据智利养老金管理总监署官网①资料，这些专门成立的养老基金管理公司（AFPs）提供的投资产品也主要是依据个人账户所有者的年龄，性别及相关背景分成不同的基金类型，目前已有5支代表不同风险偏好的基金产品；另一方面，"智利模式"也为消极的投保者提供了默认基金的选项，即如果投保人没有主动选择基金管理公司进行账户管理，则自动投入到事先设计的默认基金中。其中，默认基金将投保人分成三个年龄组，投保者年龄为35岁以下的个人账户投资于B类基金，其中权益投资比例上限为60%，投保人年龄在36~55岁的投资于C类基金，权益投资比例上限为40%，投保人年龄56岁以上的投资于D类基金，权益投资比例上限为20%。

2. 美国模式

美国的养老金体系是由全国统筹的联邦社保基金（OASDI）、雇主为雇员设计的企业养老金计划以及个人自愿参与的退休金计划共同构成。这三种养老基金本身在管理模式上存在着比较大的差异，其中联邦社保基金、面向私营部门的401（k）计划、面向联邦公务员的节俭储蓄（Thrift Savings Plan，或地方公务员如CalPERS计划）可分别对应于中国的基本养老保险的社会统筹部分、企业年金和职业年金。"美国模式"主要是针对不同层次的养老金计划中的个人账户进行

---

① 智利养老金管理总监署官网。

差异化的管理,其中最具代表性的有美国加州公共雇员养老基金(CalPERS)和美国 401(k)计划。美国加州公共雇员养老基金为州立公共部门的雇员及其家属提供退休和健康福利,采取的是信托治理的模式,所有参保者为信托关系的委托人和受益人,基金管理委员会作为委托人负责基金的投资管理。CalPEARS 提供的养老保险项目包括一个基本计划和其他三种补充计划。基本计划是一种确定收益型(Defined Benefit,DB)养老金计划,该计划下基金由雇员和雇主共同缴费,保险金的计算方式根据雇员的服务年限、退休年龄和退休前的薪金确定。因此,不同部门、不同职业的雇员有不同的缴费比例和收益比,例如,州警官和消防官、州高速巡逻官由于该职业危险程度高,退休年龄较早等原因而拥有比较高的收益比。除此之外,还有三种补充计划分别是 457 计划、治安官和消防员的固定缴费计划及补充贡献计划。这三种计划都是固定缴费(Defined Contribution,DC)计划,与基本计划不同的是,DC 计划是根据缴费时间的长短和缴费数额的多少发放保险金,其中雇主缴费比例是根据当年经济环境和投资收益决定的,因此,每年雇主缴费的比例都不同,雇员收益也会有所波动,缴费成员共同承担经济波动的风险。此外,也因为补充计划增强了养老金的可携带性,便于职业流动,参与者具有极大的投资灵活性,其可以选择 CalPERS 的被动管理基金,也可以在 CalPERS 提供的六种指数基金中自己组合选择,表 10-5 显示了 CalPERS 457 计划的投资管理模式,个人可以通过选择不同的基金实现不同的管理方式。

表 10-5 CalPERS 457 计划可选基金

可选基金	参与方式	投资方式
目标期限型基金	CalPERS 负责基金的资产配置	根据目标退休日期全部投资于一个混合型指数基金
自投型基金	投保者在核心投资基金中选择和配置资产	核心投资基金包括六种不同资产类别的指数基金,可供投资者选择

美国 401(k)计划则是为私营企业及部分非营利组织的雇员设计的,在该计划下,雇员每月在领取工资前向设定的个人账户中存入一定的资金,企业配合缴费(也可以不缴)形成个人账户的完全累积,账户内资金在退休前除非符合特殊规定情况否则不允许支取。个人账户的管理方式分为两种:一种由受托人进行管理,受托人可以是由雇主和雇员一起商定或由个人单独决策的,受托人选择

投资组合并承担风险。对此，政府对投资组合没有太多的限制，只是要求投资管理人遵从"谨慎人原则"；另一种个人可以直接管理自己的账户，风险也由个人承担，大多数401（k）计划会为个人提供多种可供选择的投资方式，包括保证利率合约、公司股票、共同基金等。

综上可见，在"美国模式"下，无论是公务员或私营部门的养老金个人账户的股票资产与债券资产的配置都是有差异的，并且在证券选择方面均以指数化的被动投资为主。通过针对不同职业性质的个体对应设计了不同的养老金计划并采用不同的管理方式实现了养老基金个人账户的差异化管理。

3. 新加坡模式

新加坡实行的中央公积金制度是一种强制性的完全积累的社会养老保险模式，在该模式下，每一个雇员都有一个个人账户，政府强制雇主和雇员共同按时向该账户缴费，所缴费用分别计入其下设的普通账户、医疗储蓄账户和专门账户之中。其中，普通账户主要用于住房、教育费用等日常转移支付，医疗储蓄账户用于个人及家庭成员的特定医疗费用，专门账户则是用于退休资产积累的账户。该计划由中央公积金局统一管理，劳工部制定有关政策并进行监督，新加坡政府投资管理公司或其他政府投资控股公司负责账户的投资管理，这完全不同于"智利模式"下的个人差异化管理，"新加坡模式"是一种典型的政府集中的管理模式，而且由于新加坡公民退休后的收入几乎全部来源于公积金账户，因此，政府对公积金中普通账户、医疗储蓄账户和专门账户基金的投资也有着严格的限定，并且根据各个账户职责不同，对其投资管理的限制也有所不同，例如，对于专门用于养老的专门账户的基金，规定只能投资于保险、单位信托、基金管理账户，不能投资于其他，而普通账户则在一定比例内可投资于股票、公司债券、房地产基金等。最重要的是，"新加坡模式"通过设置不同的账户分配比例实现了个人账户的差异化管理。雇员的年龄不同，中央公积金的缴费比例以及分配到三个账户中的比例也不同，对应的资产配置组合也不同。根据表10-6数据可见，随着雇员年龄增长，计入普通账户的比例逐渐减少，计入专门账户和医疗储蓄账户比例逐渐增加。特别地，当雇员年满55岁时，专门账户比例开始逐渐减少，普通账户比例依然下降而医疗储蓄账户的比例迅速上升，此时的总缴费率也有所下调。因此，通过年龄调整账户比例使养老基金集中管理的"新加坡模式"也实现了个人账户差异化的投资管理。

表 10-6 2016 年新加坡中央公积金缴费标准

雇员年龄	总缴费率（占工资的%）	计入（占缴费的%）/占工资的		
		普通账户	医疗储蓄账户	专门账户
35 岁及以下	37	62.16/23	21.62/8	16.22/6
35~45 岁	37	56.76/21	24.32/9	18.92/7
45~50 岁	37	51.35/19	27.03/10	21.62/8
50~55 岁	37	40.54/15	28.38/10.5	31.08/11.5
55~60 岁	26	46.15/12	40.38/10.5	13.46/3.5
60~65 岁	16.5	21.21/3.5	63.64/10.5	15.15/2.5
65 及以上	12.5	8.00/1	84.00/10.5	8.00/1

资料来源：新加坡中央公积金局网。

二、建立适合我国养老金差异化管理运行模式的建议

以上三种不同的个人账户管理模式都实现了养老基金投资管理的差异化，每种模式也都有各自的优点和缺陷之处。"智利模式"通过个人账户的私有化模式，实现了资产配置完全的市场化运作，此制度实施初期给智利的养老基金发展带来了非常显著的积极效应，我们从智利养老金管理公司协会 2007 年的调研报告中看到，从 1981~2007 年，智利的养老金规模增加了 1000 多亿美元，年回报率为 10.3%，但市场化的方式同时也提升了投资风险，2008 年全球金融危机时期，智利国内养老金的投资损失也高达 15%[①]。此外，公众的认知程度和理性差距是完全放开个人选择权的另一大风险，这些因素都使养老基金高效运行背后隐藏危机，这种模式虽然实现了差异化管理，但由于风险较大，还是应当谨慎选择；"美国模式"则是针对不同职业的雇员设计了多层次的养老金计划，对不同计划下的个人账户再采取差异化的管理方式。虽然这种养老金个人账户的管理模式没有"智利模式"下的差异化程度高，但也非常有效地促使养老金计划形成了有层次的广泛覆盖，也实现了针对计划覆盖的群体实施更符合该群体风险偏好和收益需求的最优化的配置方式。不过，这是因为在个人账户的管理上，美国作为世界经济最发达的国家，其资本市场非常发达，监管

---

① 房连泉．金融危机冲击养老行业［N］．中国保险网，中国保险报，2009-01-20．

体系相对成熟,养老金的投资历史也相对较长,其政府对养老金个人账户的投资管理并没有太多限制,部分放开个人选择权的方式在实践中效果明显,例如,美国的401(k)已经成为世界上规模最大运作最成功的养老基金。但是,这样的模式在经济发展存在问题、资本市场尚未完善的市场中必然会使养老基金的运行效率受到影响,系统风险不可忽视。相比较而言,"新加坡模式"是一种国家集中管理下的差异化模式。该模式下,个人的养老基金都是由政府投资管理公司进行统一的资产配置,但政府会在每个基金账户下再分为三个子账户进行资产配置,每个人的个人账户下三个子账户的分配比例则是根据年龄进行调整,每个人实质上对应的个人账户的资产配置也就不完全相同。这样的集中管理可以使基金的投资管理产生规模效应,降低交易成本,而通过年龄区分的分配比例又可以满足个体差异化投资的需求,实现养老金个人账户的差异化管理。只是,"新加坡"模式是"名义账户制度"① 的一种形式,其公积金(即养老基金)是按照记账利率来计算收益的,而记账利率是名义收益率并不是真实的投资回报率,这样的名义收益率仍然低于经济增长率和工资增长率,最终可能还是会带来养老金替代率不足等问题。所以,每种模式都有各自的优势和缺陷,没有一种模式是可以完美套用的。

在这三种养老金管理模式的基础上,再结合我国当前的基本养老保险制度,我们应当建立符合我国国情的养老金个人账户管理的新模式。首先,账户私有化形式的"智利模式"在我国并不可行,但可以借鉴其设立独立的养老基金公司负责养老基金的投资运营。其次,考虑到目前我国人口数量众多、养老基金的资金规模庞大而资本市场的发展还不成熟、监管水平和能力不足、公众受教育的程度差异大、个人投资知识和技巧缺乏等因素,建议可以采用像"新加坡模式"一样的相对集中的养老基金管理模式,以便于控制风险、降低交易成本。同时,可以在集中管理下通过设定合适的分类方法对个人账户有区分的进行资产配置。尽管中国当前的养老金个人账户难以做到像美国的 CalPERS 或 401K 计划那样,由雇员参与投资标的选择,但可以借鉴其根据个人账户投资期限的不同来选择差异化的投资组合实现了对个人账户的差异化管理。鉴于以上分析,可以建立一种政府集中管理下的分账户投资管理模式,该模式的构成和运行机制如图10-3所示。

该模式将养老金个人账户设置三个子账户,并根据账户所有人的年龄将其个

---

① 名义账户制中记账利率根据现收现付制的内部回报率来确定。

人账户资金分配至对应的子账户中进行管理。其中，35岁以下的群体其个人账户资金存入子账户Ⅰ，35~55岁（不含55岁）的存入子账户Ⅱ，55岁以上的则存入子账户Ⅲ，对每个子账户都成立相应的基金进行投资管理，即图中所示的子基金A、B、C，而基金A、B、C则依据对应账户所有人的年龄属性进行投资管理。之所以设置这三种不同的账户，主要是根据生命周期和人力资本理论，账户所有人在不同的生命阶段时的风险承受能力不同，因此所对应的基金的投资策略和投资期限也有很大的差异。例如，负责账户Ⅰ资金投资管理的养老基金A，由于该账户的所有人比较年轻，距离退休领取养老金的时间比较长，其风险承受能力和收益要求都比较高，因而该基金的投资组合中风险资产的比例会比较高，投资期限也相对较长，例如，会配置私募股权、上市公司股票、企业债券等。相反地，养老基金C则因为对应账户的所有者年龄较大要尽量选择投资低风险或者无风险的资产，投资期限也不宜过长，例如，5年期通货膨胀保护券等。

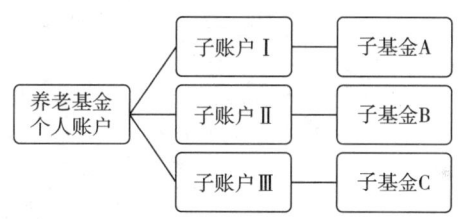

图10-3 养老基金个人账户投资管理模式

新模式在生命周期投资理论的背景下，为不同年龄阶段的投保人设计了风险资产配置比例不同的基金，实现了差异化的投资管理。在新模式下，原来的养老保险基金被划分为三个子基金进行管理，每个子基金可以根据账户所有人的生命周期特征，选择符合账户所有人在不同生命周期阶段的风险偏好的资产配置方式，而不同于原来采取统一的配置方式。这样的方式可以优化养老基金的资产配置，提高基金运作效率。新模式类似于美国养老金管理中为参保人提供"生命周期基金"和"生命特征基金"引导资产配置行为，很明显，其在美国的实践中取得了巨大成功。

最重要的是，在原有模式下，养老基金的投资管理因为考虑到总体参保人的风险承受能力较低而无法提高风险资产的配置比例，而新模式可以总体上提高养老基金的风险偏好程度，那么总体上养老基金的风险资产配置比例也会得到提升，因此，可以推动养老基金有效进入股票市场等风险资本市场，对资本市场的发展产生积极作用。为此，我们做了一个估算：按照目前的政策规定，养老保险股票配置的比例上限是30%，如果不采用差异化的管理，我们可以假设其对股票资产的配置比例与社保基金保持相同，约为总资产的20%。然而，如果按照生命周期投资理论中普林斯顿大学知名教授伯顿·马尔基尔在《漫步华尔街》一书中提出的个人投资股市的最优比例应该等于100减去年龄来计算实现差异化管理后养老基金配置股票资产的比例，假设参保人年龄分布在25~85岁，那么养老基金平均的股票配置比例可达到[(100-25)+(100-85)]/2，即45%，可以比不进行差异化管理理论上提高15个百分点。

该模式还具有很好的制度兼容性和适应性，比如对于未做实的账户部分或者如果未来对个人账户采取名义账户制度，也可以通过设置基准账户并设定不同的记账利率，建立类似的差异化管理模式其运行机制如图10-4所示。

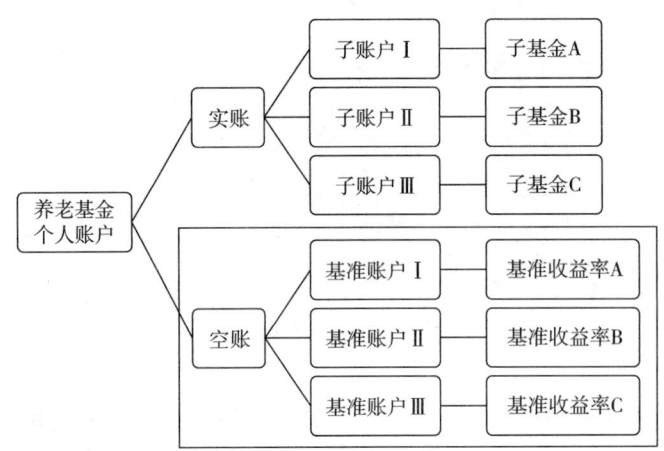

图10-4　养老金名义账户制下的投资管理模式

另外，将账户划分由各自相应的子基金管理够，子基金的投资策略可以采用很多模式包括：一是直接购买在我国基金市场上现有的生命周期基金。二是将个人账户根据年龄进行划分，将年龄除以100，得到的权重投资于固定收益基金，剩余的权重投资于股票投资基金，每年重新进行调整。基金的选择由养老金管理机构进行负责。三是根据工资基数再来划分账户购买不同比例的证券投资基金等，无论哪种具体的投资方式，其中心思想都是对养老基金个人账户实现了差异化的资产配置，总体上提高了养老基金的风险资产配置比例。

第四节　引导住宅资产投资回归理性

一、贫富差距推高了住宅资产占比

一方面，居民家庭的权益类风险资产配置比例直接影响了全社会资产结构中权益类风险资产的占比，通过理论分析我们发现居民家庭对风险资产的选择会受到其房地产投资行为的影响。当投资性房产的财富效应占主导地位时，从长远来看，会使家庭承担风险的能力变强，风险偏好程度提高，家庭会配置更多的风险型金融资产，在这种情况下投资性房产没有对风险型金融资产产生挤出效应；但是当投资性房地产的风险效应占主导地位时，投资性房地产较差的流动性和较高的房贷负债加大了家庭的风险，同时由于房地产资产价值较大，使得风险集中在单一资产上，导致家庭会选择其他更稳健的资产进行配置，从而在风险型金融资产上的配置会降低，这种情况下投资性房产就会对股票等风险型金融资产形成一定的挤出效应。另外，我们又通过实证检验证明了收入差距会推高房价，从而给富人带来更多的财富效应，提高他们配置风险资产的比例，而一般及中等以下收入群体则因为巨大的风险效应减少其对风险资产的配置。并且，随着收入差距的扩大，边际财富效应递减，而边际风险效应则递增，随着房价的进一步上升，收入差距的扩大将会给全社会带来更多的风险效应，使整体的风险偏好水平下降，从而降低了全社会资产结构中风险资产的占比。

另一方面，收入差距直接或间接的推高了房地产价格，同时也提高了房地产的总规模。理论上我们推导出收入差距将通过影响储蓄率，进而影响出口规模及其导致的外汇占款规模，最终影响市场流动性的供给。房地产作为一种资产，在过剩的流动性情况下，能够改变或者强化投资者对房地产市场的预期，充裕的流动性有可能流向房地产市场进行投资、投机活动，导致房地产价格快速上涨，而房价越增长，居民家庭对房价上涨的预期越高，那么房地产的预期收益率将增加，风险收益比提高了，居民家庭再进行资产选择时则更倾向于配置房地产从而给房地产规模带来部分增量。另外，我们从实证的角度证明了收入差距推高房价，这也会使原来房地产的存量规模随着价格上涨而出现增长。那么，在风险资产占比下降的情况下，伴随房地产市场存量和增量规模的提高，全社会资产结构中房地产资产的占比也会因此提高。

二、缺乏能抵御通货膨胀的金融产品

资产配置是一个长期的过程，对于我们要考察的全社会资产结构问题而言更是如此，因此通货膨胀对资产收益的影响是非常显著的。然而，包括股票、债券在内的金融资产往往在长期暴露在通货膨胀风险中。相对而言，实物资产，包括商品和房地产是抵御通货膨胀风险的关键。又因为我国的大宗商品市场还不完善，商品类资产在资产组合过程中发挥抗通货膨胀的效果，对降低组合波动性的能力有限。投资者由于缺乏对冲通货膨胀风险的金融产品，其在资产配置的过程中不得不更多地配置在对通货膨胀较敏感的房地产市场，因而引发了房地产市场投资过热的现象。

三、相关政策建议

1. 推进收入分配改革，缩小贫富差距

收入差距的不断扩大导致了财富不断向少数人手中积聚，大量的资金流入房地产市场，住宅资产规模飞增，增速远远超过了其他资产，致使全社会资产结构严重失衡。因此，加快推进收入分配改革，完善市场公平机制，平稳提高居民平均收入水平，缩小城乡以及地区间的贫富差距可以从源头上改善全社会资产结构向房地产倾斜的问题。

2. 提高保障性住房供给，严控炒房投机

鉴于住宅不动产的金融属性，住宅不动产价格泡沫的存在使整个社会的风险暴露较大，炒房投机对金融资产市场产生了一定的挤出效应。提高保障性住房的供给，保障居民家庭的自住需求，可以强化房地产资产的消费属性，而严控炒房投机，防止投机行为破坏市场稳定，可以有效可以控制房地产的金融属性，使房地产回归到以消费属性为主，金融属性为辅的健康状态。一方面，可以稳固房地产市场的发展，防范泡沫破裂等系统性风险的发生；另一方面，可以提高其他金融资产的吸引力，有利于全社会资产结构的再平衡。

3. 大力发展商品ETF，可促进资本市场进一步完善

根据上文分析，房地产市场对资本市场的挤出效应明显。一方面，源于投资

者对于房地产市场"只涨不跌"的一致性预期；另一方面，在于商品市场的发展不足。作为抵御通货膨胀的两大类实物资产，由于商品证券化发展不足，此消彼长下房地产市场便成为低于长期通货膨胀风险的关键。因此，我国应加快商品证券化的发展。这里包括两个层面：其一，丰富大宗商品的衍生产品，包括期货品种、期权等；其二，丰富直接投资大宗商品或其衍生工具的 ETF。美国各类大宗商品对应的 ETF 极为丰富，极大地便利了投资者进入商品市场。而以标准普尔—高盛商品指数为标的的综合指数 ETF 更是成为了许多长期投资机构进行战略资产配置的重要标的。换言之，ETF 的发展将促进大宗商品投资者的多元化和长期化，从而完善期货市场的定价功能，这样又进一步吸引更多的投资者，包括外国投资者的参与，最终商品市场的繁荣将通过提供定价权的形式来助力我国经济增长。一方面，通过抵御通货膨胀风险的功能成为资本市场的重要补充，从而促进资本市场的进一步发展；另一方面，将作为长期资产配置的重要标的完善我国投资者的资产配置结构，抑制房地产市场的非理性繁荣，最终促进全社会资产结构的最优化。

参考文献

[1] Beck T, Levine R. Industry Growth and Capital Allocation: Does Having a Market - Or Bank - Based System Matter? [J]. Journal of Financial Economics, 2002, 64 (2): 147 - 180.

[2] Binh. K B. Sang Yong Park and Sung Shin. Financial Structure and Industrial Growth: A Direct Evidence From OECD Countries [N]. Working Paper, 2005.

[3] Black B S, Gilson R J. Venture Capital and the Structure of Capital Markets: Banks Versus Stock Markets [J]. Journal of Financial Economics, 1998, 47 (3): 243 - 277.

[4] Booth L, Aivazian V, Demirguc - Kunt A, et al. Capital Structures in Developing Countries [J]. Journal of Finance, 2001, 56 (1): 87 - 130.

[5] Cao C., Petrasek L. Liquidity Risk and Institutional Ownership [J]. Journal of Financial Markets, 2014, (21): 76 - 97.

[6] Cella C, Ellul A, Giannetti M. Investors' Horizons and the Amplification of Market Shocks [J]. The Review of Financial Studies, 2013, 26 (7): 1607 - 1648.

[7] Goldsmith, R. W. Financial Structure and Development, New Haven [M]. Yale University Press, 1969.

[8] Jeffrey Wurgler. Financial Market and the Allocation of Capital [J]. Journal of Financial

[9] Kester W C. Capital and Ownership Structure: A Comparison of United States and Japanese Manufacturing Corporations [J]. Financial Management, 1986: 5 - 16.

[10] Kling G, Gao L. Chinese Institutional Investors' Sentiment [J]. Journal of International Financial Markets, Institutions and Money, 2008, 18 (4): 374 - 387.

[11] Mckinnon. 经济发展中的货币与资本（中译本）[M]. 上海：上海三联

书店，1997.

[12] Ross Levine, Sara Zervos. Stock Markets, Banks, and Economic Growth [J]. The American Economic Review, 1998, 88 (3)：537 - 558.

[13] Sayuri Shirai. Testing the Three Roles of Equity Markets in Developing Countries：The Case of China [J]. World Development, 2004 (9)：1467 - 1486.

[14] Schwartz, R. A. Equity Markets：Structure, Trading, and Performance [M]. New York：Harper and ROW, Inc, 1988.

[15] Scott Jr J H. A Theory of Optimal Capital Structure [J]. The Bell Journal of Economics, 1976：33 - 54.

[16] Wermers R. Mutual Fund Herding and the Impact on Stock Prices [J]. The Journal of Finance, 1999, 54 (2)：581 - 622.

[17] 蔡红艳，阎庆民. 产业结构调整与金融发展——来自中国的跨行业调查研究 [J]. 管理世界，2004 (10)：79 - 84.

[18] 陈宝明. 资本市场与产业结构调整 [M]. 北京：中国市场出版社，2008.

[19] 陈琪，刘卫. 发展我国区域性股权市场研究 [J]. 上海经济研究，2017 (1)：32 - 40.

[20] 辜胜阻，洪群联，张翔. 论构建支持自主创新的多层次资本市场 [J]. 中国软科学，2007 (8)：7 - 13.

[21] 郭鹏飞，孙培源. 资本结构的行业特征：基于中国上市公司的实证研究 [J]. 经济研究，2003，5 (5)：66 - 73.

[22] 姜付秀，刘志彪，李焰. 不同行业内公司之间资本结构差异研究——以中国上市公司为例 [J]. 金融研究，2008 (5)：172 - 185.

[23] 姜佳汛，杨朝军. 机构投资者投资期限对股票波动性的影响 [J]. 上海管理科学，2016 (5)：68 - 73.

[24] 开昌平，刘楠. 区域股权市场的定位 [J]. 中国金融，2015 (12)：63 - 64.

[25] 李建军，田光宁. 中国融资结构的变化与趋势分析 [J]. 财经科学，2001 (6)：22 - 27.

[26] 刘刚. 我国三板市场做市商制度研究 [J]. 产权导刊，2006 (7).

[27] 刘京军，徐浩萍. 机构投资者：长期投资者还是短期机会主义者？ [J]. 金融研究，2012 (9)：141 - 154.

[28] 刘亮. 机构投资者行为与市场波动性和有效市场假说 [J]. 武汉金融, 2003 (12): 45-47.

[29] 吕铁, 余剑. 金融支持战略性新兴产业发展的实践创新, 存在问题及政策建议 [J]. 宏观经济研究, 2012 (5): 18-26.

[30] 胡海峰, 罗惠良. 多层次资本市场建设的国际经验及启示 [J]. 中国社会科学院研究生院学报, 2010 (1): 72-77.

[31] 胡淑丽. 论中国新三板市场的功能、主体定位及制度创新 [J]. 经济研究导刊. 2012 (6).

[32] 黄运成, 漆琴. 发展区域股权交易市场 [J]. 中国金融, 2016 (14): 65-67.

[33] 盛松成. 社会融资规模概念的理论基础与国际经验 [J]. 中国金融, 2011 (8): 41-43.

[34] 孙菲菲. 区域性股权交易市场的运行特征与发展建议 [J]. 证券市场导报, 2016 (4): 56-62.

[35] 唐志道. 多层次资本市场体系的国际比较及借鉴 [J]. 统计与决策, 2006 (17): 117-118.

[36] 田野. 论场外股权交易市场层次结构 [J]. 武汉金融, 2014 (2): 26-28.

[37] 王聪, 张海云. 中美家庭金融资产选择行为的差异及其原因分析 [J]. 国际金融研究, 2010 (06): 55-61.

[38] 王琳. 中国资本市场与产业结构升级的灰色关联分析 [J]. 软科学, 2008 (11): 39-42.

[39] 吴少新. 居民投资: 中国产业结构调整, 升级最可行的途径 [J]. 财贸经济, 1996 (12).

[40] 吴卫星, 吕学梁. 中国城镇家庭资产配置及国际比较——基于微观数据的分析 [J]. 国际金融研究, 2013 (10): 45-57.

[41] 肖卫国, 徐小飞. 居民金融资产选择与股票市场发展关系研究 [J]. 统计与决策, 2009 (13): 121-122.

[42] 徐炳胜. 资本市场发展与产业结构升级关系的实证分析 [J]. 上海金融, 2006.

[43] 杨朝军, 张志鹏, 廖士光. 证券市场流动性综合测度指标研究 [J]. 上海交通大学学报, 2008 (11): 1767-1771.

[44] 杨德勇,董左卉子. 资本市场发展与我国产业结构升级研究 [J]. 中央财经大学学报, 2007 (5): 45-50.

[45] 杨兰品,周军. 论我国证券市场在产业结构优化中的功能 [J]. 江汉论坛, 2004 (8): 43-45.

[46] 杨小玲. 中国金融发展的产业结构化效应研究 [J]. 区域金融研究, 2009.

[47] 易纲,宋旺. 中国金融资产结构演进: 1991—2007 [J]. 经济研究, 2008 (08): 4-15.

[48] 殷燎原. 美日多层次资本市场促进产业升级功效研究 [D]. 上海交通大学硕士学位论文, 2015.

[49] 尹小平,王海旭. 日本产业结构演进路径及启示 [J]. 学习与探索 2012 (2).

[50] 张梅. 中国金融发展的产业升级效应研究 [D]. 复旦大学博士学位论文, 2006.

[51] 张异冉. 论我国多层次股票市场转板制度的构建 [J]. 南方金融, 2014 (12): 67-73.

[52] 郑江淮,袁国良,胡志乾. 中国转型期股票市场发展与经济增长关系的实证研究 [J]. 管理世界, 2000.

[53] 周茂清. "新三板"市场的形成、功能及其发展趋势 [J]. 当代经济管理, 2011 (02).

[54] 宗兆昌. 资本市场与经济增长关系的实证分析 [J]. 江苏社会科学, 2005 (4): 75-80.

[55] 左大勇,陆蓉. 理性程度与投资行为——基于机构和个人基金投资者行为差异研究 [J]. 财贸经济, 2013 (10): 59-69.